普通高等教育“十一五”国家级规划教材
普通高等教育金融学精品系列教材

# 银行会计学

（第五版）

程婵娟　主编

毛秋蓉　李逸飞　张云菀　副主编

科学出版社

北　京

## 内 容 简 介

《银行会计学》系普通高等教育“十一五”国家级规划教材，本着对读者负责的态度，对第四版进行适用性、精炼性和可操作性修订。全书共13章：第1章和第2章介绍了银行会计的基本理论和基本方法；第3~13章介绍银行会计业务核算手续及财务会计报告，包括国内外银行业务往来、客户与银行业务往来、商业银行与中国人民银行之间的业务往来，以及中国人民银行主要业务核算手续。本教材内容丰富，结构安排循序渐进，由浅入深，在全面介绍银行会计核算内容的基础上，突出重点，可操作性强，并力图将知识性、学术性和趣味性融为一体。

本教材既适用于高等院校经济类、管理类等专业的学生学习使用，又适用于在银行和从事会计管理工作的人员学习、参考。对于相关理论研究也有一定的参考价值。

**图书在版编目（CIP）数据**

银行会计学/程婵娟主编. —5版.—北京：科学出版社，2021.9

普通高等教育“十一五”国家级规划教材　普通高等教育金融学精品系列教材

ISBN 978-7-03-069689-2

Ⅰ. ①银… Ⅱ. ①程… Ⅲ. ①银行会计-高等学校-教材 Ⅳ. ①F830.42

中国版本图书馆 CIP 数据核字（2021）第 174534 号

责任编辑：方小丽／责任校对：贾娜娜

责任印制：吴兆东／封面设计：蓝正设计

科学出版社出版

北京东黄城根北街16号

邮政编码：100717

http://www.sciencep.com

固安县铭成印刷有限公司印刷

科学出版社发行　各地新华书店经销

*

2004年5月第　一　版　开本：787×1092　1/16

2008年6月第　二　版　印张：24 3/4

2013年1月第　三　版　字数：584 000

2017年8月第　四　版

2021年9月第　五　版　2025年11月第三十五次印刷

**定价：49.00 元**

（如有印装质量问题，我社负责调换）

# 第五版序

程婵娟主编的《银行会计学》是经过多年教学检验，使用效果良好的教材。该教材编撰的指导思想是把现实性和前瞻性、理论性和实用性高度融合起来，实现高素质人才培养的教学目标。使学生掌握有关银行会计的基本理论、基本知识和基本技能，掌握银行会计的本质属性及其核算方法，掌握银行各项业务的核算手续，达到该专业培养目标的要求，为后续从事理论研究和实际工作奠定坚实的基础。《银行会计学》作为普通高等教育"十一五"国家级规划教材，长期以来深受广大读者的喜爱。但随着金融改革的进一步深化，以及会计制度和金融制度的进一步完善，加之银行新业务的不断推出，原书第四版内容面临着严峻的挑战。在这样的背景下，《银行会计学》编写组全体成员对原书第四版进行了精心修订，并适时推出第五版。其特点如下。

（1）将价值塑造、知识传授和能力培养三者融为一体，有利于激发学生创新潜能。一是将课程思政思想贯穿教材始终。要求在会计处理整个过程中坚持"诚实守信""依法依规"行事。向信息使用者提供真实可靠的财务会计信息，真正把"立德树人、为党育人、为国育才"落到实处。二是准确阐述本课程的基本概念（理论）、基础知识、基本方法，内容布局及结构设计更加合理。三是符合人才培养目标及本课程教学的基本要求，为学生将来从事该领域理论研究和实际操作奠定坚实的基础。

（2）注重及时体现学科及银行业新知识、新技术、新成果，根据经济社会发展、学科专业建设和教育教学改革要求及时修订完善，使本教材能持续反映人才培养模式和教学改革最新趋势。

（3）突出创新思维训练和创新能力培养。教材内容由浅入深，注重案例和思考题的代表性、思维发散性和敏锐的洞察力、观察力培养，以提高读者知识修养水平。

本次教材修订内容主要包括：第 1 章第 1~4 节；第 4 章第 2~4 节；第 5 章第 2 节、第 5 节；第 9 章第 1 节、第 2 节；第 10 章第 1~5 节；第 11 章第 1 节；第 12 章第 1 节、第 2 节。同时删减了一些对整个核算体系影响不大的内容。修订后的教材在继承发扬第四版优势的基础上，更体现了新时期的特征和要求。

本教材共 13 章。西安交通大学经济与金融学院程婵娟老师编写第 1 章、第 2 章、第 6 章、第 11 章；东方证券股份有限公司李逸飞先生编写第 3 章、第 8 章；西安交通大学经济与金融学院毛秋蓉老师编写第 4 章；太平洋资产管理有限责任公司张云菀女士编写第 5 章、第 10 章；西安交通大学经济与金融学院何建奎老师编写第 7 章；西安交通大学经济与金融学院杨丽荣老师编写第 9 章；西安交通大学经济与金融学院王茜草老师编写第 12 章；西安交通大学经济与金融学院博士、《西安交通大学学报》(社会科学版)编辑部主任张丛老师编写第 13 章。本书由程婵娟老师任主编，毛秋蓉老师、李逸飞先生和张云菀女士任副主编，全书由程婵娟老师修改、总纂并定稿。

在本教材编写过程中，得到了大量专家学者的指导，也受到了许多同类教材的启发，西安交通大学经济与金融学院李成教授、科学出版社方小丽编辑对本教材编写提供了大量的帮助，在此一并表示感谢！同时也敬请读者批评指正。

编　者

2020 年 10 月 26 日

# 第四版序

程婵娟主编的《银行会计学》是经过多年教学检验，使用效果良好的教材。该教材编撰的指导思想是把现实性和前瞻性、理论性和实用性高度融合起来，实现高素质人才培养的教学目标，使学生掌握有关银行会计的基本理论、基本知识和基本技能，掌握银行会计的本质属性及其核算方法，掌握银行各项业务的核算手续，达到该专业培养目标的要求，为后续从事理论研究和实际工作奠定坚实的基础。《银行会计学》作为普通高等教育“十一五”国家级规划教材和“十二五”规划教材，长期以来深受广大读者的喜爱。但随着金融改革的进一步深化，以及会计制度和金融制度的进一步完善，加之银行新业务的不断推出，原书第三版内容面临着严重的挑战。在这样的背景下，《银行会计学》编写组全体成员对原书第三版进行了精心修订，并适时推出第四版。其特点如下。

（1）理论与实践紧密结合。打破了会计纯实务的传统观念，将理论性、实务性与技巧性融为一体。

（2）结构体系完备。在写作过程中，借鉴西方教材体系，结合编者的教学实践经验，把创新性与银行业务实际相联系，使结构体系更加完备。

（3）时效性较强。运用了金融改革的最新成果，吸纳了国内外最新资料，继承了会计制度的基本原理，具备了金融改革的时效性特征。体现学科行业的新知识、新技术、新成果，是反映人才培养模式和教学改革最新趋势的教材。

（4）现实性较强。在介绍银行传统业务会计核算的同时，对银行新业务的核算也进行了介绍。

（5）突出案例示范作用。强调业务操作的技巧性，使读者如同身临其境。

（6）核算程序、流程图表化。更多采用程序图式解释会计处理过程，使抽象问题具体化，复杂问题简单化。

本教材共 13 章。西安交通大学经济与金融学院程婵娟老师编写第 1 章、第 2 章、第 6 章、第 8 章、第 9 章；东方证券股份有限公司李逸飞编写第 3 章；西安交通大学经济与金融学院杨丽荣老师编写第 4 章；西安交通大学经济与金融学院刘怡洋编写第 5 章；北京农村商业银行李纪建博士编写第 7 章；西安交通大学经济与金融学院毛秋蓉老师编写第 10 章；西安建筑科技大学曹君丽老师编写第 11 章、第 12 章；西安交通大学经济与金融学院博士研究生、《西安交通大学学报》（社会科学版）编辑张丛编写第

13章。本教材由程婵娟老师任主编，全书由程婵娟老师修改、总纂并定稿。

本教材在编写过程中得到大量专家学者的指导，也受到了许多同类教材的启发，西安交通大学经济与金融学院李成教授、西安思源学院李建初老师、科学出版社方小丽编辑为本教材编写提供了大量的帮助，在此一并表示感谢！同时也敬请读者批评指正。

编　者

2017年1月20日

# 第三版序

《银行会计学》作为普通高等教育"十一五"国家级规划教材，长期以来深受广大读者的喜爱。但随着金融改革的进一步深化，以及会计制度和金融制度的进一步完善，加之银行新业务的不断推出，原书第二版内容面临着严重的挑战。在这样的背景下，《银行会计学》编写组全体成员对原书第二版进行了精心修订，并适时推出第三版。

本教材修订内容主要包括：第3章第3节；第4章第3、4节；第5章第3、4节；第6章第2、3节；第7章第4节；第8章第2节；第9章第2、3节；第11章第4节。同时也删减了一些对整个核算体系影响不大的内容。修订后的教材，在继承发扬第二版优点的基础上，更体现了新时期的特征和要求。其特点主要包括：第一，强化理论与实践的结合，将理论性、实务性与技巧性融为一体；第二，借鉴西方教材体系，结合编者的教学实践经验，使结构体系更趋完善；第三，运用了金融改革的最新成果，吸纳了国内外最新资料，继承了会计制度的基本原理，具备了金融改革的时效性特征；第四，突出案例示范作用，强调业务操作的技巧性；第五，以手工操作和计算机操作相结合，运用账证、表、卡等会计工具贯通会计处理的全过程。

本教材共分为14章。西安交通大学经济与金融学院程婵娟老师编写第1章、第2章、第5章；东方证券股份有限公司投行总部李逸飞编写第3章、第9章；西安交通大学经济与金融学院杨丽荣老师编写第4章、第10章；北京农村商业银行李纪建博士编写第6章、第7章；西安交通大学继续教育学院李静老师编写第8章；西安交通大学城市学院杨芳老师编写第11章；西安建筑科技大学曹君丽老师编写第12章、第13章；西安交通大学经济与金融学院博士研究生、《西安交通大学学报》（社会科学版）编辑张丛编写第14章。本教材由程婵娟老师任主编；杨丽荣、杨芳、李纪建、李静老师任副主编。全书由程婵娟老师修改、总纂并定稿。

本教材在编写过程中，得到很多专家学者的指导，也受到了许多同类教材的启发，西安交通大学经济与金融学院李成教授、西安思源学院李建初老师、科学出版社兰鹏编辑对本教材编写提供了大量的帮助，在此一并表示感谢！同时也敬请读者批评指正。

编　者

2012年10月31日

# 第二版序

随着经济全球化、金融一体化进程的加快，迫切需要一部反映我国银行会计核算特色并与国际惯例接轨的教材。另外，由于《银行会计学》第一版深受读者的喜爱，所以，本次有幸被列为普通高等教育“十一五”国家级规划教材，这对本教材的更新和推广使用起到一定的促进作用。在这样的背景下，《银行会计学》第二版产生了。本教材以《中华人民共和国会计法》《企业会计准则 2006》以及各种金融法规为依据，充分体现银行全面风险管理的精神，融合了现实性和前瞻性，理论性和实用性，从而突出了以下特点：第一，强化理论与实践的结合，将理论性、实务性与技巧性融为一体；第二，借鉴西方教材体系，结合编者的教学实践经验，使结构体系更趋完善；第三，运用了金融改革的最新成果，吸纳了国内外最新资料，具备了金融改革的时效性特征；第四，突出案例示范作用，强调业务操作的技巧性。总之，本教材在继承发扬第一版优势的基础上，不仅增加了银行新业务的会计核算，更体现了新时期的特征和要求。

本教材共分为 14 章。西安交通大学经济与金融学院程婵娟老师编写第 1 章、第 2 章、第 14 章；深圳大学张小彦老师编写第 3 章；西安交通大学经济与金融学院杨丽荣老师编写第 4 章、第 10 章；西安交通大学继续教育学院李静老师编写第 5 章、第 8 章；北京农村商业银行李纪建博士编写第 6 章、第 7 章、第 9 章；西安交通大学城市学院杨芳老师编写第 11 章；西安建筑科技大学曹君丽老师编写第 12 章、第 13 章。本教材由程婵娟任主编，杨丽荣、李纪建、李静、杨芳及张小彦老师任副主编。全书由程婵娟老师修改、总纂并定稿。

本教材在编写过程中，得到大量专家学者的指导，也受到了许多同类教材的启发，西安思源学院李建初老师对本教材编写提供了大量的帮助，在此一并表示感谢！同时也敬请读者批评指正。

编　者

2008 年 5 月 31 日

# 第一版序

随着经济全球化、金融一体化进程的加快，迫切需要一部反映我国银行会计核算特色并与国际惯例接轨的教材。本教材以《中华人民共和国会计法》为准则，以 2001 年 11 月出台的《金融企业会计制度》为依据，融合了现实性和前瞻性，理论性和实用性，从而突出了以下特点：第一，强化理论与实践的结合，将理论性、实务性与技巧性融为一体；第二，借鉴西方教材体系，结合编者的教学实践经验，使结构体系更趋完善；第三，运用了金融改革的最新成果，吸纳了国内外最新资料，继承了会计制度的基本原理，具备了金融改革的时效特征；第四，突出案例示范作用，强调业务操作的技巧性；第五，传统方法与现代技术相结合，在内容上既保持了传统的手工操作方法，又介绍了电子化核算系统等现代电子工具。

本教材以商业银行会计核算内容为主线，兼顾了中国人民银行会计核算的内容。全书共分为基本核算理论、基本核算方法和业务核算手续三部分，其中在业务核算手续中既包括了商业银行核算部分（第三章到第十章和第十三章到第十五章），又包括了中国人民银行核算部分（第十一章和第十二章），可供不同读者选择。

本教材由西安交通大学程婵娟编写第一章、第二章、第十章、第十五章；杨丽荣编写第三章、第四章、第十四章；李静编写第五章、第十一章、第十二章；李纪建编写第六章、第七章、第八章；杨芳编写第九章、第十三章。全书由程婵娟修改并定稿。

本教材在编写过程中，得到大量专家学者的指导，也受到了许多同类教材的启发，另外还有许多对本教材编写提供了大量帮助的同志，在此一并表示感谢！

由于水平有限，书中难免有些不足之处，敬请批评指正。

编　者

2003 年 10 月 26 日

# 目 录

# 第1章

# 导　论

> 本章提要

导论作为《银行会计学》的开篇部分，主要介绍银行会计的基本理论。具体包括：银行会计的定义、银行会计的特点、银行会计反映和监督的对象；银行会计的基本假设；银行会计信息质量要求；银行会计的要素和银行会计的组织管理等内容。通过本章的学习，可以对银行会计的基本理论和银行会计与其他企业会计的区别有一个概括的了解；理解银行会计的基本假设和信息质量要求的原则；掌握银行会计的要素。

## 1.1 银行会计的含义

### 1.1.1 银行会计的定义

会计是反映与监督再生产过程资金运动的经济管理活动。它从社会生产实践中产生，并随着生产的发展、生产关系的变革和经营管理水平的提高而不断发展与完善。随着会计工作实践的发展，人们对会计产生与发展的历史，对会计的对象与任务及方法与技术等不断进行深入系统研究，并上升到理论高度加以概括与认识。从而给出了比较科学和权威的定义。例如，美国会计学会将会计定义为："会计是确认、计量和传送经济信息以使信息的使用者据以作出判断和决策的过程。"而银行会计作为整个会计体系的一个分支，是将会计的基本理论和实践应用于银行业的一项经济应用科学。它是以货币作为计量单位，运用会计的基本原理与方法，对银行的业务和财务活动进行核算、反映、控制与监督的重要信息系统和管理活动。

银行会计是对银行各项业务活动中的资金运动进行连续、系统、全面、综合地反映、监督、管理、分析、检查的能动过程，因此，银行会计的对象就是银行能以货币计量的各项业务活动和资金运动，具体包括存款、贷款、结算、货币发行、现金出纳、票据承兑与贴现、金银收兑、外汇买卖、证券投资、信托、租赁，以及各项业务收支与费用开支等业务活动。而这些货币资金的收支又必须通过会计来进行记录、计算、检查与分析，且财务成果和经营业绩也要依靠会计来进行核算和监督。因此，银行会计就成为银行经营管理的重要信息系统。同时，银行会计又是银行各项业务活动的基础环节，处在银行业务活动的第一线。银行会计除具有会计基本职能之外，还具有参与银行经营过程的控制、预测、决策等能动管理活动功能，所以它是银行经营管理工作的重要组成部分。

### 1.1.2 银行会计的特点

如前所述，银行会计作为会计学的一个分支，与其他企业会计既有相同点又有不同点。银行会计与一般会计相比较其相同点在于，两种会计核算都是经营过程和经营成果的货币反映。银行会计与一般会计相比较的不同点集中体现在，银行会计核算本身既是银行经营活动，又是完成社会经济活动货币收支的必要手段。具体特点如下。

1. 会计信息综合性

会计信息的内容取决于会计核算的内容。一般企业会计核算的内容限于本企业的业务活动和财务收支状况，所提供的会计信息内容仅限于本企业或与本企业有关的局部信息。而银行是联结国民经济的纽带，是社会资金活动的总枢纽，与每个企业或个人都有着密切联系。因而，银行会计核算内容，不仅记录与反映银行自身的业务活动与财务收支状况，而且记录和反映整个国民经济各部门、各单位的业务活动所引起的资金收支与货币结算等信息。因此，银行会计信息既反映各个经济单位的微观经济情况，又反映社会宏观经济情况，发挥着社会总会计、总出纳的职能作用。这就决定了银行会计信息具有综合性的特点。

2. 业务直接完成性

银行这个金融机构，其业务的实现是通过会计核算最终完成的。因为银行是经营货币与信用业务的经济组织，其业务活动直接表现为货币资金的运动，各项业务的完成都要通过会计部门来实现。因此，银行会计核算过程也就是直接办理和完成银行业务以及实现银行职能作用的过程，银行会计处于银行经营活动的第一线，具有业务直接完成性的显著特点。

3. 监督范围广泛性

反映与监督是会计的两大基本职能。因为银行是国民经济中资金活动的总枢纽，肩负着社会公共簿记的职能，所以银行会计一方面要对自身的业务活动、计划执行和财务收支等情况进行反映与监督；另一方面，还要对国民经济各部门、各单位的经营活动与资金运动情况进行反映与监督。因此，银行会计的监督范围比一般企业会计反映与监督的范围要广泛得多。

4. 核算方法特殊性

银行会计作为整个会计体系的一个分支，其基本核算方法与其他行业会计没有根本区别。但由于银行的性质、经营内容和职能作用与一般企业不同，在某些具体核算方法上也有一定的特殊性。这主要表现在四个方面。

（1）在会计凭证方面。银行会计采用单式记账凭证，并多以客户提交的原始凭证代替记账凭证。

（2）在账务组织和核算程序设计方面。银行会计具有严密的内部监督机制，如双线核算、双线核对、换人复核、内外对账、当日轧平账务等，以保证账务核算的正确性。

（3）在账务处理方面。银行是经营他人资金的企业，及时处理账务是银行会计核算的重要原则。为了保证银行会计账务处理及时和正确，在每日营业终了时，必须将当天全部账务核对轧平。

（4）在报表编制方面。银行会计不仅要按月、按季、按半年和年编制会计报表，还要按日编制不对外提供的日报表（日计表），以便准确、及时、完整地反映当日的业务及财务收支情况，保证每日账务核对平衡，为主管领导提供所需要的静态及动态资金数据指标。

研究和掌握以上特点，有利于银行会计部门根据这些特点制定科学的会计制度和操作规程，提高会计工作质量和效率，更好地发挥银行会计的职能作用。

## 1.2　银行会计的基本假设

银行会计的基本假设是会计核算整体结构的基础，是会计计量、记录和报告的前提条件；是对会计核算所处的时间、空间环境所做的合理设定。银行会计的基本假设条件包括：会计主体假设、持续经营假设、会计分期假设、货币计量假设。

### 1.2.1　会计主体假设

会计主体是指会计工作为之服务的特定单位或者组织，它规范着会计工作的空间范围。会计主体这一基本假设，为会计人员在日常的会计核算中对各项交易或事项作出正确判断，对会计处理方法和会计处理程序作出正确选择提供了依据。在会计主体假设下，银行的会计核算应当以实际发生的交易或事项为对象，记录和反映银行自身的各项经营活动。具体应当把握以下三点内容。

1. 银行本身的经济活动

只有那些影响银行本身经济利益的各项交易或事项才能加以确认和计量，那些不影响银行本身经济利益的各项交易或事项则不能加以确认和计量。因此，银行在会计核算工作中，不仅要将本身的经济活动与其他特定会计主体的经济活动区分开来，而且还必须将本身的经济活动与银行所有者的经济活动区分开来。

2. 会计主体不同于法律主体

一般来说，法律主体必然是一个会计主体，而会计主体不一定是法律主体。法律主体只要求有能力拥有资源、承担义务，而会计主体可以根据管理需要人为地划分。例如，按照《中华人民共和国商业银行法》的规定，银行分支机构不具有法人资格。但在实际工作中，为加强对分支机构的管理，各银行都采用了划小核算单位的做法，将其分支机构作为会计主体处理。

3. 正确把握会计处理立场

银行作为一个会计主体，应该站在本位立场反映和核算各会计要素的增减变化情况；同时，它作为一个中介机构，应该站在同客户相反的角度为客户记账。例如，在发放贷款时，一方面贷款资产增加，另一方面债务(企业或单位存款)增加；发放贷款按期收息时，一方面形成一笔利息收入，另一方面增加一笔资产(应收利息或现金)或减少一笔负债(企业或单位存款)。

### 1.2.2 持续经营假设

持续经营是指会计主体的经营活动在可以预见的将来将延续下去。《企业会计准则——基本准则》第一章第六条规定："企业会计确认、计量和报告应当以持续经营为前提。"根据这一假设前提，银行所拥有的资产将在正常的经营过程中被耗用、出售或转换，而它所承担的债务将在正常的经营过程中得到补偿。

也正是在持续经营前提的基础之上，银行所采用的会计原则、会计方法和会计程序才得以保持稳定，并按正常的基础反映银行的财务状况、经营成果、现金流量，为决策者提供有用的信息。由此可见，持续经营假设是划分会计期间，确定银行成本费用和经营成果，处理债权债务等一系列问题的理论依据。

值得注意的是，持续经营前提并不意味着银行将永远存在下去，也不意味着银行的资产永远不能以清算价值计量。如果有种种迹象表明银行将不能继续经营下去时，则所有以这一前提为基础的资产、负债与收益的确认，以及计量标准、会计处理程序和会计方法将不宜再用，而要采用其他合乎情理的标准、方法和程序来反映其真实的财务状况、经营成果和现金流量，并在财务会计报告中进行相应披露，如以清算价值反映银行资产的价值。

### 1.2.3 会计分期假设

会计分期是指将一个企业持续经营的生产经营活动人为划分成连续、相等的期间，据以结算盈亏，以便于及时向各方面提供有关企业财务状况、经营成果和现金流量的信息。我国以日历年度作为企业的会计年度，即公历 1 月 1 日起至 12 月 31 日止。在年度内再划分若干较短的期间，如季度、月份等。例如，《企业会计准则——基本准则》第一章第七条规定："企业应当划分会计期间，分期结算账目和编制财务报告。会计期间分为年度和中期。中期是指短于一个完整的会计年度的报告期间。"在实际中银行的会计期间分为年度、半年度、季度和月度。年度、半年度、季度和月度均按公历起讫日期确定。半年度、季度和月度均称为会计中期。

会计分期和持续经营假设前提奠定了营业收入确认、收入和费用配比、划分收益性支出和资本性支出等会计原则的理论基础。

### 1.2.4 货币计量假设

货币计量是指会计主体在会计核算过程中采用货币作为计量单位，计量、记录和报告会计主体的生产经营活动。在货币计量假设前提下，银行的会计核算以人民币为记账本位币。业务收支以人民币以外的货币为主的银行，可以选定其中一种货币作为记账本位币，但是编报的财务会计报告应当折算为人民币。在国外设立的中国银行机构向国内报送的财务会计报告，应当折算为人民币。货币计量前提主要包括三个方面的内容。

1. 只有货币计量单位才能充当会计核算的主要计量单位

虽然会计核算可采用多种计量单位，如实物计量单位、劳动时间单位、物理单位、货币计量单位等，但在会计核算中，只有货币计量单位能全面、连续、系统地反映银行的资产、负债、所有者权益、收入、费用和利润等，它是反映各种经济业务的统一标准。因此，会计日常核算和报表所表述的内容，只限于货币这一基本的会计计量单位，其他计量单位都是辅助性质的。

2. 币种的唯一性标准

在多种货币存在的条件下，或某些业务是用外币结算时，就需要确定某一种货币作为记账本位币。当编制分录和登记账簿时，就需要采用某种汇率折算为记账本位币单位登记入账。所谓记账本位币就是指会计核算中所采用的基本货币单位。记账本位币一经确定，银行的现金流量、盈利能力以及其资本保值程度，都将以这一货币作为计量尺度，从而出现汇兑损益的概念。我国银行的会计核算以人民币为记账本位币。

3. 币值的稳定性标准

货币价值稳定的假定，是世界各国的惯例，即在市价经常变动的情况下，正常的会计程序和基本的账表体系中不考虑币值变动因素。正是由于在会计核算中有了这样一个前提的界定，资产计价才可以采用历史成本核算。

综上所述，会计核算基本假设条件的意义在于：限定了会计工作的空间范围，按每个会计主体进行核算；限定了会计工作的时间范围，对持续经营的经营活动进行分期核算；限定了会计工作的内容，只对可以用货币计量的业务进行核算。因此，会计核算基本假设条件奠定了银行会计的理论基础和实务结构。

## 1.3 银行会计信息质量要求

会计作为一项经济管理活动，其目标就是向信息使用者提供对决策有用的信息以及反映经营者受托责任完成情况。为了保证银行各信息使用者的利益，依据《企业会计准则——基本准则》，对银行会计信息质量提出以下要求。

### 1.3.1 可靠性

可靠性，又称客观性、真实性，要求银行的会计核算应当以实际发生的交易或事项为依据进行会计确认、计量和报告，如实反映符合确认和计量要求的各项会计要素及其他相关信息，保证会计信息真实可靠、内容完整。一方面，要保证会计所反映的结果与银行实际的财务状况和经营成果一致；另一方面，提供的会计信息应当能够经受验证。可靠性是会计信息质量的最主要特征。

应该指出的是，可靠性不等于精确性，会计不可能提供绝对精确的信息，这是因为经济活动存在着不确定性因素。例如，某银行资产负债表中列示应收利息 90 万元，这笔应收利息是否真实存在，可通过一系列的方法证实，但它们能否全部收回却不能证实。因此，会计核算不可能完全排除会计人员的主观判断。但为了保证会计信息的客观性，会计人员在作出估计前，必须尽可能获得现实的、可靠的数据，将可能发生的误差降到最低程度。

### 1.3.2 相关性

相关性，又称有用性，要求银行提供的会计信息应当与财务会计报告使用者的经济决策需要相关，有助于财务会计报告使用者对银行过去、现在或者未来的情况作出评价或者预测。相关性与可靠性信息质量要求密切联系，但前者应以后者为前提。信息的价值在于其与决策相关，有助于决策。相关的会计信息有助于会计信息使用者评价过去的决策，证实或修正某些预测，具有反馈价值功能；有助于会计信息使用者合理预计未来的发展，具有预测价值功能。因此，银行在收集、加工、处理和提供会计信息过程中，必须充分考虑会计信息使用者的需求。

### 1.3.3 明晰性

明晰性，又称可理解性，要求银行提供的会计信息清晰明了，便于财务会计报告使用者理解和使用。会计信息要对使用者有用，首先应该能被使用者理解，这就要求会计核算和财务会计报告必须清晰明了。为此，银行在会计核算工作中必须做到：一是会计记录准确、清晰，填制会计凭证、登记会计账簿合法有据，账户对应关系清楚、文字摘要完整；二是报表项目钩稽关系清楚、项目完整、数字准确。

值得注意的是，会计信息能否被理解，不仅取决于信息本身是否清晰易懂，而且与使用者的理解能力和知识前提有关。因此，会计信息的可理解性也要求会计信息使用者具备一定的经济、金融知识，并尽可能多地学习一些会计专业及相关知识。

### 1.3.4 可比性

可比性要求银行提供的会计信息应当相互可比。具体包括两层含义：①要求同一银行不同时期发生的相同或者相似的交易或者事项，应当采用前后一致的会计政策，不得随意变更。确实需要变更的，应当在财务报告附注中加以说明。②不同银行发生的相同或相似的交易或事项，应当采用规定的会计政策，确保会计信息口径一致，相互可比。只有这样，同一银行在不同时期的会计信息才会有纵向可比性；而不同银行同一时期的会计信息也有了横向可比性。

### 1.3.5 一致性

一致性要求同一银行对于不同时期发生的相同或者相似的交易或者事项，应当采用一致的会计政策，不得随意变更。确需变更的，应当将变更的内容和理由、变更的累积影响数以及累积影响数不能合理确定的理由等，在会计报表附注中予以说明。另外，同一银行在不同时期的会计报表信息要具有连贯性。否则，将会削弱会计报表的作用，甚至造成误解。所以，一致性的要求是银行会计信息质量的根本保证，也是相关性的基础。

由于银行发生的交易或事项具有复杂性，呈现多样化，对于某些交易或事项可以有多种会计核算方法。例如，贷款损失准备、坏账准备的计提，可采用未来现金流量法、余额比例法、账龄分析法、公允价值计量法；固定资产折旧方法可以采用平均年限法、工作量法、年数总和法、双倍余额递减法等。有了一致性的原则要求，银行会计核算便减少了盲目性，也会给各方信息使用者减少很多麻烦。

但这并不意味着会计核算方法不能做必要的变动。如果会计核算方法的变更符合经济环境的变化，有利于提供更加正确和更加有效的会计信息，那么这种变更就是必要的。鉴于此，在符合前述条件的情况下，银行可以变更会计核算方法，并应在财务报告中做出相应的披露。

### 1.3.6 实质重于形式

实质重于形式要求银行应当按照交易或事项的经济实质进行会计确认、计量和报告，而不应当仅仅以交易或者事项的法律形式作为会计核算的依据。实际工作中，交易或者事项的外在法律形式或人为形式并不总能完全反映其实质内容。例如，银行以融资租赁方式租入的资产，从法律形式上讲，承租企业不拥有该资产的所有权，但由于其租赁期接近于该资产的使用寿命，租赁期结束时承租企业则有优先购买权，租赁期内承租企业有权支配资产并从中受益，所以，从其经济实质来看，企业能够控制其创造的未来经济利益。因此，融资租赁方式租入的资产应视为承租企业的资产。

### 1.3.7 重要性

重要性要求银行提供的会计信息应当反映与银行财务状况、经营成果和现金流量等有关的所有重要交易或者事项。例如，对资产、负债、损益等有较大影响，进而影响财务会计报告使用者据以做出合理判断的重要会计事项，必须按照规定的会计方法和程序进行处理，并在财务会计报告中予以充分披露；对于次要的会计事项，在不影响会计信息真实性和不至于误导会计信息使用者做出正确判断的前提下，可适当简化处理。

这一原则的意义在于：在会计处理和财务报表中，应当考虑费用(成本)与效用的约束条件。重要的交易、事项及其数据必须严格确认、计量、记录和报告，不重要或次要的事项与数据则可以适当简化或省略。这样既可以保证会计信息的效用，又可以节省财务报表编制的费用(成本)。

### 1.3.8 谨慎性

银行的经营活动充满着风险和不确定性，在会计核算工作中坚持谨慎性准则，要求银行对交易或者事项进行会计确认、计量和报告时保持应有的谨慎，不应高估资产或者收益、低估负债或者费用。一方面，可以保证银行经营建立在稳妥可靠的基础上，不至于因变幻莫测的市场风险而轻易发生财务危机，因而增强了银行的应变能力；另一方面，按照这一原则所提供的会计信息，不至于使会计信息使用者产生盲目乐观思想，而造成难以挽回的损失。

值得注意的是，银行的各项资产减值准备应当合理地计提，但不得设置秘密准备。如有确凿证据表明银行不恰当地运用了谨慎性准则设置秘密准备的，应当作为重大会计差错予以更正，并在会计报表附注中说明事项的性质、调整金额以及对银行财务状况、经营成果的影响。

### 1.3.9 及时性

及时性要求银行对于已经发生的交易或者事项，应当及时进行会计确认、计量和报告，不得提前或延后。会计信息的价值在于帮助信息使用者作出经济决策，具有时效性。为保证会计信息的及时性，务必做到三点：及时收集会计信息；及时对会计信息进行加工处理；及时传递会计信息。另外，银行会计的核算过程是实现其业务的过程，因此准确、及时进行会计核算和账务处理，一方面可以提高银行在整个社会中的信誉；另一方面，会计核算质量的好坏，速度的快慢，也直接影响社会资金的周转速度和资源的有效利用。这就要求银行的会计部门在办理各项业务过程中，对每笔资金必须准确核算、及时收付、按时清算，并不断改进结算方式，从而加速企业资金周转，促进国民经济健康发展。

## 1.4 银行会计要素、确认及计量

### 1.4.1 会计要素

会计要素是会计对象的具体化。银行应当按照交易或者事项的经济特征确认会计要素并进行计量。依照我国财政部2006年2月25日颁布的《企业会计准则——基本准则》第一章第十条规定，银行会计要素包括资产、负债、所有者权益、收入、费用和利润。其中资产、负债和所有者权益是企业财务状况的静态反映，属存量要素；收入、费用和利润则从动态方面来反映企业的经营成果，属流量要素。

1. 资产

1）资产的定义

资产是指银行过去的交易或者事项形成的、由银行拥有或者控制的、预期会给银行带来经济利益的资源。资产的定义强调资产的三个特征。

（1）由过去的交易或事项形成。也就是说，资产必须是现实的资产，而不能是预期的资产，是银行在过去一个时期内，通过交易或事项所形成的，是过去已经发生的交易或事项所产生的结果。至于未来交易或事项以及未发生的交易或事项可能产生的结果，则不属于现在的资产，不得作为资产确认。例如，银行通过购买、自行建造等方式形成了某项固定资产，或因对外贷款而形成一项短期贷款或长期贷款等，都是银行的资产；但银行预计在未来某个时点将要对外进行的贷款，因其相关的交易或事项尚未发生，则不能作为银行的资产。

（2）必须由银行拥有或控制。是指银行享有某项资源的所有权，或者虽然不享有某项资源的所有权，但该资源能被银行所控制。一般来说，一项资源要作为银行的资产予以确认，银行应该拥有此项资源的所有权，可以按照自己的意愿使用或处置资产，其他企业或个人未经同意，不能擅自使用本企业的资产。但在某些情况下，对于一些特殊方式形成的资产，企业虽然对其不拥有所有权，但能够实际控制的，按照实质重于形式的原则，也应当确认为企业的资产，如融资租入固定资产。

（3）预期会给企业带来经济利益。这是资产最重要的特征。是指资产具有直接或者间接导致现金和现金等价物流入企业的潜力。这种潜力在某些情况下可以单独产生净现金流入，而某些情况下则需与其他资产结合起来才可能在将来直接或间接地产生净现金流入。预期不能带来经济利益的，就不能确认为企业的资产。某项支出如果具有未来的经济利益的全部或一部分，它就可以作为企业的资产；否则，就只能作为费用或损失。同样，企业已经取得的某项资产，如果其内含的未来经济利益已经不复存在，就应该将其剔除。例如，预计不能收回的贷款或应收利息，它们已经不能给企业带来未来经济利益，就不能再作为资产出现在资产负债表中。

2）资产的确认

满足资产定义的同时，又满足下列两个条件的资源可确认为资产。①与该资源有关的经济利益很可能流入银行。能否带来经济利益是资产确认的必要条件；②该资源的成本或者价值能够可靠地计量，即要有交易发生或完成时所形成的各种交易价格。符合资产定义和资产确认条件的项目，应当列入资产负债表；仅符合资产定义但不符合资产确认条件的项目，不应当列入资产负债表，应当在附注中做相关披露。

2. 负债

1）负债的定义

负债是指银行过去的交易或者事项形成的、预期会导致经济利益流出该银行的现时义务。

现时义务是指银行在现行条件下已承担的义务。未来发生的交易或者事项形成的义务，不属于现时义务，不应当确认为负债。

负债的定义强调负债的特征：①负债是过去的交易或事项形成的现时义务；②义务的履行必定会导致经济利益的流出；③以债抵债不构成新的负债，但也不会使负债消失；④义务包括法定义务和推定义务。其中推定义务是指根据企业多年的习惯做法、公开的承诺或者公开宣布的政策，而推定企业将承担的责任。

2）负债的确认

符合负债定义，同时又满足下列两个条件的义务可确认为负债。①与该义务有关的经济利益很可能流出银行；②未来流出的经济利益的金额能够可靠地计量。

符合负债定义和负债确认条件的项目，应当列入资产负债表；仅符合负债定义、但不符合负债确认条件的项目，不应当列入资产负债表，应当在附注中做相关披露。

3. 所有者权益

所有者权益是指银行资产扣除负债后由所有者享有的剩余权益。银行的所有者权益又称为股东权益。它包括：所有者投入的资本、直接计入所有者权益的利得和损失、留存收益等。其中，直接计入所有者权益的利得和损失，是指不应计入当期损益、会导致所有者权益发生增减变动的、与所有者投入资本或者向所有者分配利润无关的利得或者损失，如可供出售金融资产引起的损益变动。利得是指由银行非日常活动所形成的、会导致所有者权益增加的、与所有者投入资本无关的经济利益的流入。损失是指由银行非日常活动所形成的、会导致所有者权益减少的、与向所有者分配利润无关的经济利益的流出。

所有者权益金额取决于资产和负债的计量。

4. 收入

收入是指银行在日常活动中形成的、会导致所有者权益增加的、与所有者投入资本无关的经济利益的总流入。包括营业收入和营业外收入。

营业收入是指银行提供金融商品服务、提供劳务以及让渡资产使用权等日常活动，所形成的经济利益的总流入，主要包括主营业务收入、其他营业收入。主营业务收入由利息收入、金融企业往来收入、手续费及佣金收入、投资收益、汇兑收益所构成；其他营业收入包括租赁收入、补贴收入、中途转让投资收入、追偿款收入、房地产开发收入、金银买卖收入、无形资产转让净收入、抵押物、质物的拍卖、变卖净收入（在取得抵押物、质物次日起1年内处分）等。

营业外收入是指银行在取得营业收入的同时，还会发生一些与其业务经营活动无直接关系的各项收入。主要包括固定资产盘盈、处置固定资产净收益、处置无形资产净收益、处置抵债资产净收益、罚款收入等。银行应当根据收入的性质，按照收入确认的条件，合理地确认和计量各项收入。

收入只有在经济利益很可能流入从而导致银行资产增加或者负债减少且经济利益的流入额能够可靠计量时才能予以确认。

符合收入定义和收入确认条件的项目，应当列入利润表。

5. 费用

费用是指银行在日常活动中发生的、会导致所有者权益减少的、与向所有者分配利润无关的经济利益的总流出，是资产的耗费，其目的是取得营业收入，获取更多的新资产。而通常所讲的成本则是对象化了的费用，费用不一定是成本。费用有时与支出相伴随，但支出不一定是当期的费用。支出泛指企业的一切开支及耗费。一般情况下可分为资本性支出、收益性支出、营业外支出和利润分配性支出四大类。支出中凡与取得营业收入有关的部分，即可表现或转化为费用，否则不能。所以，费用的确认和计量有特殊性。

（1）费用只有在经济利益很可能流出从而导致银行资产减少或者负债增加，且经济利益的流出额能够可靠计量时才能予以确认。

（2）银行为生产产品、提供劳务等发生的，可归属于产品成本、劳务成本等的费用，应当在确认产品销售收入、劳务收入等时，将已销售产品、已提供劳务的成本等计入当期损益。

（3）银行发生的支出不产生经济利益的，或者即使能够产生经济利益但不符合或者不再符合资产确认条件的，应当在发生时确认为费用，计入当期损益。

（4）银行发生的交易或者事项导致其承担了一项负债而又不确认为一项资产的，应当在发生时确认为费用，计入当期损益。

符合费用定义和费用确认条件的项目，应当列入利润表。

6. 利润

利润是指银行在一定会计期间的经营成果。利润在数量上等于收入减去费用后的净额；在项目上包括净经营收入、非净经营收入以及直接计入当期利润的利得和损失等。利润项目应当列入利润表。

直接计入当期利润的利得和损失，是指应当计入当期损益、会导致所有者权益发生增减变动的、与所有者投入资本或者向所有者分配利润无关的利得或者损失。利得是指收入和直接计入所有者项目外的经济利益的净流入；损失是指除费用和直接计入所有者项目外的经济利益的净流出。

利润是衡量银行在经营过程中自身经济效益的一个综合性指标，也是据以测定银行经营管理水平的重要标志。同时，银行的损益同资产、负债和所有者权益数值的增减变化息息相关，也是银行经营状况好坏的具体反映。利润不仅直接影响投资者的利益，而且也是影响银行偿债能力以及银行社会信誉的一个重要因素。主要包括营业利润、利润总额和净利润。其中：

利润总额=营业利润+营业外收入−营业外支出

营业利润=利息净收入+手续费及佣金净收入

+其他经营净收益（公允价值变动净收益、汇兑净收益等）

−营业支出及损失（营业税费+业务及管理费+资产减值损失）

净利润=利润总额−利润总额×所得税率

7. 各要素之间的关系

利润金额取决于收入和费用、直接计入当期利润的利得和损失金额的计量。本期利润的数量会对下期的所有者权益造成影响。

六大要素的关系式为：

资产=负债+所有者权益

利润=收入−费用

### 1.4.2 会计要素的确认及计量

会计确认是将某一经济事项作为一项会计要素正式列入会计报表的过程，包括何时确认及何种要素确认两方面。会计计量是指用货币或其他度量单位对会计要素进行数量描述的过程。财务会计是一个对会计要素进行确认、计量、记录和报告的过程，其中计量在财务会计系统中具有十分重要的地位。没有计量，就没有记录和报告的结果。而会计要素的确认与计量紧密联系。因为，会计要素定义仅是会计对象的定性分析，只能回答是什么，并不能回答是多少。而会计要素的计量恰恰弥补了这一不足。

1. 会计要素的确认

1）会计要素的确认条件

会计要素的确认主要解决某一个项目是否确认、如何确认和何时确认三个问题，它包括在会计记录中的初始确认和在财务会计报告中的最终确认。会计要素确认必须具备一定的条件，我国《企业会计准则——基本准则》对会计要素的确认条件做了具体规定。

（1）符合要素的定义。交易或事项中的某一项目确认为会计要素，首先必须符合该要素的定义。

（2）有关的经济利益很可能流入或流出企业。这里的“很可能”表示经济利益流入或流出的可能性在50%以上。

（3）有关的价值及流入流出的经济利益能够可靠地计量。

2）会计要素确认的会计基础

企业经营活动是连续的，而会计期间是人为划分的，因此难免有一部分收入和费用出现收支期间与应归属期间不一致的情况。在处理这些经济业务时，应正确选择合适的会计记账基础。可供选择的会计记账基础有两种：权责发生制和收付实现制。

（1）权责发生制。权责发生制又称应收应付制，是指以权责的发生为基础来确定本期收入和费用。凡是当期已经实现的收入和已经发生或应当负担的费用，无论款项是否收付，都应当作为当期的收入和费用记入当期损益；凡是不属于当期的收入和费用，即使款项已在当期收付，也不应当作为当期的收入和费用入账。《企业会计准则——基本准则》第一章第九条规定：“企业应当以权责发生制为基础进行会计确认、计量和报告。”按照权责发生制假设条件，银行除现金流量表以收付实现制（或现收现付制）为基础进行编制外，在会计确认、计量和报告时，均应采取应收应付制进行收入与成本费用的核算或报表的编制，以便准确地反映特定会计期间真实的财务状况及经营成果。总之，凡是属于本期已经实现的收入和已经发生或应当负担的费用，无论款项是否收付，均应作为当期的收入和费用；凡是不属于本期的收入和费用，即使款项已经收付，也不应作为当期的收入与费用。

（2）收付实现制。收付实现制又称收付实现基础或现收现付制。在会计核算中，是以款项是否已经收到或付出作为计算标准来确定本期收益和费用的一种方法。凡在本期内实际收到或付出的一切款项，无论其发生时间早晚或是否应该由本期承担，均作为本期的收益和费用处理。总之，凡在本期实际收到现金（或银行存款）的收入，无论款项是否属于本期，均作为本期收入处理；凡在本期实际以现金（或银行存款）付出的费用，无论其是否应在本期收入中取得补偿，均作为本期费用处理。

2. 会计要素的计量

1）会计要素计量的要求

依据《企业会计准则——基本准则》第九章规范，企业在将符合确认条件的会计要素登记入账并列报于会计报表及其附注时，应当按照规定的会计计量属性进行计量，确定其金额。但对资产和负债在取得时应当按照实际成本计量。除法律、行政法规和会计准则允许采用重置成本、可变现净值和公允价值等计量外，企业一律不得自行调整其账面价值。

2）会计计量属性

计量属性是依据一定的规则对计量对象价值属性的反映。通常所讲的会计计量属性主要包括五方面的内容。

（1）历史成本。历史成本计量方法是假定以货币为主要计量尺度且币值基本不变。在历史成本计量下，资产按照购买时支付的现金或者现金等价物的金额，或者按照购置资产时所付出的对价的公允价值计量。负债按照因承担现时义务而实际收到的款项或者资产的金额，或者承担现时义务的合同金额，或者按照日常活动中为偿还负债预期需要支付的现金或者现金等价物的金额计量。

历史成本法提供了会计要素的原始、客观的计量信息，是其他会计计量属性的基础，因此，各国会计规范中都使用该计量属性，从而奠定了历史成本计量的主导地位。

（2）重置成本。在重置成本计量下，资产按照现在购买相同或者相似资产所需支付的现金或者现金等价物的金额计量。负债按照现在偿付该项债务所需支付的现金或者现金等价物金额计量。

一般认为，重置成本提供的会计信息更具有相关性、及时性和信息的预测价值，能够真实地反映会计主体的经营业绩，但信息披露成本较高。

（3）可变现净值。在可变现净值计量下，资产按照其正常对外销售所能收到现金或者现金等价物的金额扣减该资产至完工时估计将要发生的成本、估计的销售费用以及相关税费后的金额计量。

可变现净值计量适用于预期未来销售的资产或未来清偿已定数额的负债，且其收益是在资产预期变现价值之上取得的，是不现实的收益信息，因此，在操作上同样受主观因素的影响。

（4）现值。在现值计量下，资产按照预计从其持续使用和最终处置中所产生的未来净现金流入量的折现金额计量。负债按照预计期限内需要偿还的未来净现金流出量的折现金额计量。

现值计量的理论依据是资产或负债导致的预期未来经济利益的流入和流出，与预期现值流入或流出的时间分布有关，即要考虑货币的时间价值。这种计量方法符合信息使用者的要求，所提供的会计信息有较高的相关性。

（5）公允价值。在公允价值计量下，资产和负债按照在公平交易中，熟悉情况的交易双方自愿进行资产交换或者债务清偿的金额计量。其本质是基于市场信息的评价，即①对有活跃、公开的市场交易的资产，市价就是公允价值。②对没有活跃、公开市场交易的资产，可采用计价模型计算，但计算过程中的有效数据应来自市场的相关信息，如市场利率等。

银行在对会计要素进行计量时，一般应当采用历史成本，采用重置成本、可变现净值、现值、公允价值计量的，应当保证所确定的会计要素金额能够取得并可靠计量。

## 1.5　银行会计的组织管理

银行会计工作是银行经营管理的重要组成部分和基础环节。为了完成银行会计的任务，更好地发挥银行会计的职能作用，必须按照一定的原则和形式，对会计工作进行组织和管理。银行会计的组织管理，就是在银行内部设置相应的会计机构，配备必要的会计人员，明确其职责权限，并建立各项会计制度，以便把会计工作科学地组织起来，使其有条不紊地进行运转。

### 1.5.1 银行会计机构及组织

1. 银行会计机构

银行会计机构是由银行专职会计人员组成，负责组织领导和直接从事会计工作的职能部门，它是银行内部管理机构的主要组成部分。在银行内部设置健全的会计机构，对于加强会计工作的组织领导，保证会计工作顺利进行和整个银行工作任务的完成，充分发挥银行的职能作用，有着十分重要的意义。

银行会计机构的设置，一般应同银行的管理体制、任务要求和业务量大小相适应。以四家国有银行为例，总行设会计司(部)，分行设会计处，中心支行设会计科，支行设会计科。这四级会计机构又分为两种类型。一种是不直接对外办理业务的银行会计机构，如总行、分行和中心支行的会计部门，其主要职责是组织领导辖区内的会计工作，制定有关会计规章制度并组织实施，监督检查制度执行情况，组织会计检查，帮助解决下级会计部门存在的问题，并开展有关会计报表的汇总工作。另一种是既负责管理全行的会计工作，又直接办理对外业务的基层行处的会计部门，如县支行的会计科。至于县支行以下的银行机构，一般是非独立核算单位，不单设会计机构，只配专职会计人员，负责办理会计业务。各级银行会计机构，都要在行长的统一领导下，严格遵守会计法与有关会计制度，认真履行职责，做好相关业务工作。同时，要积极主动地同其他职能部门密切协作，相互配合与支持，共同完成银行工作任务。

2. 银行会计内部管理

银行会计的内部管理是一种自律行为，是保证核算质量，确保科学经营、防范风险、保障资金安全而必须执行的相互制约的方法、措施和程序。银行会计内部管理涉及会计工作的各个方面，其主要内容包括五个方面。

1）建立会计岗位责任制

会计工作在主管行长的领导下，按照岗位需要，建立岗位责任制。主管行长对行长负责，会计主管对主管行长负责，一般会计人员对会计主管负责，一般会计人员按岗位分工，明确责任，如分设接柜岗位、记账岗位、复核岗位、联行岗位、事后监督岗位等。按照相互制约的原则明确每个岗位的职责，每个会计人员在本职岗位要认真履行职责，同时不得超越权限范围处理会计账务，也不得一人兼岗或独自操作会计核算的全过程。

2）建立规范化的会计操作程序

会计操作程序是根据会计工作规律并为防止出现会计风险而制定的。建立规范化的会计操作程序并严格组织执行，对于内部管理十分重要。例如，必须取得有效会计凭证方能记账；现金付出业务，先记账后付款；转汇业务，先付款后汇出；手工核算必须坚持综合核算与明细核算双线控制的原则；计算机处理会计业务必须制定和执行严密的管理规定与操作程序；同城票据交换必须完善管理控制制度；各项任务的账务处理必须遵守相应的会计核算手续；等等。

3）建立重要岗位定期轮换和离任交接制度

对于联行岗位、记账岗位、同城票据交换及财务等重要会计岗位的人员要定期轮换，不得搞一贯制。会计人员调动工作、离职或换岗，必须与接管人员办理交接手续，并实行监交。

4）建立重大会计事项授权制

凡涉及重大会计事项，须经会计主管或主管行长审批、授权后方能处理。例如，错账冲正、调整计息积数、开销户、内部资金划拨、补记账务、改变计息方法、应收与应付款等事项，未经授权，一般会计人员不得自行处理。会计人员加班还须经会计主管批准，会计主管加班须报主管行长批准。

5）建立会计业务事后监督制

会计部门设置事后监督岗，对每天处理的会计业务于次日进行全面检查，按月进行全面核查，会计主管重点抽查，以便及时发现和纠正误差，堵塞漏洞。

3. 银行会计工作的劳动组织

劳动组织是指经办业务的基层行处会计部门人员的分工和组织形式。由于各行处的业务范围大小不一，业务数量有多有少，会计人员的业务水平高低不一，工作设备不同，工作手段有手工操作处理和计算机处理，因此劳动组织也有所不同。一般有以下几种形式。

（1）营业专柜。是指办理对外业务的劳动组织形式，主要适用于业务量较大且实行手工操作记账的会计机构。通常由3~5人组成，分设记账员和复核员。记账员负责受理和审查凭证及编制记账凭证，登记有关账簿；复核员负责组织全组工作，审核并复核记账员办理的业务和账务，并对客户提出的查询做出答复。现金收付业务则由出纳部门统一办理。

（2）柜员制。是指柜员在接办业务的同时，也兼办出纳、记账、复核等项工作的劳动组织形式。这种形式适用于电算化设备齐全的行处。

（3）接柜员与操作员相结合。这种劳动组织形式是指设置专职接柜员接受和审查凭证，然后由电子计算机操作人员处理数据。其实质是手工操作和电子计算机操作有机结合。目前我国银行会计工作劳动组织大多采用这种形式。

### 1.5.2 银行会计人员

银行会计人员是在银行从事会计工作的人员。鉴于会计人员的重要性，《中华人民共和国会计法》中规定了会计人员应负的职责和履行职责所行使的权限。

1. 会计人员的职责

（1）认真组织、推动和保证会计工作及各项规章制度、办法的贯彻执行。

（2）按照规章制度，正确组织会计核算，认真记账、算账、对账、报账，做到手续完备，内容真实合法，数字准确，账目清楚，反映及时。

（3）加强会计服务与监督，认真办理资金收付与划拨清算。

（4）贯彻“勤俭建国”的方针，加强财务管理，努力增收节支，提高经济效益。

（5）开展会计检查与会计分析，不断提高核算质量，为金融决策提供信息。

（6）遵守并宣传《中华人民共和国会计法》，维护国家财经纪律，同一切违法乱纪行为作斗争。

（7）讲究职业道德，履行岗位责任制，文明服务，严守信用，优质高效，廉洁奉公，努力完成各项任务。

2. 会计人员的权限

为了保证会计人员能够顺利地履行职责，根据国家有关规定，赋予其下列权限。

（1）对违反财经纪律和金融企业规章制度、办法者，会计人员有权拒绝为其办理业务。发现弄虚作假，营私舞弊，欺骗上级等违法乱纪行为，会计人员有权制止，并向有关领导报告。

（2）有权参加有关的金融业务会议。

（3）会计人员在行使职权过程中，对是否违反国家政策、财经纪律、财务制度的事项，同领导人意见不一致时，如领导人坚持办理，会计人员可以执行，但同时有权向上级领导提出书面报告，请求处理。如会计人员不向上级领导提出报告反映，也应负有责任。如有人对会计人员坚持原则反映情况进行刁难和打击报复，上级机关要严肃处理。

### 1.5.3 银行会计制度

银行的财务会计活动贯穿于业务经营的全过程，渗透到银行业务的各个方面。财务会计管理水平高低对于银行的业务状况和经营成果将会产生重要影响。《中华人民共和国商业银行法》第五十四条规定："商业银行应当依照法律和国家统一的会计制度以及国务院银行业监督管理机构的有关规定，建立、健全本行的财务会计制度。"据此，我国银行应当以《中华人民共和国商业银行法》《中华人民共和国会计法》《企业会计准则》《金融企业财务规则》等法律、法规、规章的规定，以及监管机构对全国结算、联行等业务确定的统一制度和办法为依据，建立、健全本行的财务会计制度及实施细则，从而保证银行财务会计活动的正常进行，保证银行财务会计资料的完整、统一。

另外，针对我国各银行分支行制的特性，《中华人民共和国商业银行法》第二十二条规定："商业银行对其分支机构实行全行统一核算，统一调度资金，分级管理的财务制度。"这一规定明确了总行唯一的法人地位，各分支机构不具有法人资格，由总行对其实行统一的核算，统一调度资金。同时，总行对分支机构的财务制度实行分级管理的办法。

综上所述，目前我国银行内部会计制度体系主要包括三个层次，即会计基本规定、会计核算制度和会计管理制度、会计操作规程。

1. 会计基本规定

会计基本规定在银行会计制度体系中居于最高层次，是银行会计核算和会计管理的基本规范，是银行会计核算的基本制度。会计基本规定主要明确银行会计核算和会计管理中应坚持的基本原则与要求，如会计账务体系、会计核算体制、会计政策的选择、会计确认和计量的基本标准、会计机构和会计人员的设置等。会计基本规定对会计核算制度和会计管理制度的制定具有直接的指导作用，其基本特点应该是抽象的、原则性的。

2. 会计核算制度和会计管理制度

会计核算制度和会计管理制度是银行会计制度体系的核心。会计核算制度主要是规范会计事项的具体确认、计量、记录和报告的方法；会计管理制度主要是为保证会计核算有序进行所制定的各项规范，是会计核算制度顺利实施的必要保障。会计核算制度和会计管理制度之间是平行的、相辅相成的关系。

1）会计核算制度的内容

会计核算制度主要包括会计科目、会计凭证、会计账簿和会计报表等内容。四部分内容相互联系，具有一定的逻辑关系。

2）会计管理制度的内容

会计管理制度是为了保证会计核算的有效进行所制定的各项规范。从会计核算角度来看，会计管理制度应主要包括以下内容。

（1）会计科目授权管理办法。该办法的制定是为了规范会计科目的制定权限以及不同业务和不同机构的科目使用范围，避免超越权限使用会计科目，保证会计科目的有效使用，提高会计信息质量。

（2）会计凭证和会计账簿管理办法。该办法的制定主要是为了规范填制会计凭证和登记会计账簿的具体方法、要求及会计账簿的打印要求等。

（3）重要单证和物品的管理办法。该办法主要用来明确重要空白凭证、有价单证、重要物品的范围、计价和管理方法等。

（4）会计印章管理办法。该办法主要用来明确会计印章的种类、用途以及尺寸等。

（5）对账办法。该办法主要用于规范各类业务（如客户账、同业往来账、系统内往来账等）的对账方法和时间要求等。

（6）电算化管理办法。该办法主要用于规范电算化的组织形式、安全控制等。

当然除上述制度以外，会计管理制度还包括会计机构和会计人员组织管理制度、稽核制度等。

3. 会计操作规程

会计操作规程主要是在会计制度和业务管理规定的基础上，结合计算机系统而面向会计操作人员制定的具体操作规范。严格意义上说，会计操作规程不属于会计制度范畴。但由于它是前台会计人员的直接操作指南，在银行内部会计规范体系中具有极其特殊的意义。在满足操作和管理要求的前提下，会计操作规程越简单越好，对于固化在计算机应用系统中的有关会计制度的内容，完全可以不体现在会计操作规程中，以减轻前台会计人员的压力。同时，为提高会计操作规程的适用性，其最好是活页式的，并根据业务的变化定期进行修订和梳理。

需要说明的是，在实际执行中，会计核算制度和会计管理制度在转化成计算机软件业务需求后，一部分内容通过程序开发固化在计算机系统中，由系统自动进行判断和实现；另一部分内容要通过前台人员操作完成。会计核算规程实际上主要包括会计核算制度和会计管理制度中与前台操作有关的内容，另外还包括部分与计算机画面特点有关的业务管理规定。因此，会计操作规程与会计核算制度、会计管理制度既相互联系，又有所区别。

## ➢ 关键概念

银行会计　会计主体　货币计量　权责发生制　营业专柜　柜员制

## ➢ 复习思考题

1. 什么是银行会计？银行会计与其他企业会计比较有哪些特点？
2. 银行会计的基本假设条件是什么？
3. 现行银行会计从业人员应具备哪些条件？
4. 试述诚信与银行会计提供真实信息之间的关系。
5. 简述银行会计的信息质量要求。
6. 简述银行会计要素及各要素之间的关系。
7. 简述银行会计要素的计量属性。
8. 谈谈银行会计制度的演变过程。
9. 简述银行会计要素确认的会计基础及其区别。
10. 简述银行会计的组织管理。
11. 简述银行收入的构成。
12. 我国有哪些类型的银行机构？

# 第2章

# 基本核算方法

➢ **本章提要**

基本核算方法是全书的技术基础部分，主要介绍银行会计的基本核算方法和基本核算技能。其具体包括：银行会计科目的设置和分类；银行会计的记账方法及运用技术；银行会计凭证的填制及传递处理过程；银行账务组织及错账冲正的方法，其中包括手工和计算机操作两种处理。对于会计报告，本章仅介绍会计报告的种类及会计报表的报送等内容，会计报表的编制及说明将在本教材第13章详细介绍。通过本章的学习，读者能够了解银行会计核算的循环过程；理解会计科目的作用和分类；掌握会计科目的使用、记账方法、账务处理手续等内容。

## 2.1 会计科目

会计科目基本核算方法处在会计循环系统的第一个环节，其目的是总括反映银行各项业务和财务活动情况。所以，科学设置会计科目并建立完整的会计科目体系，是正确组织会计核算，提高会计核算质量和效率的前提。

### 2.1.1 会计科目的概念和作用

1. 会计科目的概念

会计科目就是将会计对象的具体要素，按照不同性质和管理要求进行分类的名称。它是总括、分类反映会计要素状况，统一会计核算内容和核算口径，明确财务收支成果，获取信息资料的工具。

现行银行会计科目是按照资金性质、业务特点、经营管理和核算要求以及国际通行的会计原则设置的。

2. 会计科目的作用

会计科目是银行会计核算的基础，它在会计核算过程中起着重要的作用。其作用主要有以下几点。

（1）会计科目是联结核算方法的纽带。在运用复式记账原理填制凭证、登记账簿、编制会计报表等一系列账务处理中，都离不开会计科目。也就是说，它能把各种业务与财务的账务核算内容联结起来，形成一个科学的有机整体，发挥着纽带作用。

（2）会计科目是取得系统信息资料的保证。在日常的业务与会计核算中，各种经济与金融信息资料成千上万而且错综复杂，会计科目作为会计核算的基础和区分会计要素具体内容的标志，就起到了科学组织和归类核算的作用，使银行全部信息资料进入预定的系统与控制程序，以满足人们取得系统信息资料的需求。

（3）会计科目是统一核算口径的基础。银行会计科目的设置，体现了按银行会计要素的要求来划分的特点。所以，为了保证会计信息的可比性，要求各银行在全国各地区的各个基层行处，必须通过银行业统一会计科目进行反映和核算，并对涉及资金增减变动的经济业务加以归类上报。最后通过逐级审核汇总和分析，使会计资料能够反映一个地区乃至全国的经济与金融状况，从而保证全国银行核算口径的统一，也便于各级领导和有关方面掌握情况，进行决策与指导工作。

### 2.1.2 会计科目的分类

银行会计核算使用的会计科目很多，它们之间相互联系共同组成了完整的会计科目体系。所以，要正确使用这些会计科目就要对其进行分类。银行会计科目按其与资产负债表的关系划分为表内和表外两大类型。

1. 表内科目

表内科目是反映在资产负债表内的，用来核算直接关系到银行资金实际增减变化情况的科目。这一类科目要求按复式记账法下的借贷记账法进行核算，使用统一货币量度，并要求借贷平衡。

表内科目按资金的性质和持有目的可分为资产类、负债类、所有者权益类、损益类科目和资产负债共同类科目。

（1）资产类科目。资产类科目是核算和反映银行被占用资金以及应收未收资金的科目，包括现金、贵金属、存放同业款项、交易性金融资产、衍生金融资产、买入返售金融资产、短期贷款、中期贷款、长期贷款、贴现、应收利息、短期投资、固定资产、在建工程、无形资产、递延资产等科目。其共性是：在账户中反映时，增加记借方，减少记贷方，余额反映在借方。

（2）负债类科目。负债类科目是反映银行欠人资金以及应付未付资金的科目，包括单位活期存款、定期存款、交易性金融负债、衍生金融负债、卖出回购金融资产、保证金、应付利息、长期借款、发行债券、外汇买卖等科目。其共性是：在账户中反映时，增加记贷方，减少记借方，余额反映在贷方。

（3）所有者权益类科目。所有者权益类科目是反映银行的投资者对银行净资产的所有权的科目，包括实收资本、资本公积、盈余公积、利润分配等科目。其共性是：在账户中反映时，增加记贷方，减少记借方，余额反映在贷方。

（4）损益类科目。损益类科目是反映银行在经营过程中收入、成本和费用的科目。其中收入类科目包括利息收入、手续费及佣金收入、金融企业往来收入、投资收益。成本和费用类科目包括利息支出、金融企业往来支出、资产损失、税金及附加、所得税等科目。在账户中反映时，收入类科目，增加记贷方，减少记借方，期末结转于“本年利润”的贷方；成本和费用类科目，增加记借方，减少记贷方，期末结转于“本年利润”的借方。

（5）资产负债共同类科目。资产负债共同类科目是用来反映和核算银行发生的资金往来业务的科目，适用于联行往来、外汇买卖、同城票据清算等业务，主要包括资金清算往来、货币兑换、同城票据清算、资金调拨、衍生金融工具往来、外汇营运资金等科目。其共性是：在账户中反映时，属于负债记贷方，属于资产记借方，余额轧差反映。总之，本类科目经过借贷方轧差后，可根据差额方向归并于资产负债表内科目，参加试算平衡。

2. 表外科目

表外科目是不纳入资产负债表内的，用来反映并不涉及或尚未涉及银行资金增减变化情况但又发生了权责关系，或用以反映和控制银行重要业务事项及数字资料的会计科目。

表外科目核算的业务，虽然当时不引起银行资金的实际收付，不通过表内核算，但银行对外已经承担了经济责任，也需要另外设置一些表外科目进行登记和反映。例如，或有资产、或有负债、有价单证（如定额本票、旅行支票、定额存单等各种单证，未发行的实物式国家债券、金融债券、企业债券、其他债券，以及本外币票样、其他有价单证等）、空白重要凭证（如支票、汇票、不定额本票等票据，信用卡、储蓄卡、IC 卡等各类空白卡，存单、存折、存款证实书、印鉴卡、银行汇票或本票申请书、现金调拨单、内部往来划收或付款报单、电子汇划划收或付款专用凭证、电子汇划划收或付款补充报单、凭证式国债收款凭证和本行规定的其他重要空白凭证）以及实物管理的核算内容就是用表外科目进行登记和反映的。表外科目采用单式记账法，增加记“收”或“收入”；减少记“付”或“付出”。不完全用货币量度，也不要求试算平衡。

### 2.1.3　会计科目的名称

依据《银行业会计科目表及会计科目使用说明》，银行会计科目赋予了不同的科目名称。现以某股份制商业银行会计科目名称为例进行介绍，包括的具体内容如表 2-1 所示，并在后续核算中主要采用该行科目。

**表 2-1　银行业会计科目名称和编号**

| 一、资产类 | | | | | |
|---|---|---|---|---|---|
| 顺序号 | 编号 | 会计科目名称 | 顺序号 | 编号 | 会计科目名称 |
| 1 | 101 | 库存现金 | 6 | 111 | 交易性金融资产 |
| 2 | 103 | 存放中央银行款项 | 7 | 113 | 衍生金融工具资产 |
| 3 | 105 | 存放同业款项 | 8 | 115 | 买入返售金融资产 |
| 4 | 107 | 贵金属 | 9 | 120 | 单位贷款（含短、中、长期贷款） |
| 5 | 109 | 拆放同业款项 | 10 | 124 | 个人贷款（含短、中、长期贷款） |

续表

| 顺序号 | 编号 | 会计科目名称 | 顺序号 | 编号 | 会计科目名称 |
|---|---|---|---|---|---|
| 一、资产类 | | | | | |
| 11 | 128 | 转贷款 | 33 | 172 | 累计折旧 |
| 12 | 130 | 贴现 | 34 | 173 | 固定资产减值准备 |
| 13 | 132 | 转贴现 | 35 | 174 | 固定资产清理 |
| 14 | 134 | 垫款（或逾期贷款） | 36 | 175 | 在建工程 |
| 15 | 136 | 贷款减值准备 | 37 | 176 | 无形资产 |
| 16 | 138 | 委托贷款 | 38 | 177 | 商誉 |
| 17 | 139 | 其他贷款 | 39 | 178 | 递延所得税资产 |
| 18 | 140 | 应收中央银行存款利息 | 40 | 180 | 应收股利 |
| 19 | 142 | 应收存放同业款项利息 | 41 | 181 | 待摊费用 |
| 20 | 144 | 应收拆放同业款项利息 | 42 | 182 | 买入票据 |
| 21 | 146 | 应收买入返售金融资产利息 | 43 | 183 | 库存物资 |
| 22 | 150 | 应收贷款利息 | 44 | 184 | 代理兑付国家债券 |
| 23 | 152 | 应收转贷款利息 | 45 | 185 | 代理兑付其他债券 |
| 24 | 154 | 应收垫款利息 | 46 | 186 | 代客理财投资 |
| 25 | 155 | 应收债券利息 | 47 | 187 | 抵债资产 |
| 26 | 159 | 其他应收利息 | 48 | 188 | 银团贷款 |
| 27 | 161 | 可供出售金融资产 | 49 | 189 | 催收利息 |
| 28 | 162 | 应收款项投资 | 50 | 191 | 继续参与资产 |
| 29 | 163 | 持有至到期投资 | 51 | 192 | 待处理财产损益 |
| 30 | 164 | 长期股权投资 | 52 | 193 | 系统内往来资产 |
| 31 | 166 | 资产支持证券 | 53 | 194 | 期收款项 |
| 32 | 171 | 固定资产原值 | 54 | 199 | 其他应收款 |
| 二、负债类 | | | | | |
| 顺序号 | 编号 | 会计科目名称 | 顺序号 | 编号 | 会计科目名称 |
| 55 | 203 | 向中央银行借款 | 71 | 240 | 财政性一般存款 |
| 56 | 205 | 同业存放款项 | 72 | 241 | 财政性专项存款 |
| 57 | 209 | 同业拆入款项 | 73 | 242 | 代理拨付及收缴款项 |
| 58 | 211 | 交易性金融负债 | 74 | 244 | 转贷款资金 |
| 59 | 213 | 衍生金融工具负债 | 75 | 246 | 应解汇款 |
| 60 | 215 | 卖出回购金融资产款 | 76 | 247 | 汇出汇款 |
| 61 | 220 | 单位一般存款 | 77 | 248 | 开出本票 |
| 62 | 222 | 单位信用卡存款 | 78 | 249 | 其他存款 |
| 63 | 224 | 单位保证金存款 | 79 | 250 | 应付中央银行借款利息 |
| 64 | 226 | 特种存款 | 80 | 252 | 应付同业存放款项利息 |
| 65 | 228 | 机关和团体存款 | 81 | 254 | 应付同业拆入款项利息 |
| 66 | 230 | 住房资金存款 | 82 | 256 | 应付卖出回购金融资产利息 |
| 67 | 232 | 个人一般存款 | 83 | 260 | 应付存款利息 |
| 68 | 234 | 个人信用卡存款 | 84 | 262 | 应付债券利息 |
| 69 | 236 | 个人保证金存款 | 85 | 269 | 其他应付利息 |
| 70 | 238 | 委托贷款基金 | 86 | 270 | 应付职工薪酬 |

续表

| 二、负债类 | | | | | |
|---|---|---|---|---|---|
| 顺序号 | 编号 | 会计科目名称 | 顺序号 | 编号 | 会计科目名称 |
| 87 | 271 | 应交税费 | 97 | 287 | 代理其他业务资金 |
| 88 | 272 | 应交代扣代缴税金 | 98 | 288 | 银团贷款资金 |
| 89 | 273 | 预计负债 | 99 | 289 | 待转利息收入 |
| 90 | 274 | 应付债券 | 100 | 291 | 继续参与负债 |
| 91 | 278 | 递延所得税负债 | 101 | 293 | 系统内往来负债 |
| 92 | 280 | 应付股利 | 102 | 294 | 期付款项 |
| 93 | 283 | 递延手续费及佣金 | 103 | 296 | 递延收益 |
| 94 | 284 | 代理国家债券资金 | 104 | 297 | 代售票据 |
| 95 | 285 | 代理其他债券资金 | 105 | 298 | 应付证券化信托资金 |
| 96 | 286 | 代客理财投资资金 | 106 | 299 | 其他应付款 |
| 三、资产负债共同类 | | | | | |
| 顺序号 | 编号 | 会计科目名称 | 顺序号 | 编号 | 会计科目名称 |
| 107 | 310 | 清算资金往来 | 111 | 350 | 衍生金融工具往来 |
| 108 | 320 | 代理买卖证券 | 112 | 360 | 套期工具 |
| 109 | 330 | 货币兑换 | 113 | 370 | 其他待清算资金 |
| 110 | 340 | 贵金属买卖 | 114 | 380 | 待处理结算款项 |
| 四、所有者权益类 | | | | | |
| 顺序号 | 编号 | 会计科目名称 | 顺序号 | 编号 | 会计科目名称 |
| 115 | 410 | 实收资本（或股本） | 119 | 450 | 一般风险准备 |
| 116 | 420 | 资本公积 | 120 | 455 | 本年利润 |
| 117 | 430 | 库存股 | 121 | 460 | 利润分配 |
| 118 | 440 | 盈余公积 | 122 | 499 | 外币报表折算差额 |
| 五、损益类 | | | | | |
| 顺序号 | 编号 | 会计科目名称 | 顺序号 | 编号 | 会计科目名称 |
| 123 | 501 | 贷款利息收入 | 136 | 533 | 汇款和结算业务手续费收入 |
| 124 | 503 | 转贷款利息收入 | 137 | 535 | 代理业务手续费收入 |
| 125 | 505 | 贴现利息收入 | 138 | 537 | 信托业务佣金收入 |
| 126 | 507 | 转贴现利息收入 | 139 | 539 | 顾问及咨询业务收入 |
| 127 | 509 | 垫款利息收入 | 140 | 541 | 担保业务手续费收入 |
| 128 | 511 | 买入返售金融资产利息收入 | 141 | 543 | 代收代付业务收入 |
| 129 | 513 | 存中央银行存款利息收入 | 142 | 549 | 其他手续费及佣金收入 |
| 130 | 515 | 存放同业款项利息收入 | 143 | 561 | 债券投资买卖损益 |
| 131 | 517 | 拆放同业款项利息收入 | 144 | 563 | 股利收入 |
| 132 | 518 | 债券利息收入 | 145 | 565 | 股权投资买卖损益 |
| 133 | 519 | 系统内款项利息收入 | 146 | 567 | 资产支持证券收益 |
| 134 | 529 | 其他利息收入 | 147 | 569 | 贵金属买卖损益 |
| 135 | 531 | 银行卡业务手续费收入 | 148 | 571 | 衍生金融工具损益 |

续表

| 顺序号 | 编号 | 会计科目名称 | 顺序号 | 编号 | 会计科目名称 |
|---|---|---|---|---|---|
| 五、损益类 | | | | | |
| 149 | 573 | 对联营合营企业投资损益 | 165 | 629 | 其他利息支出 |
| 150 | 575 | 其他投资收益 | 166 | 631 | 银行卡业务手续费支出 |
| 151 | 576 | 公允价值变动损益 | 167 | 633 | 结算业务手续费支出 |
| 152 | 577 | 汇兑损益 | 168 | 635 | 代理业务手续费支出 |
| 153 | 581 | 内部转移收入 | 169 | 639 | 咨询业务手续费支出 |
| 154 | 589 | 其他业务收入 | 170 | 643 | 代收代付业务支出 |
| 155 | 591 | 营业外收入 | 171 | 649 | 其他手续费及佣金支出 |
| 156 | 601 | 存款利息支出 | 172 | 661 | 税金及附加 |
| 157 | 603 | 转贷款资金利息支出 | 173 | 663 | 业务及管理费 |
| 158 | 607 | 转贴现利息支出 | 174 | 665 | 资产减值损失 |
| 159 | 611 | 卖出回购利息支出 | 175 | 681 | 内部转移支出 |
| 160 | 613 | 向中央银行借款利息支出 | 176 | 689 | 其他业务支出 |
| 161 | 615 | 同业存放款项利息支出 | 177 | 691 | 营业外支出 |
| 162 | 617 | 同业拆入款项利息支出 | 178 | 698 | 所得税费用 |
| 163 | 618 | 债券利息支出 | 179 | 699 | 以前年度损益调整 |
| 164 | 619 | 系统内款项利息支出 | | | |
| 六、表外科目 | | | | | |
| 顺序号 | 编号 | 会计科目名称 | 顺序号 | 编号 | 会计科目名称 |
| 180 | 6101 | 开出信用证 | 187 | 6515 | 开出凭证式债券 |
| 181 | 6102 | 开出保函 | 188 | 6231 | 未发行债券 |
| 182 | 6105 | 衍生金融工具 | 189 | 6531 | 冻结及诉讼中财产 |
| 183 | 6301 | 未收贷款利息 | 201 | 7201 | 重要空白凭证 |
| 184 | 6311 | 待收委托贷款利息 | 202 | 7205 | 代保管有价值品 |
| 185 | 6401 | 贷款承诺 | 203 | 7225 | 有价单证 |
| 186 | 6501 | 银行承兑汇票 | | | |

### 2.1.4 会计科目运用的有关要求

根据《金融企业会计制度》的规范，对银行运用会计科目提出以下要求。

（1）银行应按规定对会计科目编号。会计科目的编号，也是会计科目的代号，一般由四位数字组成，其中第一位数字代表科目的资金性质，其后三位代表该科目的顺序号。凡制度统一规定的会计科目的编号，银行不应随意打乱重编，以便于编制会计凭证、登记账簿、查阅账目、实行会计电算化。若需增设，因制度在某些会计科目之间留有空号，可在此处增设有关会计科目。

（2）银行应按制度的规定，设置和使用会计科目。在不影响会计核算要求和会计报表指标汇总，以及对外提供统一会计报表的前提下，可以根据实际情况自行增设、减少或合并某些会计科目。明细科目的设置，除制度已有规定外，在不违反统一会计核算要求的前提下，银行可以根据需要自行规定。

（3）银行应按规定填写会计科目名称。在填制会计凭证、登记账簿时，应填制会计科目的名称，或者同时填列会计科目的名称和编号，不应只填编号而不填科目名称。

（4）银行应按会计科目、交易对手或事项编制不同的账号。客户在银行开设的账户由户名和账户号构成。账户编列的号码称账号。账号的编排不是任意确定的，是有要求的。一般来说，账号由行号（含区号）、科目代号、顺序号三部分组合而成，不仅可以防止串户，而且有利于计算机核算。

## 2.2 记账方法

### 2.2.1 记账方法的沿革

记账方法是会计基本核算方法的重要内容。它是根据一定的规则，运用一定的符号，按照会计科目对发生的经济业务进行整理、分类和登记账簿的一种专门方法。根据记录方式不同，记账方法分为单式记账法和复式记账法。自 1948 年 12 月中国人民银行成立以来，我国银行曾先后多次变更记账方法。建行之初，采用复式收付记账法；1949 年 11 月第一届全国会计工作会议制定了全国银行统一会计制度，规定银行统一采用借贷记账法；1950 年又改用以科目为主的收付记账法；1954 年再次改为借贷记账法；1965 年又改为不设现金科目的现金收付记账法；1979 年则改为以资金为主体的资金收付记账法；1987 年 4 月，中国人民银行总行颁布的《全国银行统一会计基本制度》规定，银行的记账方法根据复式记账原理，采用资金收付记账法或借贷记账法，并指定中国银行、交通银行及新成立的银行，采用借贷记账法，其余专业银行包括信用社均采用资金收付记账法。随着金融改革的进一步深化，会计核算方法与国际惯例接轨已势在必行。1993 年颁布的《金融企业会计制度》规定，从 1994 年 1 月 1 日起，全国银行统一采用借贷记账法。至此，银行记账方法得以固定。

### 2.2.2 单式记账法

所谓单式记账法，就是对每一项经济业务所引起的资金变化只在一个账户中进行登记，以现金或人欠、欠人为中心的一种记账方法。这种记账方法虽然具有手续简便的优点，但由于账户设置不完整，各账户之间没有直接联系，也没有资金来源和资金运用的平衡关系，所以不能全面、系统地反映银行的经营情况，更难以满足管理和核算的要求，因而在实际工作中表内科目的记账方法被复式记账法所替代。而表外科目仍保留单式记账法，即目前我国对表外科目仍采用单式记账法，且以收和付作为记账符号，账簿设“收”、“付”和“余额”三栏。当业务发生或增加时记收；当注销或减少时记付；余额则表示结存或未结清的业务事项。其记账金额一般按业务发生额或凭证票面额记载，有些控制实物数量的科目，则按假定价格以货币计量或其他度量单位记载。表外科目记账方法的特点是：各科目只单方面反映自身的增减变化，不涉及其他科目，不存在平衡关系。

### 2.2.3 复式记账法

复式记账法是相对单式记账法而言的，它是由单式记账法发展演变而来的。所谓复式记账法，是以复式记账原理为依据，对每笔经济业务都要以相等的金额同时在两个或两个以上账户中进行登记的记账方法。它不仅能全面、清晰地反映经济业务的内容，还能通过对各会计要素具体项目增减变动情况的观察，了解经济业务的来龙去脉，同时便于运用试算平衡原理来检查账户记录的正确性。

由于复式记账原理下记账方法具有多样性，我国银行曾采用过资金收付记账法、借贷记账法等多种复式记账法，而借贷记账法是目前世界各国（包括我国在内）通用的一种复式记账法。

1. 资金收付记账法

资金收付记账法是复式记账法的一种，是以资金为主体，以“收”“付”作为记账符号，以“有收必有付，收付必相等”为记账规则，并采用“资金来源总额=资金运用总额”为平衡等式进行试算平衡的记账方法。

在资金收付记账法下，资金来源类科目，增加记“收”，减少记“付”，余额反映在收方；资金运用类科目，增加记“付”，减少记“收”，余额反映在付方。“库存现金”科目属于资金运用类科目，所以，增加记“付”，减少记“收”。

**【例 2-1】** 客户甲向某银行存入 100 元活期储蓄存款。会计分录为

收：活期储蓄存款　　100

付：库存现金　　100

2. 借贷记账法

借贷记账法是以“借”“贷”作为记账符号，以“资产=负债+所有者权益”会计恒等式作为理论依据及平衡公式，以“有借必有贷，借贷必相等”作为记账规则来记录和反映会计要素增减变动和结果的一种复式记账法。借贷记账法有如下几个基本要点。

1）记账符号及方向

借贷记账法以“借”和“贷”作为记账符号，并把每个账户分为左右两方，左方为借方，右方为贷方。根据会计恒等式和复式记账原理，若一项资产增加，只能是由另一项资产的减少，或是一项负债的增加，或是所有者权益的直接增加，或是企业收入增加，或是费用的减少而引起。同理，可推出“借”“贷”符号所表示的账户增减变化情况，也就是各类账户的记账方向，如表 2-2 所示。

**表 2-2 科目与记账符号关系**

| 借方 | 贷方 |
|---|---|
| 资产增加 | 资产减少 |
| 负债减少 | 负债增加 |
| 所有者权益减少 | 所有者权益增加 |
| 收入减少 | 收入增加 |
| 费用增加 | 费用减少 |

表 2-2 可概括为：同类资金有增有减；异类资金同增同减。

2）会计恒等式

会计恒等式也称会计方程式，即资产=负债+所有者权益（或资产=权益）。这个恒等式反映了会计基本要素之间的基本数量关系。其含义分析如下。

资产和权益是同一资金的两个不同方面。资产表明银行拥有哪些经济资源，其数额是多少；权益则表明是谁提供了这些经济资源。所以，权益是对资产的要求权，有一定数额的资产就必然有一定数额的权益；反之，有一定数额的权益，也必须有一定数额的资产。资产与权益是相互依存的。权益是债权人和投资者对于银行所拥有的资产可主张的权利，没有资产就没有权益；同样，银行所拥有的资产也不能脱离权益而存在。因此，从数量上看，一个银行所有资产的总额与所有权益的总额一定相等。我们将资产与负债和所有者权益之间的这种客观存在的恒等关系称为会计恒等式。

3）记账规则

记账规则是记账规律的高度概括。“有借必有贷，借贷必相等”的记账规则，是复式记账原理在借贷记账法中的具体运用。借贷记账法以“资产=负债+所有者权益”会计恒等式为理论依据，而收入和费用又会引起等式两端的变化，因此，无论资产、负债、所有者权益及损益四类账户中哪两类账户资金之间发生增减变化或某一类账户资金的增减变化登记入账后，必然会有“有借必有贷，借贷必相等”，且使“资产=负债+所有者权益”恒等。其变化形式无外乎会出现以下几种情况。

（1）某项业务涉及资产和负债两类账户，则有：资产增加（或负债减少）记借方，负债增加（或资产减少）记贷方，“有借必有贷，借贷必相等”。

（2）某项业务涉及资产和所有者权益两类账户，则有：资产增加（或所有者权益减少）记借方，所有者权益增加（或资产减少）记贷方，“有借必有贷，借贷必相等”。

（3）某项业务涉及资产类账户之间有增有减，则有：资产增加记借方，资产减少记贷方，“有借必有贷，借贷必相等”。

（4）某项业务涉及负债类账户之间有增有减，则有：负债增加记贷方，负债减少记借方，“有借必有贷，借贷必相等”。

（5）某项业务涉及收入和负债两类账户，则有：负债（或收入）增加记贷方，收入（或负债）减少记借方，“有借必有贷，借贷必相等”。

（6）某项业务涉及成本、费用和负债两类账户，则有：成本、费用增加（或负债减少）记借方，负债增加（或成本、费用减少）记贷方，“有借必有贷，借贷必相等”。

（7）某项业务涉及成本、费用和资产两类账户，则有：成本、费用（或资产）增加记借方，资产（或成本、费用）减少记贷方，“有借必有贷，借贷必相等”。

（8）某项业务涉及所有者权益类账户之间有增有减，则有：所有者权益增加记贷方，所有者权益减少记借方，“有借必有贷，借贷必相等”。

3. 资金收付记账法与借贷记账法的比较

资金收付记账法与借贷记账法从其共性来说，都是应用复式记账原理的记账方法。两种记账方法的差别，不仅在于记账符号的差异，更在于将账表的方向颠倒过来。在资金收付记账法下，“库存现金”收进来记“付”，付出去记“收”，这与人们的习惯不一致，也难以理解，给对账工作也带来了一定的麻烦。借贷记账法，以“借”和“贷”作为记账符号比较抽象，且与国际惯例接轨。所以，现行固定于借贷记账法。

### 2.2.4 复式记账法的试算平衡

试算平衡就是以“资产=负债+所有者权益”的平衡公式为依据，并运用“试算平衡表”为平衡工具来检查和平衡账务的方法。银行在复式记账法下主要采用借贷记账法进行核算，所以，下面以借贷记账法为例介绍资金的试算平衡内容。

1. 试算平衡表的概念

试算平衡表是反映银行各一级科目余额和发生额每日（或每月）变动情况的报表。

试算平衡表是分项目按一级科目排列的，可反映每一个项目和科目的期初、期末余额及本期发生额情况，因此，试算平衡表实质上动态地反映了银行的财务状况和经营成果的明细情况。

需要特别说明的是，试算平衡表虽然是编制资产负债表、利润表及有关管理层报表的主要基础，但单纯依靠试算平衡表并不能完全满足报表编制的需要，如在确定资产负债表“存放同业款项”“拆放同业”“买入返售资产”等项目时，还需要借助于部分二级科目。

2. 试算平衡表的编制

试算平衡表根据各一级科目的余额和发生额情况直接编制而成。

1）余额及发生额的填列

银行编制的试算平衡表有月份试算平衡表和日试算平衡表等多种。若为月份试算平衡表，其填列方法如下：①期初余额，即报告期内期初余额，按总账科目期初余额填列。元月份的期初数为上年度结转数，其余月份的期初数为上月月末余额；②本期发生额，即报告期内各科目借、贷方发生额，月份试算平衡表按总账科目“月计”数填列；③期末余额，即报告期期末余额，按总账科目月末余额填列，共同类科目余额按照借贷双方余额反映。若为日试算平衡表例推。

2）试算平衡表的基本平衡关系

（1）期初借方余额（贷方）+（−）本期借方发生额−（+）本期贷方发生额=本期借方余额（贷方）。

（2）期初借方余额合计=期初贷方余额合计。

（3）本期借方发生额合计=本期贷方发生额合计。

（4）期末借方余额合计=期末贷方余额合计。

（5）表内有关会计科目的平衡关系。

在编制试算平衡表时，要特别注意本期“期初余额”应与上月各科目的“期末余额”相互衔接。

属于共同类科目的，因其余额方向不固定，编表时，基层行依据该科目期末余额的方向填列，期初余额必须与上月的期末余额一致；汇总行出现借贷方均有余额的，不作扎抵处理，应全数反映，由总行统一扎抵。

如由于上月错账、串行等原因确需在本月调整的，一律通过本期发生额调整，不得更改期初余额（另有规定除外）。

3. 试算平衡表的格式

试算平衡表由表内科目、表外科目和补充资料三部分组成，每一部分又分为横向栏和纵向栏。表内科目是试算平衡表的主体，在纵向上，它包括按项目归类的所有一级科目；在横向上，主要包括行次、科目或项目代号、科目或项目名称、期初借方或贷方余额、本期借方或贷方发生额、期末借方或贷方余额等内容。表外科目主要列示表外科目代号、科目名称及期末余额。补充资料主要列示项目代号、项目名称和期末数。

**【例 2-2】** 现以某银行某日发生的业务为例，写出会计分录并编制日试算平衡表，如表 2-3 所示。

**表 2-3　案例银行试算平衡表**

××年×月×日

| 科目编号 | 科目名称 | 上日余额 | | 本日发生额 | | 本日余额 | |
|---|---|---|---|---|---|---|---|
| | | 借方 | 贷方 | 借方 | 贷方 | 借方 | 贷方 |
| 1001 | 库存现金 | 441 200 | | 1 000 | 500 | 441 700 | |
| 1131 | 短期贷款 | 1 100 000 | | 2 000 | 1 000 | 1 101 000 | |
| 2101 | 单位活期存款 | | 800 000 | 2 500 | 2 000 | | 799 500 |
| 1701 | 固定资产 | 850 000 | | 30 000 | 5 000 | 875 000 | |
| 4111 | 资本公积 | | 8 000 | 5 000 | 30 000 | | 33 000 |
| 3101 | 清算资金往来 | | 3 000 | | 2 000 | | 5 000 |
| 5601 | 营业外支出 | 15 000 | | 5 000 | | 20 000 | |
| 5701 | 所得税费用 | 5 000 | | 2 000 | | 7 000 | |
| 2241 | 应交税费 | | 200 | | 2 000 | | 2 200 |
| 4101 | 实收资本 | | 1 500 000 | | 23 000 | | 1 523 000 |
| 2211 | 应付债券 | | 100 000 | 18 000 | | | 82 000 |
| | 合计 | 2 411 200 | 2 411 200 | 65 500 | 65 500 | 2 444 700 | 2 444 700 |

（1）银行以现金收回短期贷款 1000 元。

借：库存现金　　1000（资产增加）

　贷：短期贷款　　1000（资产减少）

（2）发放给某企业短期贷款一笔 2000 元，转入企业存款户。

借：短期贷款　　2000（资产增加）

　贷：单位活期存款　　2000（负债增加）

（3）银行接受捐赠固定资产价值 30 000 元。

借：固定资产　　30 000（资产增加）

　贷：资本公积　　30 000（所有者权益增加）

（4）个体户李平提取活期存款 500 元。

借：单位活期存款　　500（负债减少）

　贷：库存现金　　500（资产减少）

（5）某企业以活期存款账户 2000 元委托银行汇出。

借：单位活期存款　　2000（负债减少）

　贷：清算资金往来　　2000（负债增加）

（6）银行新购固定资产价值 5000 元，发生或然损失。

借：营业外支出　　5000（费用增加）

　贷：固定资产　　5000（资产减少）

（7）银行计提应交所得税款 2000 元。

借：所得税费用　　2000（费用增加）

　贷：应交税费　　2000（负债增加）

（8）经上级批准将 5000 元资本公积转入资本金。

借：资本公积　　5000（所有者权益减少）

　贷：实收资本　　5000（所有者权益增加）

（9）银行发行股票 18 000 元，更换以前发行的可转换受益债券。

借：应付债券　　18 000（负债减少）

　贷：实收资本　　18 000（所有者权益增加）

## 2.3 会计凭证

### 2.3.1 会计凭证的概念及作用

会计凭证是记录各项经济业务与财务活动的书面证明，是办理资金收付和账务处理的依据，也是进行账务核算、核对、登账、结账和进行事后稽核（审计）的依据。

填制和审核会计凭证是会计核算的起点和基础。根据各种不同业务与财务性质，科学地设计和使用记账凭证，也是保证账务的核算、记载、结账、检查有条不紊进行的关键环节。

会计凭证在会计核算中发挥着重要的作用。其主要作用有以下几个方面。

1. 会计凭证是经济业务发生的书面证明

《中华人民共和国会计法》第十五条规定“会计账簿登记，必须以经过审核的会计凭证为依据，并符合有关法律、行政法规和国家统一的会计制度的规定”。由此可见，会计凭证对经济业务的发生和完成起着不可替代的证明作用。

2. 会计凭证是反映业务与组织核算的重要工具

银行的业务活动和财务收支过程伴随着会计核算的过程。在会计核算过程中，运用会计凭证可以把业务处理和会计核算过程中的各个环节联系起来，使会计核算工作有条不紊地进行，从而成为组织会计核算的工具。

3. 会计凭证是监督经济业务和事后查考的依据

会计凭证上记载了每笔经济业务的全貌，而且在各项业务的办理过程中，各经办人员必须在会计凭证上签章，以明确经济责任。所以通过对凭证的审查，就可以了解业务是否合理、合法，手续是否完备以及责任人的情况。

### 2.3.2　会计凭证的种类

为了具体地认识、掌握和运用会计凭证，有必要对会计凭证加以分类。会计凭证一般有以下几种分类方法。

1. 按凭证的使用范围分类

会计凭证按使用的范围来划分，可以分为基本凭证和特定凭证两种。

1）基本凭证

基本凭证是银行会计人员根据审核合格的原始凭证或业务事项自行编制的通用记账凭证。一般有 10 种。

（1）现金收入传票（表 2-4）。

**表 2-4　现金收入传票**

（贷）______　　　　年　月　日　　　　总字第　号
（借）库存现金　　　　　　　　　　　　字第　号

| 户名或账号 | 摘　要 | 金　额 | | | | | | | | |
|---|---|---|---|---|---|---|---|---|---|---|
| | | 百 | 十 | 万 | 千 | 百 | 十 | 元 | 角 | 分 |
| | | | | | | | | | | |
| | | | | | | | | | | |
| | | | | | | | | | | |
| 合　计 | | | | | | | | | | |

会计　　　出纳　　　复核　　　记账

（2）现金付出传票（表 2-5）。

**表 2-5　现金付出传票**

（贷）库存现金　　　　年　月　日　　　　总字第　号
（借）______　　　　　　　　　　　　　字第　号

| 户名或账号 | 摘　要 | 金　额 | | | | | | | | |
|---|---|---|---|---|---|---|---|---|---|---|
| | | 百 | 十 | 万 | 千 | 百 | 十 | 元 | 角 | 分 |
| | | | | | | | | | | |
| | | | | | | | | | | |
| | | | | | | | | | | |
| 合　计 | | | | | | | | | | |

会计　　　出纳　　　复核　　　记账

（3）转账借方传票（表 2-6）。

**表 2-6 转账借方传票**

总字第　　号
字第　　号

年　　月　　日

| 科目（借） | | 对方科目（贷） | | | | | | | | | |
|---|---|---|---|---|---|---|---|---|---|---|---|
| 户名或账号 | 摘　要 | 金　额 | | | | | | | | | 附件 |
| | | 百 | 十 | 万 | 千 | 百 | 十 | 元 | 角 | 分 | |
| | | | | | | | | | | | |
| | | | | | | | | | | | |
| | | | | | | | | | | | |
| | | | | | | | | | | | |
| | | | | | | | | | | | 张 |
| | | | | | | | | | | | |
| | | | | | | | | | | | |
| 合　计 | | | | | | | | | | | |

会计　　　　复核　　　　记账

（4）转账贷方传票（表 2-7）。

**表 2-7 转账贷方传票**

总字第　　号
字第　　号

年　　月　　日

| 科目（贷） | | 对方科目（借） | | | | | | | | | |
|---|---|---|---|---|---|---|---|---|---|---|---|
| 户名或账号 | 摘　要 | 金　额 | | | | | | | | | 附件 |
| | | 百 | 十 | 万 | 千 | 百 | 十 | 元 | 角 | 分 | |
| | | | | | | | | | | | |
| | | | | | | | | | | | |
| | | | | | | | | | | | |
| | | | | | | | | | | | |
| | | | | | | | | | | | 张 |
| | | | | | | | | | | | |
| | | | | | | | | | | | |
| 合　计 | | | | | | | | | | | |

会计　　　　复核　　　　记账

（5）特种转账借方传票（表 2-8）。

**表 2-8 特种转账借方传票**

年 月 日

| | |
|---|---|
| 总字第 | 号 |
| 字第 | 号 |

<table>
<tr><td rowspan="3">付款单位</td><td>全　称</td><td colspan="3"></td><td rowspan="3">收款单位</td><td>全　称</td><td colspan="3"></td><td rowspan="3">附件</td></tr>
<tr><td>账号或地址</td><td colspan="3"></td><td>账号或地址</td><td colspan="3"></td></tr>
<tr><td>开户银行</td><td></td><td>行号</td><td></td><td>开户银行</td><td></td><td>行号</td><td></td></tr>
<tr><td>金额</td><td colspan="8">人民币<br>（大写）</td><td>百 十 万 千 百 十 元 角 分</td><td></td></tr>
<tr><td colspan="5">原凭证金额 ¥________ 赔偿金 ¥________</td><td colspan="5" rowspan="3">科目（借）________<br>对方科目（贷）________<br><br>会计　复核　记账</td><td rowspan="3">张</td></tr>
<tr><td colspan="2">原凭证名称</td><td></td><td>号码</td><td></td></tr>
<tr><td>转账原因</td><td colspan="4">银行盖章</td></tr>
</table>

（6）特种转账贷方传票（表 2-9）。

**表 2-9 特种转账贷方传票**

年 月 日

| | |
|---|---|
| 总字第 | 号 |
| 字第 | 号 |

<table>
<tr><td rowspan="3">收款单位</td><td>全　称</td><td colspan="3"></td><td rowspan="3">付款单位</td><td>全　称</td><td colspan="3"></td><td rowspan="3">附件</td></tr>
<tr><td>账号或地址</td><td colspan="3"></td><td>账号或地址</td><td colspan="3"></td></tr>
<tr><td>开户银行</td><td></td><td>行号</td><td></td><td>开户银行</td><td></td><td>行号</td><td></td></tr>
<tr><td>金额</td><td colspan="8">人民币<br>（大写）</td><td>百 十 万 千 百 十 元 角 分</td><td></td></tr>
<tr><td colspan="5">原凭证金额 ¥________ 赔偿金 ¥________</td><td colspan="5" rowspan="3">科目（贷）________<br>对方科目（借）________<br><br>会计　复核　记账</td><td rowspan="3">张</td></tr>
<tr><td colspan="2">原凭证名称</td><td></td><td>号码</td><td></td></tr>
<tr><td>转账原因</td><td colspan="4">银行盖章</td></tr>
</table>

（7）表外科目收入传票（表 2-10）。

**表 2-10 表外科目收入传票**

表外科目（收）__________ 年 月 日

| 总字第 号 |
|---|
| 字第 号 |

| 户 名 | 摘 要 | 人民币金额 | | | | | | | | | | |
|---|---|---|---|---|---|---|---|---|---|---|---|---|
| | | 亿 | 千 | 百 | 十 | 万 | 千 | 百 | 十 | 元 | 角 | 分 |
| | | | | | | | | | | | | |
| | | | | | | | | | | | | |
| | | | | | | | | | | | | |
| | | | | | | | | | | | | |
| | | | | | | | | | | | | |

会计 出纳 复核 记账

附件 张

（白纸红油墨）

（8）表外科目付出传票（表 2-11）。

**表 2-11 表外科目付出传票**

表外科目（付）__________ 年 月 日

| 总字第 号 |
|---|
| 字第 号 |

| 户 名 | 摘 要 | 人民币金额 | | | | | | | | | | |
|---|---|---|---|---|---|---|---|---|---|---|---|---|
| | | 亿 | 千 | 百 | 十 | 万 | 千 | 百 | 十 | 元 | 角 | 分 |
| | | | | | | | | | | | | |
| | | | | | | | | | | | | |
| | | | | | | | | | | | | |
| | | | | | | | | | | | | |
| | | | | | | | | | | | | |

会计 出纳 复核 记账

附件 张

（白纸红油墨）

（9）外汇买（卖）借方传票（表 2-12）。

**表 2-12 外汇买（卖）借方传票**

（借）货币兑换 年 月 日

| 总字第 号 |
|---|
| 字第 号 |

<table>
<tr><td colspan="11">外币金额</td><td rowspan="2">牌 价</td><td colspan="11">人民币金额</td></tr>
<tr><td>亿</td><td>千</td><td>百</td><td>十</td><td>万</td><td>千</td><td>百</td><td>十</td><td>元</td><td>角</td><td>分</td><td>亿</td><td>千</td><td>百</td><td>十</td><td>万</td><td>千</td><td>百</td><td>十</td><td>元</td><td>角</td><td>分</td></tr>
<tr><td></td><td></td><td></td><td></td><td></td><td></td><td></td><td></td><td></td><td></td><td></td><td></td><td></td><td></td><td></td><td></td><td></td><td></td><td></td><td></td><td></td><td></td><td></td></tr>
<tr><td colspan="4">摘 要</td><td colspan="8"></td><td colspan="11">会计<br>复核<br>记账<br>制票</td></tr>
</table>

附件 张

（10）外汇买（卖）贷方传票（表 2-13）。

**表 2-13　外汇买（卖）贷方传票**

（贷）货币兑换　　年　　月　　日　　总字第　　号　　字第　　号

| 外币金额 | | | | | | | | | | | 牌　价 | 人民币金额 | | | | | | | | | | | 附件 |
|---|---|---|---|---|---|---|---|---|---|---|---|---|---|---|---|---|---|---|---|---|---|---|---|
| 亿 | 千 | 百 | 十 | 万 | 千 | 百 | 十 | 元 | 角 | 分 | | 亿 | 千 | 百 | 十 | 万 | 千 | 百 | 十 | 元 | 角 | 分 | |
| | | | | | | | | | | | | | | | | | | | | | | | |
| 摘　要 | | | | | | | | | | | | 会计 复核 记账 制票 | | | | | | | | | | | 张 |

由于这些记账凭证在银行内部经办业务的各个柜组之间进行传递，银行习惯上称其为传票。

通常这 10 种基本凭证在使用时分为三种情况。前四种基本凭证主要用于银行内部资金和财务收支的业务处理和核算，一般不对外使用。凡发生涉及外单位的转账业务，又系银行主动代为收款进账或扣款时，分别使用第 5 种、第 6 种传票作为收款或支款通知。第 7 种、第 8 种两种传票主要适用于表外业务。凡表外科目发生“增加”时，编制表外科目收入传票；“减少”时，编制表外科目付出传票，并采用单式记账法进行核算。当涉及外汇、外币兑换的转账业务时使用第 9 种、第 10 种传票。

2）特定凭证

特定凭证是根据各项业务的特殊需要编制的专用凭证，它兼顾客户和银行，所以需要一次多联套写。例如，各种结算凭证、借款凭证、国库凭证、联行报单等，一般是由联行、代理行寄来，或是客户按规定从银行购买填写，并提交银行凭以代替记账凭证进行记账的凭证。在银行的会计核算中，特定凭证使用的数量最多，按功能设计格式。具体内容将在以后有关章节中介绍。

2. 按凭证的填制程序和用途分类

按凭证的填制程序和用途分类，可将凭证分为原始凭证和记账凭证。

1）原始凭证

原始凭证是在经济或金融业务发生时直接取得或填制的、具有法律效力的书面证明。它是进行会计核算的原始资料和重要依据，如发货票、提货单、银行结算凭证以及各种报销单据等。

原始凭证按其来源不同，分为自制原始凭证和外来原始凭证两种类型。

自制原始凭证是指由本单位经办业务的部门和人员执行或完成某项经济业务时自行填制的凭证，如银行的出入库单等。

外来原始凭证是在经济业务完成时，由其他单位或个人提交的原始凭证。例如，供货单位开来的发货票，单位提交的各种结算凭证（支票、汇票等），火车、轮船及市内交通工具的票据都属于外来的原始凭证。

2）记账凭证

记账凭证是财会部门根据审核合格的原始凭证编制的，或客户提交的经过审核可直接凭以记账的会计凭证。记账凭证可以根据原始凭证直接填制，也可以根据若干同类的原始凭证汇总填制；还可以以客户提交的原始凭证代替记账凭证记账。在实际业务处理过程中视具体情况而定。

3. 按凭证的形式分类

会计凭证按形式分类可分为单式凭证和复式凭证。单式凭证即一张凭证上只填列所涉及的会计科目中的一个。它必须由两张或两张以上的单式凭证组合成套，才能反映出一笔经济业务的全貌。由于单式凭证具有传递方便、便于分工记账、综合整理及装订保管的优点，银行多采用单式记账凭证。复式凭证是将一笔业务所涉及的两个或两个以上的会计科目，都填列在一张凭证上（含一借多贷或一贷多借），并据以登记有关账簿。其优点是科目对应清楚，一张凭证内保持借贷两方平衡相等。但不足之处也很明显，除不具有单式凭证的优点外，还容易发生错记和漏记。

### 2.3.3 会计凭证的基本内容及特征

1. 会计凭证的基本内容

各种会计凭证随业务的性质不同而有所区别，但都必须具备一些基本的内容。会计凭证的基本内容（基本要素）主要有：①年、月、日（以特定凭证代替记账凭证时，必须注明记账日期）；②本、外币名称、符号及大、小写金额；③收、付款人的户名和账号；④收、付款单位开户行的行名和行号；⑤会计科目及会计分录；⑥业务摘要、用途及附件张数；⑦凭证编号（总号或分号）；⑧客户与银行及经办人员印章。

2. 会计凭证的特征

如前所述，银行会计凭证主要有两大特征：①银行会计采取单式记账凭证；②银行会计多以客户提交的凭证代为记账凭证。

### 2.3.4 会计凭证的处理

会计凭证的处理是指从受理或编制凭证开始，经过审查、记账、传递，直到整理、装订、保管为止的全过程。

1. 会计凭证的编制

编制会计凭证是会计核算工作的起点，是办理收付和记账的根据。所以编制会计凭证，要素必须齐全，数字正确，内容真实，字迹清楚。

1）现金传票的编制

客户到银行存、取现金，必须填制相关凭证，如现金缴款单或现金支票（存款凭条或取款凭条）等。银行内部发生的现金收付业务也应分别填制现金收入传票或现金付出传票。这些凭证只记载现金的对方科目，对现金科目本身的传票则可以省略。现金收入（付出）传票本身代表的就是“借”或“贷”现金科目，因而不再编制现金科目传票。每日营业终了后，以对应科目相反方向，将全部现金收入和现金付出总数填写在现金科目日结单上，据以登记现金科目总账。

2）转账传票的编制

对于转账业务，由于每笔业务至少要涉及两个科目，对所发生的每笔转账业务，要分别编制转账借方传票和转账贷方传票，即一个科目填制一张传票，以借方科目与贷方科目对转。对同一笔经济业务涉及的一套转账传票，应相互填写对方科目及编制传票号码，以防散失和便于事后查考。例如，第一套传票共三张，分别在各张传票上编列$1\frac{1}{3}$、$1\frac{2}{3}$、$1\frac{3}{3}$的分号，以便需要时拼凑还原。

【例 2-3】　20××年 10 月 26 日，大华棉织厂开出转账支票 1203 号金额 100 万元，归还某行贷款。其转账传票的填制如表 2-14 和表 2-15 所示。

表 2-14　转账借方传票

20××年 10 月 26 日　　总字第 2 号　字第 $2\frac{1}{2}$ 号

| 科目（借） | 单位活期存款 | 对方科目（贷） | 短期贷款 | | | | | | | | | |
|---|---|---|---|---|---|---|---|---|---|---|---|---|
| 户名或账号 | 摘　要 | | 金　额 | | | | | | | | | 附件 |
| | | | 百 | 十 | 万 | 千 | 百 | 十 | 元 | 角 | 分 | |
| 大华棉织厂 | 支票 1203 号 | | 1 | 0 | 0 | 0 | 0 | 0 | 0 | 0 | 0 | |
| | | | | | | | | | | | | 1 |
| | | | | | | | | | | | | |
| | | | | | | | | | | | | 张 |
| 合　计 | | | 1 | 0 | 0 | 0 | 0 | 0 | 0 | 0 | 0 | |

会计 ××　　复核 ××　　记账 ××

表 2-15　转账贷方传票

20××年 10 月 26 日　　总字第 2 号　字第 $2\frac{2}{2}$ 号

| 科目（贷） | 短期贷款 | 对方科目（借） | 单位活期存款 | | | | | | | | | |
|---|---|---|---|---|---|---|---|---|---|---|---|---|
| 户名或账号 | 摘　要 | | 金　额 | | | | | | | | | 附件 |
| | | | 百 | 十 | 万 | 千 | 百 | 十 | 元 | 角 | 分 | |
| 大华棉织厂 | 归还贷款 | | 1 | 0 | 0 | 0 | 0 | 0 | 0 | 0 | 0 | |
| | | | | | | | | | | | | 1 |
| | | | | | | | | | | | | |
| | | | | | | | | | | | | 张 |
| 合　计 | | | 1 | 0 | 0 | 0 | 0 | 0 | 0 | 0 | 0 | |

会计 ××　　复核 ××　　记账 ××

2. 会计凭证的审核

审核会计凭证是发挥会计监督作用的重要环节。银行在受理会计凭证时，应认真审查凭证的真实性、正确性、完整性和合法性。审核的具体内容主要有以下几点：①是否应为本行受理的凭证；②凭证种类是否正确，基本要素、联数及附件是否完整、齐全，是否超过了有效期限；③账号与户名是否相符；④大、小写金额是否一致，字迹有无涂改；⑤印鉴、密押是否真实、齐全；⑥支付金额是否超过存款余额或放款额度和拨款限额，用途是否符合有关规定；⑦计息、收费、罚金等计算是否正确；⑧会计科目的名称、代号是否使用正确等。

凡经过银行审核符合要求并处理后的凭证，必须加盖有关人员的名章，并分别加盖“现金收讫”、“现金付讫”或“转讫”章。对各种原始单据，如规定作为传票附件时，均应加盖“作附件”戳记。经审查，对不符合要求的凭证，应拒绝受理。

3. 会计凭证的传递

会计凭证的传递，是指会计凭证从填制或取得起，经审查、记账到装订保管的全过程。

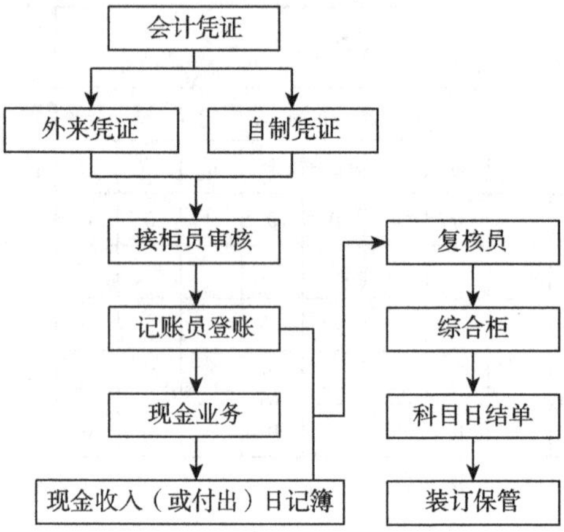


图 2-1 会计凭证传递程序图

1）会计凭证传递的一般程序

银行会计凭证的传递过程，既是处理业务和会计核算的过程，也是实现会计监督的过程，它关系着银行会计的核算质量和国民经济各部门的资金周转效率。因此，一切会计凭证的传递，必须准确、及时，手续严密，先外后内，先急后缓，防止积压、丢失等错、乱、慢现象发生。具体程序如图 2-1 所示。

2）会计凭证传递的基本原则

银行会计人员在对凭证处理时，应坚持如下原则。

（1）对于现金业务，要坚持现金收入业务先收款、后记账，坚持现金付出业务先记账、后付款的原则，以保证会计出纳账款一致和防止差错。

（2）对于转账业务，要坚持先记付款人账户，后记收款人账户的原则。

（3）对于他行业务，要坚持清算票据收妥进账，以防止透支和贯彻银行不垫款的原则。

实行电子计算机核算的各行，在凭证编制、审核、输入等环节，必须责任分明、手续严密。联网处理业务时，凭证应回归原开户行保管，并与代理收付清单勾对相符。

4. 会计凭证的装订与保管

为了保证会计核算资料完整无缺，便于事后查考，每日营业终了账务清理完毕后，要对会计凭证按日整理装订。在装订前，要认真检查凭证和附件张数及有关戳记是否完整齐全。装订时要按照有关规定顺序排列，另加传票封面和封底，在装订绳处加封，并加盖有关人员名章，以明确经济责任。如传票过多，可分册装订。

对于已装订成册并加封盖章的传票，应及时登记《会计档案保管登记簿》入库保管，未经批准，不得任意拆开，也不准外借、摘录。会计凭证均应按规定的年限妥善保管。

5. 有价单证及重要空白凭证的管理

有价单证是指待发行的印有固定面额的存单、票据和证券，如国库券、金融债券、定额存单、定额本票、定额支票等。这些有价单证一经银行签发就有支款效力，应视同现金加强管理。对有价单证的管理应实行“证账分管，证印分管”的原则，即会计管账，出纳管证，相互制约，相互核对。建立有价单证登记簿，通过表外科目核算，按单证种类和面额立户，以便反映和监督各种单证的领发结存等情况。

重要空白凭证是指由银行印制、具有特定用途，但尚未填写和签章的空白凭证，如空白支票、汇票、不定额本票、存折、存单、联行报单等。对重要空白凭证通过表外科目核算，设置登记簿，按品种立户，并登记凭证起讫号码，由专人负责管理，对出售、领用、运送、注销有严格手续，并定期对账面结余和库存数字进行核对。

## 2.4　账务组织与账务处理

### 2.4.1　账务组织

1. 账务组织的概念

账务组织是指各种账簿之间的相互关系以及同记账程序和核对方法的有机结合。账簿是由具有一定格式而又相互联系的账页所组成，以会计凭证为依据，全面地、连续地、科学地记录和反映各项经济业务的簿籍。

银行的账务组织包括明细核算和综合核算两大系统。明细核算由各种分户账、登记簿（卡）、余额表、现金收付日记簿组成，按户进行核算，它反映每一会计科目下各账户资金增减变化的详细情况。综合核算按科目进行核算，它由科目日结单、总账、日计表组成，它反映每一会计科目资金增减变化的总括情况。两个系统的账簿都根据同一会计凭证平行登记，双线核算。明细核算对综合核算起细化和补充作用，综合核算对明细核算起统驭作用。它们相互配合，相互补充，又相互联系，相互制约，构成银行会计核算完整的账务组织体系。

2. 明细核算

明细核算是对每个会计科目分户账的核算，用来反映各个账户资金增减变化的详细情况，是综合核算的补充和具体化。其构成和处理流程如图 2-2 所示。

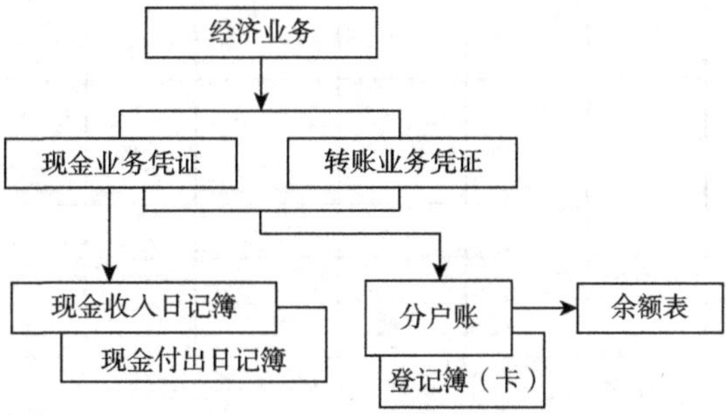


图 2-2　明细核算程序图

1）分户账

分户账是明细核算的主要账簿，是总账各科目的详细记录，也是与客户对账的依据。分户账中又分别设置甲、乙、丙、丁四种账簿格式。

甲种账（表 2-16）设有借方、贷方和余额三栏，适用于不计息或使用余额表计息的账户，以及银行内部财务核算的账户。

**表 2-16 甲种账**

______账

户名： 账号： 领用凭证记录

| 本账总页数 |
| --- |
| 本户页数 |

| 年 | | 摘要 | 凭证号码 | 对方科目代号 | 借方 | 贷方 | 借或贷 | 余额 | 复核盖章 |
| --- | --- | --- | --- | --- | --- | --- | --- | --- | --- |
| 月 | 日 | | | | （位数） | （位数） | | （位数） | |
| | | | | | | | | | |

会计 记账

乙种账（表 2-17）设有借方、贷方、余额、积数四栏，适用于在账页上加计积数，并计算利息的账户。

**表 2-17 乙种账**

______账 利率：

户名： 账号： 领用凭证记录

| 本账总页数 |
| --- |
| 本户页数 |

| 年 | | 摘要 | 凭证号码 | 对方科目代号 | 借方 | 贷方 | 借或贷 | 余额 | 日数 | 积数 | 复核盖章 |
| --- | --- | --- | --- | --- | --- | --- | --- | --- | --- | --- | --- |
| 月 | 日 | | | | （位数） | （位数） | | （位数） | | （位数） | |
| | | | | | | | | | | | |

会计 记账

丙种账（表 2-18）设有借方、贷方发生额和借方、贷方余额四栏，适用于借、贷双方反映余额的存贷往来账户。

**表 2-18　丙种账**

__________账

| 本账总页数 |
|---|
| 本户页数 |

户名：　　账号：　　领用凭证记录　　　　利率：

| 年 | | 摘要 | 凭证号码 | 对方科目代号 | 发生额 | | 余额 | | 复核盖章 |
|---|---|---|---|---|---|---|---|---|---|
| 月 | 日 | | | | 借方 | 贷方 | 借方 | 贷方 | |
| | | | | | （位数） | （位数） | （位数） | （位数） | |
| | | | | | | | | | |

会计　　　　　　　记账

丁种账（表 2-19）设有借方、贷方、余额和销账四栏，适用于逐笔销账的一次性业务，并兼有分户核算的作用。

**表 2-19　丁种账**

__________账

| 本账总页数 |
|---|
| 本户页数 |

| 年 | | 账号 | 户名 | 摘要 | 凭证号码 | 对方科目代号 | 借方 | 销账 | | | 贷方 | 借或贷 | 余额 | 复核盖章 |
|---|---|---|---|---|---|---|---|---|---|---|---|---|---|---|
| 月 | 日 | | | | | | （位数） | 年 | 月 | 日 | （位数） | | （位数） | |
| | | | | | | | | | | | | | | |

会计　　　　　　　记账

2）登记簿（卡）

登记簿（卡）是为适应于某些业务需要而设置的账簿，是分户账的补充，主要用来登记账户中未能记载的各种业务事项以及对重要空白凭证、有价单证的控制等，是统驭卡片账的辅助账簿。

3）余额表

余额表是核对总账与分户账余额和计算利息的重要工具，是明细核算的重要组成部分。它包括计息余额表和一般余额表两种。计息余额表（表 2-20）适用于计息科目，一般单位的存、贷款业务凡用甲种账记载的，均可使用计息余额表计息。一般余额表适用于不计息科目或与乙种账核对余额。

表 2-20 计息余额表

年　月

科目名称：　　　　利率：　　　　共　页

科目代号：　　　　　　　　　　　第　页

| 账　号 | | | | | 复核盖章 |
|---|---|---|---|---|---|
| 户　名 | | | | | |
| 余额 / 日期 | （位数） | （位数） | （位数） | （位数） | |
| | | | | | |
| 至上月底累计未计息积数 | | | | | |
| 日期<br>1<br>⋮<br>10 天小计<br>11<br>⋮<br>20 天小计<br>21<br>⋮ | | | | | |
| 本月合计（本月计息积数） | | | | | |
| 应加积数 | | | | | |
| 应减积数 | | | | | |
| 本期累计应计息积数 | | | | | |
| 结息时计算利息数 | | | | | |
| 备注 | | | | | |

会计　　复核　　记账

余额表根据各账户的每日最终余额抄列。当日未发生借贷的账户，应根据上一日的最终余额抄列，以便同总账余额核对和计算积数及利息。

4）现金收入（付出）日记簿

现金收入（付出）日记簿是一种序时与分类相结合的账簿（表 2-21），是现金收入和现金付出的明细记录，业务发生后，依据现金收入或现金付出传票分别序时、逐笔记载。库存现金当日的收付总数应与“现金”科目的借、贷方发生额核对一致。

表 2-21 现金收入日记簿

柜组名称：　　　　年　月　日　　　　第　页　　　　共　页

| 凭证号数 | 科目代号 | 户名或账号 | 计划项目代号 | 金额（位数） | 凭证号数 | 科目代号 | 户名或账号 | 计划项目代号 | 金额（位数） |
|---|---|---|---|---|---|---|---|---|---|
| | | | | | | | | | |

复核　　出纳

3. 综合核算

综合核算又称总分类核算，是按会计科目进行的核算。它用来反映各部门一切交易事项、业务活动及资金、财产变化的总括情况，是明细核算的概括和综合。综合核算可以全面反映、监督银行业务和财务活动情况，是编制各种会计报表的依据，也为考核政策、法规的贯彻执行情况提供数据信息。其构成和核算程序如图 2-3 所示。

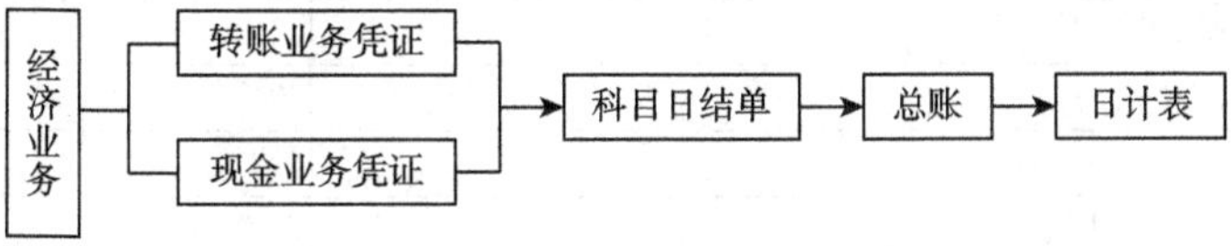


图 2-3　综合核算程序图

1）科目日结单

科目日结单也称汇总传票（表 2-22），是按日根据同一科目的传票，分别将现金、转账、借方、贷方各自相加填入有关栏内，并注明传票及附件张数。现金科目日结单应根据各科目日结单的现金借方和贷方数各自相加填列。每日营业终了，根据当日各科目的传票分别编制科目日结单，它是轧平当日账务和登记总账的依据。科目日结单全部相加的借方、贷方合计数必须相等。

**表 2-22　科目日结单**

年　月　日

| 借方 | | 贷方 | | |
|---|---|---|---|---|
| 传票张数 | 金额（位数） | 传票张数 | 金额（位数） | 附件 |
| 现金　张 | | 现金　张 | | |
| 转账　张 | | 转账　张 | | 张 |
| 合计　张 | | 合计　张 | | |

事后监督　　复核　　记账　　制单

2）总账

总账是按科目设置和登记的账簿，是各科目的总括记录，是综合核算与明细核算相互核对及统驭分户账的工具，也是编制日计表等会计报表的依据。

总账设有借、贷方发生额和借、贷方余额四栏。账页每月更换一次。其记载方法是：每日营业终了，根据各科目日结单的借、贷方发生额合计数填记，并结出余额。当日未发生账务的计息科目，应将上日余额填入当日余额栏内，以便与余额表核对积数，如表 2-23 所示。

表 2-23 总账

年 月

科目名称：

科目代号：

| 年 月 | 借方（位数） | 贷方（位数） |
|---|---|---|
| 上年底余额 | | |
| 本年累计发生额 | | |
| 上月底余额 | | |
| 至上月底累计未计息积数 | | |

| 日期 | 发生额 | | 余额 | | 复核盖章 |
|---|---|---|---|---|---|
| | 借方（位数） | 贷方（位数） | 借方（位数） | 贷方（位数） | 复核员 |
| 1<br>⋮<br>10天小计 | | | | | |
| 11<br>⋮<br>20天小计 | | | | | |
| 21<br>⋮<br>31 | | | | | |
| 月计 | | | | | |
| 自年初累计 | | | | | |
| 应加应减积数 | | | | | |
| 本期累计应计息积数 | | | | | |
| 本月累计未计息积数 | | | | | |

会计　　复核　　记账

3）日计表

日计表按日编制，是反映当天业务活动情况和轧平当天账务的主要工具。日计表的各科目当日发生额和余额根据总账填记，日计表借、贷方发生额和借、贷方余额的合计数必须各自平衡，具体见表 2-24。

表 2-24 日计表

年 月 日

| 科目代号 | 科目名称 | 发生额 | | 余额 | | 科目代号 |
|---|---|---|---|---|---|---|
| | | 借方（位数） | 贷方（位数） | 借方（位数） | 贷方（位数） | |
| | | | | | | |
| | | | | | | |
| | | | | | | |
| 合计 | | | | | | |

行长（主任）　　会计　　复核　　制表

### 2.4.2　账务处理

账务处理是指从办理业务、编制和审查凭证开始，经过账务记载和账务核对，直到轧平账务、编制日计表的全过程。它主要包括记账、结账和对账三个环节。

1. 记账

记账是会计核算的主要内容。当业务发生时编制或审查凭证，一方面，根据凭证记入分户账，按分户账的余额编制余额表；另一方面，根据凭证编制科目日结单登记总账，并根据总账编制日计表。

2. 结账

结账是指银行在会计期末将各科目余额结清或结转下期，使各科目记录暂时先告一段落的过程，也是会计核算的重要环节。账务记载到一定时期后，必须进行结账。银行的结账工作分为日结、月结和年度结转三种。其中，日结是结账的基础，也是银行会计的一个重要特征。

3. 对账

对账是保证账务记载正确的一项必要措施。通过对账，从内容上要求达到账账、账款、账据、账实、账表和内外账务六相符。

银行账务核对从时间上划分为每日核对和定期核对。下面以手工操作为主介绍账务核对的内容。

1）每日核对

每日核对包括总分核对和账款核对。要求达到账账和账款两相符。

（1）总分核对。各科目的分户账或余额表的合计数应与同一科目总账余额核对相符。储蓄、农贷各科目由于账户较多，每日通打各分户账余额有困难。所以，仅通过核对变动户余额的方法进行总分核对。其核对公式为

某变动户昨日借贷方余额 ± 某变动户今日借贷方发生额=某变动户今日借贷方余额

上式计算结果核对无误后，再核对该科目今日余额。

该科目今日借方余额=该科目昨日余额+变动户今日借方发生额合计
−变动户今日贷方发生额合计

（2）账款核对。现金收入、付出日记簿的总数，应与“库存现金”科目总账的借方、贷方发生额核对相符；现金库存登记簿的库存数，应与“库存现金”科目总账借方余额核对相符，并与实际库存现金核对一致。

2）定期核对

定期核对主要是核对未纳入每日核对的账务，目的是达到账据、账实、账表以及内外账务相符。其主要包括：①余额表上的计息积数，按旬、按月、按结息期同该科目总账的 10 天、20 天小计、月末合计和结息期累计积数核对相符。②使用丁种账页记载的账户，按旬加计未销各笔金额，同该科目总账的余额核对相符。③储蓄科目必须按月或按季通打一次全部分户账余额，并与该科目总账余额核对相符。④贷款各科目至少每季通打一次全部分户账余额并与总账余额核对相符，还要与借据逐笔勾对相符。⑤各卡片账每月与该科目总账或有关登记簿核对相符。⑥贵金属分户账，每月与出纳部门金银保

管登记簿核对相符。⑦各种有价单证、重要空白凭证等，每月账实核对相符；房屋、器具等固定资产及低值易耗品，应在年终决算前账实核对相符。⑧内外账务核对相符。一方面存折户坚持账折见面；另一方面按月或按季填发“余额对账单”与单位对账，限期收回。⑨同业往来账户核对。要求经常与同业单位进行账务核对，至少每月送对账单对账一次，保持双方余额一致性。

3）银行每日账务处理程序与核对关系

如图 2-4 所示，银行每日账务处理程序与核对关系如下：①根据会计业务编制凭证。②根据凭证登记分户账或现金收付日记簿。③根据分户账编制余额表。④根据凭证按科目编制科目日结单。⑤根据科目日结单登记总账。⑥根据总账编制日计表。⑦将总账与分户账或与余额表进行余额核对。⑧总账与现金收付日记簿和现金库存簿进行核对。⑨现金库存簿与库存现金核对。

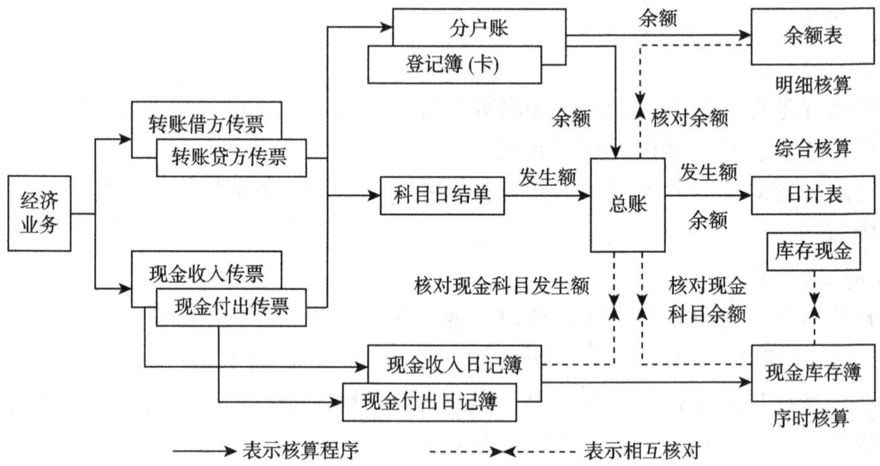


图 2-4 银行每日账务处理程序与核对关系图

### 2.4.3 记账规则和错账冲正方法

1. 记账规则

登记账簿是会计核算的一项重要内容，也是会计核算的基础工作。按照统一的规则记账才能准确、及时、真实、完整地提供核算资料。所以，在登记账簿时必须严格执行以下规则。

（1）账簿的各项内容必须根据记账凭证的有关事项记载，做到内容完整、数字准确、摘要简明扼要、字迹清晰。记账凭证内容有错误或遗漏，应更正或补充后再登记。

（2）记账须用规定书写工具书写。红色墨水只用于划线和冲正以及按规定用红字批注的有关文字说明。

（3）账簿上所写文字与金额，一般应占全格的 1/2。摘要栏文字若一格写不完可在下一格连续填写，金额应填于末一行文字的金额栏内。

（4）账簿上的一切记载，不许涂改、挖补、刀刮、皮擦和用药水销蚀。

2. 错账冲正的方法

处理账务必须严肃认真，做到正确无误。万一出现差错，应分别按规定办法进行改正和冲正。

1）红线更正法

红线更正法适用于更正当日发生的差错。当日期和金额写错时，用一道红线将错误数字划掉，将正确数字写在上边，并由记账员在红线左端盖章证明。如划错红线，可在红线两端划“×”销去，并由记账员盖章证明。若错账无法更正，则需按规定更换新账页，千万不得撕毁。

2）同方向红、蓝字冲正法

同方向红、蓝字冲正法一般适用次日或以后发现本年度内的差错。

（1）传票正确，记账串户，以后发现时应填制同方向红字传票，记入原错误账户纠正错误，同时另填制同方向蓝字传票，记入正确账户，并应分别注明“冲销×年×月×日错账”和“补记冲正×年×月×日账”。

（2）传票填错科目或账户，随之登错账时，应填同方向红、蓝字传票，冲销错误账户，补记正确账户或科目。

（3）传票正确，科目日结单结错，应填制红、蓝字科目日结单进行冲正。

3）蓝字反方向冲正法

这种方法一般用于本年度发现上年度的差错。更正时，可在本年度账户上，将原记的借改为贷（编制蓝字传票）、贷改为借即可（编制蓝字传票）。但不得更改上年度的决算表。

凡因冲正错账而影响利息计算时，应计算应加、应减积数，并在余额表或乙种账上调整计息积数。其计算公式如下：

应加（或应减）本金×时期（错记日至改正前一日）=应加（或应减）积数

### 2.4.4　计算机操作的账务处理

1. 记账

使用计算机记账，必须严格执行以下规定。

（1）数据输入，必须由指定的操作员进行，非操作人员不得输入数据。

（2）输入数据的要求同手工记账一样，不合法凭证不得进行操作。

（3）操作人员不得自制凭证上机处理，更不准无凭证输入，且各项业务应序时输入。

（4）红字凭证的输入，按同方向负数处理，以“—”表示，并在摘要栏打印冲账代码。

（5）自助式设备（包括电话银行、网上银行、自动取款机、POS[①]机等），由客户按章程自行输入业务数据。

（6）计算机自动生成的凭证（如利息凭证），其转账数据必须经有关人员复核，并核对份数、金额及平衡关系，先核对后记账。

---

① 全称为 point of sales，销售点情报管理系统。

2. 对账

计算机操作的账务核对和手工操作的账务核对在“六相符”的要求上是一样的，而且也分为每日核对和定期核对。

每日核对的内容和要求如下：①手工核对科目日结单的发生额与平衡表相互勾对相符。②总轧平衡。各科目日结单的借、贷方发生额合计相符，并与当日计算机打印的日计表勾对相符；总账的各科目发生额，余额借、贷方平衡并与计算机打印出的日计表各相应数字勾对相符。③遇有开、销户，调增、调减积数时，除当日按规定核对外，次日复核员必须依据开销户、调增或调减积数通知单，再与计算机打印出的余额表有关内容勾对相符。

计算机定期核对内容与手工操作程序相同。

3. 错账处理

（1）输入数据发生差错，应由经办人员运用计算机功能，将错误数据删除，再输入正确数据。对所删除的数据，应打印删除记录，以便核对查考。

（2）因凭证填制错误而发生的错账，应先更正凭证，并按照上款办法更正错账。

## 2.5 会计报告

财务会计报告是银行会计核算的重要环节，是向信息使用者提供相关经营信息的重要途径。

### 2.5.1 财务会计报告及目的

1. 财务会计报告的概念

财务会计报告是指反映银行财务成果（或损失）的报告，由会计报表、会计报表附注（是会计报表的补充说明）所组成（依据财政部2006年2月15日颁布的《企业会计准则》第30号）。而会计报表是指银行对外提供的反映某一特定日期财务状况和某一会计期间经营成果、现金流量的文件，由资产负债表、利润表、利润分配表、所有者权益增减变动表所构成。

2. 银行财务会计报告的目的

银行会计与报告系统提供的财务报表信息主要包括财务状况、经营业绩、现金流量。其目的有以下四个方面：①向债权人和投资者提供有用信息；②向银行高级管理层提供对决策有用的相关信息；③满足中国银行保险监督管理委员会的要求；④满足政府及其有关部门和社会公众的要求。

### 2.5.2 财务会计报告的种类

1. 按信息使用者划分

由于现代银行一般采取股份制形式，其经营权与所有权分离，银行经营管理人员必须定期向银行所有者及银行监管部门提交财务报告，反映银行的经营状况及自己的工作业绩。相关的银行财务报告按信息使用者分为通知报告、董事会报告、股东大会报告。

其目的是满足各方信息使用者的要求。

2. 按报送时间划分

1）短期财务会计报告

短期财务会计报告主要为内部管理者及经办人员平衡当日业务之用，如日报表。

2）中期财务会计报告

中期财务会计报告是指以中期为基础编制的财务报告。中期是指短于一个完整的会计年度的报告期间。一般而言，半年度、季度和月度财务会计报告统称为中期财务会计报告。

中期财务会计报告至少应当包括资产负债表、利润表、现金流量表和附注。

中期资产负债表、利润表和现金流量表应当是完整报表，其格式和内容应当与上年度财务报表相一致。

3）年度财务会计报告

年度财务会计报告除包括中期财务会计报告的内容外，还应该包括利润分配表、所有者权益增减变动表、合并财务报表等内容。

### 2.5.3　银行财务会计报告的报送

1. 银行财务会计报告报送的对象

（1）银行的财务会计报告应当报送当地财政机关、税务部门、银行业监督机构、中国人民银行以及其他财务会计报告法定使用者。

（2）股份制商业银行应按有关规定向股东提供财务会计报告。其年度财务会计报告应当在召开股东大会年会的 20 日以前置备于本银行，供股东查阅。

2. 银行财务会计报告的时间

（1）银行月度中期财务会计报告应当于月度终了后 6 天内（节假日顺延，下同）对外报送。

（2）季度中期财务会计报告应当于季度终了后 15 天内对外报送。

（3）半年度中期财务会计报告应当于半年度中期结束后 60 天内（相当于两个连续的月份）对外报送。

（4）年度财务会计报告应当于年度终了后 4 个月内对外报送。法律、法规另有规定的从其规定。

## ➢ 关键概念

会计科目　记账方法　复式记账法　借贷记账法　试算平衡　会计凭证　账务组织　账簿　明细核算　综合核算

## ➢ 复习思考题

1. 银行会计科目包括哪些类型？各类型有什么特点？

2. 银行会计凭证主要有哪些特点?
3. 银行的账务组织包括哪些内容?
4. 银行会计报告应向哪些部门提供?
5. 谈谈银行错账冲正时，手工操作和计算机操作的区别。
6. 设计并勾画银行每日账务处理和账务核对程序图。
7. 简述我国银行会计记账方法的演变过程及原因。
8. 简述银行会计报告的种类。
9. 简述银行会计凭证的传递原则和传递程序。
10. 银行为什么要选择复式记账法下的借贷记账法?
11. 简述银行综合核算和明细核算的关系。
12. 简述银行分户账和总账各自的记账依据。

# 第3章

# 负债业务

> 本章提要

负债是银行的主要资金来源，属于债权人权益。银行能否正常经营，这部分资金起着决定性作用，所以它是银行会计核算的主要要素之一。通过本章的学习，读者能够全面了解银行负债的种类；理解银行负债的过程；掌握负债的概念及特征、负债的计价方法、存款负债业务核算、发行债券业务核算及其他负债业务核算等内容。

## 3.1 负债业务概述

### 3.1.1 负债的概念和特征

负债是指银行过去的交易或事项形成的、预期会导致经济利益流出该银行的现时义务。从负债的定义可以看出，负债至少具有四大特征。

1. 负债是基于过去的交易或事项而产生的

负债是基于过去的交易或事项而产生的，也就是说，导致负债的交易或事项必须已经产生。例如，接受客户存款会产生活期存款或定期存款，只有源于已经发生的交易或事项，会计上才有可能确认为负债。正在筹划的未来交易或事项，如银行的业务计划，不会产生现时义务，所以不构成负债。

2. 负债是银行承担的现时义务

具有约束力的合同或法定要求、义务在法律上可能是强制执行的，但应该注意的是，“现时义务”不等同于“未来承诺”，如果仅仅是管理层决定今后某一时间发行债券，其本身并不产生现时义务。

3. 现时义务的履行将导致经济利益流出

现时义务的履行通常关系到银行放弃含有经济利益的资产，以满足对方的要求。现时义务的履行，可采取若干种方式，如支付现金、转让其他资产、提供服务、以其他义务替换该项义务、将该项义务转换为所有者权益等。

4. 负债通过清偿后才能消失

负债通常是在未来某一时日通过交付资产（包括现金和其他资产）或提供服务来清偿。负债只有经过清偿后才能消失，以债抵债是原有负债的延期，不构成新的负债。

### 3.1.2 负债的分类

1. 按流动性大小划分

银行的负债可分为流动负债和非流动负债两大类。

（1）流动负债。流动负债是指将在一年（含一年）内偿还的债务。负债满足下列条件之一的，应当归类为流动负债：①预计在一个正常营业周期中清偿；②主要为交易目的而持有；③在资产负债表日起一年内到期应予以清偿；④企业无权自主地将清偿推迟至资产负债表日后一年以上。

银行流动负债具体包括各种短期存款、一年及以下的定期存款、向中央银行借款、票据融资、同业存款、同业拆入、应付利息、应付工资、应交税费、其他暂收应付款项和预提费用等。

（2）非流动负债。流动负债以外的负债应当归类为非流动负债，是指偿还期限在一年或超过一年的一个营业周期以上的债务。其包括各种长期存款、存入长期保证金、发行长期债券、拨入营运资金、长期借款、长期应付款等。

2. 按负债现时是否确定划分

按产生负债的事实是否明确、未来偿付金额、偿付日期和受偿人是否明确或是否可合理确定，负债可划分为可确定性负债和或有负债。

（1）可确定性负债。可确定性负债是指产生事实已确定，未来偿付金额、偿付日期和受偿人明确，或虽不太明确，但可以合理地加以估计的负债。

（2）或有负债。或有负债是指过去的交易或事项形成的潜在义务，其存在须通过未来不确定事项的发生或不发生予以证实。或有负债在当前具有较大的不确定性。

3. 按负债的形式或结构划分

银行负债按形式或结构可分为存款负债、借入负债和其他负债三种。

（1）存款负债是银行最主要的负债，在银行整个负债中占据重要的地位，主要包括单位存款、个人储蓄存款、同业存款、特种存款等。

（2）借入负债是银行的主动负债，主要包括向中央银行借款、向同业借款、发行金融债券等。在银行整个负债中占据比较重要的比重。

（3）其他负债主要是银行在结算中形成的临时性负债和应付未付款项，如应解汇款、汇出汇款、开出本票、系统内往来负债、应付存款利息、应付债券利息等。

4. 按负债是否付息划分

负债按其是否付息分为金融负债和非金融负债。其中，金融负债是指融资有息负债，按银行负债产品属性划分：一是以公允价值计量且其变动计入当期损益的金融负债，主要是形成银行负债的衍生金融工具等；二是以历史成本计价的其他金融负债，主要是存款、中央银行借款、拆入资金、卖出回购金融资产款、长期借款、应付债券、长期应付款、应付款项等。非金融负债是指金融负债以外的负债，包括预计负债、应付工资、应交税金及附加、递延收益、预提费用、递延所得税负债等。

### 3.1.3 负债的计价

为了保证会计信息的质量，需要对负债进行正确的计价，以客观、公正地反映银行所承担的债务,为报表使用者预测银行未来现金流量和财务风险等提供相关的会计信息。按照会计准则的规范，负债按照因承担现时义务而实际收到的款项或资产的金额，或者按照承担现时义务的合同金额，或者按照日常活动中为偿还负债预期需要支付的现金或现金等价物的金额计量。通常采用的方法主要有现值法和历史成本法两种计价方法。而我国会计实务中对负债业务多采用历史成本法计价入账。其理由主要是：第一，对流动负债而言，考虑其偿还期短，到期值与其现值相差很小。对长期负债而言，主要是为了简化核算。第二，现值的计算须以“复利”为前提，而我国利息的计算一般采用“单利”政策，这虽然会高估负债，但符合重要性原则和稳健性原则。西方国家对负债则普遍采用现值核算法。

## 3.2 存款业务

### 3.2.1 存款业务概述

存款是银行吸收社会暂时闲置待用资金的信用活动，是银行重要的负债业务。银行的自有资金，无论数额如何庞大，也是有限的，银行只有积极地吸收各项存款，才能增强其经营资金来源，才能增强银行信贷资金力量。

1. 存款的种类

1）按存款的期限划分

银行存款按期限可划分为短期存款和长期存款两大类。短期存款是指在一年以内需要清偿的存款；长期存款是指在一年（不含一年）以上需要清偿的存款。这也是根据银行管理和使用的需要来划分的。

2）按存款的来源途径划分

银行存款按来源途径可划分为企业存款、个人储蓄存款和财政性存款。财政性存款是指各级财政部门代表本级政府掌管和支配的一种财政资产，其构成包括国库存款和其他财政存款。国库存款是指在国库的预算资金（含一般预算和基金预算）存款。其他财政存款是指未列入国库存款的各项预算资金存款以及部分由财政部指定存入银行的专用基金存款等。企业存款和个人储蓄存款将在本节详细介绍。

3）按缴存法定准备金的范围划分

银行存款按缴存法定准备金的范围可划分为财政性存款和一般性存款。财政性存款在银行保持零余额，即每天营业终了前全额划缴中国人民银行，其缴存比例为100%；一般性存款包括企业存款、个人储蓄存款和保证金存款，其缴存比例按现行规定执行。

4）按存款的性质划分

银行存款按其性质可以分为原始存款和派生存款。原始存款也称现金存款和直接存款，即企事业单位或个人将现金支票或现金送存银行，增加存款户的货币资金。派生存款也称转账存款或间接存款，是指银行以贷款方式创造的在整个银行体系增加的账面存款。这种存款的增加，会增加社会的货币供应量。

5）按存款形式划分

银行存款按其存款形式划分，可分为现金存款和转账存款两种。

6）按存款手段（或方式）划分

银行存款按存款手段（或方式）划分，可分为柜台存款和自助设备存款两种。

2. 存款账户的开立与管理

存款账户是银行用于核算客户存款的账簿。为规范人民币银行结算账户的开立和使用，维护经济金融秩序稳定，中国人民银行于2003年4月10日制定颁布了《人民币银行结算账户管理办法》，并于2003年9月1日起施行。该办法所称银行结算账户，是指银行为存款人开立的办理资金收付结算的人民币活期存款账户。它按存款人分为单位银行结算账户和个人银行结算账户。而存款人则是指在中国境内开立银行结算账户的机关、团体、部队、企业、事业单位、其他组织、个体工商户和自然人。

1）单位存款账户的开立

存款人以单位名称开立的银行结算账户为单位银行结算账户。单位银行结算账户按用途分为基本存款账户、一般存款账户、临时存款账户和专用存款账户。个体工商户凭营业执照以字号或经营者姓名开立的银行结算账户纳入单位银行结算账户管理。

（1）基本存款账户。基本存款账户是存款人因办理日常转账结算和现金收付需要开立的银行结算账户。存款人日常经营活动的资金收付及其工资、奖金和现金的支取，应通过该账户办理。凡开立基本存款账户的单位，必须是独立核算的单位。基本存款账户是存款人的主办账户。

（2）一般存款账户。一般存款账户是存款人因借款或其他结算需要，在基本存款账户开户银行以外的银行营业机构开立的银行结算账户。一般存款账户用于办理存款人借款转存、借款归还和其他结算的资金收付。该账户可以办理现金缴存，但不得办理现金支取。需要强调的是，该账户不能在存款人基本存款账户的开户银行（指同一营业机构）开立。

（3）临时存款账户。临时存款账户是存款人因临时需要并在规定期限内使用而开立的银行结算账户。例如，设立临时机构、异地临时经营活动、注册验资等。存款人可以通过该账户办理转账结算和根据国家现金管理的规定办理少量现金收付。临时存款账户需要确定有效期，在使用中需要延长期限的，应在有效期限内向开户银行提出申请。注册验资的临时存款账户在验资期间只收不付。注册验资核准后，应按规定向开户银行申请办理账户用途变更手续。

（4）专用存款账户。专用存款账户是存款人按照法律、行政法规和规章，对其特定用途资金进行专项管理和使用而开立的银行结算账户。

2）个人存款账户的开立

个人银行结算账户是自然人因投资、消费、结算等需要，凭个人身份证件以自然人名称开立的银行结算账户。其可运用各种现金、非现金支付工具办理个人转账收付和现金存取等业务。

2015 年 12 月 25 日，《中国人民银行关于改进个人银行账户服务加强账户管理的通知》（以下简称《通知》），将个人人民币银行账户分为Ⅰ类户、Ⅱ类户和Ⅲ类户。

根据《通知》要求，银行可通过Ⅰ类户为存款人提供存款、购买投资理财产品、转账、消费和缴费支付、存取现金等服务。银行可通过Ⅱ类户为存款人提供存款、购买投资理财产品、限定金额的转账、限定金额的消费和缴费支付等服务，并根据开立渠道不同，对Ⅱ类户的转账功能及金额进行限定。银行可通过Ⅲ类户为存款人提供限定金额的消费和缴费支付服务。但是Ⅱ类银行账户和Ⅲ类银行账户不得存取现金，不得配发实体介质。同时，中国人民银行对Ⅱ类户设置 10 000 元的单日消费和缴费支付限额、Ⅲ类户设置 1000 元的账户限额。

通俗地讲，由于客户的Ⅰ类账户是全功能银行账户，相当于“金库”，Ⅱ类账户可进行限定金额的转账，而Ⅲ类账户主要用于小额在线消费和缴费支付，相当于“钱包”。将Ⅰ类账户、Ⅱ类账户与Ⅲ类账户分类管理，把“金库”和“钱包”隔离，可以较好地规避网络支付诈骗风险，保护客户资金安全。

3）账户管理

对单位开立的存款账户要加强管理，以强化信贷、结算监督和现金管理。

（1）存款人只能在银行申请开立一个基本存款账户。开立基本存款账户是开立其他银行结算账户的前提。

（2）存款人的账户只能办理存款人本身的业务活动，不得出租、出借银行结算账户，不得利用银行结算账户套取银行信用。

（3）银行对 1 年未发生收付活动且未欠开户银行债务的单位银行结算账户，通知单位自发出通知之日起 30 日内办理销户手续，逾期视同自愿销户，未划转的款项列入久悬未取专户管理。

3. 会计科目的设置及使用

1）“单位活期存款”科目

“单位活期存款”科目属负债类科目，用来核算银行吸收单位（包括企业、事业单位、机关、社会团体等，下同）存入的活期存款。

银行收到单位存入的活期存款时，借记“存放中央银行款项”“现金”等科目，贷记本科目；支取款项时，借记本科目，贷记“存放中央银行款项”等科目。

银行按规定结计利息时，借记“利息支出”科目，贷记本科目。

银行办理活期存款转户时，按应结清的应付利息，借记“利息支出”科目，贷记本科目；按存款余额，借记本科目，贷记“清算资金往来”等科目。

银行办理活期存款销户时，应按结清的应付利息，借记“利息支出”科目，贷记本科目；按存款余额，借记本科目，贷记“存放中央银行款项”等科目。

本科目应按存款种类及存款单位进行明细核算。资产负债表日归属“吸收存款”科目。

2）“单位定期存款”科目

“单位定期存款”科目属负债类科目，用来核算银行吸收单位存入的定期款项，包括单位大额可转让定期存单。

银行收到单位存入的定期存款时，借记“单位活期存款”等科目，贷记本科目；到期支取款项时，借记本科目，贷记“单位活期存款”等科目。

银行按规定计付利息时，借记“利息支出”科目，贷记“应付利息”科目；结息时或存款到期支取利息时，借记“应付利息”科目，贷记“单位活期存款”“单位定期存款”等科目。

本科目应按存款种类及存款单位进行明细核算。资产负债表日归属“吸收存款”科目。

3）“活期储蓄存款”科目

“活期储蓄存款”科目属于负债类科目，用来核算吸收的居民个人活期储蓄存款。

储户存入款项时，借记“现金”科目，贷记本科目；储户支取款项时，借记本科目，贷记“现金”科目。

银行在结息日结息时，借记“利息支出”利息，贷记本科目。本科目按储户进行明细科目核算。资产负债表日归属“吸收存款”科目。

4）“定期储蓄存款”科目

“定期储蓄存款”科目属负债类科目，用来核算银行吸收的居民个人定期储蓄存款，包括整存整取、零存整取、整存零取、存本取息、大额可转让个人定期存单等定期储蓄存款。银行吸收的个人通知存款也在本科目核算。

储户存入定期存款时，借记“现金”“活期储蓄存款”等科目，贷记本科目；储户支取存款时，借记本科目，贷记“现金”等科目。

银行计付利息时，借记“利息支出”等科目，贷记“定期储蓄存款”科目。

本科目应按存款种类及储户进行明细核算。资产负债表日归属“吸收存款”科目。

5）“应付利息”科目

“应付利息”科目属负债类科目，用来核算银行吸收的存款及各种借款发生的当期应付而未付的利息。

银行计算应付利息时，借记“利息支出”“金融企业往来支出”等科目，贷记本科目。实际支付利息时，借记本科目，贷记“单位活期存款”“单位定期存款”等科目。

本科目应按存款、借款的种类进行明细核算。

6）“利息支出”科目

“利息支出”科目属费用类科目，用来核算存款负债及借入负债和发行债券的利息支出。

银行计算应付利息时，借记“利息支出”等科目，贷记“单位活期存款”“个人活期储蓄存款”等科目。本科目期末结转于“本年利润”科目的借方。

### 3.2.2 单位存款业务的核算

1. 单位活期存款业务的核算

单位活期存款方式主要有两种，即现金存取和转账存取。其中，转账存取款项主要是通过办理各种结算方式和运用支付工具来实现的，核算手续和账务处理将在本教材第5章介绍，本节只叙述现金存取的处理方法。

1）存入现金的核算

单位存入现金时，应填写一式二联现金缴款单，连同现金交银行出纳部门。出纳部门经审查凭证点收现金，登记现金收入日记簿，并复核签章后，在第一联加盖“现金收讫”章并作为回单退交存款人，第二联送交会计部门，凭以代现金收入传票登记单位存款分户账。会计分录为

借：库存现金

　贷：单位活期存款——××单位存款户

2）支取现金的核算

支票户从银行支取现金时，应签发现金支票，并由收款人背书后送交开户行会计部门。会计部门接到现金支票后，应重点审查：支票大小写金额是否相符；是否超过付款期；支票上加盖的印鉴与预留印鉴是否相符；出票人账户是否有足够支付的存款；是否背书等。经审查无误后，以现金支票代现金付出传票登记分户账。会计分录为

借：单位活期存款——××单位存款户

　贷：库存现金

会计人员签章、复核，出纳员根据现金支票登记现金付出日记簿，配款复核后，向取款人支付现金。

2. 单位定期存款业务的核算

单位定期存款是银行为吸收单位长期闲置资金而开办的存款业务。全民、集体所有制企业，事业、机关、团体、学校等单位按有关规定提留归单位所有的短期不用的资金，均可在当地开户银行办理整存整取定期存款。目前，定期存款的存期有3个月、半年、1年、2年、3年、5年共6个档次，由单位根据需要选择。单位定期存款以100 000元起存，多存不限，一次存入，到期支取，只能转账，不能支取现金。单位定期存款一般不能提前支取，过期支取的过期部分，按活期利率计息。定期存单一般不能流通转让。

1）单位存入定期存款的核算

单位申请办理定期存款时，应签发基本账户或一般账户的转账支票。

银行接到单位交来的办理定期存款的转账支票，应审核支票正面的印章和各项要素以及支票背面单位、负责人和会计主管人员印章无误后，以转账支票代借方传票，办理转账。会计分录为

借：单位活期存款——××单位存款户

　贷：单位定期存款——××单位存款户

在登记开户登记簿后，填写三联定期存单，并且应将存单的第三联作为卡片账留存保管，第二联加盖业务公章作为存单交存款单位收执。如果单位要求凭印鉴支取，应在存单第一联、第三联加盖预留银行印鉴，并在第二联存单上注明“凭印鉴支取”字样交

给存款单位。

2）单位定期存款到期支取的核算

存款到期，单位持定期存单要求银行支取本息时，银行应验明是否本行签发的存单，然后抽出该户卡片账，核对存单号码、单位全称、大小写金额、印鉴、利率、存期、到期日等内容后，对原存入本金分不同情况处理。如单位继续转存时，按开户手续另开新存单；如不续存，应将款项转入单位的基本账户或一般账户。

对不再续存的单位定期存款，在存单上加盖“结清”戳记，以收回的存单作借方传票，卡片账作附件，另填制两联特种转账贷方传票，一联作贷方传票，另一联代收账通知，登记销户登记簿。会计分录为

借：单位定期存款——××单位存款户

　　贷：单位活期存款——××单位存款户

定期存款的利息采取利随本清的办法。所以，在转存存款的同时，还应根据计算的利息，填制利息付出传票一式三联，一联代付出传票，一联代收账通知。会计分录为

借：利息支出

　　贷：单位活期存款——××单位存款户

复核员复核无误后，将有关收账通知联交单位收执。

3. 单位存款利息计算

存款利息是银行使用存款人资金而支付的代价。自 2015 年 10 月 24 日起，金融机构存款利率上限放开后，存款定价也进入市场化阶段。存款利息的计算也更加引起关注。会计部门应按结息期和计算方法的有关规定，准确计算利息。对应付而未付的存款利息按权责发生制原则进行核算。

1）利息计算的一般规定

（1）计息范围的规定。凡独立核算的企业单位流动资金存款、城镇居民个人的储蓄存款，以及机关、团体、部队、学校等事业单位的预算外资金存款均应计付利息。各单位存入的党费、团费、工会经费存款一律计付利息。

（2）计息时间的规定。单位活期存款按季度计算利息，每季度末月 20 日为结息日。单位定期存款利息的计算根据存款的档次，按季度预提应付利息，并于存款到期日“利随本清”。

（3）利息计算公式：利息=本金×存期×利率。

上式中的存期“算头不算尾”，也就是存入日计算利息，支取日不计算利息，其计算方法是存入日至支取的前一日为止。在计算存期时，应注意与利率在计算单位上的一致性，即存期以天数计算时，用日利率；存期以月计算时，用月利率；存期以年计算时，用年利率。利率是指一定存款的利息与存款本金的比率。利率用年利率%、月利率‰、日利率‱表示。本金元位起息，元位以下不计息。计算的利息保留到分位，分位以下四舍五入。

2）活期余额表计息法

活期余额表计息法适用于存款余额变动频繁的存款账户。使用这种方法计算积数时，只需将结息期间的每日余额累加，求出季度计息积数。利息=季度计息积数×日利

率。其计算方法举例如表3-1所示。

**表3-1 计息余额表**

××年6月

科目名称：单位活期存款　　利率：月0.6‰　　共　页第　页

| 余额 \ 账号 / 户名 \ 日期 | 221006 甲企业 | | |
|---|---|---|---|
| 至上月底累计未计息积数 | 22 000 000.00 | | |
| 1 | 73 000.00 | | |
| 2 | 45 000.00 | | |
| 3 | 56 000.00 | | |
| 4 | 56 000.00 | | |
| 5 | 56 000.00 | | |
| 6 | 82 000.00 | | |
| 7 | 48 000.00 | | |
| 8 | 48 000.00 | | |
| 9 | 89 000.00 | | |
| 10 | 89 000.00 | | |
| 10天小计 | 642 000.00 | | |
| 11 | 93 000.00 | | |
| ⋮ | ⋮ | | |
| 20天小计 | 1 572 000.00 | | |
| 21 | 93 475.04 | | |
| 本月合计 | 2 506 750.40 | | |
| 应加积数 | 180 000.00 | | |
| 应减积数 | | | |
| 至结息日累计应计息积数 | 23 752 000.00 | | |
| 至本月底未计息积数 | 934 750.40 | | |

**【例3-1】** 如表3-1资料所示，要求计算甲企业第二季度的活期存款利息。

根据表3-1，资料核算过程如下。

（1）应加、应减积数是为解决账务记载中出现的差错，随之更正积数而设置的。表3-1中数字来源：结息日（20日营业开始）经核对账务发现，6月8日转收款项一笔，金额15 000元，误记入其他单位账户。对此项错误在20日更正账簿的基础上，应计算6月8日至6月20日共12天的应加积数，即15 000×12=180 000（元）。

（2）至结息日累计应计息积数=至上月底累计未计息积数+20天小计+应加积数

=22 000 000+1 572 000+180 000=23 752 000（元）

（3）至本月底未计息积数=本月合计−20天小计

=2 506 750.40−1 572 000=934 750.40（元）

（4）甲企业第二季度利息=23 752 000 × 0.6‰ × 1/30

=23 752 × 0.02= 475.04（元）

（5）根据利息数额编制利息记账传票进行账务处理。会计分录为

借：利息支出——活期存款利息支出户　　475.04

　贷：单位活期存款——甲企业存款户　　475.04

3）活期分户账计息法

活期分户账计息法适用于存取款次数比较少且采用乙种账计息的客户。采用该种计息方法，当存款人存款账户发生资金收付后，按前一次最后余额乘以该余额的实存天数计算出积数，记入账页的"日数"和"积数"栏内。更换账页时，将旧账页的累计未计息积数过入新账页的第一行内。结息日（季末月20日）营业终了后，加计本结息期内的累计天数和累计积数，然后计算利息。利息=季度计息积数 × 日利率；积数=存款余额 × 存款金额不变的天数，具体如表3-2所示。

**表3-2　分户账**

户名：甲企业　　账号221006　　利率：月0.6‰

| 年 | | 摘要 | 借方 | 贷方 | 借或贷 | 余额 | 日数 | 积数 |
|---|---|---|---|---|---|---|---|---|
| 月 | 日 | | | | | | | |
| 6 | 1 | 承前页 | | | 贷 | 73 000.00 | 72<br>1 | 22 000 000.00<br>73 000.00 |
| 6 | 2 | 转借 | 28 000.00 | | 贷 | 45 000.00 | 1 | 45 000.00 |
| 6 | 3 | 转贷 | | 11 000.00 | 贷 | 56 000.00 | 3 | 168 000.00 |
| 6 | 6 | 转贷 | | 26 000.00 | 贷 | 82 000.00 | 1 | 82 000.00 |
| 6 | 7 | 转借 | 34 000.00 | | 贷 | 48 000.00 | 2 | 96 000.00 |
| 6 | 9 | 转贷 | | 41 000.00 | 贷 | 89 000.00 | 2 | 178 000.00 |
| 6 | 11 | 转贷 | | 4 000.00 | 贷 | 93 000.00 | 10 | 930 000.00 |
| 6 | 20 | 结息 | | | | | 92 | 23 572 000.00 |
| 6 | 21 | 转息 | | 471.44 | 贷 | 93 471.44 | | |

【例3-2】　如表3-2资料所示，要求计算甲企业第二季度的活期存款利息。

据表3-2数据资料计算可得如下内容。

（1）甲企业第二季度利息=23 572 000 × 0.6‰ ÷ 30=471.44（元）。

（2）每季度的天数都应该和日历天数相一致。例如，第一季度从上年的12月21日至本年的3月20日，平年90天，闰年91天。第二季度从3月21日至6月20日，92天。第三季度从6月21日至9月20日，92天。第四季度从9月21日至12月20日，91天。

（3）20日结计的利息作为21日的存款，存入本金起息。

4）定期存款利息计算

单位定期存款利息的计算，可分为全额到期支取的利息计算、全额提前支取的利息计算、过期支取的利息计算、部分提前支取的利息计算等多种。其存期按对年、对月、

对日计算，对年按360天，对月按30天，如有零头天数的按实际天数计算。如过期支取，其过期部分按支取日挂牌公告的活期存款利率计息。

按照权责发生制原则，对单位定期存款应按期计算应付利息，一般为按季（或按月）计算预提利息，单位支取定期存款时，再冲减应付利息。

应付利息的计算方法是按定期存款不同存期档次设立计息余额表，逐日抄制。结息日累计各存期档次的计息积数后，乘以同档次存款的日利率。根据计算的利息额，汇总编制转账借方、贷方传票转账。

预提利息时的会计分录为

借：利息支出——定期存款利息支出户

　贷：应付利息——定期存款利息户

另外，单位支取存款时，对未预提取的利息直接列支利息支出。会计分录为

借：应付利息——定期存款利息户

　　利息支出——单位定期存款利息支出户

　贷：单位活期存款

单位定期存款，若有急需可办理提前支取。按照银行的规定，若单位部分提前支取时，部分支取款项后的剩余定期存款不得低于定期存款起存金额，部分提前支取金额按支取日挂牌公告的活期存款利率计算利息，剩余定期存款按原存日、存期、利率另开新定期存单；若部分支取后的剩余定期存款低于定期存款起存金额，银行应按支取日活期存款利率计算利息，并对该项存款予以清户。其会计处理等同于全额提前支取。

4. 对账与销户

1）对账

对账是指银行的存款账与单位存款账进行核对，以保证双方存款账户一致的方法。一般来讲，银行同开户单位的存款账户数字应该是一致的，但因双方记账时间有先有后，所以，在同一笔业务中，记账的不一致性也是存在的。加之双方在记账过程中由于种种因素影响也会发生账务差错。因此，银行及时与单位对账，不仅有利于双方及时查清未达账项，保证双方账务记载一致；而且，也是加强双方账务监督，保护国家资金安全，维护社会财产不受侵犯的一项重要举措。

银行与单位的对账，是对支票存款户而言的。对存折存款户，因在账务处理时就已做到账折见面，保证账折相符，故不再进行定期对账。银行与支票存款户的对账，可分为随时对账和定期对账两种方式。

（1）随时对账（或不定期对账）。银行为支票存款户记账，采用两联套写账页。当会计记满一页时，就将账页的对账联交单位对账；单位以对账联与其银行往来账逐笔进行勾对，发现未达账项，应及时更正。这种对账形式，适用于逐笔核对发生额，可防止双方账务记载中的错误。

（2）定期对账。银行按照规定，每季度末向所有开户单位发送“余额对账通知单”两联，同单位对账。单位核对时，应按要求在对账单上填入相应数字，并分别加计合计数进行核对。核对相符，单位应将对账单第二联退还银行；核对不符时，应及时到银行查明更正。对长期与银行账务不符的单位，银行应帮助查找原因，限期查清。银行对单

位退还的对账单回单，应妥善保管，以备查考。

2）销户

存款单位由于迁移、合并、停产等原因不再使用原存款账户时，应及时到银行办理销户手续。银行办理销户时，应先与销户单位核对存款账户余额，相符后，对应计利息的存款账户，要结清利息；对支票存款户，应收回所有空白专用凭证；对存折存款户，应收回存折注销。然后将原存款账户的余额转入其他存款户或其他地区银行。撤销后的账户停止使用。

### 3.2.3 个人储蓄存款业务的核算

1. 个人储蓄存款的有关规定

个人储蓄存款是指居民个人将手持待用、闲置或结余的货币资金存入银行，将货币使用权让渡给银行的一种信用行为。储蓄存款不仅是银行资金来源的一个重要组成部分，而且对推迟社会购买力，调节货币流通和稳定市场具有重要作用。

1）储蓄存款的原则

《中华人民共和国商业银行法》第三章第二十九条规定，商业银行办理个人储蓄存款业务，应当遵循“存款自愿、取款自由、存款有息、为存款人保密”的原则。其内容如下：①存款自愿。它是指存款存多少，存期长短，存入哪家银行，何时存取，都由储户自己决定，银行处于被动地位。②取款自由。客户将钱存入银行仅是使用权的暂时让渡，并未改变所有权，所以，什么时间取款，完全由储户自己决定。③存款有息。它是指银行对储户的各种储蓄存款，都应该按照规定付给利息。④为存款人保密。它是指银行有责任对存款人的存款情况保密，它既体现了宪法保护公民储蓄所有权的法律要求，也是贯彻银行储蓄政策的具体体现。因此，它既符合公众心理，也有利于保护存款的安全，但法律另有规定的除外。

2）储蓄存款“实名制”的规定

2000 年 4 月 1 日国务院颁布实施《个人储蓄存款实名制规定》，要求在金融机构开立个人存款账户的个人，应当遵守“实名制”规定。所谓实名，是指符合法律、行政法规和国家有关规定的身份证件上使用的姓名。从根本上否定了匿名账户存在的合法性。同时也规定，金融机构及其工作人员负有为个人存款账户保守秘密的责任。金融机构不得向任何单位或个人提供有关个人存款账户的情况，并有权拒绝任何单位或个人查询、冻结、扣划个人在金融机构的款项。但是，法律另有规定的除外。

3）储蓄存款交纳利息税的规定

国务院颁布实施的《对储蓄存款利息所得征收个人所得税的实施办法》规定，“储蓄存款在 1999 年 10 月 31 日前孳生的利息所得，不征收个人所得税；储蓄存款在 1999 年 11 月 1 日后孳生的利息所得，应当依照本办法按 20%征收个人所得税”，并于 2007 年 8 月 15 日起将个人利息所得税税率由 20%调低至 5%。但是，为了减少金融危机带来的负面影响，国务院决定自 2008 年 10 月 9 日暂停征收个人利息所得税。

在征收个人利息所得税期间，银行代扣代缴利息税的方式主要有以下几种。

（1）整存整取定期储蓄、定活两便储蓄、零存整取储蓄、通知存款扣税方式。按照每次储户取得的利息所得额由储蓄机构代扣代缴储户应缴纳的个人利息所得税税款，并在交给储户的利息结付清单上注明，该利息清单即视同完税证明。

（2）存本取息定期储蓄存款扣税方式。该储种在其存款到期清户时，或储户提前支取本金时，统一由银行一次性代扣代缴个人利息所得税，不再在其存期内分次支取利息时分次扣缴。

（3）活期储蓄存款和银行卡储蓄扣税方式。该储种在结息日结息并同时由银行代扣代缴个人利息所得税。对于活期储蓄存款，当储户下次办理业务时，银行应在存折上注明已扣税款的数额；而对于银行卡结息时，应在其对账单上注明已扣税款的数额。

2. 储蓄存款的种类

根据居民个人经济收入和消费的特点以及银行聚集和运用资金的需要，设置的基本储蓄存款种类有以下几种。

1）活期储蓄

活期储蓄是一元起存，由储蓄机构发给存折（或卡），凭存折（或卡）存取，开户后可以随时支取的一种储蓄存款。它虽然不受时间限制，但利率最低。适用于居民经常性生活用款或一般开支。

2）定期储蓄

定期储蓄是在存款时约定存款期限，一次或在存期之内分次存入本金，到期整笔或分期平均支取本金和利息的一种储蓄存款。

定期储蓄根据其款项存取特点又可划分为整存整取、零存整取、存本取息和整存零取四种。

（1）整存整取储蓄存款是一次存入一定量本金，约定存期，50元起存，到期一次支取本息的储蓄存款。存期分3个月、半年、1年、2年、3年和5年，适用于节余款项的存储。目前有到期自动转存和非自动转存两种。

（2）零存整取储蓄存款是开户时约定期限，5元起存，存期分1年、3年和5年。存期内按月存入，中途如有漏存，应在次月补齐，未补齐者，到期支取时按实存金额和实际存期计算利息的储蓄存款。适用于工薪族为将来的开支积累资金而进行的储蓄。

（3）存本取息储蓄存款是一次存入本金，存期内分次支取利息，到期一次支取本金的储蓄存款。一般5000元起存，存期分为1年、3年、5年，由储蓄机构发给存款凭证，到期一次支取本金，利息凭存单分期支取，可以1个月或几个月取息一次，由储户与储蓄机构协商确定。如到取息日未取息，以后可以随时取息。如果储户需要提前支取本金，应按定期存款提前支取的规定计算存期内利息，并扣回多支付的利息。该种定期储蓄适用于照顾对象的消费，如离退休人员固定支出的储蓄。

（4）整存零取储蓄存款是一次存入，约定期限，存期内分次提取本金，到期一次计付利息的储蓄存款。一般1000元起存，存期分1年、3年、5年，由储蓄机构发给存单，凭存单分期支取本金，支取期分1个月、3个月、半年一次，由储户与储蓄机构协商确定，利息于期满结清时支取。该种定期储蓄适用于固定开支，如专门用途基金等的储蓄。

3）定活两便储蓄

定活两便储蓄是开户时不确定存期，本金一次存入，由储蓄机构发给存单，储户凭存单可以随时提取，利率随存期长短而变动的一种储蓄存款。一般 50 元起存，存单分为记名和不记名两种，记名式可挂失，不记名式不能挂失，存期不限，利息按同档次整存整取利率打六折计算。例如，存期不满 3 个月的，按天数计付活期利息；存期在 3 个月以上（含 3 个月）不满半年的，整个存期按支取日定期整存整取 3 个月存款利率打六折计息；存期半年以上（含半年）不满 1 年的，整个存期按支取日定期整存整取半年期存款利率打六折计息；存期在 1 年以上（含 1 年），不论存期多长，整个存期一律按支取日整存整取 1 年期定期存款利率打六折计息。这种储蓄既有活期储蓄之便，又有定期储蓄之利，适用于不可预见开支的存储。

4）通知存款

通知存款是指在存入款项时不约定存期，支取时事先通知银行，约定支取存款日期和金额的一种个人存款方式。最低起存金额为人民币 50 000 元（含）或外币等值 5000 美元（含），且按存款人选择的提前通知的期限长短划分为一天通知存款和七天通知存款两个品种。其中，一天通知存款需要提前一天向银行发出支取通知，并且存期至少需两天；七天通知存款需要提前七天向银行发出支取通知，并且存期最少需七天。

5）教育储蓄

教育储蓄是指个人为其子女接受非义务教育［指九年义务教育之外的全日制高中（中专）、大专和大学本科、硕士和博士研究生］积蓄资金，每月固定存款，到期支取本息的一种定期储蓄。三个学习阶段可分别享受一次 2 万元教育储蓄的免税及利率优惠。最低起存金额 50 元，本金合计最高限额为 2 万元。存期分为一年、三年、六年。

6）华侨（人民币）定期储蓄

华侨（人民币）定期储蓄是华侨、港澳台同胞由国外或港澳地区汇入或携入的外币、外汇（包括黄金、白银）售给中国人民银行和在各银行兑换所得人民币存款。该存款为定期整存整取的一种，存期分为 1 年、3 年、5 年，存款利息按规定的优惠利率计算。开户时凭“外汇兑换证明”或“侨汇证明书”在规定的时间内办理存储手续，由储蓄机构发给存单，存款到期凭存单支取存款，如存款时有加凭印鉴的约定，支取时还必须加凭印鉴。如提前支取，则按人民币整存整取定期储蓄规定处理。该种储蓄支取时，只能支取人民币，不能支取外汇。不能汇往港澳台地区或国外，存款到期后可以办理转期手续，支付的利息也可加入本金一并存储。这种储蓄利率比定期要高，受时间和范围限制，一旦提前支取，损失较大，仅适用于港澳台同胞。

除上述储蓄存款种类以外，为了适应客户的需要，银行还推出很多拓展产品和创新产品，这里不一一介绍。

3. 活期储蓄存款的核算

1）存入活期储蓄存款

存入活期储蓄存款包括开户和续存的处理。

（1）开户。储户第一次存入活期储蓄存款（即开户）应由储户填写“活期储蓄存款凭条”，连同现金、身份证一并交由接柜人员办理手续。经审查凭条、清点现金无误后，登记“活期储蓄开销户登记簿”并编列账号；开立“活期储蓄存款分户账”和“活期储蓄存折”。根据存款金额，查出应计息积数，记入分户账与存款凭条的积数余额栏，以存

款凭条代现金收入传票。会计分录为

借：库存现金

　贷：活期储蓄存款——××人户

经复核各项内容并复点现金无误后，存款凭条加盖“现金收讫”章和名章后留存，分户账加盖复核名章后专夹保管，存折加盖业务公章及名章后交储户，作为以后存取款的依据。

对上述账、折的登记以及计息积数的查算（详见以下利息计算方法），在手工操作情况下，由人工填写，在电子计算机操作情况下，则由电子计算机处理。凭印鉴和密码支取的，应在分户账上预留印鉴和密码，凭条和账折盖“凭印（密码）支取”戳，以备事后监督。

（2）续存。储户续存时，也应开具存款凭条，并连同现金、存折一并提交接柜人员，经审核无误后，除不再另开账户及存折外，其余收款、记账、登折等处理方法基本与前述开户手续相同。只是应按续存金额查出应计算积数相加，求出积数余额。

2）支取活期储蓄存款

储户支取存款时，应填写活期储蓄取款凭条。凭印鉴、密码支取的还要在凭条上加盖印鉴，输入密码，连同存折交接柜人员。

接柜人员根据凭条核对账、折、印鉴、密码无误后，按支取金额查出积数，由原积数中减去，结出积数余额并记账、登折，以取款凭条代现金付出传票。会计分录为

借：活期储蓄存款——××人户

　贷：库存现金

经复核账折内容无误在取款凭条上加盖“现金付讫”及名章后，将现金及存折交储户。

3）清户

所谓清户就是指储户将存款全部取清并销户。储户应根据存折上的最后余额填写取款凭条，经办员除按一般支取手续办理外，还应根据最后支取的金额查出应扣积数，结出积数余额并计算出利息，同时按规定代扣储蓄利息所得税（自2008年10月9日后不再征收）。填制两联利息清单，一联留存，于营业终了后，据以汇总编制利息支出科目传票，另一联连同本、息交给储户。会计分录为

借：活期储蓄存款——××人户

　　利息支出——活期储蓄利息支出户

　贷：库存现金

　　　其他应付款——代扣代缴利息税[①]

清户时，还应在取款凭条及账、折上加盖“结清”戳记，作为取款凭条附件，同时销记开销户登记簿，结清户账页另行保管。

4）活期储蓄存款的利息计算

对储蓄存款计算利息，是贯彻储蓄原则的具体体现。储蓄存款的利率由中国人民银

① 利息税取消后不再征收。下同。

行制定、经国务院批准后公布，或由国务院授权中国人民银行制定、公布。储蓄存款利率根据“定期高于活期、长期高于短期”的原则，实行差别利率。

活期储蓄存款是一种储户可以随时存款，存期不受限制的储蓄种类。因此，其利息不是逐笔计算，而是以每季度末月的 20 日为结算日，按当日挂牌活期存款利率计算利息，并把利息作为 21 日的存款并入存款本金起息。如果不到结息日储户全部提取活期储蓄存款，应按清户日银行挂牌活期储蓄利率计算利息，算至清户前一天止。其处理除科目用“活期储蓄存款”和代扣利息税外，其余同与单位活期存款的处理。其计算和处理方法举例说明如下。

**【例 3-3】** 某银行 2019 年第二季度结息时，M 储户的存款余额为 8500 元，若该储户本结息期每天余额均为 8500 元，且当日挂牌公告的活期储蓄存款利率为 0.72%。要求写出结息时的会计分录。

第二季度 M 储户的利息=8500×92×0.72%÷360=15.64（元）

会计分录为

借：利息支出　　15.64

　贷：活期储蓄存款——活期储蓄利息支出户　　15.64

4. 整存整取定期储蓄存款的核算

1）存入整存整取储蓄存款

储户申请办理整存整取定期储蓄时，应填写“整存整取定期储蓄存款开户书”连同现金一起交经办员。

经点收现金并审核开户书无误后，填写三联“整存整取定期储蓄存单”。第一联存款凭条；第二联存单加盖业务公章交储户收执，凭以取款；第三联卡片账留存。采用计算机操作的，存单用计算机打印。如储户要求凭印鉴或密码支取，应在卡片账上加盖预留印鉴或预留密码。然后，登记“定期储蓄存款开销户登记簿”，以第一联存款凭条代现金收入传票。会计分录为

借：库存现金

　贷：定期储蓄存款——整存整取××人户

2）支取整存整取储蓄存款

定期整存整取储蓄存款支取时，储户可以根据自己的实际情况选择到期支取、过期支取、提前支取等方式。经储户在存单背面背书后，银行经办人员办理支取手续。具体核算手续基本同与单位定期存款的核算。会计分录为

借：定期储蓄存款——整存整取××人户

　贷：库存现金（或活期储蓄存款）

借：利息支出——定期储蓄利息支出户

　贷：其他应付款——代扣代缴利息税

　　库存现金（或活期储蓄存款）

3）整存整取储蓄存款利息计算

整存整取储蓄存款利息计算主要包括到期支取、过期支取、提前支取三种情况。

（1）到期支取。整存整取储蓄存款在原定存期内的利息，一律按存入日（开户日）约定的利率计付利息，存期内遇利率调整，亦不分段计息。

**【例 3-4】** 某储户 2018 年 3 月 25 日存入定期两年的存款 5000 元，于 2020 年 3 月 25 日到期支

取。存入时两年期存款利率为2.70%。要求写出会计分录。

利息=5000×2×2.70%=270（元）

会计分录为

借：定期储蓄存款——整存整取某储户　　5000

　贷：库存现金（或活期储蓄存款）　　5000

借：利息支出——定期储蓄利息支出户　　270

　贷：库存现金（或活期储蓄存款）　　270

（2）过期支取。过期支取时利息包括两部分：一部分是按原定利率计算的到期利息；另一部分是按活期利率计算的过期利息。

**【例3-5】** 引上例，某储户2018年3月25日存入定期两年的存款5000元，于2020年5月25日支取。存入时两年期存款利率为2.70%。支取时活期利率为0.72%。要求计算客户应得利息。

到期利息=5000×2×2.70%=270（元）

过期利息=5000×2×0.72%÷12=6（元）

（3）提前支取。整存整取储蓄存款未到期，如储户全部提前支取，按支取日挂牌公告的活期储蓄存款利率计付利息；部分提前支取的，提前支取部分按支取日挂牌公告的活期存款利率计付利息，其余部分到期时，按原存入日挂牌公告的定期储蓄存款利率计付利息。

**【例3-6】** 某储户2016年5月5日存入整存整取储蓄存款10 000元，定期三年，存入时三年期利率3.24%。该储户于2018年5月5日要求提前支取5000元，当日活期储蓄存款年利率为0.72%，剩余5000元于2019年5月5日到期支取。要求计算客户应得利息。

（1）2018年5月5日计息：

利息=5000×2×0.72%=72（元）

（2）2019年5月5日计息：

利息=5000×3×3.24%=486（元）

5. 零存整取储蓄存款的核算

1）存入零存整取储蓄存款

开户存入零存整取储蓄存款时，储户需填写“零存整取定期储蓄存款凭条”，连同现金一并交经办员。经办员审查存款凭条和点收现金无误后，登记“开销户登记簿”，编列账号，开立零存整取分户账。如凭印鉴或密码支取，应在分户账上预留印鉴和密码，并在存折和分户账上加盖“凭印（密码）支取”戳记。复核无误后，以存款凭条代现金收入传票。会计分录为

借：库存现金

　贷：定期储蓄存款——零存整取××人户

存折加盖业务公章后交储户，分户账按账号顺序保管。

储户续存时，也应填制“零存整取定期储蓄存款凭条”，与存折、现金一并交经办员以分户账与存折核对并点收现金无误后，登记存折、分户账，手续与开户基本相同。

2）支取零存整取储蓄存款

由于零存整取储蓄存款支取时的账务处理基本上同与整存整取储蓄存款的处理，所以不再赘述。

3）零存整取储蓄存款的利息计算

定期零存整取储蓄存款是逐月存入，余额逐月增加而不是固定余额，因而存款到期通常可用两种方法计息，即月积数计息法与固定基数计息法。此外，还有其他计算方法，不再详述。

（1）月积数计息法。这种方法是根据零存整取储蓄分户账余额，按月算出月积数，并加计累计积数，乘以规定的月利率，即到期利息数。也可采用下列公式计算：

利息=（第一个月存款余额+最后一个月存款余额）×存入次数/2×月利率

这种方法适用于每月不固定存额的储户。

**【例 3-7】** 某储户 2018 年 9 月 2 日开户存入零存整取储蓄存款，每月固定存入 50 元，存期一年，存入时月利率为 1.65‰，于 2019 年 9 月 2 日支取。月积数计算如表 3-3 所示。

**表 3-3 零存整取储蓄存款账页**

| 日期 | | | 次数 | 存入 | 结存 | 月数 | 积数 |
|---|---|---|---|---|---|---|---|
| 年 | 月 | 日 | | （位数） | （位数） | | （位数） |
| 2018 | 9 | 2 | 1 | 50 | 50 | 1 | 50 |
| | 10 | 8 | 2 | 50 | 100 | 1 | 100 |
| | 11 | 23 | 3 | 50 | 150 | 1 | 150 |
| | 12 | 11 | 4 | 50 | 200 | 1 | 200 |
| 2019 | 1 | 9 | 5 | 50 | 250 | 1 | 250 |
| | 2 | 15 | 6 | 50 | 300 | 1 | 300 |
| | 3 | 1 | 7 | 50 | 350 | 1 | 350 |
| | 4 | 10 | 8 | 50 | 400 | 1 | 400 |
| | 5 | 25 | 9 | 50 | 450 | 1 | 450 |
| | 6 | 27 | 10 | 50 | 500 | 1 | 500 |
| | 7 | 16 | 11 | 50 | 550 | 1 | 550 |
| | 8 | 19 | 12 | 50 | 600 | 1 | 600 |

到期利息=3900×1.65‰≈6.44（元）

或者套用公式：到期利息=（50+600）×12/2×1.65‰=3900×1.65‰≈6.44（元）

（2）固定基数计息法。这种方法是把事先算出的每元存款到期时应计的利息作为计息基础数，到期支取时，以最后存款余额乘以每元存款计息基数，即得出应付的利息数。它适用于每月固定存额的储户。计算公式为

每元固定利息基数=1（元）×（存入总次数+1）/2×月利率

**【例 3-8】** 引【例 3-7】资料。某储户每月存入 50 元，存期 1 年，逐月存入，到期支取。余额 600 元，月息 1.65‰，要求计算应付利息。

每元固定利息基数=1（元）×（12+1）/2×1.65‰=0.010 725（元）

应付利息=600×0.010 725≈6.44（元）

6. 存本取息储蓄存款的核算

1）开户

开户时由储户填写开户申请书，注明姓名、存期及每次取息的日期，审核无误后，根据开户申请书套写一式三联“定期存本取息储蓄存款存单”，计算每次支取的利息，填入凭证有关栏内，其中第二联作为存单交给储户，第三联卡片账留存保管，第一联凭证凭以收款，其余手续同其他定期储蓄存款。会计分录为

借：库存现金（或活期储蓄存款）

　贷：定期储蓄存款——存本取息××人户

2）支取利息

储户在存期内按约定时间来银行支取利息时，应持存单并按每次应支取利息数填写一联“定期存本取息储蓄取息凭条”，经审核无误后凭以登记账卡、存单并支付现金。会计分录为

借：利息支出——定期储蓄利息支出户

　贷：库存现金（或活期储蓄存款）

如到取息日储户未来行支取，以后随时可以支取利息；另外，对利息税的交纳在到期时一次计算扣收。

3）到期支取

存款到期，储户除凭存单支取本金外，还应该支取最后一次利息和扣收所有利息税。同时在存单及账卡上加盖“结清”戳记，并据以销记开销户登记簿。会计分录为

借：定期储蓄存款——存本取息××人户

　贷：库存现金（或活期储蓄存款）

借：利息支出——定期储蓄利息支出户

　贷：其他应付款——代扣代缴利息税

　　　库存现金（或活期储蓄存款）

4）提前支取

储户如果要求提前支取本金，可凭有关身份证件来行办理。存本取息储蓄存款只允许全部提前支取，不办理部分提前支取。提前支取的利息按规定计算。但对于以前多支取的利息应从本金中扣减。

当已支付利息大于按活期计算的应付利息时，应从本金中扣回多付利息及应交的利息税。会计分录为

借：定期储蓄存款——存本取息××人户

　贷：利息支出——定期储蓄利息支出户

　　　其他应付款——代扣代缴利息税

　　　库存现金（或活期储蓄存款）

当已支付利息小于按活期计算的应付利息时，应按利息计算利息税后，将剩余利息连同本金一并付给储户。会计分录为

借：利息支出——定期储蓄利息支出户

　贷：其他应付款——代扣代缴利息税

　　　库存现金（或活期储蓄存款）

借：定期储蓄存款——存本取息××人户

　贷：库存现金（或活期储蓄存款）

5）利息计算

存本付息定期储蓄存款的利息计算，按所存本金、存期和规定利率先算出应付利息金额，然后根据付息次数求出每次付息数。其计算公式为

$$每次支取利息数=本金\times存期\times利率/支取利息的次数$$

储户如提前支取本金，应按照实际存期及规定的提前支取利率计算应付利息，并扣除已支付的利息和利息税。

**【例 3-9】** 某储户 2016 年 5 月 18 日存入存本取息定期储蓄存款 50 000 元，期限 3 年，利率为 3%，约定每半年支付一次利息。但在 2018 年 5 月 18 日提前支取，且当日挂牌公告的活期利率为 0.72%，要求办理结清手续。

（1）2016 年 5 月 18 日存入时的处理。

| | |
|---|---|
| 借：库存现金（或活期储蓄存款） | 50 000 |
| 　贷：定期储蓄存款——存本取息××人户 | 50 000 |

利息总额=50 000×3×3%=4500（元）

每次付息额=4500÷6=750（元）

（2）2016 年 5 月 18 日到 2018 年 5 月 18 日每次支取利息的处理。

| | |
|---|---|
| 借：利息支出 | 750 |
| 　贷：库存现金（或活期储蓄存款） | 750 |

（3）2018 年 5 月 18 日提前支取的处理。

应付活期利息=50 000×2×0.72%=720（元）

已付利息=4×750=3000（元）

多付利息=3000−720=2280（元）

实付现金=50 000+720−3000=47 720（元）

会计分录为

| | |
|---|---|
| 借：定期储蓄存款——存本取息××人户 | 50 000 |
| 　贷：利息支出 | 2280 |
| 　　　库存现金（或活期储蓄存款） | 47 720 |

7. 整存零取储蓄存款的核算

1）开户存入

开户时应由储户提出申请，根据储户姓名、存入金额、期限以及支取的次数和时间填写三联“整存零取定期储蓄存单”，第一联代收款凭证，第二联存单交储户收执，第三联卡片账留存。如凭印鉴支取，还须在第一、三联上加盖预留印鉴，并在各联上加盖“凭印鉴支取”戳记。以第一联代现金收入传票。会计分录为

借：库存现金（或活期储蓄存款）

　贷：定期储蓄存款——整存零取××人户

2）分次支取

储户按约定时间来行取款，应填写“定期整存零取储蓄取款凭条”，连同存单一同交接柜人员，经登记存单和卡片账后办理付款手续。会计分录为

借：定期储蓄存款——整存零取××人户

贷：库存现金（或活期储蓄存款）

若储户要求部分提前支取，可提前支取一至二次，但须在以后月份内停支一至二次。其余支取日期按原定不变。如果提前支取全部余额，则根据实存金额及实存日期按规定利率计算利息。

3）结清

储户于存款期满最后一次取款时，除按分次取款手续处理外，还应计付利息，并在原存单上加盖“结清”戳记作为取款凭条附件。如过期支取，则按规定利率加付过期利息。

4）利息计算

整存零取储蓄存款的利息计算，因本金分次支取逐月递减，因此要先计算出本金存期内的等差级数平均值，然后再计算出到期应付的利息。计算公式为

到期应付利息=［（全部本金+每次支取本金数）/2］×支取本金次数

×每次支取的间隔（月）期×利率

**【例3-10】** 某储户2018年5月18日在F银行存入整存零取储蓄存款本金3600元，存期1年，月息5.1‰，每月支取本金300元，到期结清，要求写出最后一次支付本金和利息的会计分录。

应付利息=［（3600+300）/2］×12×1×5.1‰=119.34（元）

| | |
|---|---|
| 借：定期储蓄存款——整存零取某户 | 300 |
| 　贷：库存现金（或活期储蓄存款） | 300 |
| 借：利息支出 | 119.34 |
| 　贷：库存现金（或活期储蓄存款） | 119.34 |

8. 储蓄事后账务处理

1）储蓄所的结账及账务核对

每日营业终了，储蓄所要将一天的储蓄业务进行结账。一方面根据储蓄业务登记有关账簿，另一方面也要对账务进行核对，以保证账务正确。账务处理的程序如下。

（1）按储蓄种类，并分别按存、取款凭条，编制有关储蓄科目现金或转账借、贷方传票。

（2）汇总所有利息清单，编制利息支出科目现金借方传票。

（3）编制营业汇总储蓄日报表。营业汇总储蓄日报表是反映当日全部储蓄业务情况的报表，是轧平和核对账务的有力工具。其编制方法如下：根据有关科目日结单分别填入有关储蓄类别发生额借、贷栏，并结出余额；根据开销户的传票，登记开、销户栏，计算结存户数；核对开销户情况。储蓄日报表中的储蓄开销户数，应与新开户的账户及收回的存单（折）核对相符。

（4）核对空白重要凭证。储蓄日报表中的空白重要凭证的本日结存数，应与本日各种重要凭证的实际结存数相符。

（5）定期（最少一个月）通过各种储蓄分户账余额与储蓄有关科目余额核对相符，以保证账务的正确。

2）管理行的账务处理和事后监督

（1）账务处理。基层储蓄所的业务是管理行业务的一部分，每日营业终了，应将

储蓄所的业务并入管理行储蓄业务中，账务合并方式有并账式和并表式两种。在并账式处理下，管理行收到储蓄所填送的传票和储蓄日报表，经审核无误，对各储蓄存款科目应按储蓄所分别立账，并根据储蓄传票登记在有关账户内。管理行轧账时，将储蓄传票视同本身传票一起处理。在并表式处理下，储蓄所自己有一套独立、完整的账务体系。管理行对储蓄所账务不设分户账，将日报表同管理行同日的日报表合并，编制全行汇总日计表。

（2）储蓄账务事后复核监督。对储蓄账务进行事后复核监督，是保证账务正确的有效方法。其基本任务是对各基层储蓄所报送的凭证、报表认真逐笔事后复核监督，包括凭证内容是否完整、金额有无错误、账簿记载是否正确、利息计算有无错误、签章是否齐全等。

9. 存单、存折的挂失

储户将存单、存折遗失，可向其开户行申请挂失。为了保护储户切身利益和国家财产安全，银行应慎重处理。存单、存折挂失的处理程序如下。

储户遗失存单、存折并由本人来银行申请挂失时，应填写挂失申请书一式三联，并提供本人身份证明。银行查明确没有支付时，以挂失申请书第一联留存备查；第二联加盖公章后交给储户，作为日后换取新存单（折）的凭证；第三联凭以登记“储蓄挂失登记簿”，并在挂失卡片账上用红笔注明“×年×月×日挂失”字样，以防冒领。

银行在挂失 7 天后，经过核对查实，没有发现问题和异议，储户可凭申请书第二联于 7 日后来行办理补发新存单（折）手续。补发时，应注销原户，另开新户。新存单（折）仍按原起息日计息，并在原账页及开销户登记簿上注明“挂失结清”字样，以便日后查考。

## 3.3 发行债券业务

### 3.3.1 发行债券的概念及种类

债券是一种表明债权、债务关系的有价证券，是发行人向投资人出具的，在一定时期内按约定的条件，按期支付利息和本金的凭证。在我国将银行发行的债券称为金融债券。它是银行作为债务人为筹集中长期资金而发行的一种债务凭证。

按不同标准，金融债券可以划分为很多种类。最常见的分类有以下三种。

1. 按利息的支付方式划分

金融债券可分为附息金融债券（含附息票金融债券和零息票金融债券）和贴现金融债券。如果金融债券上附有多期息票，发行人定期支付利息，则称其为附息票金融债券；如果金融债券是以低于面值的价格贴现发行，到期按面值还本付息，利息为发行价与面值的差额，则称其为贴现债券。

2. 按发行条件划分

金融债券可分为普通金融债券和累进利息金融债券。普通金融债券按面值发行，到期一次还本付息，期限一般是 1 年、2 年和 3 年，也被称为零息票债券。普通金融债券类似于银行的定期存款，只是利率略高。累进利息金融债券的利率不固定，在不同的时间段有不同的利率，并且一年比一年高，也就是说，债券的利率随着债券期限的增加累进。例如，面值1000元、期限为5年的金融债券，第一年利率为9%，第二年利率为10%，第三年为11%，第四年为12%，第五年为13%。投资者可在第一年至第五年之间随时去银行兑付，并获得规定的利息。

3. 按有无担保划分

金融债券按有无担保划分为信用债券和担保债券。其中，担保债券又可分为抵押债券、质押债券和保证债券。我国银行多发行信用债券。

### 3.3.2 债券发行价格的确定

发行债券一般具有较长的还本期，但到期时仍按照面值归还本金。这一面值实质上是债券到期时清偿的价值，即债券的终值。由于债券发行时的市场利率与票面利率往往不相等，债券的面值（终值）一般不等于债券发行时的实际价值（现值）。因此，在债券终值既定的条件下，发售时就应该按照货币的时间价值（即同一金额的货币在不同时间上的价值）将其终值折算为现值发售。现值是指将来支付或收到的既定款额按一定利率折算的现在价值。

债券发售价格由两部分所构成：一部分是按市场利率计算的票面未来本金偿还额的现值；另一部分是按市场利率计算的票面未来债券利息的现值，下面分别加以说明。

1. 按市场利率将债券面值折算为现值

因市场利率是发行公司实际负担的利率，所以，折算时必须按市场利率（实际利率）折算，而不是按票面利率（名义利率）折算。

假设债券面值为$P$，债券面值的现值为$S$，市场利率为$i$，债券计息期数为$n$。

复利计算公式为

$$S = P(1+i)^{-n}$$

单利计算公式为

$$S = P(1+ni)^{-1}$$

其中，$(1+i)^{-n}$、$(1+ni)^{-1}$均被称为现值系数。

2. 按市场利率将以票面利率计算的各期利息折算为现值

根据货币的时间价值，定期按票面利率计付的相等数额的利息类似于年金。发行价格的计算中应将票面利息按照年金现值的原理折算为现值，作为发行价格的一部分。

假设债券面值为$P$，票面利率为$r$，市场利率为$i$，债券计息期数为$n$，票面利息的现值为$R$。

复利计息公式为

$$R = P \cdot r \cdot \frac{1-(1+i)^{-n}}{i}$$

单利计息公式为

$$R = P \cdot r \cdot \frac{1-(1+ni)^{-1}}{i}$$

其中，$\frac{1-(1+i)^{-n}}{i}$、$\frac{1-(1+ni)^{-1}}{i}$均为年金现值系数。

3. 债券发行的价格

债券发行的价格为债券面值的现值与债券票面利息的现值之和。其计算公式为

$$债券发行价格 = P\cdot(1+i)^{-n} + P\cdot r\cdot\frac{1-(1+i)^{-n}}{i}$$

或者

$$债券发行价格 = P\cdot(1+ni)^{-1} + P\cdot r\cdot\frac{1-(1+ni)^{-1}}{i}$$

### 3.3.3 普通金融债券的核算

1. 会计科目的设置

银行为了能核算和反映发行债券业务的实际情况，专门设置“应付债券”负债类科目，用来核算银行为筹措长期资金而发行的金融债券及应付的利息。同时，考虑到发债时票面利率和市场利率的差异，以及导致的发行价格差异，本科目下设四个明细科目，即债券面值、债券溢价、债券折价、应计利息。

（1）当发债时，若票面利率等于市场利率，按面值发行，用“应付债券——债券面值”科目核算。

（2）当发债时，若票面利率高于市场利率，发债人为了降低筹资成本，按溢价发行，溢价部分用“应付债券——债券溢价”科目核算。

（3）当发债时，若票面利率低于市场利率，为了降低投资人的成本，按折价发行，折价部分用“应付债券——债券折价”科目核算。

（4）本科目应按债券种类进行明细核算。

（5）银行在发行债券时，应将待发行债券的票面金额、债券票面利率、还本期限与方式、发行总额、发行日期和编号、委托代售部门等情况在备查簿中进行登记。

（6）本科目的期末贷方余额，反映银行尚未偿付的债券本息数。

2. 债券发行时的账务处理

1）按面值发行的处理

银行按面值发行债券时，会计分录为

借：存放中央银行款项（或库存现金等）

　贷：应付债券——债券面值

2）按溢价发行的处理

银行溢价发行债券时，会计分录为

借：存放中央银行款项（或库存现金等）

　贷：应付债券——债券面值

　　　应付债券——债券溢价

3）按折价发行的处理

银行折价发行债券时，会计分录为

借：存放中央银行款项（或库存现金等）
　　应付债券——债券折价
　贷：应付债券——债券面值

**【例 3-11】** 假设M银行于某年1月1日发行5年期长期债券，面值为1000万元，票面利率为10%，每年1月1日和7月1日各付息一次。要求分别以下列三种情况计算债券发行价格并写出会计分录。

（1）若债券发行时，市场利率为10%。

（2）若债券发行时，市场利率为8%。

（3）若债券发行时，市场利率为12%。

解答：

（1）据公式计算，发行1000万元债券的价格是

$$[1000\times 0.613\,933]+[1000\times 10\%\times 1/2\times 7.721\,734]\approx 1000\text{（万元）}$$

会计分录为

| | |
|---|---|
| 借：库存现金（或有关科目） | 10 000 000 |
| 　贷：应付债券——债券面值 | 10 000 000 |

（2）据公式计算，发行1000万元债券的价格是

$$1000\times 0.6756+1000\times 10\%\times 1/2\times 8.1109\approx 1081.1\text{（万元）}$$

溢价=1081.1−1000=81.1（万元）。

会计分录为

| | |
|---|---|
| 借：库存现金（或有关科目） | 10 811 000 |
| 　贷：应付债券——债券面值 | 10 000 000 |
| 　　　应付债券——债券溢价 | 811 000 |

（3）据公式计算，发行1000万元债券的价格是

$$[1000\times 0.5584]+[1000\times 10\%\times 1/2\times 7.3601]\approx 926.4\text{（万元）}$$

折价=1000−926.4=73.6（万元）。

会计分录为

| | |
|---|---|
| 借：库存现金（或有关科目） | 9 264 000 |
| 　　应付债券——债券折价 | 736 000 |
| 　贷：应付债券——债券面值 | 10 000 000 |

3. 债券预提应付利息时的账务处理

银行发行的债券应按期计提利息；溢价或折价发行的债券，其实际收到的金额与债券票面金额的差额，应在债券存续期内分期摊销。摊销方法可以采用实际利率法，也可以采用直线法。

分期计提利息及摊销溢价、折价时，按以下情况处理。

1）按面值发行计提利息的处理

按面值发行的债券计提利息时，会计分录为

借：利息支出
　贷：应付债券——应计利息

2）按溢价发行计提利息的处理

溢价发行债券计提利息时，会计分录为

借：应付债券——债券溢价（应摊销的溢价金额）
　　利息支出（应计利息与溢价摊销额的差额）
　贷：应付债券——应计利息（按面值乘以票面利率计算应计利息）

3）按折价发行计提利息的处理

折价发行的债券计提利息时，会计分录为

借：利息支出（应摊销的折价金额与应计利息之和）
　贷：应付债券——债券折价（应摊销的折价差额）
　　　应付债券——应计利息（按面值乘以票面利率计算的应计利息）

4. 债券到期还本付息的账务处理

银行发行债券到期，支付债券本息时，会计分录为

借：应付债券——债券面值
　　应付债券——应计利息
　贷：存放中央银行款项（或库存现金等）

5. 债券发行费用的账务处理

支付的债券代理发行手续费及印刷费等发行费用，借记“业务及管理费”“待摊费用”“长期待摊费用”等科目，贷记“存放中央银行款项”等科目。

1）发债费用由本期负担

会计分录为

借：业务及管理费
　贷：存放中央银行款项

2）发债费用由本期和不超过1年的以后各期负担

费用发生时，会计分录为

借：待摊费用
　贷：存放中央银行款项

按受益期限分期摊销时，会计分录为

借：业务及管理费
　贷：待摊费用

3）发债费用由超过1年的以后各期负担

费用发生时，会计分录为

借：长期待摊费用
　贷：存放中央银行款项

按受益期限分期摊销时，会计分录为

借：业务及管理费
　贷：长期待摊费用

**【例3-12】** 引上例，若发行债券时支付印刷费、手续费1000元，要求写出会计分录。

会计分录为

借：业务及管理费　　1000
　贷：库存现金（或单位活期存款）　　1000

### 3.3.4 可转换债券的核算

为了吸引投资者，发行债券的银行允许债券持有者在将来一定日期后将其债券转换为普通股票，这种债券被称为可转换债券。可转换债券具有债券和股票两重性质，即未转换之前是债券，转换后是股票。目前，我国批准发行的可转换债券采用记名式无纸化发行方式，债券最短期限为3年，最长期限为5年。

银行发行可转换债券，在发行以及转换为股份之前，应按一般发行债券进行处理。当可转换债券持有人行使转换权利，将其持有的债券转换为股份或资本时，应按其账面价值结转；可转换债券账面价值与可转换股份面值之间的差额，减去支付现金后的余额，作为资本公积处理。

（1）可转换债券发行的核算。可转换债券发行时的账务处理可参照一般债券的处理。

（2）可转换债券持有人行使转换权利时的核算。可转换债券持有人行使转换权利时，会计分录为

借：应付债券——可转换债券（债券面值）
　贷：实收资本（股本）
　　资本公积——股本溢价

## 3.4 其他负债业务

银行的其他负债主要包括各种应付预收款、或有负债及其他。实质上属于银行的流动负债范畴。

### 3.4.1 应付利息

应付利息是指银行按照合同约定应支付的各种利息。其包括应付中央银行借款利息、应付同业拆入款项利息、应付卖出回购金融资产利息、应付存款利息、应付债券利息、其他应付利息等。

（1）应付中央银行借款利息，是指核算银行应向中央银行支付的借款利息。计提利息费用时，借记“向中央银行借款利息支出”科目，贷记本科目；实际支付利息时，借记本科目，贷记“存中央银行存款”科目。本科目按中央银行进行明细核算。

（2）应付同业拆入款项利息，是指核算银行应向同业支付的存款利息。计提利息费用时，借记“同业存款利息支出”科目，贷记“应付同业存放利息”科目；实际支付利息时，借记本科目，贷记“存放中央银行款项”等有关科目。本科目按存放金融机构进行明细核算。

（3）应付卖出回购金融资产利息，是指核算银行卖出回购金融资产时应向购买方支付的利息费用。计提利息费用时，借记“卖出回购利息支出”科目，贷记“应付卖出回购金融资产利息”科目，实际支付利息时，借记本科目，贷记“存放中央银行款项”等有关科目。本科目按购买方机构进行明细核算。

（4）应付存款利息，是指核算银行应向单位及个人支付的存款利息。计提利息时，借记“存款利息支出”等科目，贷记本科目；实际支付利息时，借记本科目，贷记有关存款科目。本科目按存款种类进行明细核算。

（5）应付债券利息，是指核算银行计提的各种债券利息。计提债券利息时，借记“债券利息支出”科目，贷记本科目；实际支付利息时，借记本科目，贷记有关科目。本科目按债券种类进行明细核算。

（6）其他应付利息，是指核算银行不在上述应付利息科目中核算的其他应付利息。计提利息时，借记有关利息支出科目，贷记本科目；实际支付利息时，借记本科目，贷记有关科目。本科目按应付利息种类进行明细核算。

### 3.4.2 应付职工薪酬

职工薪酬是指银行为获得职工提供的服务而给予各种形式的报酬以及其他相关支出。职工薪酬包括：职工工资、奖金、津贴和补贴；职工福利费；医疗保险费、养老保险费、失业保险费、工伤保险费和生育保险费等社会保险费；住房公积金；工会经费和职工教育经费；非货币性福利；因解除与职工的劳动关系给予的补偿；其他与获得职工提供的服务相关的支出。

应付职工薪酬用来核算银行应付给职工的不含工资在内的各种薪酬。银行支付给职工工资、奖金、津贴、社会保险金、住房公积金、退休金等，以及银行统一支付养老统筹基金、工会经费、职工教育经费等费用时，借记本科目，贷记“个人一般存款”“现金”等有关科目；定期计提应付职工薪酬时，借记“业务及管理费”等有关科目，贷记本科目。本科目按“工资”“职工福利”“社会保险费”“住房公积金”“工会经费”“职工教育经费”“解除职工劳动关系补偿”“股份支付”等应付职工薪酬项目进行明细核算。

**【例 3-13】** 某银行按规定计算 6 月业务经营部门职工工资，工资总额为 250 000 元。

银行预提应发工资时，会计分录为

| | | |
|---|---|---|
| 借：业务及管理费 | 250 000 | |
| 贷：应付职工薪酬——工资 | | 250 000 |

实际发放时，会计分录为

| | | |
|---|---|---|
| 借：应付职工薪酬——工资 | 250 000 | |
| 贷：库存现金 | | 250 000 |

**【例 3-14】** 引【例 3-13】，该银行按职工工资总额的 14%提取职工福利费。

会计分录为

| | | |
|---|---|---|
| 借：业务及管理费 | 35 000 | |
| 贷：应付职工薪酬——职工福利 | | 35 000 |

### 3.4.3 应交税费

应交税费核算银行按规定应交纳的各种税费，包括增值税及教育费附加、企业所得税、土地增值税、契税、车船使用税、房产税、城市维护建设税等税费，以及按规定应交纳的保险保障基金等。本科目按应交税费种类进行明细核算。

银行交纳的印花税、耕地占用税、燃油税等不属于应交税费范畴。

（1）期末，银行计算出应交纳的增值税和城市维护建设税时，会计分录为

借：税金及附加

　贷：应交税费

（2）银行计算出应交纳的所得税时，会计分录为

借：所得税费用

　贷：应交税费——应交所得税

（3）银行按规定计算应交的房产税、土地使用税、车船使用税时，会计分录为

借：业务及管理费

　贷：应交税费——应交房产税

　　　应交税费——应交土地使用税

　　　应交税费——应交车船使用税

（4）银行计算出应交土地增值税时，会计分录为

借：固定资产清理

　　在建工程

　贷：应交税费——应交土地增值税

（5）银行按规定计算应代扣代交的职工个人所得税时，会计分录为

借：应付职工薪酬

　贷：应交税费——应交个人所得税

（6）银行交纳各种税金时，会计分录为

借：应交税费

　贷：存放中央银行款项（或库存现金）

**【例3-15】** 某银行建业支行1月营业收入为638 000元，其中，手续费及佣金收入为120 000元。若按6%税率计提增值税，按7%的税率计提城市维护建设税。暂不考虑其他抵扣的情况下，请写出交纳税费的会计分录。

增值税=638 000×6%=38 280（元）

应交纳城市维护建设税额=38 280×7%=2679.6（元）

计提时的会计分录为

| | |
|---|---|
| 借：税金及附加 | 40 959.6 |
| 　贷：应交税费——应交增值税 | 38 280 |
| 　　　应交税费——应交城市维护建设税 | 2679.6 |

实际缴纳时会计分录为

| | |
|---|---|
| 借：应交税费 | 40 959.6 |
| 　贷：存放中央银行款项 | 40 959.6 |

### 3.4.4 应付股利

应付股利核算银行应分配给投资者的现金股利或利润。股票股利不在本科目核算。

股东大会批准股利分配方案后，按应支付的现金股利或利润，借记“未分配利润”科目，贷记本科目；实际分配现金股利时，借记本科目，贷记“存放中央银行款项”等有关科目。本科目按投资者进行明细核算。

【例 3-16】 某银行江海支行全年实现净利润为 667 000 元，按 60%的比例计提分配给投资者的利润。

会计分录为

| | |
|---|---|
| 借：未分配利润 | 400 200 |
| 　贷：应付股利 | 400 200 |

### 3.4.5 其他应付款

其他应付款核算银行应付及暂收的临时性款项，包括应付及暂收单位和个人的其他应付款项等。同城票据交换业务中的退票、待提出票据，通存通兑业务中的代理收付款项，结算业务中的待查结算款项等不在本科目核算。

发生应付及暂收款项时，借记有关科目，贷记本科目；偿还或转销应付及暂收款项时，借记本科目，贷记有关科目。本科目按种类及应付对象进行明细核算。

【例 3-17】 某银行金州支行收到建业支行寄来的贷方报单，金额为 23 000 元，经审核为暂收款。

会计分录为

| | |
|---|---|
| 借：系统内往来资产——联行来账 | 23 000 |
| 　贷：其他应付款 | 23 000 |

【例 3-18】 某银行收取保管箱押金 500 元。

| | |
|---|---|
| 借：库存现金 | 500 |
| 　贷：其他应付款 | 500 |

### 3.4.6 预计负债

预计负债属于负债类科目，主要反映银行已确认尚未支付的金额，包括对外提供担保、未决诉讼等或有事项产生的负债。

确认预计负债时，借记“业务及受理费”“营业外支出”等有关科目，贷记本科目；实际偿付负债时，借记本科目，贷记“存放中央银行款项”等有关科目。如果银行已合理预计了预计负债，当期发生的实际损失金额与已计提的相关预计负债之间的差额，借记“营业外支出”或贷记“营业外收入”等科目，贷记或借记“预计负债”科目。当已确认但实际未发生的预计负债转回时，借记本科目，贷记“业务及受理费”“营业外支出”等科目。本科目按预计负债种类进行明细核算。

## ➢ 关键概念

负债　存款负债　一般存款账户　临时存款账户　专用存款账户　储蓄存款　预计负债

## ➢ 复习思考题

1. 简述负债的概念、特征及其计价原则。
2. 银行为单位开立的各种存款账户，其办理业务范围是怎样规定的？
3. 单位活期存款如何核算？
4. 单位存款利息计算的基本规定如何？如何计算利息？

5. 储蓄存款的政策和原则是什么？储蓄存款利息应如何计算？

6. 债券的发行价格如何确定？如何对债券的溢价、折价进行摊销？

7. 简述可转换债券的概念及核算流程。

8. 某支行6月20日结息时，一年期单位存款累计应计息积数17 500 000元，两年期单位定期存款累计应计息积数18 200 000元。假设一年期存款利率为2.25%，两年期存款利率为2.52%。要求计算预提利息，并写出会计分录。

9. 某储户2018年2月1日存入整存整取储蓄存款10 000元，定期1年，该储户于2020年2月1日来行支取本息，存入时1年期存款利率为2.25%，2020年2月1日挂牌活期利率为0.35%。要求写出取存款的全部会计分录。

10. 储户王三2019年1月25日以现金到M银行存入自动转存式定期储蓄存款40 000元，期限1年，过期2个月后支取，要求写出会计分录（定期存款年利率为2.25%，活期存款年利率为0.35%）。

11. 储户王五2020年3月25日以现金80 000元到M银行存入1年期整存整取定期储蓄存款。但储户王五拿走存单20分钟后又返回到柜台前。原来柜台经办人员将80 000元的存款错开成8000元的存单。请问更正此错误有几种方法？并要求写出相应会计分录。

12. 请比较分析各种储蓄存款的不同点。

13. 请比较分析单位定期存款和个人定期储蓄存款的异同点。

14. 请简述哪些保证金存款要缴纳法定准备金？

15. 请比较分析银行存款负债和发行金融债券负债方式的优劣性。

16. 银行严格对账制度可能会防范哪些风险？

17. 存款按形式分为哪几种？

18. 某支行开户单位甲企业在该行的活期存款账户资料如下表所示。（1）请填写空表格中的相关数据。（2）写出结转该期利息的会计分录。

存款账户

单位名称：甲企业　　　　月利率：1.5‰　　　　单位：万元

| 2018年 | | 摘要 | 借方 | 贷方 | 借或贷 | 余额 | 日数 | 积数 |
|---|---|---|---|---|---|---|---|---|
| 6 | 21 | 开户 | | 53 205 | | | | |
| | 24 | 转存 | | 4 709 | | | | |
| | 30 | 转支 | 5 400 | | | | | |
| 7 | 10 | 现收 | | 8 450 | | | | |
| | 10 | 转支 | 6 000 | | | | | |
| | 16 | 转存 | | 6 830 | | | | |
| | 31 | 转支 | 4 812 | | | | | |
| 8 | 7 | 现收 | | 6 785 | | | | |
| | 19 | 转支 | 5 116 | | | | | |
| | 19 | 现付 | 568 | | | | | |
| 9 | 1 | 现收 | | 7 980 | | | | |
| | 1 | 转支 | 10 845 | | | | | |
| | 20 | 转存 | | 18 205 | | | | |
| | 21 | 存息 | | | | | | |

# 第4章

# 资产业务

➢ **本章提要**

资产业务是银行的主要业务之一，银行筹集的资金能否盈利、是否安全都与其有着直接或间接关系。本章介绍了资产的定义及特征，资产的确认和计量，贷款资产业务，金融资产业务，固定资产业务，无形及其他资产业务，资产减值业务的核算。通过本章的学习，读者在掌握各种资产业务会计核算技术外，还能够对银行资金运用的途径有所了解，并能掌握资金运用过程的相关损益核算方法。

## 4.1 资产业务概述

资产是会计要素之一，几乎所有的会计要素都与其直接或间接相关，如资产与收益确定密切相关，所有者权益是资产减去负债后的剩余权益。因而，科学地定义资产具有重要意义。具体来说，资产是指企业过去的交易或事项形成的，由企业拥有或控制的，预期会给企业带来经济利益的资源。

### 4.1.1 资产的分类

1. 按资产的流动性划分

商业银行资产按流动性划分为流动资产和非流动资产。

1）流动资产

资产满足下列条件之一的，应当归类为流动资产。

（1）预计在一个正常营业周期中变现、出售或耗用。

（2）主要为交易目的而持有。

（3）预计在资产负债表日起一年内（含一年，下同）变现。

（4）在资产负债表日起一年内，交换其他资产或清偿负债的能力不受限制的现金或现金等价物。

2）非流动资产

流动资产以外的资产应当归类为非流动资产，即不准备在一年内变现，为营利目的而持有的资产，如中、长期贷款，固定资产投资，证券投资等。

2. 按资产的形式划分

商业银行资产按形式划分为有形资产和无形资产。

1）有形资产

商业银行有占用形式的资产为有形资产，主要包括现金资产、贷款资产、证券资产、固定资产及其他资产。其中，现金资产是商业银行持有的库存现金以及与现金等同的可随时用于支付的银行资产。商业银行的现金资产一般包括以下几类。

（1）库存现金，是指商业银行保存在金库中的现钞和硬币。库存现金的主要作用是银行用来应付客户提现和银行本身的日常零星开支。

（2）在中央银行存款，是指商业银行存放在中央银行的资金，即存款准备金。在中央银行存款由两部分构成：一是法定存款准备金；二是超额准备金。

法定存款准备金是按照法定比率向中央银行缴存的存款准备金。

所谓超额准备金，有两种含义：广义的超额准备金是指商业银行吸收的存款中扣除法定存款准备金以后的余额，即商业银行可用资金；狭义的超额准备金则是指在存款准备金账户中，超过了法定存款准备金的那部分存款。

（3）存放同业存款，是指商业银行存放在代理行和相关银行的存款，即指银行之间由于日常资金往来而发生的存入境内、境外其他银行或非银行金融机构及本系统内其他银行机构的往来款项。

（4）在途资金，也称托收未达款，是指本行通过对方银行向外地付款单位或个人收取的票据款。

由于这部分业务与其他业务有很高的相关性，所以，本章没有对这部分内容单独介绍，而是分散在各章介绍。对于其他有形资产将在本章分节介绍。

2）无形资产

无形资产相对于有形资产而言，是指企业拥有或控制的没有实物形态的可辨认非货币性资产，包括专利权、非专利技术、商标权、著作权、土地使用权等。企业自创的商誉，以及未满足无形资产确认条件的其他项目，不能作为企业的无形资产。

3. 按资产属性划分

1）金融资产

金融资产是银行拥有的现金及另一主体的权益工具等。其本质特征是导致未来现金流量的净流入。根据持有目的和能力进行分类，主要包括现金、交易性金融资产、持有至到期投资、贷款和应收款项、可供出售的金融资产。特殊的是，长期股权投资也纳入金融资产管理范畴。

2）非金融资产

非金融资产是指金融资产以外的资产，包括资本性支出、商誉、抵债资产、投资性房地产和库存物资、递延所得税资产等。其中，资本性支出包括固定资产、在建工程、无形资产和长期待摊费用四项支出。

### 4.1.2 资产的确认和计量

1）资产确认的标准

资产的确认首先要符合资产的定义，同时还应满足资产确认的两个标准。第一，经济利益很可能流入企业；第二，金额或价值能够可靠地计量。根据确认的基本标准的要求对资产进行确认，关键是要判断与该资源有关的经济利益是否有可能流入企业。任何一项资源，如果不具备未来经济利益，那么，即便企业过去为取得该项资源曾发生过巨额耗费，也不能确认为资产；已确认为资产的，也应从账面上予以剔除。很可能带来未来经济利益是资产确认的必要条件，因此资产的确认还应与经济利益流入的不确定性判断结合起来。确认资产还应该符合可靠计量的要求。可靠计量要求有确凿可靠的证据，是指交易发生或完成时所形成的各种交易价格。

2）资产计量的基础

资产的计量是指将符合确认条件的会计要素登记入账并列报于财务报表而确定其金额的过程。从会计角度看，计量属性反映的是会计要素金额的确定基础，主要有历史成本、重置成本、公允价值、可变现净值和未来现金流量现值。由于会计信息代表的是一定的经济利益关系，并且会计信息公开披露后还会直接或间接地造成一些影响，因此各方面为了自身的经济利益，必然会对会计信息提出不同的要求。为了确保会计信息的真实、完整，必须要求选择最为真实、可靠的计量属性。因此，一般都以历史成本作为主要的计量方法，这是因为历史成本是交易双方所认同的价格，人为估计等因素影响程度较低，其真实性、可验证性在所有计量方法中最高。我国资产计量的基础，最重要的就是历史成本。在历史成本原则下，成本是指已完成交易所支付或所换出资产的代价，代表资产或劳务取得时所确定的价值。

### 4.1.3 资产减值及其计量和确认

1. 资产减值的定义

资产减值是指资产的可收回金额低于其账面价值。银行的会计核算应当遵循谨慎性原则，不得多计资产或收益，也不得少计负债或费用。银行应当定期或至少于每年年度终了，对各项资产进行全面检查，并根据谨慎性原则的要求，合理地预计各项资产可能发生的损失，并对可能发生的各项资产损失计提资产减值准备，但不得计提秘密准备。如有确凿证据表明企业不恰当地运用了谨慎性原则计提秘密准备的，应当作为重大会计差错予以更正，并在会计报表附注中说明事项的性质、调整金额，以及对银行财务状况、经营成果的影响。

2. 资产减值的确认

当银行资产的可收回金额低于其账面价值时，即表明资产发生了减值，银行应当确认资产减值损失，计入当期损益，并把资产的账面价值减记至可收回金额，同时计提相应的资产减值准备。资产可收回金额的估计，应当根据其公允价值减去处置费用后的净额与资产预计未来现金流量的现值两者之间较高者确定。

3. 资产减值的计量

资产减值会计涉及的计量属性主要有重置成本法和现行市价法。

（1）重置成本（现行成本）。重置成本是指现时取得相同的资产或与其相当的资产将要支付的现金或现金等价物。通常情况下，减值资产的重置成本表现为在现时条件下重新购置或建造一个全新状态的资产对象所需的全部成本减去资产对象的实体性贬值、功能性贬值和经济性贬值，即减值资产的价值=重置成本-（实体性贬值+功能性贬值+经济性贬值），这里的贬值可视为减值的构成部分。

（2）现行市价。现行市价是指在正常经营条件下，出售一项资产所能获得的现金及现金等价物。运用现行市价对资产减值进行计量，通常通过市场调查，选择一个或几个与资产对象相同或类似的资产作为比较对象，分析比较对象的成交价格和交易条件，进行对比调整，估算出资产的现行价值。

## 4.2　贷款资产业务

### 4.2.1　贷款业务概述

1. 贷款的种类

贷款是指银行对借款人提供的按约定的利率和期限还本付息的货币资金。贷款业务是银行的主要资产业务之一，也是银行资金运用的主要形式。贷款可以按不同的标准划分为不同的种类。

1）按期限不同划分

按期限不同划分，贷款可划分为短期贷款、中期贷款和长期贷款。短期贷款是指银行根据有关规定发放的、期限在 1 年以下（含 1 年）的各种贷款；中期贷款是指银行发放的贷款期限在 1 年以上 5 年以下（含 5 年）的各种贷款；长期贷款是指银行发放的贷款期限在 5 年（不含 5 年）以上的各种贷款。

2）按还款方式不同划分

按还款方式不同划分，贷款可划分为一次偿还的贷款和分期偿还的贷款。

（1）一次偿还的贷款。一次偿还的贷款是在贷款到期时一次偿还本金，但利息根据约定，或在整个贷款期间分期支付，或在贷款到期时一次支付。

（2）分期偿还的贷款。分期偿还的贷款是按年、按季、按月以相等的金额还本付息。

3）按贷款用途不同划分

按贷款用途不同划分，贷款可划分为工商业贷款、农业贷款和消费贷款。

4）按贷款的保障条件不同划分

按贷款的保障条件不同划分，贷款可划分为信用贷款、担保贷款和票据贴现。

（1）信用贷款。信用贷款是指银行完全凭借客户的信誉而无须提供抵押物或第三者保证而发放的贷款。这类贷款从理论上讲风险较大，银行通常要收取较高的利息。

（2）担保贷款。担保贷款是指具有一定的财产或信用作为还款保证的贷款。根据还款保证的不同，具体分为抵押贷款、质押贷款和保证贷款。抵押贷款、质押贷款和保证贷款是指按《中华人民共和国担保法》规定的保证方式、抵押方式或质押方式发放的贷款。

（3）票据贴现。票据贴现是持票人向银行贴付一定利息所做的票据转让行为。

5）按贷款风险程度不同划分

按贷款风险程度不同划分，贷款可分为正常、关注、次级、可疑和损失五类：①正常类贷款。正常类贷款是指借款人能够履行合同，有充分把握按时、足额偿还本息。②关注类贷款。关注类贷款是指尽管借款人目前有能力偿还本息，但是存在一些可能对偿还产生不利影响的因素。③次级类贷款。次级类贷款是指借款人的还款能力出现了明显问题，依靠其正常经营收入已无法保证足额偿还本息。④可疑类贷款。可疑类贷款是指借款人无法足额偿还本息，即使执行抵押或担保也肯定造成一定损失。⑤损失类贷款。损失类贷款是指在采取所有可能的措施和一切必要的法律程序后，本息仍无法收回或只能收回极少部分。

贷款人应当及时催收逾期的贷款。对项目贷款和公司贷款根据逾期天数将贷款分为逾期 90 天、180 天、270 天、360 天和 360 天以上五个档次进行统计，并作为贷款质量分类的重要参考指标。对零售贷款应比照上述规定对逾期天数作更细致的划分。

6）按贷款承担风险的主体不同划分

按贷款承担风险的主体不同划分，贷款可分为自营贷款、委托贷款和特定贷款。

2. 贷款的业务核算要求

银行发放贷款主要应遵循安全性、流动性和营利性原则。而在进行贷款核算时，尤其是中长期贷款核算，主要应遵循以下原则。

1）本息分别核算

银行发放的中长期贷款应当按照实际贷出的贷款金额入账。期末，应当按照贷款本金和适用的利率计算应收取的利息，分别对贷款本金和利息进行核算。

2）商业性贷款与政策性贷款分别核算

商业性贷款是指银行自主发放的贷款。政策性贷款是指银行按照国家或有关政府部门的规定，限定用途、限定贷款对象而发放的贷款。因两者具有不同的性质，应当分别进行核算。

3）自营贷款和委托贷款分别核算

自营贷款是指银行以合法方式筹集的资金，自主发放的贷款，其风险由银行承担，并由银行收取本金和利息。委托贷款是指委托人提供资金，由银行（受托人）根据委托人确定的贷款对象、用途、金额、期限、利率等而代理发放、监督使用并协助收回的贷款，其风险由委托人承担。银行发放委托贷款时，只收取手续费，不得代垫资金。银行因发放委托贷款而收取的手续费，按收入确认条件予以确认。

4）应计贷款和非应计贷款应分别核算

非应计贷款是指贷款本金或利息逾期 90 天没有收回的贷款。应计贷款是指非应计贷款以外的贷款。当贷款的本金或利息逾期 90 天时，应单独核算。当应计贷款转为非应计贷款时，应将已入账的利息收入和应收利息予以冲销从表内转化到表外。在应计贷款转为非应计贷款后，当收到该笔贷款的还款时，首先应冲减本金；本金全部收回后，再收到的还款则确认为当期利息收入。

5）严格执行“七不准”的相关规定

2012年1月20日，中国银行业监督管理委员会（简称中国银监会）发布《中国银监会关于整治银行业金融机构不规范经营的通知》（银监发〔2012〕3号），要求银行业金融机构在业务经营中须遵守“七不准”“四公开”的规定。其中，“七不准”包括：①不得以贷转存。对符合条件的贷款应遵循“实贷实付”和“向受益人支付”原则。②不得存贷挂钩。③不得以贷收费。④不得浮利分费。⑤不得借贷搭售。⑥不得一浮到顶。⑦不得转嫁成本。

3. 贷款业务的一般操作程序

贷款业务的一般操作程序是贷款业务的工作流程。其主要包括：①贷款申请；②贷款调查；③对借款人进行信用评估；④贷款审查；⑤贷款谈判；⑥贷款发放；⑦贷后检查；⑧贷款收回。

4. 会计科目的设置及使用

1）“短期贷款”科目

“短期贷款”科目属资产类，用来核算银行根据有关规定发放的期限在1年以下（含1年）的各种贷款，包括质押贷款、抵押贷款、保证贷款、信用贷款等。

银行向借款人发放贷款时，借记“短期贷款”科目，贷记“单位活期存款”科目；收回贷款本息时，借记“单位活期存款”科目，贷记“短期贷款”科目、“利息收入”等科目。

银行按规定计算应收利息时，借记“应收利息”科目，贷记“利息收入”科目；实际收取利息时，借记“单位活期存款”科目，贷记“应收利息”科目。

短期贷款逾期转为逾期贷款时，借记“逾期贷款”科目，贷记“短期贷款”科目。

“短期贷款”科目应按贷款种类进行明细核算。

2）“中期贷款”科目

“中期贷款”科目属资产类，用来核算银行发放的期限在1年以上、5年以下（含5年）的各种贷款。

银行向借款人发放中期贷款时，借记“中期贷款”科目，贷记“单位活期存款”科目；收回贷款时，借记“单位活期存款”科目，贷记“中期贷款”科目。

银行按规定计算应收利息时，借记“应收利息”科目，贷记“利息收入”科目；实际收取利息时，借记“单位活期存款”科目，贷记“应收利息”科目。

中期贷款逾期转为逾期贷款时，借记“逾期贷款”科目，贷记“中期贷款”科目。中期贷款逾期90天及以上时，借记“非应计贷款”科目，贷记“逾期贷款”科目。

“中期贷款”科目应按贷款种类进行明细核算。

3）“长期贷款”科目

“长期贷款”科目属资产类，用来核算银行发放的期限在5年以上（不含5年）的各种贷款。

银行向借款人发放长期贷款时，借记“长期贷款”科目，贷记“单位活期存款”科目；收回贷款时，借记“单位活期存款”科目，贷记“长期贷款”科目。

银行按规定计算应收利息时，借记“应收利息”科目，贷记“利息收入”科目；实际收取利息时，借记“单位活期存款”科目，贷记“应收利息”科目。

长期贷款逾期转为逾期贷款时，借记“逾期贷款”科目，贷记“长期贷款”科目。长期贷款逾期90天及以上时，借记“非应计贷款”科目，贷记“逾期贷款”科目。

“长期贷款”科目应按贷款种类进行明细核算。

4）“逾期贷款”科目

“逾期贷款”科目属资产类，用来核算银行发放的借款合同约定到期（含展期后到期，下同）未归还，但逾期未满90天的贷款，以及其他按照有关规定作为逾期贷款核算的款项。逾期满90天及以上的贷款，在“非应计贷款”科目核算，不在“逾期贷款”科目核算。

贷款到期未归还，转为逾期贷款时，借记“逾期贷款”科目，贷记“短期贷款”、“中期贷款”或“长期贷款”科目。按规定计算应收利息时，借记“应收利息”科目，贷记“利息收入”科目。收回贷款时，借记“单位活期存款”科目，贷记“逾期贷款”科目。转作非应计贷款时，借记“非应计贷款”科目，贷记“逾期贷款”科目。

“逾期贷款”科目的明细核算应与有关贷款科目保持一致。

5）“非应计贷款”科目

“非应计贷款”科目属资产类，用来核算银行发放的逾期满90天及超过90天仍不能归还的贷款，以及贷款虽然未到期或逾期不到90天但生产经营已停止、项目已停建的贷款。

逾期贷款转为非应计贷款时，借记“非应计贷款”科目，贷记“逾期贷款”科目。收回贷款的还款时，借记“单位活期存款”科目，贷记“非应计贷款”科目。非应计贷款不再计提应收利息，并且将原已入账的利息收入和应收利息予以冲销，借记“利息收入”科目，贷记“应收利息”科目。贷款本金全部收回后，再收到还款时，借记“单位活期存款”科目，贷记“利息收入”科目。

“非应计贷款”科目的明细核算应与有关贷款科目保持一致。

6）“贷款损失准备”科目

“贷款损失准备”科目（同贷款减值准备）在资产负债表中属于对应贷款类项目的备抵科目。核算按规定对本行各项贷款本金可能发生的损失计提的准备。计提贷款损失准备的资产包括贴现资产、拆出资金、客户贷款、银团贷款、贸易融资、协议透支、信用卡透支、转贷款和垫款等。

计提贷款损失准备或收回已核销的贷款时，借记“资产减值损失——计提贷款损失准备”，贷记“贷款损失准备”科目；冲减已计提的贷款损失准备、经批准核销贷款或处置转出贷款时，借记“贷款损失准备”科目，贷记“资产减值损失——计提贷款损失准备”。

对于确实无法收回的各项贷款，按管理权限报经批准后转销各项贷款，借记“贷款损失准备”，贷记“贷款”“贴现资产”“拆出资金”“逾期贷款”等科目。

确认减值损失后，如有客观证据表明该金融资产价值已恢复，原确认的减值损失应当予以转回，计入当期损益，但转回的金额不得大于已计提的金额。按恢复增加的金额，借记“贷款损失准备”科目，贷记“资产减值损失”科目。

“贷款损失准备”科目期末为贷方余额，反映企业已计提但尚未转销的贷款损失准备。

7）“应收利息”科目

“应收利息”科目属资产类，用来核算银行交易性金融资产、债权投资、发放贷款、存放中央银行款项、拆出资金、买入返售金融资产等应收取的利息。“应收利息”科目可按借款人或被投资单位进行明细核算。

银行发放的贷款，应于资产负债表日按贷款的合同本金和合同利率计算确定的应收未收利息，借记“应收利息”科目，按贷款的摊余成本和实际利率计算确定的利息收入，贷记“利息收入”科目，按其差额，借记或贷记“贷款——利息调整”科目。应收利息实际收到时，借记“吸收存款”“存放中央银行款项”等科目，贷记“应收利息”科目。

“应收利息”科目期末为借方余额，反映企业尚未收回的利息。

8）“利息收入”科目

“利息收入”科目属损益类，用来核算银行确认的利息收入，包括发放的各类贷款（银团贷款、贸易融资、贴现和转贴现融出资金、协议透支、信用卡透支、转贷款、垫款等）、与其他金融机构（中央银行、同业等）之间发生资金往来业务、买入返售金融资产等实现的利息收入等。“利息收入”科目可按业务类别进行明细核算。

资产负债表日，银行按贷款的合同本金和合同利率计算确定的应收未收利息，借记“应收利息”科目，按贷款的摊余成本和实际利率计算确定的利息收入，贷记“利息收入”科目，按其差额，借记或贷记“贷款——利息调整”科目。应收利息实际收到时，借记“吸收存款”“存放中央银行款项”等科目，贷记“应收利息”科目。

实际利率与合同利率差异较小的，也可以采用合同利率计算确定利息收入。

期末，应将“利息收入”科目余额结转“本年利润”，借记“利息收入”科目，贷记“本年利润”科目，结转后“利息收入”科目应无余额。

9）“资产减值损失”科目

“资产减值损失”科目属损益类科目，用来核算银行计提各项资产减值准备所形成的损失。“资产减值损失”科目可按资产减值损失的项目进行明细核算。期末，应将本科目余额转入“本年利润”科目，结转后本科目无余额。

资产负债表日，银行应进行贷款减值测试，计算贷款的预期信用风险损失。如果该预期信用风险损失大于贷款当前减值准备的账面金额，银行应将其差额确认为减值损失，借记“资产减值损失”科目，贷记“贷款损失准备”。

确认减值损失后，如有客观证据表明该金融资产价值已恢复，原确认的减值损失应当予以转回，计入当期损益，但转回的金额不得大于已计提的金额。按恢复增加的金额，借记“贷款损失准备”，贷记“资产减值损失”科目。

### 4.2.2 贷款业务的核算

1. 信用贷款的核算

信用贷款是以借款人的信誉和信用状况为基础而发放的贷款。这种贷款需逐笔申请，逐笔立据审核，确定期限，到期归还。

1）贷款发放的核算

借款申请人申请贷款时，首先向信贷部门提交贷款申请书，经信贷部门审核批准后，双方应根据《中华人民共和国合同法》的规定签订借款合同，商定贷款的额度、期限、用途、利率等。借款合同一经签订，具有法律效力，银行和借款人必须共同履行。

借款合同签订以后，借款单位需要用款时，应填制一式五联的借款凭证，送信贷部门审批。第一联为借方凭证；第二联为贷方凭证（以现金发放时，此联注销）；第三联为回单、代收账通知；第四联为放款记录（信贷部门备查）；第五联为到期卡（作为台账依据，由会计部门在贷款转账手续办妥后，按到期日的日期顺序排列，专夹妥善保管，据以监督借款单位按期归还贷款）。经信贷部门审查同意后，在借款凭证上加注贷款编号、贷款种类、贷款期限、贷款利率、银行核定贷款金额等项目，送会计部门凭以办理放款手续。会计部门收到借款凭证后，应认真审查信贷部门的审批意见，审核凭证各项内容填写是否正确、完整，大小写金额是否一致，印鉴是否相符等。审核无误后，办理放贷手续。

（1）贷款直接转入借款人存款账户。以第一、第二联借款凭证分别代替借方凭证和贷方凭证，办理转账。会计分录为

借：短期贷款（或中长期贷款）——借款单位贷款户

　贷：单位活期存款——借款单位存款户

（2）贷款直接转入收款人（交易对手）账户。贷款受托支付时，会计分录为

借：短期贷款（或中长期贷款）——借款单位贷款户

　贷：单位活期存款——收款单位存款户

（3）贷款以现金发放时，会计分录为

借：短期贷款（或中长期贷款）——借款单位贷款户

　贷：库存现金

2）贷款正常收回的核算

按时收回贷款是银行放款的一项重要原则，也是贷款业务核算的重要内容。银行会计部门应经常查看贷款借据的到期情况，在贷款即将到期时，与信贷部门联系，通常提前 3 天通知借款单位准备还款资金，以便贷款到期时按期还款。收回贷款的核算主要分以下几种情况。

（1）贷款到期，借款单位主动归还贷款。当借款单位主动归还贷款时，应签发转账支票及填制一式四联的还款凭证办理还款手续。

银行会计部门收到借款人提交的还款凭证后，应同贷款账簿进行核对，按照借款单位所填的原借款凭证上的银行贷款编号，抽出留存的原到期卡，核对无误后，于贷款到期日办理收回贷款的转账手续。在到期日转账时，应认真核对支票的印鉴，查看借款单位存款账户是否有足够的余额等，以转账支票作为借方凭证，以还款凭证作为附件，以还款凭证第二联作为贷方凭证办理转账。会计分录为

借：单位活期存款——借款单位存款户

　贷：短期贷款（或中、长期贷款）——借款单位贷款户

　　利息收入

如借款属分次归还，则应在原借据上做分次还款记录。

第三联还款凭证，转账后由会计部门送信贷部门核销原放款记录。第四联由会计部门在办妥还款转账手续后，在回单上加盖公章，交还借款单位作为已归还贷款的通知。

（2）贷款到期，由银行主动扣收。贷款到期借款人未能主动归还贷款，而其存款账户中的存款余额又足够还款的，会计部门可及时与信贷部门联系，征得同意后，由信贷部门填制“贷款收回通知单”，加盖信贷部门业务公章交会计部门。会计部门凭以填制三联特种转账传票，一联代借方传票，一联代贷方传票，一联代收账通知连同注销后的借据第一联一并交给借款单位。会计分录同上。

（3）贷款到期，客户以现金归还贷款时，会计分录为

借：库存现金

　贷：短期贷款（或中、长期贷款）——借款单位贷款户

　　利息收入

3）贷款展期的核算

贷款到期，由于客观情况发生变化，借款人经过努力仍不能还清贷款的，若有正当理由对原贷款进行展期，短期贷款必须于到期日前10天，中长期贷款必须于到期日前1个月，由借款人向银行提出贷款展期的书面申请，写明展期的原因，银行信贷部门视具体情况决定是否展期。对同意展期的贷款，应在展期申请书上签署意见，然后将展期申请书交给会计部门，且每一笔贷款只能展期一次。短期贷款展期不得超过原贷款的期限；中期贷款展期不得超过原贷款期限的一半；长期贷款展期，最长不得超过3年。

会计部门收到贷款展期申请书后，应主要审查以下内容：信贷部门是否批准、有无签章；展期贷款的金额与借款凭证上的金额是否一致；展期时间是否超过规定期限；展期利率的确定是否正确。审核无误后，在贷款分户账及到期卡上批注展期还款利率、还款日期，同时将一联贷款展期申请书加盖业务公章后交借款单位收执，另一联贷款展期申请书附在原借据后，按展期后的还款日期排列。贷款展期不需办理转账手续，后续计量按公允价值计量。

4）贷款逾期的核算

贷款到期，借款单位事先未向银行申请办理展期手续，或申请展期未获得批准，或者已经办理展期，但展期到期日仍未能归还贷款的，即作为逾期贷款。银行应将贷款转入该单位的逾期贷款账户。银行会计部门与信贷部门联系后，根据原借据，分别编制特种转账借方传票和特种转账贷方传票各两联，凭特种转账借方和贷方传票各一联办理转账，会计分录为

借：逾期贷款——借款单位逾期贷款户

　贷：短期贷款（或中、长期贷款）——借款单位贷款户

转账后，将另两联特种转账借、贷方传票作收、支款通知，加盖转讫章和经办人员章后交借款单位。同时，在原借据上批注“××××年×月×日转入逾期贷款”字样后，

另行保管。待借款单位存款账户有款支付时，一次或分次扣收，并从逾期之日起至款项还清前一日止，除按规定利率计息外，还应按实际逾期天数和中国人民银行规定的罚息率计收罚息。

5）非应计贷款的核算

非应计贷款是指贷款或利息逾期90天没有收回的贷款。

贷款逾期90天没有收回的，作为非应计贷款单独核算，会计分录为

借：非应计贷款——借款人贷款户

　贷：逾期贷款——借款人贷款户

已计贷款利息逾期 90 天没有收回的，也作为非应计贷款，但应纳入“未收贷款利息”表外科目核算。

2. 抵押贷款的核算

抵押贷款是担保贷款的一种，是银行对借款人以一定财产作为抵押而发放的一种贷款。借款人到期不能归还贷款本息时，银行有权依法处置贷款抵押物，并从所得价款收入中优先收回贷款本息，或以该抵押物折价冲抵贷款本息。

抵押贷款适用于经工商行政管理部门登记并具有法人资格的全民、集体工商企事业单位以及我国境内的中外合资经营企业。个体工商户及个人也可以申请抵押贷款。

抵押贷款一般采取逐笔核贷的贷款核算方式。

1）抵押贷款发放的核算

抵押贷款由借款人向银行提出申请，并向银行提交“抵押贷款申请书”，写明借款用途、金额、还款日期、抵押品名称、数量、价值、存放地点等有关事项，经银行信贷部门审查同意后，由借款人同银行签订借款合同，并将抵押品或抵押品产权证明移交银行。合同及有关资料，如银行认为有必要公证的，应由公证机关对其真实性、合法性进行公证。对易受灾害侵害的抵押物，借款方应办理财产保险，并将保单交银行保管。如发生损失，银行可以从保险赔偿中收回抵押贷款。

对有关抵押品，银行应签发“抵（质）押品代保管凭证”一式两联，一联交借款人，另一联由银行留存。然后登记表外科目，会计分录为

收：代保管有价值品

企业的抵押贷款中，流动资金贷款最长不超过1年；固定资金贷款一般为1～3年，最长不超过5年。抵押贷款通常不是按抵押品价值全额贷放，而是按抵押品价值的50%～70%发放贷款。

借款人使用贷款时，由信贷部门根据确定的贷款额度，填写一式五联的借款凭证，签字后加盖借款人的预留印鉴，经信贷部门有关人员审批后，与抵押贷款有关单证一并送交会计部门。

会计部门收到信贷部门转来的有关单证，经审查无误后，根据有关规定及借款人的要求办理转账。会计分录为

借：抵押贷款——借款人贷款户

　贷：单位活期存款——借款人存款户

收：代保管有价值品

2）抵押贷款到期收回的核算

抵押贷款到期，借款人应主动提交还款凭证，连同银行出具的抵押品代保管收据，办理还款手续。会计分录为

借：单位活期存款——借款人存款户
　　贷：抵押贷款——借款人贷款户
　　　　利息收入——抵押贷款利息收入户

同时，销记表外科目，原抵押申请书作为表外科目付出传票的附件。会计分录为

付：代保管有价值品

3）抵押贷款逾期的核算

抵押贷款到期，借款单位如不能按期归还贷款本息，银行应将其贷款转入逾期贷款科目核算，并按规定计收罚息。会计分录为

借：逾期贷款
　　贷：抵押贷款

抵押贷款逾期1个月，借款单位仍无法归还贷款本息的，银行有权依据已签订的借款合同，依法处理抵押品。贷款人在实现抵押权、质权时，须采取合法的方式和程序进行，不得损害抵押人、出质人的合法权益。

银行处理抵押品主要有两种方式：作价入账和出售。

（1）将抵押品作价入账的核算。将抵押品作价入账时，应按抵押品资产的公允价值入账，贷款本息的账面余额与抵押资产公允价值之间的差额冲减贷款减值准备，减值准备不足以冲减的部分计入当期损益。会计分录为

借：固定资产（公允价值）
　　贷款减值准备
　　贷：逾期贷款——借款人户
　　　　应收利息——应收抵押贷款利息户
付：代保管有价值品

（2）出售抵押品的核算。银行按规定拍卖借款人的抵押品时，应以拍卖所得的净收入抵补抵押贷款本息。若拍卖所得净收入高于贷款本息之和，应当向借款人支付超出部分的价款；若净收入低于贷款本息，其低于的部分，应当由借款人偿还或者核销。

3. 贷款利息的核算

1）基本规定

（1）银行发放的各种贷款，除国家有特殊规定和财政补贴外，均应按规定计收利息。利息收入金额按照他人使用本行货币资金的时间和实际利率计算确定。如果贷款的名义利率和实际利率十分接近，可按照名义利率确认各期利息收支。在现行贷款发放模式下，大多数贷款没有溢价、折价，直接交易费用较小，贷款初始确认金额与到期日金额几乎一致，采用实际利率或名义利率对利息收入的影响不大，因此可按照合同利率确认利息收入。其中，实际利率是指将金融资产或金融负债在预期存续期间或适用的更短时间内的未来现金流量，折现为该金融资产或金融负债当前账面价值所使用的利率。

目前，贷款利息主要采用定期结息和利随本清两种计息方法。在实际工作中，多采用定期结息。

（2）贷款利率确定的原则。自 2013 年 7 月 20 日贷款利率全面放开，商业银行一般根据贷款期限确定贷款利率，然后根据对象、担保条件、风险等决定承担利率，坚持“高风险高价格”原则。而且随着利率市场化深化改革进程的加快，这一原则实际操作的指导意义会更大。如自 2019 年 8 月 20 日起，中国人民银行授权全国银行间同业拆借中心于每月 20 日（遇节假日顺延）9 时 30 分公布贷款市场报价利率（LPR）。这样原基准利率的功能将被进一步弱化。

2）定期结息的核算方法

定期结息是指按规定的结息期（一般为每季度末月的 20 日，上市银行为每月的 20 日）结计利息，并采用计息余额表或分户账页计算累计计息积数，乘以日利率的方法计算。利息计算公式如下：

应收利息=结息期累计应计息积数×（月利率/30）

利息计算出来后，编制“计收利息清单”一式三联，第一联为借方凭证，第二联为支款通知，第三联为贷方凭证。办理转账时，会计分录为

借：单位活期存款——借款单位存款

　贷：利息收入——贷款利息收入

如果借款人存款账户无款支付或存款资金不足以支付，不足支付的部分作为应收利息。会计分录为

借：应收利息——借款单位

　贷：利息收入——贷款利息收入

已计提的贷款应收利息，在贷款到期 90 天仍未收回的，以及自结息日起贷款利息逾期 90 天（不含 90 天）以上没有收回的，不论其本金是否逾期，应冲减原已计入损益的应收利息，转入表外核算。会计分录为

借：利息收入——贷款利息收入户

　贷：应收利息——借款单位户

收：未收贷款利息——××户

贷款到期（含展期到期）90 天后没有收回的，贷款转作非应计贷款，其应收利息不再作为当期收益，而是应当纳入表外科目“未收贷款利息”核算。

对于表外核算的“未收贷款利息”应按期计复利，但不计入损益，应在表外核算，实际收到时再计入损益。

3）利随本清的计息方法

利随本清是指按规定的贷款期限，在收回贷款本金的同时逐笔计收利息。贷款的起讫时间，算头不算尾，采用对年对月对日的方法计算，对年按 360 天，对日按 30 天计算，不满月的零头天数按实际天数计算。利息计算公式如下：

应收利息=本金×时期×利率

银行计算出利息后，应编制利息计算清单，再根据转账支票或付款委托书进行转账。会计分录为

借：单位活期存款——借款单位存款户

　贷：短期贷款——借款单位贷款户

　　　利息收入——贷款利息收入户

4）逾期贷款利息的计算

逾期贷款有两种可能情况：一种是全部逾期；另一种是部分逾期。

逾期贷款在利息计算上，首先应按合同利率计算到期利息，然后按逾期的天数和规定的逾期贷款利率计算逾期贷款利息。其计算公式如下：

逾期贷款收回时利息=正常利息+本金的罚息+利息的罚息

### 4.2.3 票据贴现业务的核算

1. 票据贴现的概念及科目设置

1）票据贴现的概念

票据贴现是指票据持有人在票据到期以前，为获得资金而向银行贴付一定的利息所做的票据转让行为。目前，银行办理贴现业务的票据主要是商业汇票中的两种承兑汇票。对商业汇票的相关规定同本教材第5章内容。

票据贴现业务严格讲属于贷款的一种，但贴现同一般贷款相比，既有共同之处又有不同点。共同点主要是：两者都是银行的资产业务，是借款人的融资方式，银行都要计收利息。不同点主要体现在：①资金投放的对象不同。贴现贷款以持票人（债权人）及票据为放款对象；一般贷款以借款人（债务人）为放款对象。②体现的信用关系不同。贴现贷款体现的是银行与持票人、出票人、承兑人及背书人之间的信用关系；一般贷款体现的是银行与借款人、担保人之间的信用关系。③收取利息的方式不同。贴现贷款在放款时即扣收利息；一般贷款则是在贷款到期时或定期计收利息。④放款期限不同。贴现贷款通常为短期贷款，期限最长不超过6个月；一般贷款则分为短期和中长期贷款。⑤资金的流动性不同。贴现贷款可以通过再贴现或转贴现提前收回本金；一般贷款只有到期或出售才可能收回本金。⑥安全程度不同。

2）票据贴现的科目设置

为了核算票据贴现业务，专门设置了“贴现”科目。本科目用来核算银行办理商业票据的贴现、转贴现等业务所融出的资金。企业（银行）买入的即期外币票据，也通过本科目核算。本科目可按贴现类别和贴现申请人进行明细核算。

银行办理贴现时，按贴现票面金额，借记本科目（面值），按实际支付的金额，贷记“存放中央银行款项”“单位活期存款”等科目，按其差额，贷记“贴现”（利息调整）。

资产负债表日，按计算确定的贴现利息收入，借记“贴现”（利息调整），贷记“利息收入”科目。

贴现票据到期，应按实际收到的金额，借记“存放中央银行款项”“吸收存款”等科目，按贴现的票面金额，贷记“贴现”（面值）。存在利息调整金额的，也应同时结转。

本科目属于资产类科目，期末为借方余额，反映银行办理的贴现、转贴现等业务融出的资金。

2. 商业汇票（承兑票据）贴现的核算

商业汇票（承兑票据）持有人如急需使用资金，可持未到期的承兑汇票向开户银行申请贴现。申请时填制一式五联的贴现凭证。第一联为贴现借方凭证，第二联为持票人账户贷方凭证，第三联为贴现利息贷方凭证，第四联为银行给持票人的回单，第五联为贴现到期卡。

贴现申请人在第一联凭证上按规定签章后，将凭证及商业汇票承兑票据一并送交银行信贷部门。信贷部门根据信贷管理办法及结算规定进行贴现审查无误后，应在贴现凭证的“银行审核”栏签注“同意”字样并加盖有关人员名章后，送交会计部门。

会计部门接到贴现凭证及商业汇票承兑票据后，按照规定的贴现率，计算出贴现利息并予以扣收。贴现利息的计算方法如下：

贴现利息=汇票金额×贴现天数×（月贴现率÷30）

实付贴现金额=汇票金额−贴现利息

然后，将按规定贴现率计算出来的贴现利息、实付贴现金额填在贴现凭证有关栏内，办理转账手续。会计分录为

借：贴现——商业承兑汇票（或银行承兑汇票面值）
　贷：单位活期存款——贴现申请人户
　　　贴现——利息调整

同时，按汇票金额登记表外科目，会计分录为

收：代保管有价值品

3. 贴现放款收回的核算

贴现银行应经常查看贴现汇票的到期情况。对到期的贴现汇票，应及时收回票款。

1）商业承兑汇票贴现放款到期收回的核算

商业承兑汇票贴现放款的收回是通过委托收款方式进行的。贴现银行作为收款人，应于汇票到期前，匡算邮程，以汇票作为收款依据，提前填制委托收款凭证向付款人收取票款。同时，应在表外科目“发出委托收款登记簿”中进行登记。

当贴现银行收到付款人开户行划回票款时，会计分录为

借：清算资金往来
　贷：贴现——商业承兑汇票面值

同时，销记“发出委托收款登记簿”；结转表外科目和利息调整户。会计分录为

借：贴现——利息调整
　贷：利息收入
付：代保管有价值品

如果贴现银行收到付款人开户行退回委托收款凭证和汇票时，对已贴现的金额应从贴现申请人账户收取，办理转账手续。会计分录为

借：单位活期存款——贴现申请人存款户
　贷：贴现——商业承兑汇票
借：贴现——利息调整
　贷：利息收入
付：代保管有价值品

若贴现申请人账户余额不足时，则不足部分转做逾期贷款，会计分录为

借：单位活期存款——贴现申请人存款户
　　逾期贷款——代贴现申请人垫款户
　贷：贴现——商业承兑汇票

借：贴现——利息调整

　贷：利息收入

付：代保管有价值品

2）银行承兑汇票贴现放款到期收回的核算

银行承兑汇票的承兑人是付款人开户银行，信用可靠，不会发生退票情况。贴现银行在汇票到期前，应以自己为收款人，填制委托收款凭证，向对方银行收取贴现款。收到对方银行报单及划回款项时，会计分录为

借：清算资金往来

　贷：贴现——银行承兑汇票面值

同时，结转表外科目和利息调整户。会计分录为

借：贴现——利息调整

　贷：利息收入

付：代保管有价值品

### 4.2.4 个人消费信贷业务的核算

1. 个人消费信贷的概念及种类

1）个人消费信贷的概念

个人消费信贷是指银行以消费者个人为对象，以个人消费为用途而发放的贷款。

2）个人消费信贷的种类

目前，消费信贷种类划分多种多样。

（1）按贷款用途划分主要有住房按揭贷款、汽车消费贷款、助学贷款、耐用消费品贷款等。

（2）按偿还方式划分主要有分期偿付贷款和一次性偿付贷款。

2. 住房按揭贷款

住房按揭贷款就是购房者以所购住房做抵押并由其所购买住房的房地产企业提供阶段性担保的个人住房贷款业务。该贷款发放的主要条件如下。

（1）贷款人在发放该项贷款时，借款人必须已交付规定比例（如30%）的首期购房款。

（2）借款人在拿到房产证之后应以所购住房作抵押取得贷款。

（3）在所购住房产权证未颁发且办妥住房抵押登记之前，由售房商提供连带责任保证，并承担回购义务。

3. 个人消费信贷业务的账务处理

个人消费信贷业务的账务处理，具体可参照前述对其他贷款业务处理手续进行处理，这里不再赘述。

### 4.2.5 贷款减值及其核算

1. 贷款减值的范围和计提减值准备的方法

1）贷款减值的范围

银行应以预期损失法为基础确认贷款的减值。银行应该在资产负债表日，对贷款进

行信用风险评估，测试风险是否显著增加，对预期的损失计提减值准备。无论评估信用损失的基础是单项金融工具还是金融工具组合，如果评估结果显示，贷款的信用风险没有显著增加，那么只需将未来一年的预计损失计入其损失准备；如果评估结果显示，贷款的信用风险显著增加，那么银行要将贷款在整个存续期内的预期损失计入损失准备。

无论银行采用何种方式评估信用风险是否显著增加，通常情况下，如果逾期超过30日，则表明贷款的信用风险已经显著增加。除非银行在无须付出额外成本或努力的情况下即可获得合理且有依据的信息，证明即使逾期超过30日，信用风险自初始确认后仍未显著增加。如果银行在合同付款逾期超过30日前已确定信用风险显著增加，则应当按照整个存续期的预期信用损失确认损失准备。

贷款减值准备计提范围涉及银行承担风险和损失的贷款（含抵押、质押、保证、无担保贷款）、银行卡透支、贴现、信用垫款（如银行承兑汇票垫款、担保垫款、信用证垫款等）、进出口押汇、同业拆出、应收融资租赁款等各项具有贷款特征的风险资产。

对由银行转贷并承担对外还款责任的国外贷款，包括国际金融组织贷款、外国买方信贷、外国政府贷款、日本国际协力银行不附条件贷款和外国政府混合贷款等资产，也应计提贷款减值准备。

2）计提贷款减值准备的方法

计提贷款减值准备的具体方法为：以发生违约的风险为权重，计算未来贷款资产信用损失的加权平均值。

2. 贷款减值准备的核算

银行为增强风险意识，提高抵御风险的能力，应当在资产负债表日，对贷款进行信用风险评估，测试风险是否显著增加，对预期的损失计提贷款减值准备。如果评估结果显示，贷款的信用风险没有显著增加，那么只需将未来一年的预计损失计入其损失准备。如果评估结果显示，贷款的信用风险显著增加，那么银行要将贷款在整个存续期内的预期损失计入损失准备。提取的贷款损失准备计入当期损益，发生贷款损失冲减已计提的贷款准备。已冲销的贷款损失，以后又收回的，其核销的贷款损失准备应予以转回。

1）贷款减值准备的计提和转回

（1）贷款减值准备的计提。银行应在资产负债表日进行贷款减值测试，计算贷款的预期信用损失。如果该预期信用损失大于贷款当前减值准备的账面金额，银行应将其差额确认为减值损失。会计分录为

借：资产减值损失

　贷：贷款损失准备

（2）贷款减值准备的转回。确认减值损失后，如有客观证据表明该金融资产价值已恢复，原确认的减值损失应当予以转回，计入当期损益，但转回的金额不得大于已计提的金额。会计分录为

借：贷款损失准备

　贷：资产减值损失

2）贷款的核销

银行实际发生信用损失，认定相关贷款无法收回，经核准予以核销，应当根据批准

的核销金额，借记“贷款损失准备”科目，贷记“贷款——本金”等科目。会计分录为

借：贷款损失准备

　贷：短期（或中长期）贷款——借款单位户

　　应收利息（定期付息的贷款）

若核销金额大于已计提的减值准备，还应按其差额补提减值，借记“资产减值损失”。

3）收回已核销的贷款

已确认转销的贷款以后又收回的，按先收本、再收息的顺序进行。

（1）如果收回款项小于本金，会计分录为

借：单位活期存款——借款单位户

　贷：贷款损失准备

借：贷款损失准备

　贷：资产减值损失

　　营业外收入（资产处置收益）

（2）如果收回款项大于本金，超出部分应以表外应收息或法院判决的罚息等利息性质余额为限计入利息收入，如还有剩余再计入营业外收入。会计分录为

借：单位活期存款——借款单位户

　贷：利息收入（以表外应收息或法院判决的罚息为限）

　　营业外收入

3. 贷款减值的利息收入

在资产负债表日，银行应按实际利率和摊余成本来确定利息收入。在银行实务中，按照贷款的五级分类，对于分类为良好贷款（正常、关注类），应以权责发生制为原则，按合同利率确认利息收入，并按直线法摊销相关费用或收入。对于分类为不良贷款（次级、可疑、损失类的贷款），不再按期计提损益，但须按照合同规定结计表外利息，在实际收到时才能记入利息收入。

对于不良贷款，按合同规定结计表外利息时，会计分录为

收：应收未收利息

当实际收到利息时，会计分录为

借：单位活期存款——借款单位户

　贷：利息收入

同时，在表外按照实际收到的金额冲销应收未收利息时，会计分录为

付：应收未收利息

## 4.3 金融资产业务

### 4.3.1 会计科目的设置

1. “交易性金融资产”科目

“交易性金融资产”科目属资产类，用来核算以公允价值计量且其变动记入当期损益的金融资产，包括为交易目的持有的债券投资、股票投资、基金投资、权证投资等和直接指定为以公允价值计量且其变动计入当期损益的金融资产。本科目应按照交易性金

融资产的类型和品种，分别设置“成本”和“公允价值变动”明细科目进行核算。其中，“成本”明细科目反映交易性金融资产的初始入账金额；“公允价值变动”明细科目反映交易性金融资产在持有期间的公允价值变动金额。衍生金融资产不在本科目核算。值得注意的是，企业持有的指定为以公允价值计量且其变动计入当期损益的金融资产，也通过“交易性金融资产”科目核算。

银行取得交易性金融资产时，按照交易性金融资产的公允价值，借记“交易性金融资产”（成本），按发生的交易费用借记“投资收益”，按实际支付的金额，贷记“存放中央银行款项”。资产负债表日，交易性金融资产的公允价值高于其账面余额的差额，借记“交易性金融资产”（公允价值变动），贷记“公允价值变动损益”科目；公允价值低于其账面余额时做相反分录。

出售交易性金融资产时，应按实际收到的金额，借记“存放中央银行款项”，按该金融资产的账面余额，贷记“交易性金融资产”；按其差额，贷记或借记“投资收益”科目。同时将原计入该金融资产的公允价值变动转出，借记或贷记“公允价值变动损益”，贷记或借记“投资收益”。

2. “债权投资”科目

“债权投资”科目属资产类，用来核算银行已经持有的债权投资。该科目可按照投资的类别和品种，分别设置“成本”“利息调整”“应计利息”等明细科目进行核算。其中，“成本”明细科目反映债权投资的面值；“利息调整”明细科目反映债权投资初始入账金额与其面值的差额，以及按实际利率法分期摊销后该差额的摊余余额；“应计利息”反映企业计提的到期一次还本付息债权投资应收未收的利息。

3. “其他债权投资”科目

“其他债权投资”科目属资产类，用来核算银行持有的以公允价值计量且其变动计入其他综合收益的金融资产，可以按照其他债权投资的类别和品种进行明细核算。分别设置“成本”“利息调整”“应计利息”“公允价值变动”等明细科目进行核算。其中，“成本”明细科目反映其他债权投资的面值；“利息调整”明细科目反映其他债权投资初始入账金额与其面值的差额，以及按实际利率法分期摊销后该差额的摊余余额；“应计利息”反映企业计提的到期一次还本付息其他债权投资应收未收的利息；“公允价值变动”明细科目反映其他债权投资的公允价值变动金额。

4. “其他权益工具投资”科目

“其他权益工具投资”科目属资产类，用来核算银行持有的指定以公允价值计量且其变动计入其他综合收益的非交易性权益工具投资。本科目可以按照非交易性权益工具投资的类别和品种，分别设置“成本”和“公允价值变动”等明细科目进行核算。其中，“成本”明细科目反映非交易性权益工具投资的初始入账金额；“公允价值变动”明细科目反映非交易性权益工具投资在持有期间的公允价值变动金额。

5. “长期股权投资”科目

“长期股权投资”科目属资产类，用来核算银行持有的采用成本法和权益法核算的长期股权投资，可以按照被投资单位进行明细核算，采用权益法核算的，还应当分别设置“成本”“损益调整”“其他权益变动”等明细科目进行核算。

（1）初始取得长期股权投资。同一控制下企业合并形成的长期股权投资，在合并日按取得被合并方所有者权益账面价值的份额核算时，借记本科目。按享有被投资单位已宣告但尚未发放的现金股利或利润，借记“应收股利”科目；按支付的合并对价的账面价值，贷记有关资产或借记有关负债科目，按其差额，贷记“资本公积——资本溢价或股本溢价”；为借方差额的，借记“资本公积——资本溢价或股本溢价”，资本公积不足冲减的，借记“盈余公积”“利润分配——未分配利润”科目。

非同一控制下企业合并形成的长期股权投资，应在购买日按企业合并成本（不含应属被投资单位收取的现金股利或利润），借记本科目；按享有被投资单位已宣告但尚未发放的现金股利或利润，借记“应收股利”科目。按支付合并对价的账面价值，贷记有关资产或借记有关负债科目，按发生的直接相关费用，贷记“存放中央银行款项”，按其差额，贷记“营业外收入”或借记“营业外支出”等科目。

以支付现金、非现金资产等其他形式（非企业合并）形成的长期股权投资，比照非同一控制下企业合并形成的长期股权投资的方法处理。

投资者投入的长期股权投资，应按确定的长期股权投资成本，借记本科目，贷记“实收资本”或“股本”科目。

（2）采用成本法核算的长期股权投资。长期股权投资采用成本法核算的，应按被投资单位宣告发放的现金股利或利润中属于本企业的部分，借记“应收股利”科目，贷记“投资收益”科目；属于被投资单位在取得本企业投资前实现净利润的分配额，应作为投资成本的收回，借记“应收股利”，贷记本科目。

（3）采用权益法核算的长期股权投资。长期股权投资的初始投资成本大于投资时应享有被投资单位可辨认净资产公允价值份额的，不调整已确认的初始投资成本。长期股权投资的初始投资成本小于投资时应享有的份额的，应按其差额，借记本科目（成本），贷记“营业外收入”科目。

根据被投资单位实现的净利润或经调整的净利润计算应享有份额时，借记本科目（损益调整），贷记“投资收益”科目。被投资单位发生净亏损做相反会计分录，但以本科目的账面价值减记零为止；仍需承担的投资损失，应将其他实质上构成对被投资单位净投资的“长期应收款”等的账面价值减记零为限；除按以上步骤已确认的损失外，还应根据投资合同或协议约定将承担的损失，确认为预计负债。发生亏损的被投资单位以后实现的净利润，应按与上述相反的顺序进行处理。

被投资单位以后宣告发放现金股利或利润时，企业计算应分得的部分，借记“应收股利”科目，贷记本科目（损益调整）。收到被投资单位宣告发放的股票股利，不进行账务处理，但应在备查簿中登记。

在持股比例不变的情况下，被投资单位除净损益以外所有者权益的其他变动，企业应按持股比例计算应享有的份额，借记或贷记本科目（其他权益变动），贷记或借记“资本公积——其他资本公积”。

（4）权益法和成本法的转换。将长期股权投资自成本法转换成权益法核算的，应按转换时该项长期股权投资的账面价值作为权益法核算的初始投资成本，初始投资成本小于转换时占被投资单位可辨认净资产公允价值份额的差额，借记本科目（成本），贷记“营业外收入”科目。

长期股权投资自权益法转换成成本法的，除构成企业合并的外，应按中止采用权益法时长期股权投资的账面价值作为成本法核算的初始投资成本。

（5）处置长期股权投资。处置长期股权投资时，应按实际收到的金额，借记“存放中央银行款项”，按其账面余额，贷记本科目。按尚未领取的现金股利或利润，贷记“应收股利”，按其差额，贷记或借记“投资收益”。已计提减值准备的，还应同时结转减值准备。

采用权益法核算的长期股权投资的处置，还应结转原计入资本公积的相关金额，借记或贷记“资本公积——其他资本公积”，贷记或借记“投资收益”。

6. “长期股权投资减值准备”科目

“长期股权投资减值准备”科目核算银行长期股权投资的减值准备，可按照被投资单位进行明细核算。资产负债表日，长期股权投资发生减值时，按照应减记的金额，借记“资产减值准备”科目，贷记本科目。处置长期股权投资时，应同时结转已计提的长期股权投资减值准备。

### 4.3.2 金融资产的核算

1. 以公允价值计量且其变动计入当期损益的金融资产的核算

以公允价值计量且其变动计入当期损益的金融资产主要有两种：交易性金融资产和直接指定为以公允价值计量且其变动计入当期损益的金融资产。交易性金融资产是指满足下列情形之一的投资：取得该金融资产的目的，主要是为了近期内出售或回购；该金融资产属于进行集中管理的可辨认金融工具组合的一部分，且有客观证据表明企业近期采用短期获利方式对该组合进行管理。可设“交易性金融资产”科目核算。直接指定为以公允价值计量且其变动计入当期损益的金融资产，也在“交易性金融资产”科目核算。

1）交易性金融资产的取得

按公允价值进行初始计量，相关交易费用计入初始确认金额。实际支付的价款中包含已到付息期但尚未领取的债券利息，应当单独确认为应收项目。会计分录为

借：交易性金融资产——成本（公允价值）
　　投资收益（交易费用）
　　应收利息（或应收股利）（取得时已宣告但尚未发放的股利或应收利息）
　贷：存放中央银行款项等

2）交易性金融资产持有收益的确认

在持有期间，应于每一资产负债表日或付息日计提债券利息，计入当期投资收益。对于股利收入，应同时满足以下三个条件，才能确认股利收入并计入当期收益。

（1）企业收取股利的权利已经确立。

（2）与股利相关的经济利益很可能流入企业。

（3）股利的金额能够可靠计量，会计分录为

借：应收利息（或应收股利）

贷：投资收益

持有期间实际收到利息或现金股利，会计分录为

借：库存现金（或存放中央银行款项）

贷：应收利息（或应收股利）

3）交易性金融资产的期末计量

资产负债表日，交易性金融资产公允价值发生变动，应按其公允价值与账面价值的差额，调整交易性金融资产的账面余额，同时确认公允价值上升的收益或公允价值下降的损失。

若公允价值高于账面余额的差额，会计分录为

借：交易性金融资产——公允价值变动

贷：公允价值变动损益

若公允价值低于账面余额的差额，做相反会计分录。

4）交易性金融资产的处置

交易性金融资产的处置，是指处置交易性金融资产实际收到的款项，减去所处置交易性金融资产账面余额后的差额。处置交易性金融资产时，该交易性金融资产在持有期间已确认的累计公允价值变动净损益应确认为处置当期投资收益，同时调整公允价值变动损益。会计分录为

借：存放中央银行款项等

公允价值变动损益（或贷方）

贷：交易性金融资产——成本（账面余额）

——公允价值变动（或借方）

投资收益（或借方）

【例4-1】 ABC银行购入股票作为交易性金融资产，该银行有关交易性金融资产的交易如下。

（1）2019年12月5日购入股票1 000 000元，发生相关手续费、税金共2000 元 。会计分录为

| | |
|---|---|
| 借：交易性金融资产——成本 | 1 000 000 |
| 投资收益 | 2000 |
| 贷：存放中央银行款项 | 1 002 000 |

（2）2019年12月31日，该股票收盘价为1 060 000元，会计分录为

| | |
|---|---|
| 借：交易性金融资产——公允价值变动 | 60 000 |
| 贷：公允价值变动损益 | 60 000 |

（3）2020年1月15日处置，收到1 100 000元，会计分录为

| | |
|---|---|
| 借：存放中央银行款项 | 1 100 000 |
| 公允价值变动损益 | 60 000 |
| 贷：交易性金融资产——成本 | 1 000 000 |
| ——公允价值变动 | 60 000 |
| 投资收益 | 100 000 |

2. 以摊余成本计量的金融资产的核算

金融资产同时符合下列两个条件的，应当分类为以摊余成本计量的金融资产：第一，企业管理该金融资产的业务模式以收取合同现金流量为目标；第二，该金融资产的合同

条款规定，在特定日期产生的现金流量，仅为对本金和以未偿付本金金额为基础的利息支付；第三，会计处理主要应解决金融资产实际利率的计算、摊余成本的确定、持有期间收入的确定和处置时损益的确定。

以摊余成本计量的金融资产主要有贷款、债权投资等。贷款前面已经介绍过了。这里主要讲以摊余成本计量债权投资的核算。可设置“债权投资”科目进行核算。

1）债权投资的取得

按公允价值进行初始计量，相关交易费用计入初始确认金额。实际支付的价款中包含已到付息期但尚未领取的债券利息，应当单独确认为应收项目。会计分录为

借：债权投资——成本（面值）

　　　　　　——利息调整（差额，也可能在贷方）

　　应收利息（实际支付款项中包含的利息）

　贷：存放中央银行款项等

2）债权投资利息收入的确认

（1）确认利息收入的方法。一是债权投资的账面余额与摊余成本。以摊余成本计量的债权投资的账面余额，是指“债权投资”科目的账面实际余额，即债权投资的初始入账金额加上（初始入账金额低于面值时）或减去（初始入账金额高于面值时）利息调整的累计摊销额后的余额，或者债权投资的面值加上（初始入账金额高于面值时）或减去（初始入账金额低于面值时）利息调整的摊余金额，用公式表示如下：

账面余额=初始入账金额 ± 利息调整累计摊销额

=面值 ± 利息调整的摊余金额

需要注意的是，如果金融资产为到期一次性还本付息的债券，其账面余额应当还包括应计未付的债券利息；如果金融资产提前收回了部分本金（即面值），其账面余额还应当扣除已偿还的本金。

债权投资的摊余成本，是指该债券投资的初始入账金额经下列调整后的结果：①除已偿还的本金；②加上或减去采用实际利率法将该初始入账金额与到期日金额之间的差额进行摊销形成的累计摊销额（即利息调整的累计摊销额）；③扣除累计计提的损失准备。

在会计处理上，以摊余成本计量的债权投资计提的损失准备是通过专门设置的备抵调整科目单独核算的，从会计科目之间的关系来看，债权投资的摊余成本也可用下式来表示：

摊余成本 =“债权投资”科目的账面余额 –“债券投资减值准备”科目的账面余额

因此，如果债券投资没有计提损失准备，其摊余成本等于账面余额。

二是实际利率法。实际利率法，是指以实际利率为基础计算债权投资的摊余成本以及将利息收入分摊计入各会计期间的方法。实际利率是指将债权投资在预期存续期的估计未来现金流量，折现为该债券投资账面余额所使用的利率。例如，企业购入债券作为债权投资，实际利率就是将该债券未来收回的利息和本金折算为现值恰好等于债权投资初始入账金额的折现率。

对于没有发生信用减值的债权投资，采用实际利率法确认利息收入并确定债权投资账面余额的程序如下：①债权投资的面值乘以票面利率计算确定应收利息；②以债权投

资的期初账面余额乘以实际利率计算确定利息收入；③以应收利息与利息收入的差额作为当期利息调整摊销额；④以债权投资期初账面余额加上（初始入账金额低于面值时）或减去（初始入账金额高于面值时）当期利息调整摊销额作为期末账面余额。

对于已发生信用减值的债权投资，应当以债权投资的摊余成本乘以实际利率（或经信用调整的实际利率）计算确定其利息收入。

（2）确认利息收入的账务处理。对于分期付息、一次还本的债券。债权投资如为分期利息、一次还本的债券，企业应当于付息日或资产负债表日计提债券利息，同时，按账面余额和实际利率计算确认当期利息收入并摊销调整。会计分录为

借：应收利息　（按票面利率计算）
　贷：债权投资——利息调整（差额，或借方）
　　　利息收入（按实际利率×期初摊余成本计算）

对于一次还本付息的债券。债权投资如为到期一次还本付息的债券，企业应当于资产负债表日计提债券利息，计提的利息通过"债权投资——应计利息"科目核算，同时，按账面余额和实际利率计算确认当期利息收入并摊销利息调整。会计分录为

借：债权投资——应计利息（按票面利率计算）
　贷：债权投资——利息调整（差额，或借方）
　　　利息收入　（按实际利率×期初摊余成本计算）

实际收到票面利息时，会计分录为

借：存放中央银行款项等
　贷：应收利息（分期付息的债券，按票面利率计算）
　　　债权投资——应计利息（一次还本付息的债券，按票面利率计算）

3）债权投资的期末计量

资产负债表日，银行根据减值测试结果，计提减值准备，确认减值损失，计入当期损益。会计分录为

借：资产减值损失
　贷：债权投资减值准备

确认减值损失后，如有客观证据表明该金融资产价值已恢复，原确认的减值损失应当予以转回，计入当期损益，但转回的金额不得大于已计提的金额。会计分录为

借：债权投资减值准备
　贷：资产减值损失

4）债权投资的处置

处置债权投资时，应将取得的价款与所处置投资账面价值之间的差额计入处置当期投资收益。其中，投资的账面价值是指投资的账面余额减去已计提的减值准备后的差额，即摊余成本。如果在处置债权投资时，已计入应收项目的债券利息尚未收回，还应从处置价款中扣除该部分债券利息之后，确认处置损益。会计分录为

借：存放中央银行款项等
　　债权投资减值准备
　贷：投资收益（差额，或借方）
　　　债权投资——成本

——应计利息（一次还本付息的债券，按票面利率计算）

——利息调整（或借方）

5）债权投资的核销

对于无法收回的债权投资，经有关部门批准应予以核销。会计分录为

借：（或贷）债权投资减值准备（如减值金额小于需核销金额，需补提）

贷：债权投资——成本

债权投资——应计利息（一次还本付息的债券）

应收利息

收回已核销的债权投资时，会计分录为

借：存放中央银行款项

贷：营业外收入（资产处置收益）

**【例 4-2】** 2014 年 1 月 1 日，ABC 银行支付价款 1000 元（含交易费用）从活跃市场上购入某公司 5 年期债券，面值 1250 元，票面利率 4.72%，按年支付利息（即每年 59 元），本金最后一次付清。ABC 银行将购入的该公司债券划分为以摊余成本计量的金融资产。

根据上述情况，实际利率计算为 10%。由此编制的成本摊余表如表 4-1 所示。

**表 4-1 折价买进成本摊余表**

| 年份 | 期初摊余成本（$a$） | 实际利息（$b$） | 现金流入（$c$） | 期末摊余成本（$d=a+b-c$） |
|---|---|---|---|---|
| 2014 | 1000 | 100 | 59 | 1041 |
| 2015 | 1041 | 104 | 59 | 1086 |
| 2016 | 1086 | 109 | 59 | 1136 |
| 2017 | 1136 | 114 | 59 | 1191 |
| 2018 | 1191 | 118* | 59 | 1250 |

*考虑了计算过程中的尾差

ABC 银行的账务处理如下。

（1）2014 年 1 月 1 日，购入债券时，会计分录为

借：债权投资——成本 1250

贷：存放中央银行款项 1000

债权投资——利息调整 250

（2）2014 年 12 月 31 日，确认实际利息收入、收到票面利息时，会计分录为

借：应收利息 59

债权投资——利息调整 41

贷：利息收入 100

借：存放中央银行款项 59

贷：应收利息 59

（3）2015 年到 2018 年确认实际利息收入、收到票面利息的会计处理依照第二步处理。

（4）2018 年 12 月 31 日收到本金时，会计分录为

借：存放中央银行款项 1250

贷：债权投资——成本 1250

3. 以公允价值计量且其变动计入其他综合收益的金融资产的核算

金融资产同时符合下列条件的，应当分类为以公允价值计量且其变动计入其他综合收益的金融资产：第一，企业管理该金融资产的业务模式既以收取合同现金流量为目标，又以出售该金融资产为目标；第二，该金融资产的合同条款规定，在特定日期产生的现金流量，仅为对本金和以未偿付本金金额为基础的利息支付。应当设置“其他债权投资”科目核算分类为以公允价值计量且其变动计入其他综合收益的金融资产。

1）其他债权投资的取得

按公允价值进行初始计量，相关交易费用计入初始确认金额。实际支付的价款中包含已到付息期但尚未领取的债券利息，应当单独确认为应收项目。会计分录为

借：其他债权投资——成本（面值）
　　　　　　　　——利息调整（差额，也可能在贷方）
　　应收利息（实际支付款项中包含的利息）
　贷：存放中央银行款项等

2）其他债权投资利息收入的确认

其他债权投资在持有期间确认利息收入的方法与按摊余成本计量的债权投资相同，即采用实际利率法确认当期利息收入，计入利息收入。需要注意的是，在采用实际利率法确认其他债权投资的利息收入时，“公允价值变动”明细科目的余额不应作为计算基础。

（1）分期付息、一次还本的债券。债权投资如为分期利息、一次还本的债券，企业应当于付息日或资产负债表日计提债券利息，同时，按账面余额和实际利率计算确认当期利息收入并摊销调整。会计分录为

借：应收利息（按票面利率计算）
　贷：其他债权投资——利息调整（差额，或借方）
　　　利息收入（按实际利率×期初摊余成本计算）

（2）一次还本付息的债券。债权投资如为到期一次还本付息的债券，企业应当于资产负债表日计提债券利息，计提的利息通过“债权投资——应计利息”科目核算，同时，按账面余额和实际利率计算确认当期利息收入并摊销利息调整。会计分录为

借：其他债权投资——应计利息（按票面利率计算）
　贷：其他债权投资——利息调整（差额，或借方）
　　　利息收入（按实际利率×期初摊余成本计算）

实际收到票面利息时，会计分录为

借：存放中央银行款项等
　贷：应收利息（分期付息的债券，按票面利率计算）
　　　其他债权投资——应计利息（一次还本付息的债券，按票面利率计算）

3）其他债权投资的期末计量

（1）其他债权投资价值的期末计量，应按资产负债表日的公允价值反映。公允价值的变动计入其他综合收益。资产负债表日其他债权投资的公允价值高于其账面价值时，应按二者的差额调增其他债权投资的账面余额，同时将公允价值变动计入其他综合收益；反之，则进行相反的会计处理。公允价值上升时，会计分录为

借：其他债权投资——公允价值变动

  贷：其他综合收益——其他债权投资公允价值变动

（2）计提减值准备。期末利用减值模型计算得出应计提的资产减值金额。在其他综合收益中确认资产减值准备，并将资产减值损失或利得计入当期损益，而不应减少该金融资产在资产负债中列示的金额。会计分录为

借：资产减值损失

  贷：其他综合收益——其他债权投资减值准备

（3）转回其他债权投资减值准备。当期末减值重新测算时，如果应计提减值的减值金额少于前期计提，差额将予以转回，计入其他综合收益。会计分录为

借：其他综合收益——其他债权投资减值准备

  贷：资产减值损失

4）其他债权投资的处置

处置其他债权投资时，应将取得的处置价款与该金融资产账面余额之间的差额计入投资收益；同时，将原直接计入其他综合收益的累计公允价值变动对应处置部分的金额转出，计入投资收益。会计分录为

借：存放中央银行款项等

  贷：其他债权投资——成本

        ——利息调整（差额，也可能在贷方）

        ——公允价值变动

        ——应计利息（一次还本付息的债券）

    投资收益（差额，可能在借方）

同时，

借：投资收益

  贷：其他综合收益——其他债权投资公允价值变动

或做相反会计分录。

5）其他债权投资到期未收回的核算

到期未收回其他债权投资的本金及收益时，相关业务部门应根据情况作出相应估值及减值判断，会计部门应根据估值和减值情况，比较公允价值与账面价值，差额作为公允价值变动损益，分别计入其他综合收益和当期损益。会计处理参见其他债权投资的期末计量。

6）其他债权投资的核销

对于无法收回的其他债权投资，经有关部门批准应予以核销。将已计提的应收未收利息冲回，相应调整利息收入科目，并在其他综合收益中确认减值准备。会计分录为

借：其他综合收益——其他债权投资减值准备

  利息收入

  贷：其他债权投资——成本

    其他债权投资——应计利息（一次还本付息的债券）

    应收利息

收回已核销的其他债权投资时，会计分录为

借：存放中央银行款项等

　　贷：营业外收入（资产处置收益）

【例4-3】 2016年1月1日，甲银行以102万元购入某公司当日公开发行的分次付息、一次还本的债券，款项已支付。该债券的面值为100万元，票面年利率为5%，每年年末支付利息，期限3年。该银行将该债券分类为以公允价值计量且其变动计入其他综合收益的金融资产。2016年12月31日，该债券的市场价格为102.37万元（不含利息）。2017年12月31日，该债券的市场价格为102.217万元（不含利息）。2018年2月10日，该债券以101万元的市场价格对外出售。要求：编制相关会计分录。

甲银行的账务处理如下。

1）2016年1月1日，购入债券时的账务处理

会计分录为

| | |
|---|---|
| 借：其他债权投资——成本 | 1 000 000 |
| 　　　　　　　——利息调整 | 20 000 |
| 　贷：存放中央银行款项 | 1 020 000 |

计算实际利率：

$$1\,000\,000 \times (P/A,i,3) + 1\,000\,000 \times (P/F,i,3) = 1\,020\,000$$

采用插值法计算得到 $i$=4.28%。

2）2016年12月31日

（1）确认利息收入并摊销“利息调整”时，会计分录为

| | |
|---|---|
| 借：应收利息 | 50 000 |
| 　贷：利息收入 | 43 700 |
| 　　　其他债权投资——利息调整 | 6300 |

其中，应收利息=100×5%=5（万元）

　　利息收入=102×4.28%≈4.37（万元）

本题付息方式为分次付息到期还本。

2016年期末摊余成本=期初摊余成本+实际利息−名义利息（票面利息）

=102+4.37−5=101.37（万元）

实际收到利息时，会计分录为

| | |
|---|---|
| 借：存放中央银行款项 | 50 000 |
| 　贷：应收利息 | 50 000 |

（2）确认当期涨跌时，会计分录为

| | |
|---|---|
| 借：其他债权投资——公允价值变动 | 10 000 |
| 　贷：其他综合收益 | 10 000 |

特别说明：因其他债权投资各明细科目的余额：“成本”100万元，“利息调整”1.37万元（2−0.63），因此其他债权投资账面余额合计=100+1.37=101.37万元<102.37万元（公允价值），说明该债券在2016年实现公允价值上涨为1万元（102.37−101.37）。

3）2017年12月31日

（1）确认利息收入并摊销“利息调整”时，会计分录为

| | |
|---|---|
| 借：应收利息 | 50 000 |
| 　贷：利息收入 | 43 400 |

其他债权投资——利息调整 6600

其中，应收利息=100×5%=5（万元）

利息收入=101.37×4.28%≈4.34（万元）

另，本题付息方式为分次付息到期还本。

2016年期末摊余成本=期初摊余成本+实际利息−名义利息（票面利息）

=102+4.37−5=101.37（万元）

实际收到利息时，会计分录为

借：存放中央银行款项 50 000

贷：应收利息 50 000

（2）确认当期涨跌时，会计处理如下。

此时其他债权投资各明细科目的余额："成本"100万元，"公允价值变动"1万元，"利息调整"0.71万元（2−0.63−0.66），因此其他债权投资账面余额合计=100+1+0.71=101.71万元<102.21万元（公允价值），说明该债券在2016年实现公允价值上涨为0.5万元（102.21−101.71）。

会计分录为

借：其他债权投资——公允价值变动 5000

贷：其他综合收益 5000

4）2018年2月10日

（1）确认处置损益时，会计分录为

借：存放中央银行款项 1 010 000

投资收益 12 100

贷：其他债权投资——成本 1 000 000

——公允价值变动 15 000

——利息调整 7100

（2）将其他综合收益转入投资收益时，会计分录为

借：其他综合收益——其他债权投资公允价值变动 15 000

贷：投资收益 15 000

4. 以公允价值计量且其变动计入其他综合收益的其他权益工具的核算

银行应设置"其他权益工具投资"科目，核算持有的指定为以公允价值计量且其变动计入其他综合收益的非交易性权益工具投资。

1）其他权益工具投资的取得

按公允价值进行初始计量，相关交易费用计入初始确认金额。实际支付的价款中包含已宣告发放但尚未发放的现金股利，应当单独确认为应收项目。会计分录为

借：其他权益工具投资——成本（公允价值与交易费用之和）

应收股利（已宣告但尚未发放的现金股利）

贷：存放中央银行款项

2）其他权益工具投资持有收益的确认

其他权益工具投资在持有期间，只有同时满足股利收入的确认条件，才能确认为股利收入并计入当期投资收益。会计分录为

借：应收股利

贷：投资收益

实际收到现金股利时，会计分录为

借：存放中央银行款项

贷：应收股利

3）其他权益工具投资的期末计量

其他权益工具投资的价值应按资产负债表日的公允价值反映，公允价值的变动计入其他综合收益。公允价值上升时，会计分录为

借：其他权益工具投资——公允价值变动

贷：其他综合收益——其他权益工具投资公允价值变动

公允价值下降时，做相反的会计处理。

4）其他权益工具投资的处置

在处置其他权益工具投资时，应将取得的处置价款与该金融资产账面余额之间的差额，计入留存收益；同时，该金融资产原计入其他综合收益的公允价值变动应当从其他综合收益中转出，计入留存收益。其中，其他权益工具投资的账面余额，是指其他权益工具投资的初始入账金额加上或减去累计公允价值变动后的金额，即出售前最后一个计量日其他权益工具投资的公允价值。如果在处置其他权益工具投资时，已计入应收项目的现金股利尚未收回，还应从处置价款中扣除该部分现金股利之后，确认处置损益。会计分录为

借：存放中央银行款项等

贷：其他权益工具投资——成本

——公允价值变动（可能在借方）

盈余公积（可能在借方）

利润分配——未分配利润（可能在借方）

同时，应当将原计入其他综合收益的公允价值变动从其他综合收益中转出，计入留存收益。

借：其他综合收益——其他权益工具投资公允价值变动

贷：盈余公积

利润分配——未分配利润

或相反分录。

**【例4-4】** 2016年5月6日，甲商业银行支付价款1016万元（含交易费用1万元和已宣告发放现金股利15万元），购入乙公司发行的股票200万股，占乙公司有表决权股份的0.5%。甲银行将其指定为以公允价值计量且其变动计入其他综合收益的非交易性权益工具投资。

2016年5月10日，甲银行收到乙公司发放的现金股利15万元。

2016年6月30日，该股票市价为每股5.2元。

2016年12月31日，甲银行仍持有该股票。当日，该股票市价为每股5元。

2017年5月9日，乙公司宣告发放股利4000万元。

2017年5月13日，甲银行收到乙公司发放的现金股利。

2017年5月20日，甲银行由于某种特殊原因，以每股4.6元的价格将股票全部转让。

假定不考虑其他因素，甲银行的账务处理如下（金额单位：元）。

（1）2016 年 5 月 6 日，购入股票时，会计分录为

| | |
|---|---|
| 借：应收股利 | 150 000 |
| 其他权益工具投资——成本 | 10 010 000 |
| 贷：存放中央银行款项 | 10 160 000 |

（2）2016 年 5 月 10 日，收到发放的现金股利 15 万元时，会计分录为

| | |
|---|---|
| 借：存放中央银行款项 | 150 000 |
| 贷：应收股利 | 150 000 |

（3）2016 年 6 月 30 日，该股票市价为每股 5.2 元，确认股票价格变动时，会计分录为

公允价值变动金额=2 000 000 × 5.2−10 010 000=390 000（元）

| | |
|---|---|
| 借：其他权益工具投资——公允价值变动 | 390 000 |
| 贷：其他综合收益——其他权益工具投资公允价值变动 | 390 000 |

（4）2016 年 12 月 31 日，该股票市价为每股 5 元，确认股票价格变动时，会计分录为

公允价值变动金额=2 000 000 ×（5−5.2）=−400 000（元）

| | |
|---|---|
| 借：其他综合收益——其他权益工具投资公允价值变动 | 400 000 |
| 贷：其他权益工具投资——公允价值变动 | 400 000 |

（5）2017 年 5 月 9 日，确认应收现金股利 4000 万元时，会计分录为

应收现金股利=40 000 000 × 0.5%=200 000（元）

| | |
|---|---|
| 借：应收股利 | 200 000 |
| 贷：投资收益 | 200 000 |

（6）2017 年 5 月 13 日，收到乙公司发放的现金股利时，会计分录为

| | |
|---|---|
| 借：存放中央银行款项 | 200 000 |
| 贷：应收股利 | 200 000 |

（7）2017 年 5 月 20 日，甲银行以每股 4.6 元的价格将股票全部转让时，会计分录为

| | |
|---|---|
| 借：存放中央银行款项 | 9 800 000 |
| 其他权益工具投资——公允价值变动 | 10 000 |
| 盈余公积——法定盈余公积 | 21 000 |
| 利润分配——未分配利润 | 189 000 |
| 贷：其他权益工具投资——成本 | 10 010 000 |
| 其他综合收益——其他权益投资公允价值变动 | 10 000 |

## 4.4 固定资产业务

### 4.4.1 固定资产概述

1. 固定资产的概念和特征

固定资产是指银行使用寿命超过一个会计年度的，如房屋、建筑物、机器、机械、运输设备以及其他与生产、经营有关的设备、器具、工具等。按照新《企业会计准则第 4 号——固定资产》的规定，银行的固定资产是必须同时具有以下特征的有形资产。①为生产商品、提供劳务、出租或经营管理而持有的；②使用寿命超过一个会计年度。

固定资产使用寿命超过一个会计年度，意味着固定资产属于非流动资产，随着使用

和磨损，通过计提折旧方式逐渐减少账面价值。

银行应当根据固定资产的定义，结合本企业的具体情况，制定适合于本企业的固定资产目录、分类方法、每类或每项固定资产的折旧年限、折旧方法，作为进行固定资产核算的依据。

银行制定的固定资产目录、分类方法、每类或每项固定资产的预计使用年限、预计净残值（预计残值减去预计清理费用，下同）、折旧方法等，应当编制成册，并按照管理权限，经股东大会或董事长或行长（经理）会议或类似机构批准，按照法律、行政法规的规定报送有关各方备案，同时备置于银行所在地，以供投资者等有关各方查阅。银行已经确定并对外报送、或备置于银行所在地的有关固定资产目录、分类方法、预计净残值、预计使用年限、折旧方法等，一经确定不得随意变更，如需变更，仍然应当按照上述程序，经批准后报送有关各方备案，并在会计报表附注中予以说明。

未作为固定资产管理的工具、器具等，作为低值易耗品核算。

2. 固定资产的分类

银行固定资产按照不同的分类标准，可以划分为不同的类别。

（1）按经济用途划分，固定资产可以划分为经营用固定资产和非经营用固定资产。①经营用固定资产是指直接服务于银行经营活动过程的固定资产，如营业用房屋、建筑物、电子设备、运输设备、通信设备、动力设备和管理用具等；②非经营用固定资产，是指不直接服务于银行经营活动的固定资产，如职工宿舍、食堂、招待所等单位使用的房屋、设备和其他属于固定资产的用具。

（2）按使用情况划分，固定资产可以划分为使用中的固定资产、未使用的固定资产和不需用的固定资产。

（3）按所有权划分，固定资产可以划分为自有固定资产和租入固定资产。

### 4.4.2 固定资产的核算

1. 固定资产增加的核算

银行取得固定资产时，应按取得时的成本入账。取得时的成本包括买价、增值税、进口关税、运输和保险等相关费用，以及为固定资产达到预定可使用状态前所必要的支出。固定资产取得时的成本应当根据具体情况分别确定。

1）外购固定资产

银行购入不需要安装的固定资产，按实际支付的买价、增值税、包装费、运输费、安装成本、专业人员服务费、缴纳的税金等作为入账价值。会计分录为

借：固定资产

　　贷：存放中央银行款项

购入需要安装的固定资产，先记入“在建工程”科目，达到预定可使用状态时再转入“固定资产”科目。

如果以一笔款项购入多项没有单独标价的固定资产，则应按各项固定资产公允价值的比例对总成本进行分配，以分别确定各项固定资产的入账价值。

购入固定资产超过正常信用条件延期支付价款、实质上具有融资性质的，按应付购

买价款的现值作为入账价值。会计分录为

借：固定资产（在建工程）（将来应付款的现值）

　　未确认融资费用（将来应付款额与其现值的差额）

　贷：长期应付款 （将来应付金额）

2）自行建造的固定资产

银行自行建造的固定资产，按建造该项资产达到预定可使用状态前发生的必要支出，作为入账价值。借款费用资本化的范围在新准则的规定中，已不局限于专项贷款，一般贷款的利息支出，只要符合《企业会计准则第 17 号——借款费用》的相关规定，也应予资本化。

（1）建造阶段各项开支，会计分录为

借：在建工程

　贷：存放中央银行款项

　　　工程物资

　　　应付职工薪酬

　　　应付账款等

（2）工程达到预定可使用状态经验收后交付使用时，会计分录为

借：固定资产

　贷：在建工程

3）收到投资者投入的固定资产

投资者投入的固定资产，按投资各方确认的合同或协议约定价值，作为入账价值，合同或协议不公允的除外。在投资合同或协议约定价值不公允时，按照该固定资产的公允价值作为入账价值。

对于接受固定资产投资的银行，在办理了固定资产移交手续之后，按投资各方确认的价值加上应支付的相关税费作为固定资产的入账价值；按投资各方确认的价值在其注册资本中所占的份额，确认为实收资本或股本；按投资各方确认的价值与确认为实收资本或股本的差额，确认为资本公积；按应支付的相关税费，确认为存放中央银行款项或应交税费。会计分录为

借：固定资产

　贷：实收资本（或股本）

　　　资本公积

　　　存放中央银行款项

　　　应交税费

4）融资租入的固定资产

融资租入的固定资产按租赁开始日租赁资产的公允价值与最低租赁付款额的现值两者中较低者，加上初始直接费用作为其入账价值；将最低租赁付款额作为长期应付款的入账价值；差额作为未确认融资费用。

（1）租赁开始时，会计分录为

借：固定资产（租赁开始日租赁资产的公允价值与最低租赁付款额的现值两者中较低者，加上初始直接费用）

未确认融资费用

贷：长期应付款——应付融资租赁款（最低租赁付款额）

（2）按期分摊未确认融资费用。依据《企业会计准则第21号——租赁》准则规定，承租人（银行）应当采用实际利率法，分摊未确认的融资费用。会计分录为

借：业务及管理费

贷：未确认融资费用

按期支付融资租赁费时，会计会录为

借：长期应付款——应付融资租赁款

贷：存入中央银行款项

如果融资租赁资产占企业资产总额比例小于或等于30%，在租赁开始日，企业也可按最低租赁付款额，作为固定资产的入账价值。会计分录为

借：固定资产

贷：长期应付款——应付融资租赁款

5）接受捐赠的固定资产

应按以下规定确定其入账价值：若捐赠方提供了有关凭证，按凭据上标明的金额加上支付的相关税费，作为入账价值。若捐赠方没有提供有关凭据，按如下顺序确定其入账价值。

（1）同类或类似固定资产存在活跃市场的，按同类或类似固定资产市场的市场价格估计的金额，加上应支付的相关税费，作为入账价值。

（2）同类或类似固定资产不存在活跃市场的，按该接受捐赠固定资产的预计未来现金流量，作为入账价值。若如受赠的系旧的固定资产，按照上述方法确认的价值，减去按该项资产的新旧程度估计的价值损耗后的余额，作为入账价值。接受捐赠固定资产，会计分录为

借：固定资产

贷：营业外收入——接受捐赠收入

6）盘盈的固定资产

银行对固定资产应当定期或者至少每年实地盘点一次。对盘盈的固定资产，应当查明原因，写出书面报告，并根据银行的管理权限，经股东大会或董事会，或行长（经理）会议或类似机构批准后，进行账务处理。固定资产的盘盈应作为前期差错处理，按其差额通过“以前年度损益调整”科目核算。固定资产盘盈不再计入当期损益，而是作为以前期间的会计差错。

盘盈固定资产按以下规定确定其入账价值：①同类或类似固定资产存在活跃市场的，按同类或类似固定资产市场的市场价格，减去按该项固定资产的新旧程度估计的价值损耗后的余额作为入账价值；②同类或类似固定资产不存在活跃市场的，按该项固定资产的预计未来现金流量，作为入账价值。

（1）应确定盘盈固定资产的原值、累计折旧和固定资产净值，然后做出调整。会计分录为

借：固定资产（净值）

贷：累计折旧

以前年度损益调整

（2）计算应缴纳的所得税费用时，会计分录为

借：以前年度损益调整

　贷：应交税费——应交所得税

（3）补提盈余公积时，会计分录为

借：以前年度损益调整

　贷：盈余公积

（4）调整利润分配时，会计分录为

借：以前年度损益调整

　贷：利润分配——未分配利润

7）经批准无偿调入的固定资产

按调出单位的账面价值加上发生的运输费、安装费等相关费用，作为入账价值。

（1）无偿调入需安装的固定资产，会计分录为

借：在建工程（调入固定资产的原账面价值加上发生的包装费、运杂费等）

　贷：资本公积——无偿调入固定资产

　　库存现金或存放中央银行款项（支付的包装费、运杂费等）

（2）发生的固定资产的整理费、安装费、材料费等，会计分录为

借：在建工程

　贷：应付职工薪酬——工程人工费

　　原材料

（3）安装程度达到可使用状态，会计分录为

借：固定资产

　贷：在建工程

8）与固定资产有关的后续支出

与固定资产有关的后续支出，是指固定资产在使用过程中发生的更新改造支出、修理费用等。符合固定资产初始确认条件的，应当计入固定资产成本，同时扣除被替换部分的账面价值。其增加的金额不应超过该固定资产的可收回金额。

不符合固定资产初始确认条件的与固定资产有关的后续支出，应当作为费用直接计入当期损益。

2. 固定资产折旧的核算

固定资产折旧是指在固定资产的使用寿命内，按照确定的方法对应计折旧额进行的系统分摊。其中，应计折旧额，是指应当计提的固定资产原价扣除其预计净残值后的余额，如果已对固定资产计提减值准备，还应当扣除已计提固定资产减值准备累计金额。

1）固定资产折旧的影响因素

在计算固定资产折旧时，必须正确考虑影响固定资产计提折旧的因素。具体来说主要包括以下三大因素：①计提固定资产折旧的基数。计提固定资产折旧的基数一般为固定资产的原始成本，也就是固定资产的原价。银行在具体计提固定资产折旧时，应当以当月月初应计固定资产的账面原价为依据，当月增加的固定资产，当月不计提折旧，从下月起计提折旧；当月减少的固定资产，当月照提折旧，从下月起不提折旧。②固定资产的净残值。固定资产的净残值，是指在固定资产使用寿命终了时，从目前看银行预期

从该资产的处置中获得的处理收入扣除预计处置费用后的净额。固定资产的净残值是固定资产使用期满时的回收额，在计提折旧时，应从固定资产原价中扣除。③固定资产使用寿命。固定资产的使用寿命，是指固定资产预期使用的期限。固定资产使用寿命的长短，直接影响各期应计提的折旧额。在确定固定资产的使用寿命时，不仅应考虑固定资产的有形损耗，还要考虑固定资产的无形损耗。

2）固定资产折旧的范围

银行的下列固定资产应当计提折旧：①房屋和建筑物；②各类设备；③大修理停用的固定资产；④融资租入和以经营租赁方式租出的固定资产。银行所建造的固定资产已达到预定可使用状态之日起，应将工程预算、造价或工程实际成本等，按估计的价值转入固定资产，并按计提折旧的有关规定，计提固定资产的折旧。待办理了竣工决算手续后不再对已提折旧作调整。

银行的下列固定资产不计提折旧：①以经营租赁方式租入的固定资产；②已提足折旧继续使用的固定资产；③按规定单独估价作为固定资产入账的土地。

固定资产提足折旧以后，不论能否继续使用，均不再提取折旧；提前报废的固定资产，也不再补提折旧。

3）固定资产折旧方法

银行应当根据固定资产的性质和消耗方式，合理地确定固定资产的预计使用年限和预计净残值，并根据科技的发展、环境及其他原因，选择合理的固定资产折旧方法。

固定资产折旧方法可以采用年限平均法、工作量法、年数总和法、双倍余额递减法等。下面分别加以说明。

（1）年限平均法，又称直线法。该方法是指将固定资产的可折旧金额均衡地分摊于固定资产使用年限内的一种方法。这种方法假定固定资产可折旧金额是依使用年限均匀损耗。其计算公式为：

$$\text{年折旧额}=\frac{\text{固定资产原值}-\text{预计净残值}}{\text{预计使用年限}}$$

$$\text{年折旧率}=\frac{\text{年折旧额}}{\text{固定资产原值}}$$

$$\text{月折旧额}=\frac{\text{年折旧额}}{12}$$

（2）工作量法。工作量法是根据某项固定资产完成工作量来计算折旧的一种方法。这种方法适合于损耗程度与完成工作量成正比关系的固定资产或在使用年限内不能均衡使用的固定资产。其计算公式如下：

$$\text{单位里程折旧额}=\frac{\text{固定资产原值}-\text{预计净残值}}{\text{规定总行驶里程}}$$

$$\text{单位工作台班折旧额}=\frac{\text{固定资产原值}-\text{预计净残值}}{\text{规定的总工作台班数}}$$

$$\text{单位工作小时折旧额}=\frac{\text{固定资产原值}-\text{预计净残值}}{\text{预计总工作小时}}$$

（3）年数总和法。年数总和法是一种加速折旧方法。它是用变率递减的方法，计算固定资产的折旧。每期用递减的折旧率，乘以固定资产的原始价值，计算当期应提取的折旧额。其计算公式如下：

$$年折旧率=\frac{2\times(折旧年限-已使用年限)}{折旧年限\times(折旧年限+1)}\times 100\%$$

$$或\qquad 年折旧率=\frac{尚可使用年限}{预计使用年限的逐年数字合计}$$

$$月折旧额=\frac{原价\times(1-预计净残值率)\times 年折旧率}{12}$$

（4）双倍余额递减法。双倍余额递减法也是一种加速折旧法。这是一种以年限平均法折旧率的双倍，乘以逐年递减的期初固定资产净值，以求得各期折旧费用的方法。其计算公式如下：

$$年折旧率=\frac{2}{年折旧额}\times 100\%$$

$$月折旧额=\frac{净值\times 年折旧率}{12}$$

应注意的是，折旧方法一经确定，不得随意变更。如需变更，应当在会计报表附注中予以说明。

4）固定资产折旧的账务处理

计提固定资产折旧时，会计分录为

借：折旧费用

　贷：累计折旧

3. 固定资产减少的核算

固定资产的减少，主要包括投资转出固定资产、捐赠转出固定资产、以抵偿债务方式转出固定资产、无偿调出固定资产、盘亏固定资产及出售、报废和毁损等原因转出固定资产。

1）投资转出固定资产

用固定资产对外投资若满足非货币性资产交换的条件，则应按《企业会计准则第7号——非货币性资产交换》的要求进行处理。

非货币性资产交换有公允价值和账面价值两种计价方式。如果该项交易符合商业实质的判断，且投出的固定资产或者换入的长期股权投资的公允价值能够可靠计量时，采用公允价值模式计量。反之，采用账面价值计量。

公允价值模式下会计分录为

借：长期股权投资（转出固定资产的公允价值加上应支付的相关税费）

　　累计折旧（已提折旧）

　　固定资产减值准备（已计提的减值准备）

　　营业外支出（转出固定资产的公允价值低于其账面价值的差额）

　贷：固定资产（账面价值）

　　　应交税费

营业外收入（转出固定资产的公允价值高于其账面价值的差额）

账面价值计量模式下会计分录为

借：长期股权投资（转出固定资产的账面价值加上应支付的相关税费）

累计折旧（已提折旧）

固定资产减值准备（已计提的减值准备）

贷：固定资产（账面价值）

应交税费

2）捐赠转出固定资产

转出捐赠固定资产的账面价值和已提减值准备，会计分录为

借：固定资产清理（固定资产净值）

累计折旧（已提折旧）

贷：固定资产（账面原值）

借：固定资产减值准备

贷：固定资产清理

若计提应交税金，会计分录为

借：固定资产清理

贷：应交税费

若结转捐赠支出，会计分录为

借：营业外支出——捐赠支出

贷：固定资产清理（“固定资产清理”科目的账面余额）

3）以抵偿债务方式转出固定资产

对转出抵偿债务的固定资产的账面价值和已提减值准备进行处理时，会计分录为

借：固定资产清理（固定资产净值）

累计折旧（已提折旧）

贷：固定资产（账面原价）

借：固定资产减值准备

贷：固定资产清理

若计提应交税金，会计分录为

借：固定资产清理

贷：应交税费

若冲减所抵偿的债务，应将该固定资产的公允价值与所抵偿债务的账面价值的差额作为债务重组利得。会计分录为

借：其他应付款

贷：固定资产清理（“固定资产清理”科目的账面余额）

资产处置损益——非流动资产处置利得

当确定固定资产处置利得或损失时，应将固定资产的公允价值与该项固定资产账面价值和清理费用的差额作为转让固定资产的损益处理。若前者大于后者，会计分录为

借：固定资产清理

贷：资产处置损益——非流动资产处置利得

若后者大于前者，会计分录为

借：资产处置损益——非流动资产处置损失
　贷：固定资产清理

4）无偿调出固定资产

结转调出固定资产的账面价值和已提折旧，会计分录为

借：固定资产清理（账面价值）
　　累计折旧（已提折旧）
　　固定资产减值准备（已计提的减值准备）
　贷：固定资产（账面原值）

若调出固定资产发生清理费用时，会计分录为

借：固定资产清理
　贷：库存现金
　　应付工资

若结转调出固定资产发生净损失时，会计分录为

借：资本公积——无偿调出固定资产
　贷：固定资产清理（“固定资产清理”科目的账面余额）

5）盘亏的固定资产

银行对固定资产应当定期或者至少每年实地盘点一次。对盘亏的固定资产，应当查明原因，写出书面报告，并根据银行的管理权限，报经股东大会或董事会，或行长（经理）会议或类似机构批准。在报经批准前，固定资产的盘亏及毁损，应通过“待处理财产损益”科目进行核算。对企业的待处理固定资产损益应及时查明原因，报经批准后，按批准意见处理，在期末结账前处理完毕，处理后本账户无余额。

盘亏固定资产时，账务处理如下。

（1）报经批准前，会计分录为

借：待处理财产损益——待处理固定资产损益
　　累计折旧
　　固定资产减值准备
　贷：固定资产

（2）报经批准后，会计分录为

对于可收回的保险赔偿或过失人赔偿

借：其他应收款
　贷：待处理财产损益——待处理固定资产损益

对于应计入营业外支出的金额

借：营业外支出——盘亏损失
　贷：待处理财产损益——待处理固定资产损益

6）固定资产清理的核算

银行由于出售、报废或者毁损等原因而发生的固定资产清理净损益，计入当期营业外收支。

（1）出售、报废和毁损的固定资产转入固定资产清理，会计分录为

借：固定资产清理（固定资产账面价值）
　　累计折旧（已提折旧）

固定资产减值准备（已计提的减值准备）

贷：固定资产（账面原价）

（2）清理过程中发生的费用和应交税金，会计分录为

借：固定资产清理

贷：库存现金

应交税费

（3）收回出售固定资产的价款、残料价值和变价收入等，会计分录为

借：库存现金

贷：固定资产清理

（4）应由保险公司或过失人赔偿的损失，会计分录为

借：其他应收款

贷：固定资产清理

（5）固定资产清理后的净收益，分三种情况处理。

属于已丧失使用功能（如正常报废清理）或因自然灾害等产生的净收益，会计分录为

借：固定资产清理

贷：营业外收入

属于出售、转让等原因产生的净收益属于经营期间的，会计分录为

借：固定资产清理

贷：资产处置损益

属于筹建期间的净收益，会计分录为

借：固定资产清理

贷：长期待摊费用

（6）固定资产清理后的净损失，分四种情况处理。

属于筹建期间的净损失，会计分录为

借：长期待摊费用

贷：固定资产清理

属于经营期间由于自然灾害等非正常原因造成的净损失，会计分录为

借：营业外支出——非常损失

贷：固定资产清理

属经营期间正常的处理损失，会计分录为

借：营业外支出——处理固定资产净损失

贷：固定资产清理

属于经营期间的出售、转让等原因产生的净损失，会计分录为

借：资产处置损益

贷：固定资产清理

4. 固定资产减值的核算

1）固定资产减值的范围

如果银行的固定资产实质上已经发生了减值，应当计提减值准备。对存在下列情况之一的固定资产，应当全额计提减值准备：①长期闲置不用，或可以预见的未来不会再

使用，且已无转让价值的固定资产；②由于技术进步等原因，已不可使用的固定资产；③其他实质上已经不能再给银行带来经济利益的固定资产。

已全额计提减值准备的固定资产，不再计提折旧。

银行在建工程预计发生减值时，如长期停建并且预计在3年内不会重新开工的在建工程，也应根据上述原则计提资产减值准备。

2）固定资产减值准备的核算

银行应当在期末或至少在每年年度终了，对固定资产进行检查。如果由于市价持续下跌，或技术陈旧、损坏、长期闲置等原因导致其可收回金额低于账面价值的，应当将可收回金额低于其账面价值的差额作为固定资产减值准备。固定资产减值准备应按单项资产或资产组计提。

银行设置“固定资产减值准备”科目核算固定资产减值。

当银行发生固定资产减值时，按计提金额编制记账凭证。会计分录为

借：资产减值损失——固定资产减值损失

　贷：固定资产减值准备

由于固定资产减值后，价值回升的机会很小，且为防止人为的资产重估增值和操纵利润，固定资产减值一经确认，在以后的会计期间均不得转回。

## 4.5 无形及其他资产业务

### 4.5.1 无形资产及核算

1. 无形资产的概念及种类

1）无形资产的概念

银行的无形资产是指银行拥有或控制的没有实物形态的可辨认非货币性资产。

资产满足下列条件之一的，符合无形资产定义中的可辨认性标准：①能够从企业中分离或划分出来，并能单独或者与相关合同、资产或负债一起，用于出售、转移、授予许可、租赁或者交换；②源自合同性权利或其他法定权利，无论这些权利是否可以从企业或其他权利和义务中转移或分离。

无形资产同时满足下列条件的，才能予以确认：①与该无形资产有关的经济利益很可能流入企业；②该无形资产的成本能够可靠地计量。

2）无形资产的特征

（1）无形资产没有实物形态。

（2）无形资产属于非货币性资产。

（3）无形资产是为企业使用而非出售的资产。

（4）无形资产在创造经济利益方面存在较大不确定性。

（5）无形资产具有可辨认性。

3）无形资产的分类

无形资产按取得方式可以分为外部取得无形资产和内部自创无形资产。

（1）外部取得无形资产。外部取得无形资产又可分为外购无形资产、通过非货币性资产交换换入无形资产、投资者投入无形资产、通过债务重组取得无形资产、接受捐赠取得无形资产等。

（2）内部自创无形资产。内部自创无形资产是指企业自行研究与开发取得的无形资产。

4）无形资产的内容

无形资产包括专利权、非专利技术、商标权、著作权、土地使用权、特许权、商誉等。

（1）专利权是指国家专利主管机关依法授予发明创造专利申请人对其发明创造在法定期限内所享有的专利权利。

（2）非专利技术也称专有技术。它是指不为外界所知、在生产活动中已采用了的、不享有法律保护的各种技术和经验。

（3）商标是被用来辨认特定的商品和劳务的标记。商标权是指专门在某类指定的商品或产品上使用特定的名称或图案的权利。

（4）著作权又称版权，是指作者对其创造的文学、科学和艺术作品依法享有的某些特殊权利。

（5）土地使用权是指国家准许某些企业在一定期间内对国有土地享有开发、利用、经营的权利。根据《中华人民共和国土地管理法》的规定，我国土地实行公有制，任何单位和个人不得侵占、买卖或以其他形式非法转让。

（6）特许权也称特许经营权，是指企业在某一地区经营或销售某种特定商品的权利或是一家企业接受另一家企业使用其商标、商号、技术秘密的权利。

（7）商誉，是指能在未来期间为银行经营带来超额利润的潜在经济价值。在企业合并时，它是购买企业投资成本超过被合并企业净资产公允价值的差额。

2. 无形资产的计价

银行的无形资产在取得时，应按实际成本入账。取得时的实际成本应按下列方式确认。

1）购入的无形资产

购入的无形资产，以实际支付的价款、相关税费以及直接归属于使该项资产达到预定用途所发生的其他支出作为实际成本。

2）收到投资者作为投入资金投入的无形资产

收到投资者作为投入资金投入的无形资产，按投资各方确认的价值作为实际成本，如果双方确定的合同或约定价格不公允的，按照无形资产的公允价值作为初始成本入账。

3）接受捐赠的无形资产

接受捐赠的无形资产，应按以下规定确定其实际成本：①捐赠方提供了有关凭据的，按凭据上标明的金额加上应支付的相关税费，作为实际成本。②捐赠方没有提供有关凭据的，按如下顺序确定其实际成本，即同类或类似无形资产存在活跃市场的，按同类或类似无形资产的市场价格估计的金额，加上应支付的相关税费，作为实际成本。同类或类似的无形资产不存在活跃市场的，按该接受捐赠的无形资产的预计未来现金流量的现值，作为实际成本。

4）银行自行开发并按法律程序申请取得的无形资产

银行自行开发并按法律程序申请取得的无形资产，按依法取得时发生的注册费、聘请律师费等费用，作为无形资产的实际成本。在研究与开发过程中发生的材料费用、直接参与开发人员的工资及福利费、开发过程中发生的租金、借款费用等，应明确归属于研究阶段还是开发阶段。研究阶段的有关支出在发生时，应当予以费用化，直接计入当期损益。开发阶段的相关支出，如果企业能够证明满足无形资产的定义及相关确认条件，可以进行资本化，确认为无形资产。

3. 无形资产的摊销

银行使用寿命有限的无形资产应当自取得当月起在预计使用年限内分期平均摊销，计入损益。如预计使用年限超过了相关合同规定的受益年限或法律规定的有效年限。

1）无形资产摊销年限的原则规定

合同规定受益年限但法律没有规定有效年限的，摊销期不应超过合同规定的受益年限。合同没有规定受益年限但法律规定有效年限的，摊销期不应超过法律规定的有效年限。合同规定了受益年限，法律也规定了有效年限的，摊销期不应超过受益年限和有效年限两者之中较短者。如果合同没有规定受益年限，法律也没有规定有效年限的，摊销期不应超过 10 年。

2）无形资产摊销的计算公式

无形资产的摊销，一般采用直线法，在无形资产的受益期限内平均摊销。其计算公式如下：

每期摊销金额=无形资产实际成本/摊销期限

对银行使用寿命不确定的无形资产不应摊销。

4. 无形资产的账务处理

为了核算和监督企业无形资产的形成、转让及摊销，设置“无形资产”科目。该科目属资产类，用来核算银行持有的无形资产成本，包括专利权、非专利技术、商标权、著作权、土地使用权等。“无形资产”科目可按无形资产项目进行明细核算。

1）取得无形资产的账务处理

银行取得无形资产主要通过购入、接受捐赠、自行开发和接受投资等渠道。当银行取得无形资产时，应按前述计价方法，确认无形资产的价值，编制记账凭证，记录会计账簿。

购入无形资产时，会计分录为

借：无形资产——××户

　　贷：银行存款（或存放中央银行款项）

接受捐赠的无形资产时，会计分录为

借：无形资产——××户

　　贷：资本公积

　　　　存放中央银行款项（支付的相关费用）

　　　　应交税费（应交的相关税金）

接受投资人投入无形资产时，会计分录为

借：无形资产——××户

　贷：实收资本（或股本）

2）无形资产摊销的账务处理

银行对使用寿命有限的无形资产应当自取得当月起，在预计使用寿命内分期摊销，计入损益。无形资产摊销年限一经确定，不能随意变更。因为客观经济环境改变确实需要变更摊销年限的，应将此变更作为会计估计变更处理。摊销时，会计分录为

借：业务及管理费——无形资产摊销

　贷：待摊费用

3）无形资产减值的账务处理

如果银行的无形资产由于新技术的产生等原因，导致其可收回的金额低于其账面价值的，应当计提无形资产减值准备。无形资产减值准备应按单项项目或资产组计提。当发生下列一项或若干项情况时，应当计提无形资产减值准备。

该无形资产已被其他新技术等所替代，使其为银行创造经济利益的能力受到重大不利影响；该无形资产的市价在当期大幅下跌，在剩余摊销年限内预期不会恢复。这些足以表明该无形资产的账面价值已超过可收回金额的情形。

银行对无形资产减值准备的核算设置“无形资产减值准备”科目。该科目属资产类科目。期末，企业所持有的无形资产的账面价值高于其可收回的金额，应按其差额，编制记账凭证。会计分录为

借：资产减值损失——计提的无形资产减值准备

　贷：无形资产减值准备

无形资产的减值一经确认，在以后的会计期间不得转回。

4）无形资产出售和报废的账务处理

银行出售无形资产，按实际取得的转让收入。会计分录为

借：库存现金（实际取得的转让收入）

　　无形资产减值准备（已计提的减值准备）

　　待摊销费用（已计提的摊销额）

　　营业外支出——处置非流动资产损失

　贷：无形资产——××户（账面余额）

　　　库存现金（支付的相关费用）

　　　应交税费（应交的相关税金）

　　　营业外收入——处置非流动资产利得

银行出租无形资产取得租金收入时，会计分录为

借：库存现金

　贷：其他营业收入

结转出租无形资产的成本时，会计分录为

借：其他营业支出

　贷：无形资产——××户

### 4.5.2 其他资产的核算

其他资产是指除流动资产、长期资产、固定资产、无形资产等以外的资产，如长期待摊费用、存出保证金、应收席位费、抵债资产等。

1. 长期待摊费用

长期待摊费用是银行已经发生但应由本期和以后各期负担的分摊期限在1年以上的各项费用，如以经营租赁方式租入的固定资产发生的改良支出等。

银行发生长期待摊费用时，会计分录为

借：待摊费用（或长期待摊费用）

　贷：库存现金（或银行存款）

摊销长期待摊费用时，会计分录为

借：业务及管理费

　贷：待摊费用（或长期待摊费用）

2. 存出保证金

存出保证金是指银行从事保险业务按规定比例缴存的、用于清算时清偿债务的保证金。银行的存出保证金应于银行成立后按注册资本的20%提取，在实际发生时，按实际发生额入账。

3. 应收席位费

应收席位费是指银行向法定交易场所支付的交易席位费用。银行的应收席位费，应当按照实际支付的金额入账，并按10年的期限平均摊销。

4. 抵债资产

抵债资产是指银行依法取得并准备按有关规定进行处置的抵偿债务的资产，包括实物抵债资产和非实物抵债资产。

（1）银行取得抵债资产时，按抵债资产的公允价值加上相关税费作为抵债资产的入账价值。

当抵债资产的评估价小于贷款账面价值时，会计分录为

借：抵债资产

　　贷款减值准备

　　营业外支出（债务重组损失）

　贷：非应计贷款

　　　应交税费

当抵债资产的评估价大于贷款账面价值时，会计分录为

借：抵债资产

　贷：非应计贷款

　　　应交税费

　　　资产减值损失

（2）抵债资产保管期间取得收入时，会计分录为

借：库存现金

　贷：其他业务收入

（3）抵债资产保管期间发生直接费用时，会计分录为

借：其他业务支出

　贷：库存现金

（4）处置抵债资产时，会计分录为

借：库存现金（或存放中央银行款项）

　　抵债资产跌价准备

　　营业外支出（若属于收入，应在贷方反映）

　贷：应交税费

　　　抵债资产

抵债资产在期末应当按照账面价值与可收回金额孰低计量。

## ➢ 关键概念

资产业务　贷款资产　金融资产　固定资产　无形资产和其他资产

## ➢ 复习思考题

1. 资产的意义及其特点。
2. 确认资产及其计量。
3. 贷款与贴现资产有哪些区别？
4. 为什么要提取贷款减值准备？贷款减值准备有哪些种类，应如何提取？
5. 何谓贴现利息，如何计算？
6. 什么是非应计贷款？其核算方法如何？
7. 简述交易性金融资产的确认和计量方法。
8. 长期股权投资有哪两种核算方法？如何确定采用成本法或采用权益法？
9. 持有至到期投资有哪些特点？
10. 什么是固定资产？新会计准则对固定资产的标准是如何规定的？
11. 固定资产折旧的方法有哪些？
12. 什么是无形资产？无形资产有什么特征？
13. 无形资产的计价原则是什么？
14. 什么是抵债资产，应如何核算？
15. 何谓资产减值？资产减值有哪些种类，应如何核算？
16. 举例说明个人消费信贷业务的处理手续。
17. 某银行 2019 年 5 月 20 日受理开户单位开关厂的贴现申请，经审查同意办理。银行承兑汇票面额 200 000 元，5 月 1 日签发，8 月 20 日到期，贴现率假设为月 4.5‰。要求计算贴现利息并写出会计分录。
18. 某银行向甲冷库发放短期贷款 800 万元，贷款放款日为 2019 年 1 月 5 日，收回日为 2019 年 9 月 5 日，月利率 9‰。

（1）请计算正常收回利息并写出相关会计分录。

（2）若客户 2019 年 10 月 5 日归还本息，并事先约定逾期利率为 15‰，请计算利息，并写出相关会计分录。

19. 某银行出售抵债资产设备一套，原账面价值150 000元，出售所得价款165 000元。要求写出会计分录。

20. 简述银行现金资产的构成。

21. 贷款的“三查”制度是什么？

22. 简述银行贷款展期的会计处理要求。

# 第5章

# 中间业务

> ➤ **本章提要**

中间业务是我国银行完善服务功能、优化资产结构及提高自身综合竞争力的必然选择。本章介绍了中间业务的概念及种类，并着重对目前银行主要开办的中间业务进行了详细介绍。通过学习可以了解中间业务发展的趋势和特点，理解中间业务的含义、中间业务的种类和操作流程，掌握中间业务品种的处理手续，从而为中间业务全面风险管理提供经验。

## 5.1 中间业务概述

### 5.1.1 中间业务的概念及特征

我国于2001年由中国人民银行颁布了《商业银行中间业务暂行规定》，其对中间业务的定义是“中间业务是指不构成商业银行表内资产、表内负债，形成银行非利息收入的业务”，这个定义被广泛接受。

从定义可以看出，中间业务具有四个特征：一是银行在业务中发挥中间人的角色，如代收水电费；二是银行在中间业务中仅提供服务，不需要提供资金，所以风险较低；三是以收取手续费为主要目的；四是银行中间业务产品是一种固化了商业信誉的金融产品，而不仅仅是一种单纯的金融产品。中间业务的开展以银行的信誉为基础，而金融服务产品的开发又反过来进一步提升了银行的信誉。

### 5.1.2 中间业务的分类

按照《商业银行中间业务暂行规定》给定的分类标准，商业银行中间业务可分为以下九大类。

1. 支付结算类中间业务

支付结算类中间业务是指由银行为客户办理因债权债务关系引起的与货币支付、资金划拨有关的业务。

2. 银行卡业务

银行卡是由银行向社会发行的具有消费信用、转账结算、存取现金等全部或部分功能的信用支付工具。依据清偿方式，银行卡业务一般分为信用卡业务（含贷记卡业务、准贷记卡业务）和借记卡业务。

3. 代理类中间业务

代理类中间业务是指银行接受客户委托、代为办理客户指定的经济事务、提供金融服务并收取一定费用的业务，包括代理政策性银行业务、代理中国人民银行业务、代理银行业务、代收代付业务、代理证券业务、代理保险业务、代理其他银行的银行卡收单业务等。

4. 担保类中间业务

担保类中间业务是指银行为客户债务清偿能力提供担保，承担客户违约风险的业务。其主要包括银行承兑汇票、备用信用证、商业信用证、各类保函业务等。

（1）银行承兑汇票，是由收款人或付款人（或承兑申请人）签发，并由承兑申请人向开户银行申请，经银行审查同意承兑的商业汇票。

（2）备用信用证，是开证行应借款人要求，以放款人作为信用证的受益人而开具的一种特殊信用证，以保证在借款人破产或不能及时履行义务的情况下，由开证行向受益人及时支付本利。

（3）各类保函业务，包括投标保函、承包保函、还款担保及借款保函等。

5. 承诺类中间业务

承诺类中间业务是指商业银行在未来某一日期按照事前约定的条件向客户提供约定信用的业务，主要是指贷款承诺，包括可撤销承诺和不可撤销承诺两种。

（1）可撤销承诺。可撤销承诺附有客户在取得贷款前必须履行的特定条款，在银行承诺期内，客户如没有履行条款，则银行可撤销该项承诺。可撤销承诺包括透支额度等。

（2）不可撤销承诺。不可撤销承诺是银行不经客户允许不得随意取消的贷款承诺，具有法律约束力，包括备用信用额度、回购协议、票据发行便利等。

6. 交易类中间业务

交易类中间业务是指商业银行为满足客户保值或自身风险管理等方面的需要，利用各种金融工具进行的资金交易活动，主要包括金融衍生业务。

7. 基金托管业务

基金托管业务是指有托管资格的商业银行接受基金管理公司委托，安全保管所托管的基金的全部资产，为所托管的基金办理基金资金清算款项划拨、会计核算、基金估值，监督管理人投资运作。

8. 咨询顾问类业务

咨询顾问类业务是指商业银行依靠自身在信息、人才、信誉等方面的优势，收集和整理有关信息，并通过对这些信息以及银行和客户资金运动的记录与分析，形成系统的资料和方案提供给客户，以满足其业务经营管理或发展需要的服务活动。其具体包括企业信息咨询业务、资产管理顾问业务、财务顾问业务、现金管理业务等。

9. 其他类中间业务

其他类中间业务包括保管箱业务以及其他不能归入以上八类的业务。

## 5.2　国内支付结算业务

### 5.2.1　基本概念及原则

1. 支付结算的概念

结算是经济活动中的货币收付行为，随着商品、货币及信用的发展而发展，并借助于货币来实现，因此又称作“货币结算”。支付结算则是指单位、个人使用结算方式进行货币给付，并通过银行进行资金清算的行为。

银行是支付结算和资金清算的中介，也是连接国民经济各部门、各单位的纽带。银行办理支付结算业务，尤其是非现金结算工具的广泛使用，不仅关系到银行自身的信誉，影响银行的收入，而且对减少现金流通，降低交易成本，提高支付效率，培育社会信用，促进金融创新和培育新型支付文化发挥着重要作用。同时，对于保证生产、流通、分配和消费的顺利进行以及国民经济的健康发展具有十分重要的意义。

2. 支付结算的种类

按照不同的标准，支付结算可分为不同的类别。

（1）按结算形式不同划分，结算可分为现金结算和转账结算两种。其中，现金结算是指当事人直接用现金进行货币收付，了结其债权债务的行为。转账结算是指当事人通过银行将款项从付款单位的账户划转到收款单位的账户来完成货币收付以清结债权债务的行为，故又称非现金结算或银行结算。

（2）按结算工具不同划分，结算可分为票据结算和非票据结算两类。票据结算是以票据（汇票、本票和支票）作为支付工具来清结货币收付双方的债权债务关系的行为；非票据结算是客户间以结算凭证为依据来清结债权债务关系的行为，如银行卡、汇兑、信用证、托收承付和委托收款结算等。这两类结算具体也可归纳为“三票”、一卡、四方式。

（3）按结算区域划分，可分为同城结算和异地结算两种。同城结算是指货币的收付发生在同个区域或同一省（自治区、直辖市）内，结算手段主要有现金、银行本票、支票等；异地结算是指货币的收付是跨区域或跨省区市通过银行间的转账来实现的，结算手段主要有银行汇票、转账支票、商业汇票、汇兑、委托收款、信用卡等。

3. 支付结算的原则

结算实行集中统一和分级管理相结合的管理体制。银行根据经济往来组织结算；准确、及时、安全办理结算；按照有关法律、行政法规和结算办法管理支付结算，以保障支付结算活动的正常进行。

单位、个人和银行办理支付结算必须遵循下列原则。

（1）恪守信用，履约付款。单位间经济往来和资金清算必须建立在信用和合同的基础上。结算的当事人必须依法承担义务和行使权利，履行付款义务，并按照双方约定的付款金额和付款日期进行支付。

（2）谁的钱进谁的账户，由谁支配。银行受托办理结算，办理结算时，必须遵循委托人的意愿，保证将所收款项支付给委托人确定的受益人，以保护客户的合法权益，保护客户对其资金的自主支配权。

（3）银行不垫款。银行在办理结算时，要划清银行与客户之间的资金界限。银行只负责客户之间的资金转移，但不能在结算中为客户垫付资金。因此，必须坚持“先付后收，收妥抵用”的原则。

（4）结算收费坚持“谁委托谁付费”原则。无论是交易双方中的收款人还是付款人，谁到银行委托该交易事项的款项收付业务，谁给银行付费。但自 2016 年 9 月起，客户凭银行卡或用其他结算方式在同系统银行办理同城、异地转账业务、现金存取的手续费全免。

4. 支付结算的纪律及责任

在办理结算业务时，有关方面必须维护结算纪律。结算纪律是国家财经纪律的重要组成部分，是维护结算秩序，保证结算业务正常进行的必要条件，也是正确处理结算活动中各当事人之间经济关系的重要保证。

单位及个人是支付结算的重要当事人，要严格遵守支付结算纪律，按支付结算办法办理结算。这是严肃信用制度，维护结算秩序的前提条件。它包括客户应遵守的结算纪律和银行应遵守的结算纪律两个方面。

1）单位及个人应严格执行“四不准”的纪律

（1）不准出租、出借账户。

（2）不准填发空头支票和远期支票。

（3）不准套用银行信用。

（4）不准无理拒绝付款。

2）银行应严格执行“十不准”的纪律

银行按照支付结算办法的规定办理业务，是维护正常结算秩序的重要环节。银行办理支付结算应严格执行结算纪律。

（1）不准以任何理由压票、任意退票、截留挪用客户和他行资金。

（2）不准无理拒绝支付应由银行支付的票据款项。

（3）不准受理无理拒付，不扣少扣滞纳金。

（4）不准违章签发、承兑、贴现票据，套取银行资金。

（5）不准签发空头银行汇票、银行本票和办理空头汇款。

（6）不准在支付结算制度之外规定附加条件，影响汇路畅通。

（7）不准违反规定为单位和个人开立账户。

（8）不准拒绝受理、代理他行正常结算业务。

（9）不准放弃对企事业单位和个人违反结算纪律的制裁。

（10）不准逃避向中国人民银行转汇大额汇划款项。

3）支付结算责任

为了保证结算原则和结算纪律的执行，必须明确结算当事人各方面的结算责任。结算当事人包括出票人、背书人、承兑人、保证人、持票人、付款人、收款人、银行和邮电部门等。凡是未按票据法规的规定处理，而影响他人利益的当事人，均应视情况不同，分别承担票据责任、民事责任、行政责任和刑事责任。

5. 会计科目及使用说明

1）“汇出汇款”科目

（1）“汇出汇款”科目核算本行用于办理人民币汇票业务收付款项以及汇出的外汇汇款。

（2）汇出款项时，借记相关“单位活期存款”等科目，贷记“汇出汇款”科目；解付汇款时，借记“汇出汇款”科目，贷记“清算资金往来”、“存放系统内清算款项”或“存放境外同业活期款项”等有关科目；发生退汇时，借记“汇出汇款”科目，贷记相关“单位活期存款”类等有关科目。

（3）“汇出汇款”科目属负债类科目，余额应反映在贷方。

2）“开出本票”科目

（1）“开出本票”科目核算银行为申请人签发银行本票所收取的款项。本科目应按银行本票的申请人进行明细核算。

（2）签发本票时，借记相关“单位活期存款”类等科目，贷记“开出本票”科目；结清本票时，借记“开出本票”科目，贷记有关科目。

（3）“开出本票”科目属负债类科目，余额应反映在贷方。

3）“应解汇款”科目

（1）“应解汇款”科目核算本行收到待解付的结算款项。凡本行收到的未在本行开户的单位和个人待解付的款项、不得保留外汇额度的单位收入的待结汇款项以及本行签发的银行承兑汇票到期待付的款项等，均通过本科目核算。本科目应按收款人等进行明细核算。

（2）异地汇入待解付汇款或待结汇款项，以及本行承兑的商业汇票到期待付、银行汇票待解付时，借记有关科目，贷记“应解汇款”科目；解付汇入款项、结汇和支付汇票款项时，借记“应解汇款”科目，贷记有关科目；收款人要求将款项退汇或转汇时，借记“应解汇款”科目，贷记“清算资金往来”等有关科目。

（3）“应解汇款”科目属负债类科目，余额应反映在贷方。

4）“保证金存款”科目

（1）“保证金存款”科目核算银行收到客户存入的作为备付期间费用、偿还债务准备以及其他保证金性质的款项，如信用证保证金、信用卡保证金、租赁保证金、担保保证金等。“保证金存款”科目按保证金存款种类和客户进行明细核算。

（2）“保证金存款”科目属负债类科目，余额应反映在贷方。

### 5.2.2 票据结算业务

1. 票据的概念

票据是指由出票人签名于票上，无条件约定自己或委托他人以支付一定金额为目的的特种证券。约定自己为一定金额的支付或承诺付款，如本票；委托他人为一定金额的支付，如汇票及支票。其法律属性包括：①要式性；②无因性；③流通性。

票据有广义票据和狭义票据之分。广义的票据包括各种有价证券和凭证。狭义的票据是指约定由债务人按期无条件支付一定金额并可背书转让的有价证券。本小节介绍的票据是指狭义的票据，包括支票、本票和汇票。

2. 支票业务

1）支票的概念

支票是银行存款人作为出票人（付款人）签发的，委托办理支票存款业务的银行在见票时无条件支付确定的金额给收款人或持票人的票据。支票分为现金支票、转账支票和普通支票三种。支票上印有“现金”字样的为现金支票，只能用于支取现金。支票上印有“转账”字样的为转账支票，只能用于转账。支票上未印有“现金”或“转账”字样的为普通支票，既可用于支取现金，也可用于转账。在普通支票左上角划两条平行线的为划线支票，划线支票只能用于转账，而不得支取现金。

2）现金支票账务处理

现金支票适用于客户在规定范围提取现金。其特点如下：①金额起点的限制；②能够满足开户单位和个人现金开支的需要；③现金支票只能支取现金，不得用于转账；④现金支票不能背书转让他人。

出票人开户行收到取款人持现金支票支取现金时，应认真审查预存款情况，支票的真实性、合法性以及是否背书等内容。审核合格后，办理付款手续。会计分录为

借：单位活期存款——出票人账户

　贷：库存现金

3）转账支票结算流程及账务处理

转账支票是由付款人出票的请求付款的票据，或由收款人凭以到自己的开户行办理转账进账的票据。其特点如下：①无金额起点的限制；②转账支票只能用于转账，不得支取现金；③转账支票可以背书转让给其他债权人；④客户签发的转账支票可由自己到银行请求转账，也可直接交给收款人，由收款人到其开户银行办理转账；⑤转账支票的收款人名称、金额可以由出票人授权补记，未补记的不得背书转让和提示付款。下面以收款人凭转账支票要求银行付款为例，其转账支票结算流程如图 5-1 所示。

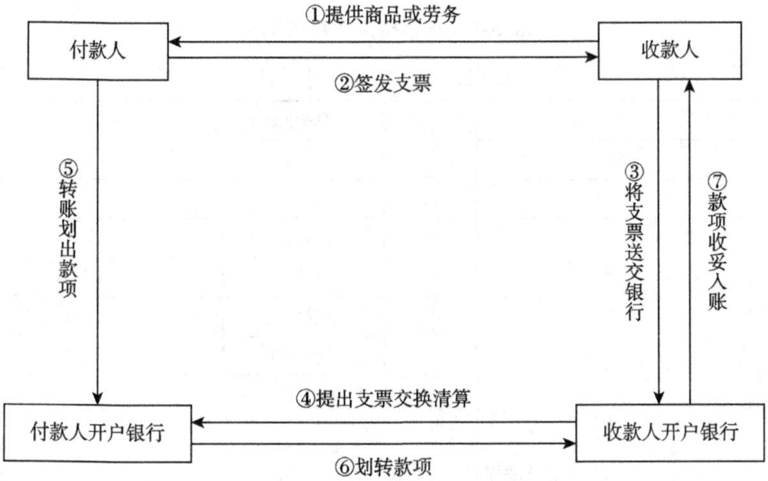


图 5-1 转账支票结算流程

根据图 5-1，银行对转账支票认真审核后，会计账务处理如下。

（1）收、付款人在同一银行开户，会计分录为

借：单位活期存款——出票人存款户

　贷：单位活期存款——持票人存款户

（2）收、付款人开户行在同城但不同行。

付款人开户银行会计分录为

借：单位活期存款——出票人存款户

　贷：存放中央银行款项（或辖内往来）

收款人开户银行会计分录为

借：存放中央银行款项（或辖内往来）

　贷：单位活期存款——持票人存款户

（3）收、付款人开户行非同城

运用支票影像系统传递支票相关信息，并进行异地支付结算处理。银行在对支票审核中，如若发现支票透支、支票签章与其预留银行印鉴不符，支付密码错误等，均应办理退票。

4）支票挂失止付的处理

挂失止付是指失票人将丧失票据的情况通知付款人，接受挂失通知的付款人决定暂停支付，以防票据款项被他人取得的一种补救措施。支票挂失人必须填写一式三联的支票挂失止付通知书（表 5-1），第一联是银行给挂失人的受理回单，第二联银行凭以登记登记簿，第三联银行凭以拍发电报。其用于办理已承兑的商业汇票、支票、填明“现金”字样和代理付款人的银行汇票以及填明“现金”字样的银行本票挂失。挂失止付通知书的有效期为 12 日，自付款人或代理付款人收到挂失止付通知书之日起开始计算，自第 13 日起，如果没有收到人民法院的止付通知，挂失止付通知书失效，付款人或代理付款人付款不再承担责任。

表 5-1 支票挂失止付通知书

填写日期 年 月 日

| | | | |
|---|---|---|---|
| 挂失止付人： | 丧失票据记载的主要内容 | 票据种类 | |
| 票据丧失时间： | | 号码 | |
| 票据丧失地点： | | 金额 | |
| 票据丧失事由： | | 付款人 | |
| | | 收款人 | |
| | | 出票日期 | |
| | | 付款日期 | |
| 失票人签章<br>年 月 日 | 挂失止付人联系地址（电话）： | | |

3. 本票业务

1）银行本票的概念

银行本票是银行收妥款项后签发的，承诺自己在见票时无条件支付确定的金额给收款人或持票人的票据。银行本票按出票人不同分为定额银行本票和不定额银行本票两种。定额银行本票由中央银行发行，委托各银行代办签发和兑付；不定额银行本票由经办银行签发和兑付。银行本票的交易流程如图 5-2 所示。

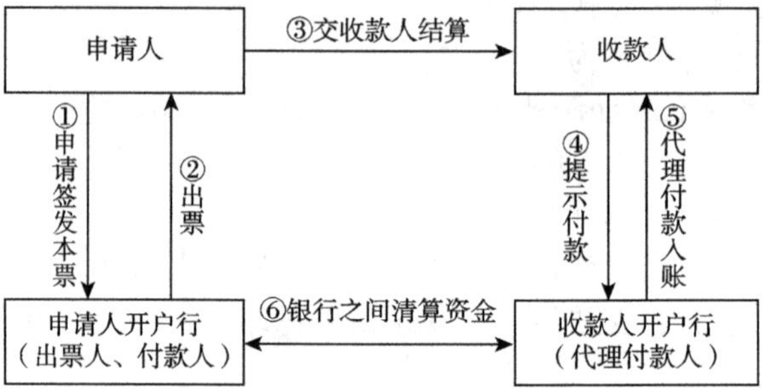


图 5-2 银行本票的交易流程

2）银行签发本票的处理手续

出票行在办理转账或收妥现金后，签发银行本票。不定额银行本票一式两联，第一联卡片，第二联本票。定额银行本票分为存根联和正联。其账务处理有两种可能性。

若客户以转账形式办理本票，以申请书第二联作借方凭证，第三联作贷方凭证。会计分录为

借：单位活期存款——申请人存款户

  贷：开出本票

若客户以现金交付办理本票，第二联作废，以第三联申请书作贷方凭证。会计分录为

借：库存现金

　贷：开出本票

无论是转账办理还是直接以现金办理，银行签发本票时应注意下列问题。

（1）本票的出票日期和出票金额必须大写，如果填写错误应将本票作废。

（2）申请书的备注栏注明“不得转让”的，出票行应在本票正面予以注明。

（3）填写的本票经复核无误后，在不定额本票第二联或定额本票正联上加盖本票专用章，并由授权的经办人签名或盖章。定额本票正联交申请人，不定额本票在“人民币大写”栏右端用压数机压印小写金额后交给申请人。第一联卡片或存根联上加盖经办、复核名章后留存，专夹保管。

3）银行兑付本票的处理手续

代理付款行接到在本行开立账户的持票人直接交来本票要求兑付款项时，应认真审查本票的真实性和合法性。

（1）本票是否是统一规定印制的凭证，是否真实，提示付款期限2个月是否超过。

（2）本票填明的持票人是否在本行开户，持票人名称是否为该持票人，与进账单上的名称是否相符。

（3）出票行的签章是否符合规定，加盖的本票专用章是否与印模相符。

（4）不定额本票是否有压数机压印的金额，与大写出票金额是否一致。

（5）本票必须记载事项是否齐全，出票金额、出票日期、收款人名称是否更改，其他记载事项的更改是否有原记载人签章证明。

（6）持票人是否在本票的背面“持票人向银行提示付款签章”处签章，背书转让的本票是否在规定范围内转让，其背书是否连续，签章是否符合规定，背书使用粘单的是否按规定在粘接处签章。是否已超过2个月的提示付款期。

若持票人以转账本票办理兑付，审查无误后，第二联进账单作贷方凭证。会计分录为

借：存放中央银行款项（或辖内往来）

　贷：单位活期存款——持票人存款户

若持票人以现金本票办理兑付，会计分录为

借：存放中央银行款项（或辖内往来）

　贷：库存现金

银行办理兑付后，第一联进账单加盖转讫章作收账通知交持票人。本票加盖转讫章，在票据交换时间向出票行提出交换票据。

4）银行结清本票的处理手续

出票行收到票据交换提入的本票时，抽出专夹保管的本票卡片或存根，经核对相符，确属本行出票，本票作借方凭证，本票卡片或存根联作附件。会计分录为

借：开出本票

　贷：存放中央银行款项（或清算资金往来）

若持票人、申请人在同一行付款时，结清本票的处理手续，除不通过票据交换外，其他处理手续同上。会计分录为

借：开出本票

　贷：单位活期存款（或库存现金）——持票人存款户

4. 汇票业务

1）汇票的概念

汇票是出票人签发的，委托付款人在见票时或在指定日期无条件支付确定的金额给收款人或持票人的票据。汇票按产生的信用条件不同，可分为银行汇票和商业汇票。由银行信用产生的汇票是银行汇票；由商业信用产生的汇票是商业汇票。汇票按《中华人民共和国票据法》及《支付结算办法》的规定办理核算。

2）银行汇票

（1）银行汇票的概念。银行汇票是出票银行收妥款项后签发的，并由银行在见票时按照实际结算金额无条件支付给收款人或者持票人的票据。银行汇票的出票银行为银行汇票的付款人。其交易流程如图 5-3 所示。

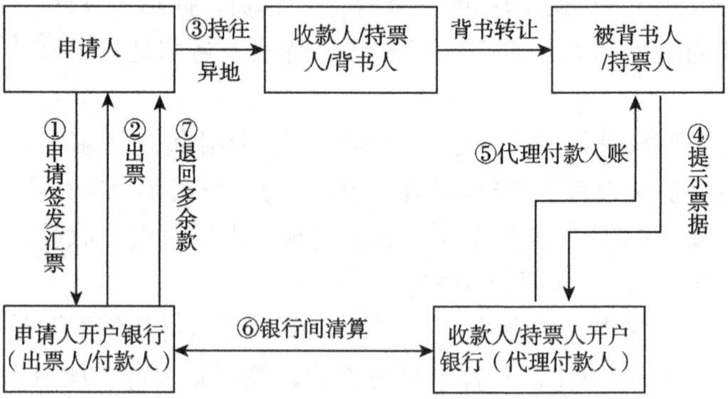


图 5-3　银行汇票交易流程

（2）出票银行签发银行汇票的处理手续。申请人需要使用银行汇票，应向银行填写“银行汇票申请书”一式三联，第一联存根，第二联借方凭证，第三联贷方凭证。交现金办理汇票的，第二联注销。出票行受理申请人提交的申请书时，应认真审查内容是否填写齐全、清晰，签章是否为预留银行的签章；申请书填明“现金”字样的，申请人和收款人是否均为个人，并交存现金。经审查无误后，才能受理并签发银行汇票。

转账付款的，第二联作借方传票，第三联作贷方传票。会计分录为

借：单位活期存款——申请人存款户

　贷：汇出汇款

客户以转账形式办理的银行汇票持票人只能以转账形式兑付。

现金交付的，以第三联作贷方传票。会计分录为

借：库存现金

　贷：汇出汇款

客户以现金形式办理的银行汇票持票人既可以提取现金也可以转账兑付。

出票行在办好转账或收妥现金后，签发银行汇票。银行汇票一式四联，第一联卡片，第二联汇票，第三联解讫通知，第四联多余款收款通知。

（3）兑付银行汇票的处理手续。代理付款行接到在本行开立账户的持票人交来的汇票、解讫通知和第一、第二联进账单时，应按有关规定认真审查银行汇票的真实性、合法性，并按照实际结算金额办理兑付手续。

若持票人以转账形式兑付，经审核无误后，汇票作借方凭证附件，第二联进账单作贷方凭证，办理转账。会计分录为

借：清算资金往来（实际结算金额）

　贷：单位活期存款——持票人存款户（实际结算金额）

若持票人以现金形式办理兑付，审查后为其开立应解汇款及临时存款户，会计分录为

借：清算资金往来

　贷：应解汇款——持票人户

持票人每次提取现金时，会计分录为

借：应解汇款——持票人户

　贷：库存现金（或存放中央银行款项或清算资金往来）

持票人无论以何种形式要求兑付，兑付行在兑付银行汇票后，以第一联进账单加盖转讫章作收账通知交持票人，解讫通知加盖转讫章随联行借方报单寄给出票行。

（4）出票银行办理银行汇票结清的账务处理。

若银行汇票没有多余款退回时，会计分录为

借：汇出汇款

　贷：清算资金往来

若银行汇票有多余款退回，且申请人在本行开户。会计分录为

借：汇出汇款（银行汇票面额）

　贷：清算资金往来（实际结算金额）

　　单位活期存款——申请人存款户（未参加结算的多余款）

若银行汇票有多余款退回，且申请人不在本行开户。会计分录为

借：汇出汇款

　贷：清算资金往来

　　其他应付款——申请人户

通知申请人来行领取多余款时，会计分录为

借：其他应付款——申请人户

　贷：库存现金

3）商业汇票

（1）商业汇票的概念与基本规定。商业汇票是出票人签发的，委托付款人在指定日期无条件支付确定的金额给收款人或者持票人的票据。商业汇票经过承兑以后被称为已承兑的商业汇票，具有法律效力。商业汇票按承兑人的不同分为商业承兑汇票和银行承兑汇票。商业承兑汇票是指由银行以外的付款人承兑的商业汇票，银行承兑汇票则是由银行承兑的商业汇票。其基本规定如下。

第一，在银行开立存款账户的法人以及其他组织之间，具有真实的交易关系或债权债务关系的均可使用商业汇票。商业汇票的付款期限最长不超过6个月。

第二，签发商业汇票必须记载的事项有：表明“商业承兑汇票”或“银行承兑汇票”的字样；无条件支付的委托；确定的金额；付款人名称，收款人名称；出票日期；出票人签章。

第三，商业承兑汇票的出票人必须与付款人具有真实的委托付款关系，且具有支付汇票金额的可靠资金来源。

第四，商业承兑汇票可由付款人签发并承兑，也可由收款人签发交由付款人承兑。

第五，银行承兑汇票应由在承兑银行开立存款账户的存款人作为付款人签发。

第六，商业汇票可以在出票时向付款人提示承兑后使用，也可在出票后先使用再向付款人提示承兑。

第七，定日付款或出票后定期付款的商业汇票，持票人应当在汇票到期日前向付款人提示承兑。见票后定期付款的汇票，持票人应当自出票日起 1 个月内向付款人提示承兑。

第八，商业汇票在汇票到期日前 10 日内必须提示付款。对异地委托收款的，持票人可匡算邮程，提前通过开户银行委托收款。

第九，银行承兑汇票的出票人必须在承兑银行开立存款账户，并与承兑银行具有真实的委托付款关系，资信状况良好，且具有支付汇票金额的可靠资金来源。

第十，商业汇票的承兑银行在承兑汇票时，应按票面金额向出票人收取一定的手续费。

第十一，银行承兑汇票的出票人，应于汇票到期前将票款足额交存其开户行。未能交足时，承兑行除凭票无条件付款外，对出票人尚未支付的汇票金额按照每天万分之五计收利息。

（2）商业承兑汇票的处理手续。商业承兑汇票结算处理手续主要包括：出票人委托收款、付款人开户行受托划款、持票人或收款人开户行办理收账三个环节的账务处理。

当付款人开户行收到付款人同意付款通知时，会计分录为

借：单位活期存款——付款人存款户

　贷：清算资金往来

当持票人开户行收到划回的票款时，会计分录为

借：清算资金往来

　贷：单位活期存款——持票人存款户

当付款人不同意付款时，付款人开户行及收款人开户行应及时办理退票处理。

（3）银行承兑汇票的处理手续。银行承兑汇票结算处理手续主要包括：付款人开户行办理汇票承兑的处理、收款人开户行受理委托收款的处理、付款人开户行在汇票到期时向付款人收取票款的处理、付款人开户行收到划款通知的处理、持票人或收款人开户行办理收账的账务处理。

第一，承兑银行办理汇票承兑收取手续费及保证金存款时，会计分录为

借：单位活期存款——申请人存款户

贷：手续费及佣金收入——手续费收入（按事先商定好的费率收取）

保证金存款（按客户的信用程度收取）

并将第二联汇票连同一联承兑协议交出票人。填制银行承兑汇票表外科目收入凭证，并登记表外科目登记簿。另将第一联汇票卡片和承兑协议副本专夹保管。会计分录为

收：银行承兑汇票

第二，收款人（或持票人）开户行受理汇票的处理。持票人凭汇票委托开户行向承兑银行收取票款时，应填制异地邮划或电划委托收款凭证，并在“委托收款凭据名称”栏上注明“银行承兑汇票”及其汇票号码，连同汇票一并交开户行。银行经审查无误后，在委托收款凭证各联加盖“银行承兑汇票”戳记。其余手续按照发出委托收款凭证的手续处理。

第三，承兑银行到期收取汇票款的处理。承兑银行应每天查看汇票的到期情况，对到期的汇票，应于到期日向出票人收取票款。填制二联特种转账借方凭证，一联特种转账贷方凭证，并在“转账原因”栏注明“根据××号汇票划转票款”。会计分录为

借：单位活期存款——出票人存款户

保证金存款

贷：应解汇款——出票人户

付：银行承兑汇票

一联特种转账借方凭证加盖转讫章作支款通知交出票人。

若出票人账户无款支付时，应转入该出票人的逾期贷款户，并按日计收万分之五的罚息。同时应填制二联特种转账借方凭证，一联特种转账贷方凭证，在“转账原因”栏注明“××号汇票无款支付转入逾期贷款户”。会计分录为

借：逾期贷款（或垫款）——出票人逾期贷款户

保证金存款

贷：应解汇款——出票人户

付：银行承兑汇票

一联特种转账借方凭证加盖业务公章交出票人。

账户不足支付的，除进行以上相同处理外，还应填制四联特种转账借方凭证，在“转账原因”栏注明“××号汇票划转部分票款”。会计分录为

借：单位活期存款——出票人存款户

逾期贷款（或垫款）——出票人逾期贷款户

保证金存款

贷：应解汇款——出票人户

付：银行承兑汇票

一联特种转账借方凭证加盖转讫章作支款通知交出票人。另填制银行承兑汇票表外科目付出凭证，销记表外科目登记簿。

第四，承兑银行支付汇票款项的处理。承兑银行接到持票人开户行寄来的汇票及委托收款凭证后，应与专夹保管的汇票卡片和承兑协议副本进行认真审查。核对无误后，应于汇票到期日或到期日之后的见票日进行账务处理。会计分录为

借：应解汇款——出票人户

贷：清算资金往来

编制联行贷方报单并与委托收款凭证第四联寄持票人开户行。

第五，持票人开户行收到汇票款项的处理。持票人开户行接到承兑银行寄来的联行贷方报单和委托收款凭证或拍来的电报，按照委托收款的款项划回手续处理，会计分录为

借：清算资金往来

贷：单位活期存款——持票人存款户

### 5.2.3 银行卡业务

1. 银行卡的概念及分类

1）银行卡的概念

银行卡是指银行向个人和单位发行的，凭以向特约单位购物、消费和向银行存取现金，或具有消费信贷功能的特制载体卡片。

2）银行卡的分类

（1）银行卡根据其是否可以透支分类。其可分为信用卡和借记卡两种。其中，信用卡分为贷记卡和准贷记卡。贷记卡是指发卡银行给予持卡人一定的信用额度，持卡人可在信用额度内先消费、后还款的信用卡。准贷记卡是指持卡人先按银行要求交存一定金额的备用金，当备用金不足以支付时，可在发卡银行规定的信用额度内透支消费的信用卡。

借记卡不能透支，按功能不同分为转账卡、专用卡、储值卡等。

（2）银行卡的其他分类。银行卡按发行对象不同分为单位卡和个人卡；按币种不同分为人民币卡和外币卡；按信息载体不同分为磁条卡和芯片卡。

由于借记卡可视同为存款卡，它的核算与本教材第3章活期存款相同，故本小节主要介绍信用卡的有关内容。

2. 信用卡的基本规定

1）信用卡的当事人

（1）发卡机构。发卡机构必须是经中国人民银行批准的银行（包括外资银行、合资银行）和非银行金融机构。非金融机构、境外金融机构的驻华代表机构不得发行信用卡和代理收单结算业务。

（2）持卡人。银行卡的合法持有者，即与卡对应的银行账户相联系的客户。凡在金融机构开立基本存款账户的单位可申领单位卡；凡具有完全民事行为能力的公民可申领个人卡。

（3）特约商户。特约商户是指与银行签订银行卡业务协议并同意用银行卡进行商务结算的商户。

2）信用卡资金存取的规定

（1）对单位卡存取的规定。单位卡账户的资金一律从其基本存款账户转账存入，不得交存现金，也不得将销货收入的款项存入其账户。

单位卡一律不得支取现金。当持信用卡在特约单位购物、消费时，单位卡不得用于10万元以上的商品交易、劳务供应款项的结算。

（2）对个人卡的规定。个人卡账户的资金以其持有的现金存入或以其工资性款项

及属于个人的劳务报酬收入转账存入。严禁将单位的款项存入个人卡账户。

个人卡持卡人在银行支取现金时，应将信用卡和身份证件一并交发卡银行或代理银行。IC卡以及凭密码在自动取款机上支取现金的可免验身份证件。

（3）持卡人不准恶意套现。信用卡套现是指持卡人不是通过正常合法手续（自动取款机或柜台）提取现金，而通过其他手段将卡中信用额度内的资金以现金的方式套取，同时又不支付银行提现费用的行为。

3）信用卡计息的规定

（1）发卡银行对准贷记卡账户内的存款，按中国人民银行规定的同期同档次利率及计息办法计息；对贷记卡账户内的存款不计息。

（2）信用卡贷记卡持卡人非现金交易可享受免息还款期待遇，免息还款期最长为60天，即从上一个对账日起至下一个还款日止。

（3）贷记卡持卡人支取现金、准贷记卡透支，不享受免息还款期和最低还款额待遇，应当支付自现金交易和透支签单日或银行记账日起，按规定利率计算的透支利息。

（4）信用卡透支付息的规定：①贷记卡透支按月计收复利，准贷记卡透支按月计收单利，透支利率为万分之五，并根据中国人民银行的此项利率调整而调整；②持卡人使用信用卡不得发生恶意透支。恶意透支是指持卡人超过规定限额或超过规定期限，并且经发卡银行催收无效的透支行为。

3. 信用卡发卡的处理

1）办理单位卡的处理

申请人提交转账支票和三联转账进账单，并另填制一联特种转账贷方传票作收取手续费的贷方凭证，会计分录为

借：单位活期存款——单位基本存款账户

　　贷：保证金存款——单位信用卡户

　　　　手续费及佣金收入——手续费收入户

2）办理个人卡的处理

个人申请使用信用卡，应按发卡银行规定向发卡银行填写申请表，发卡银行审查同意后，应及时通知申请人前来办理领卡手续，并按规定向其收取备用金（或免收）和手续费。当申请人办理准贷记卡时，银行应收取保证金；申请人办理贷记卡时，银行免收保证金。

（1）申请人交存现金保证的处理。

申请人交存现金保证的，银行收妥款项后，发给信用卡。会计分录为

借：库存现金

　　贷：保证金存款——个人信用卡户

　　　　手续费及佣金收入——手续费收入户

（2）申请人转账交存保证金的处理。

银行接到申请人交来的支票及进账单，应按支付结算办法有关个人卡账户资金来源的规定认真审查后，比照单位卡的有关手续处理。

4. 持卡人凭信用卡在商家消费

1）特约单位开户行的处理

（1）对提交单证的审核。特约单位办理信用卡进账时，应填制二联进账单和按发卡银行分别填制汇计单，连同签购单一并提交开户行。汇计单一式三联，第一联交费收据，第二联贷方凭证附件，第三联存根。签购单一式四联，第一联回单，第二联借方凭证，第三联贷方凭证附件，第四联存根。

特约单位开户行收到特约单位送交的二联进账单和三联汇计单及第二、第三联签购单时，应进行认真审查：①签购单及其压印的内容是否为本行可受理的信用卡；②签购单上有无持卡人签名、身份证件号码、特约单位名称和编号；③签购单的小写金额是否与大写金额相符；④签购单上压印的信用卡有效期限是否在有效期内；⑤超过规定交易限额的，有无授权号码；⑥汇计单和签购单的内容是否一致，汇计单、签购单及进账单的结计金额是否正确。

审核无误后，根据第二联签购单上压印的全国联行行号或填注的分辖行号和同城票据交换号，或是否为跨系统银行发行的信用卡等不同情况分别处理。

（2）账务处理。特约单位与持卡人在同行开户的处理。开户行会计分录为

借：短期贷款——持卡人贷款户

　贷：单位活期存款——特约单位户

　　　手续费及佣金收入——手续费收入户

特约单位与持卡人在同一城市不同银行开户的处理。会计分录为

借：存放中央银行款项（或辖内往来）

　贷：单位活期存款——特约单位户

　　　手续费及佣金收入——手续费收入户

特约单位与持卡人不在同一城市银行开户的处理。会计分录为

借：清算资金往来

　贷：单位活期存款——特约单位户

　　　手续费及佣金收入——手续费收入户

2）持卡人开户行的处理

持卡人开户行收到相关信息后，区分不同情况进行账务处理。

若持卡人有结算保证金，会计分录为

借：保证金存款——某持卡人户

　贷：清算资金往来

若持卡人凭贷记卡消费，会计分录为

借：短期贷款——某持卡人户

　贷：清算资金往来

5. 持卡人凭信用卡提现的处理

持卡人凭信用卡提现时，不享受免息还款期待遇，从持卡人提现之日起计收利息。具体有以下几种可能。

（1）经办行为持卡人的开户行，会计分录为

借：短期贷款——持卡人户

贷：库存现金

（2）经办行与持卡人的开户行在同城，会计分录为

借：存放中央银行款项

贷：库存现金

（3）经办行与持卡人的开户行在异地，会计分录为

借：清算资金往来

贷：库存现金

### 5.2.4 其他结算业务

其他结算业务的实现主要是通过运用汇兑、委托收款、托收承付和国内信用证这四种结算方式来完成的。

1. 汇兑

1）汇兑的概念及分类

汇兑是汇款人委托银行将其款项支付给收款人的结算方式。汇兑分为信汇和电汇两种。信汇是汇款人委托银行用邮寄凭证的方式通知汇入行付款的一种结算方式；电汇是汇款人委托银行用拍发电报的方式通知汇入行付款的一种结算方式。其具体分为汇出行的账务处理和汇入行的账务处理两个环节。

2）汇出行的账务处理手续

汇款人委托银行办理汇款时，银行审查以下内容。

（1）信汇凭证必须记载的各项内容是否齐全、正确。

（2）汇款人账户内是否有足够支付的余额。

（3）汇款人的签章是否与预留在银行的签章相符。

汇出行会计分录为

借：单位活期存款（或活期储蓄存款）——汇款人户

贷：清算资金往来（或存放中央银行款项）

或

借：库存现金

贷：清算资金往来（或存放中央银行款项）

在汇兑业务处理中，无论是电汇还是信汇，对跨系统银行汇兑均按规定计收手续费。会计分录为

借：库存现金（或单位活期存款、活期储蓄存款）

贷：手续费及佣金收入

3）汇入行的账务处理手续

汇入行接到汇出行或转汇行寄来的邮划贷方报单，进行账务处理。

若为直接收账，会计分录为

借：清算资金往来（或存放中央银行款项）

贷：单位活期存款——收款人户

若不直接收账，会计分录为

借：清算资金往来（或存放中央银行款项）

贷：应解汇款——××收款人户

需要支取现金的，会计分录为

借：应解汇款 ——收款人户

贷：库存现金

2. 委托收款

1）基本概念及基本规定

委托收款是收款人委托银行向付款人收取款项的结算方式。其基本规定如下。

（1）银行开户单位和个人凭已承兑商业汇票、债券、存单等付款人债务证明办理款项的结算，均可使用委托收款结算方式。

（2）委托收款结算款项的划回，分邮寄和电报两种，由收款人自由选择。

（3）委托收款在同城、异地均可使用。

（4）委托收款凭证必须记载下列事项：表明“委托收款”的字样；确定的金额；付款人名称；收款人名称；委托收款凭据名称及附寄单证张数；委托日期；收款人签章。欠缺记载上列事项之一的，银行不予受理。

（5）委托收款以银行为付款人的，银行应在当日将款项主动支付给收款人；以单位为付款人的，银行应当及时通知付款人，其付款期限见商业汇票的基本规定。

（6）付款人审查有关债务证明后，对收款人委托收取的款项有正当理由拒绝付款的，可以在接到付款通知的次日起 3 日内办理拒绝付款。

（7）在同城范围内，收款人收取公用事业或根据国务院的规定，可以使用同城特约委托收款。

委托收款的结算流程如图 5-4 所示。

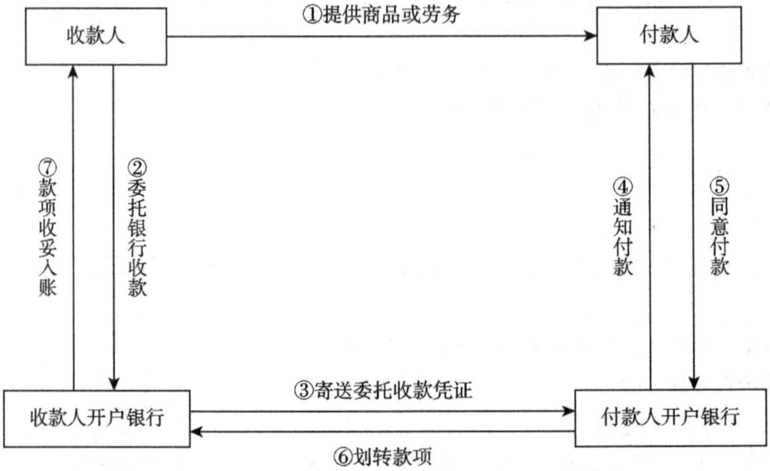


图 5-4 委托收款结算流程

2）收款人开户行受理委托收款的处理手续

（1）收款人办理委托收款的处理。收款人办理委托收款时，应填制委托收款凭证。

（2）收款人开户行收到凭证的处理。收款人开户行收到委托收款凭证及有关债务证明，按照规定和填写凭证的要求进行认真审查，无误后，登记“发出委托收款凭证登记簿”。收款人开户行如不办理全国或省辖联行业务的，向付款人开户行直接发出委托收款凭证，均要在委托凭证的“备注”栏加盖“款项收妥划收××（行号）划转我行（社）”戳记，以便付款人开户行向指定的转划行填发报单。

3）付款人开户行的处理手续

付款人开户行接到收款人开户行委托收款通知后，逐笔登记“收到委托收款凭证登记簿”，并通知付款人付款。

（1）以企事业单位为付款人的，银行接到付款人的付款通知或未接到付款人付款通知书，在付款人签收日的次日起第4天上午开始营业时，若付款人账户有足够资金支付全部款项的，其会计分录为

借：单位活期存款——付款人存款户

　贷：清算资金往来

转账后，银行在“收到委托收款登记簿”上填明转账日期。属于邮寄划款的在第四联委托收款凭证上注明支付日期后，随联行邮划贷方报单寄交收款人开户行。属于电报划款的，应填制联行电划贷方报单，凭以向收款人开户行拍发电报。跨系统的委托收款的付款，要按照“跨行汇划款项，相互转汇”的办法办理。

银行在办理划款时，付款人账户不足以支付全部款项时，银行要在委托凭证和“收到委托收款登记簿”上注明退回日期和“无款支付”字样，并填制三联“付款人未付款项通知书”。将第一联通知书和第三联委托收款凭证留存备查，第二、三联通知书和第四联委托收款凭证邮寄收款人开户行。留存债务证明的，其债务证明一并邮寄收款人开户行。如系电报划款的，不另拍发电报。如若付款人拒付，付款人开户行应立即退回所有凭证，一切交易纠纷由收付款人自行解决。

（2）以银行为付款人的，如银行承兑汇票。银行在接到邮划或电划委托收款凭证和有关债务证明时，应审查是否属于本行的凭证。审查无误后，在凭证上填注收到日期，并在当日将款项主动支付给收款人，会计分录为

借：应解汇款

　贷：清算资金往来（或存放中央银行款项）

4）收款人开户行收账的处理手续

收款人开户行接到付款人开户行或转汇行寄来的联行贷方报单，或本地跨系统转汇行交来的转汇清单和划收凭证，以及所附的委托收款凭证时，要同专夹保管的凭证进行核对。审核无误后办理转账，会计分录为

借：清算资金往来（或存放中央银行款项）

　贷：单位活期存款——收款人户

转账后应及时通知收款人收账，同时注销“发出委托收款凭证登记簿”。

3. 托收承付

1）托收承付的概念及基本规定

托收承付是根据购销合同由收款人发货后委托银行向异地付款人收取款项，并由付款人向银行承认付款的结算方式。它是过去计划经济下最主要的异地结算方式。其基本规定如下。

（1）使用托收承付结算方式的单位，必须是国有企业、供销合作社以及经营管理较好，并经开户银行审查同意的城乡集体所有制工业企业。

（2）其结算款项必须是商品交易及其由此产生的劳务供应的款项。代销、寄销、赊销商品的款项，不得使用此方式。

（3）收付双方必须签有符合《中华人民共和国经济合同法》要求的购销合同，并在合同上注明使用该种方式进行款项结算。

（4）收付双方必须重合同，守信用。收款人对同一付款人发货托收累计 3 次收不到货款的，开户银行应暂停收款人向该付款人办理托收；付款人累计 3 次提出无理拒付的，开户银行应暂停其向外办理托收。

（5）收款人办理托收，必须具有商品确已发运的证件（特殊情况下可根据规定的其他证件办理）。

（6）每笔结算金额起点为 10 000 元，新华书店系统每笔金额起点为 1000 元。

（7）结算款项的划回分邮寄和电报两种，由收款人选用。

（8）托收承付分为验单付款和验货付款。验单付款承付期为 3 天，从付款人开户行发出承付通知的次日算起（承付期内遇例假日顺延）；验货付款的承付期为 10 天，从运输部门向付款人发出提货通知的次日算起。付款人在承付期内，可向银行提出全部或部分拒绝付款，开户银行应审查拒付理由，查验合同。对收付双方在合同中明确规定，并在托收凭证上注明验货付款期限的，银行从其规定。

（9）付款人在承付期内，未向银行提出异议，银行即视作承付，并在承付期满的次日（遇例假日顺延）上午银行开始营业时，将款项主动从付款人账户内付出，按照收款人指定的划款方式，划给收款人。

（10）付款人在承付期满如无足够资金支付时，则按逾期付款处理，并按逾期付款金额和逾期天数每日计收万分之五赔偿金。每月计算一次，于次月 3 日内单独划给收款人。在月内有部分付款的，其赔偿金随同部分支付的款项划给收款人。赔偿金的扣付列为企业销货收入扣款顺序的首位。

（11）付款人开户行对逾期未付的托收款项，负责进行扣款的期限为 3 个月。付款人逾期不退回单证的，开户银行应自发出通知的第三天起，每天处以万分之五但不低于 50 元的罚款，并暂停其向外办理结算业务。

2）托收承付结算方式的交易流程及账务处理

托收承付结算的具体核算手续可比照异地委托收款方式的手续办理。其结算凭证和委托收款凭证相同。托收承付结算收款人开户行受理托收时除按有关规定审查外，其余处理手续和委托收款手续相同。但托收承付和异地委托收款结算也有不同之处：其一，它可以办理部分付款、延期付款（逾期付款），这可按上述规定办理；其二，银行要负责审查付款人拒付理由，这也按上述规定办理。

4. 国内信用证

1）信用证的概念和分类

信用证是一家银行（开证行）依据其客户（开证申请人）的请求或指示，向另一人（受益人）开立的一种书面约定，根据这一约定，如果受益人满足了信用证中规定的要求，开证行将向受益人支付信用证中约定的金额，即信用证是开证行应开证申请人的请求向受益人开出的一种有条件保证付款的凭证。

国内信用证按不同的依据有不同的分类。

（1）按是否可撤销分类，划分为可撤销信用证和不可撤销信用证。我国目前开办的信用证属于不可撤销、不可转让的跟单信用证。

（2）根据付款期限的不同分类，划分为即期付款的信用证和延期付款的信用证，但这两种付款方式不能同时规定于一份信用证。

（3）根据开证行是否对延期付款的信用证指定受益人开户行办理议付分类，划分为议付信用证和非议付信用证。

2）国内信用证的当事人

国内信用证的当事人主要涉及下列几类。

（1）开证申请人——合同中的买方或购货方。

（2）开证行——买方的开户银行。

（3）受益人——合同中的卖方或供货方。

（4）通知行——受开证行委托代为向受益人通知信用证的银行。

（5）议付行——受开证行指示议付信用证的银行，该银行只能是受益人的开户行。当开证行对延期付款信用证规定由受益人开户行议付，而该开户行照办时，才产生议付行。

3）国内信用证的基本内容

信用证的内容根据信用证本身所属种类以及交易标的不同而有所不同,内容完全相同的信用证是不存在的。但每种信用证，无论是电开式或是信开式，均应具备如下基本内容。

（1）开证行名称和地址。

（2）开证日期。

（3）信用证编号。

（4）不可撤销、不可转让信用证。

（5）开证申请人名称和地址。

（6）通知行名称。通知行为受开证行委托向受益人通知信用证的银行。

（7）受益人名称和地址。受益人为有权收取信用证款项的人，一般为购销合同的供货方或卖方。

（8）信用证有效期和有效地点。信用证的有效期为受益人向银行提交单据的最后期限，最长不超过6个月；信用证的有效地点为信用证指定的单据提交地点，即议付行或开证行所在地。

（9）交单期。交单期为提交运输单据的信用证所注明的货物装运后必须交单的特定日期。未规定该期限，银行不接受迟于装运日后15天提交的单据。

（10）信用证金额。

（11）付款方式，即期付款、延期付款或议付。延期付款信用证的付款期限为货物发运日后定期付款，最长不超过6个月。议付信用证应在此条款中指定受益人的开户行为议付行并授权其议付。

（12）运输方式。

（13）发运地和目的地。

（14）货物最迟发运日期。未规定此期限的，信用证有效期视为货物最迟发运日期。

（15）对分批和转运的规定。

（16）货物描述，包括名称、数量、价格、规定等。

（17）单据要求和种类。

（18）开证行的保证文句。

（19）开证行有权签字人签字、盖章或密押。

以上内容除第（9）项和第（14）项外，其他均是必不可少的，缺少哪一项都无法使信用证得到履行。

4）国内信用证的账务处理

（1）开证行开证的会计核算手续。开证行收到申请人交纳的保证金时，会计分录为

借：单位活期存款（或存放中央银行款项）——信用证申请人存款户

贷：保证金存款——信用证保证金（××申请人户）

同时按规定收取手续费和邮电费。会计分录为

借：单位活期存款（或现金）——信用证申请人存款户

贷：手续费及佣金收入——手续费收入

其他应收款——代收邮电费

（2）通知行通知的处理。通知行收到开证行寄送的信用证，经审核无误后填写一式两联的信用证通知书。同时按规定向受益人收取通知手续费，会计分录为

借：单位活期存款——受益人户

贷：手续费及佣金收入——手续费收入

如信用证规定通知手续费由开户行/开证申请人担负时，通知行应向开证行收取通知手续费，会计分录为

借：清算资金往来

贷：手续费及佣金收入——手续费收入

（3）议付行处理手续。在议付信用证项下，受益人向指定的议付行（受益人开户行）申请议付，议付行经审核同意议付时，应按规定计算议付利息、实际议付金额。

$$议付利息=议付金额\times议付利率\times议付天数$$

$$实际议付金额=议付金额-议付利息$$

议付行会计分录为

借：议付信用证款项

贷：单位活期存款——受益人存款户

利息收入

同时收取议付手续费及邮电费，会计分录为

借：单位活期存款——受益人存款户

贷：手续费及佣金收入——手续费收入

其他应收款——代收邮电费

议付行收到开证行划回的款项时，应办理转账，收入本行信用证议付科目。会计分录为

借：清算资金往来

贷：议付信用证款项

同时，销记“发出委托收款凭证登记簿”。

议付行议付货款后，应保留对受益人的追索权。到期不获付款或付款不足的，可从受益人存款账户收取议付款项或不足款项。会计分录为

借：单位活期存款——受益人存款户

贷：议付信用证款项

若受益人账户余额不足以付款，则不足部分由信贷部门作逾期贷款处理。待单据退回后，销记“发出委托收款凭证登记簿”。

（4）开证行划款的处理。开证行履行付款时，会计分录为

借：保证金存款——信用证保证金（××申请人户）（预先收取的保证金）

单位活期存款——信用证申请人存款户（单位存款账户现有资金）

逾期贷款（或垫款）——信用证申请人贷款户（单位存款账户不足以支付部分）

贷：清算资金往来

（5）非议付项下的处理手续。在非议付信用证项下，或在议付信用证项下当受益人不议付或议付行不议付的情况下，受益人委托其开户行向开证行办理委托收款时，其核算手续同与议付行的账务处理。

## 5.3　代理类业务

### 5.3.1　代理债券业务的核算

1. 代理债券业务概述

1）代理债券业务的概念及种类

代理债券业务主要是指商业银行代理发行和兑付债券业务。按债券发行主体不同，商业银行代理债券业务主要有：①国家债券，包括国库券、国家重点建设债券、国家建设债券、财政债券、特种国债和基本建设债券等；②金融债券，主要是各家政策性银行、商业银行和非银行金融机构发行的各类债券；③企业债券，主要包括重点企业债券、地方企业债券、企业短期债券等。

2）代理债券业务的科目

（1）“代理业务占款”科目。本科目核算银行代理业务中所运用、占用及垫付的款项，如代理其他银行贷款收到的资金、代理发行和兑付债券、划缴中央银行财政性存款等。

本科目应按代理业务种类设置明细科目。本科目属资产类科目。

（2）“代理业务资金”科目。本科目核算银行代理业务中所收到的各类款项，如代理其他银行贷款资金、代理发行债券、代收的财政性存款、代收的罚款等。

银行代收各种款项时，借记“存放中央银行款项”等科目，贷记本科目；按规定支付款项时，借记本科目，贷记“存放中央银行款项”等科目。

银行按期支付利息时，借记“利息支出”“金融企业往来支出”等科目，贷记“存放中央银行款项”等科目。

本科目应按代理业务种类进行明细核算。本科目属负债类科目。

2. 代理发行债券业务的核算

1）代理发行债券出入库的核算

（1）实物券的入库。商业银行代理发行的债券押运回行后，有关业务部门应根据有关债券领用单据（包括债券印制协议、厂方交货单、上级行签发的债券调拨单、出库单）填制“重要单证入库单”一式三联，加盖有关印章和经办人名章，连同债券一并交金库管库员。管库员审核入库单、清点债券无误后，加盖个人名章办理入库手续。一联入库单留存，凭以登记“有价单证登记簿”，一联入库单退业务部门，一联入库单送会计部门。会计部门根据入库单填制表外科目收入传票，入库单及有关债券领用单据核对无误后作表外业务传票的附件，登记表外科目明细账。会计分录为

收：有价单证——××金库××债券××年度××期次××期限在库户

（2）实物券的调拨。其主要包括上级行调出的处理和下级行调入的处理。

第一，上级行调出的处理。债券发行前，下级行根据上级行业务部门的债券发行通知单，填制“重要单证出库单”一式四联，并加盖“业务公章”，凭商业银行行政介绍信和领券人有效身份证件到上级行办理领券手续。上级行业务部门审验领券人出具的出库单及有关证件无误后，在介绍信上登记证件号码，在出库单上签章后交金库。金库管库员审核四联出库单，在出库单“凭证号码”栏内填入债券起止号，加盖个人名章，并配发债券，办理出库手续。一联出库单留存，凭以登记“有价单证登记簿”，一联出库单送业务部门，一联出库单送会计部门，一联出库单退下级行领券人持单押券。会计部门根据出库单填制表外科目付出凭证，出库单作表外凭证的附件，登记表外科目明细账。会计分录为

付：有价单证——××金库××债券××年度××期次××期限在库户

第二，下级行调入的处理。下级行领回债券时，应按上述“实物券入库”的有关规定，及时办理债券入库手续，填制表外科目收入凭证，出库单和通知单作表外凭证的附件，登记表外科目明细账。会计分录为

收：有价单证——××金库××债券××年度××期次××期限在库户

第三，下级行营业机构领取实物券的处理。营业机构按规定向金库办理债券领取手续时，填制“重要单证出库单”一式四联，经业务部门审核并签章后交金库。金库管库员审核四联出库单，在出库单“凭证号码”栏内填入债券起止号，加盖个人名章，并配发债券，办理出库手续。

金库库址所在行会计部门同时填制表外科目付出凭证，一联出库单作表外凭证的附件，登记表外科目明细账。会计分录为

付：有价单证——××金库××债券××年度××期次××期限在库户

营业机构债券发行柜台领入债券后，填制表外科目收入凭证，一联出库单作表外凭

证的附件，登记表外科目明细账。会计分录为

收：有价单证——××机构××债券××年度××期次××期限在库户

（3）债券收款凭证的出入库。下级行业务部门根据上级行承购包销凭证式债券的分配调拨计划单，领取债券收款凭证。债券收款凭证的出入库，依据重要空白凭证管理规定办理。

2）代理发行债券的账务处理（以代销实物券为例）

代理发行债券业务按发行方式的不同可分为代销方式、余额包销方式和全额承购包销方式三种。

（1）代理发行实物券的核算。其包括现金购买和转账购买两种形式。购券人以现金或储蓄存款购买债券时，应连同现金或有关取款凭证一并交银行经办人，经办人审核、清点无误后，登记“现金收付清单”（用储蓄存款购买债券应先办理取款），办理发售手续。营业终了，根据债券的种类汇总填制“债券发售清单”两联，根据汇总清单核对剩余实物券无误后，将剩余实物券封包寄库保管，一联债券发售清单作贷方记账凭证。会计分录为

借：库存现金（或活期储蓄存款——××存款人户）

　贷：代理业务资金——××机构××债券××年度××期次××期限户

同时，登记“有价单证登记簿”，填制表外科目付出凭证，另一联清单作表外凭证的附件，登记表外科目明细账。会计分录为

付：有价单证——××机构××债券××年度××期次××期限在库户

（2）代理发行债券资金划缴的核算。银行各网点代理发售的债券资金，必须按规定时间分债券种类、划交资金渠道及时全额上划管辖行。管辖行按上级行的要求通过资金清算系统上划上级行，或通过中国人民银行往来等方式上划财政、中国人民银行或发行单位。另外，也可以由上级行根据发行计划向下级行扣划资金。

商业银行经办行应在规定时间内将债券资金上划上级行。划缴时，按代理发行债券款项有关明细账户分别填制特种转账借方凭证两联，在“转账原因”栏注明“上划××年度××期次××期限××债券资金”，一联作借方记账凭证并据以办理汇划，另一联加盖转讫章交业务部门。会计分录为

借：代理业务资金——××债券××年度××期次××期限户

　贷：清算资金往来——电子汇划款项户

上级行收到商业银行划缴的债券资金时，应按债券种类、年度、期次、期限设户。以“电子汇划收款补充报单”第一联作贷方记账凭证，第二联加盖转讫章后交业务部门。会计分录为

借：清算资金往来——电子汇划款项户

　贷：代理业务资金——××债券××年度××期次××期限户

上级行向委托人划缴债券资金时，同时扣收手续费，并按应划缴的代理发行债券款项填制支款凭证，以支款凭证存根联或中国人民银行回单作贷方记账凭证，另填制借方记账凭证一联。会计分录为

借：代理业务资金——××债券××年度××期次××期限户

　贷：存放中央银行款项（或单位活期存款）——××委托人户

手续费及佣金收入——代理发行债券户

（3）发行债券结束后的处理。其主要包括以下几个环节：①债券发行工作结束后，商业银行应及时上缴应划转的债券资金款项。款项划转后，商业银行有关代理发行债券款项科目余额应为零。②清点剩余实物债券，核对账、券无误后，由债券保管员按种类填写“重要单证入库单”，按债券入库手续办理债券退库。③已签发的凭证式债券金额总数与债券发行资金金额台账核对相符。④剩余债券收款凭证按重要空白凭证退库手续办理退库。

3. 代理兑付债券的核算

代理兑付债券是指银行按照客户委托对其发行的到期债券进行兑付的债券业务。代理兑付债券必须取得或垫付一定的兑付资金，其兑付资金的处理一般有三种形式：①先垫支资金，兑付时由各行处垫付资金，在上缴已兑付债券后，根据相关部门开具的“债券款项划转通知书”向上级行划付资金。②当日兑付，当日划收。代理当地财政、中国人民银行兑付国债及国债收款单所垫付的资金，在每日营业终了前，根据相关部门提供的“划拨兑付国债资金通知书”，当日划回国债本息。③先预拨兑付资金。上级行按各行发行债券本金数，计算出兑付资金数，将债券兑付资金先行拨到各行，用于债券到期的兑付。

1）银行兑付前取得兑付资金的账务处理

银行兑付前取得兑付资金的账务处理包括上级行和兑付点的处理两个环节。

银行上级行收到委托人拨入的还本付息资金时，以中国人民银行的收账通知（或其他凭证）作借方记账凭证，并据以填制贷方记账凭证两联，一联作贷方记账凭证，另一联加盖转讫章交业务部门。会计分录为

借：存放中央银行款项（或单位活期存款）

　　贷：代理业务资金——××拨入单位××债券户

上级行按照下级行到期还本付息金额向下级行拨付资金时，会计部门凭业务部门提供的汇拨款项通知办理资金拨付。同时，填制特种转账借方凭证两联，一联作借方记账凭证，以业务部门的通知单作附件，据以办理汇划，另一联加盖转讫章交业务部门。会计分录为

借：代理业务资金——××拨入单位××债券户

　　贷：清算资金往来——电子汇划款项户

下级行收到资金时，根据电子汇划有关凭证办理转账，电子汇划收款补充报单第二联加盖转讫章交业务部门。会计分录为

借：清算资金往来——电子汇划款项户

　　贷：代理业务资金——××拨入单位××债券户

储蓄所代理兑付实物券时，无论兑券人持实物券兑取现金或转存存款，都应填写“债券兑付清单”，连同债券一并交经办人。经办人应认真清点债券数量，核对金额，审核债券是否到期，是否属于商业银行兑付，有无假券和变造券。核对无误后，计算应付利息，填入兑付清单内，并加盖现金付讫章或转讫章和经办人名章，在债券正面加盖“已兑付”戳记，登记“现金收付清单”，然后按兑付清单上的本息合计金额配付现金，复点无误后，

将现金交兑券人。兑券人要求转存储蓄存款的，将兑付资金按储蓄存款手续办理转账。会计分录为

借：代理业务资金

　贷：库存现金（或个人储蓄存款）

营业终了，营业机构应根据债券兑付清单，按债券种类分本金、利息汇总填制“债券兑付清单”两联。一联作汇总清单的附件，同时登记“有价单证登记簿”，填制表外科目收入凭证；另一联汇总清单作附件，登记表外科目明细账。会计分录为

收：已兑付债券——××机构××债券××年度××期次××期限户

对已兑付的实物券应剪去右上角，并根据有关规定按债券的种类、期次、年限办理入库手续。

银行将已兑付的债券按规定上缴上级行或中国人民银行时，填制“已兑付债券上缴清单”一式三联，经与实物核对无误后，按规定办理债券出库手续。一联上缴清单留存，并凭以销记“有价单证登记簿”；另两联上缴清单连同已兑付债券上缴上级行或中国人民银行。同时，填制表外科目付出凭证，一联上缴清单作表外凭证的附件，登记表外科目明细账。会计分录为

付：已兑付债券——××金库××债券××年度××期次××期限户

上级行收到商业银行送来的上缴的已兑付债券，清点无误后，在上缴清单上加盖业务用公章和经办人名章。上缴清单一联退商业银行；另一联上缴清单专夹保管（作为上缴上级行的依据）。同时，按规定办理入库手续，填制表外科目收入凭证，登记表外科目明细账。会计分录为

收：已兑付债券——××金库××债券××年度××期次××期限户

已兑付债券按规定交委托人的，由承办行参照上述方法办理。

2）银行兑付前未取得兑付资金的处理

兑付债券资金由各行处垫付时，在上缴已兑付债券后，再根据相关部门开具的“债券款项划转通知书”向上级行划付资金。

（1）当兑付债券时，会计分录为

借：代理业务占款

　贷：库存现金（或个人活期储蓄存款）

收：已兑付债券

上划垫付资金时，会计分录为

借：清算资金往来

　贷：代理业务占款

付：已兑付债券

（2）上级行收到划付凭证时，会计分录为

借：代理业务占款

　贷：清算资金往来

收：已兑付债券

（3）上级行从债券发行方收到兑付款时，会计分录为

借：存放中央银行款项

贷：代理业务占款——××债券××年度××期次××期限本金户

代理业务占款——××债券××年度××期次××期限利息户

手续费及佣金收入——代理兑付收入

利息收入

3）已兑付债券销毁的处理

债券销毁工作应以销毁行主管行长为组长，由银行业务部门牵头，会同由会计、出纳、保卫、审计等部门参加的债券销毁工作小组负责实施。销毁工作结束后，会计部门根据销毁工作小组写出的书面销毁报告及清单登记有关表外科目账及登记簿。其具体程序如下。

（1）债券销毁应根据上级行的销毁通知，先由金库根据未发行债券、已兑付债券的库存情况，提出债券销毁清单交业务部门。业务部门填制“重要单证销毁清单”一式四联，列明销毁债券的种类、数量、金额，加盖有关印章和经办人名章，金库凭以办理债券出库。销毁时，应按照重要单证销毁的有关规定组织责任部门的人员监销。

（2）销毁工作结束后，主管行长、审计、保卫、出纳、会计及有关业务部门的债券监销人应在“重要单证销毁清单”上分别签章。一联销毁清单金库留存，凭以销记“有价单证登记簿”；一联销毁清单连同销毁报告一并送业务部门；一联销毁清单连同销毁报告交上级行业务部门备案；一联销毁清单送会计部门。

（3）销毁工作结束后，会计部门应填制表外科目付出凭证，以销毁清单作表外凭证的附件，登记表外科目明细账。会计分录为

付：已兑付债券——××金库××债券××年度××期次××期限户

### 5.3.2 代理资金清算业务的核算

1. 代理证券资金清算业务的核算

1）代理证券资金清算业务

代理证券资金清算业务的银行各级分支机构应根据中国证券监督管理委员会（简称中国证监会）和中国人民银行有关规定，为证券公司开立客户交易结算资金专用存款账户，并只能通过该账户完成证券公司与深圳、上海登记结算分公司清算备付金账户之间的客户交易结算资金划转事宜，证券公司承销上市证券从客户处所筹集的资金，应当通过证券公司在其主办银行的客户交易结算资金专用存款账户划给发起人。客户提款、证券公司将收取客户的费用转入自有资金专用存款账户。同时，根据中国证监会和中国人民银行有关规定为证券公司开立自有资金专用存款账户，并只能通过该账户完成证券公司与深圳、上海登记结算分公司清算备付金账户之间的自有资金划拨事项。

2）证券资金划转的要求

银行各分支机构办理证券公司向深圳、上海登记结算分公司划入清算备付金时，必须要求证券公司注明该笔资金性质，未注明的视为客户资金。如果划入清算备付金账户的是自营资金，汇款账户必须是其自有资金专用账户，并同时根据深圳、上海登记结算分公司的有关要求将该信息报送深圳、上海登记结算分公司用于统计。证券资金清算系

统内划转不论金额大小一律通过商业银行清算系统进行。证券资金划转凭证应加盖“加急”专用章，会计、清算部门对该笔资金划转必须作单笔加急处理。另外，会计、清算部门必须对证券资金划转凭证接收传递各个环节建立交接签收制度，严格登记交接时间。同时，证券资金划转的处理必须符合如下规定。

（1）对付款行的要求。付款行会计部门收到证券公司（或交易所）划款指令后应在最短的时间内按规定进行处理，将证券资金划转凭证以及电子文件专人转送到清算部门，清算部门对证券资金清算有关凭证和电子文件信息进行审核，应做到随收随发。付款行会计部门在处理证券资金划转凭证时，内容必须完整，不得将有关要素随意压缩、省略甚至抹掉（如摘要中的券商客户结算资金专户账号等）。

（2）对收款行的要求。收款行清算部门收到证券资金汇入信息，应做到随收随处理，将电子汇划信息及时转发会计部门并打印有关凭证交会计部门入账。收款行会计部门对收到的证券资金划转凭证要认真审核，不得擅自将该笔汇款作挂账或退单处理。如有疑问，应主动与付款行及证券公司联系，核实情况后妥善处理。特殊情况必须作挂单或退单处理的，须报主管行长批准。

（3）付款行与收款行的对账制度。办理证券资金划转业务，银行必须实行分岗制度，对每笔业务的操作均实行复核制，并严格执行对账制度，及时查证、处理不符账务，保证证券资金划转准确无误。

3）新股认购资金的处理

银行各级分支机构应注意新股认购所引起的头寸变化，做好资金调度工作，保证新股资金的及时划转，积极配合深圳和上海分行做好新股验资专户的管理工作。

（1）在上网发行新股的次一交易日（T+1日），各级分支机构应根据当地证券公司的资金汇划指令，于下午三时以前将新股申购资金汇入交易所开户行。收款行收到款项后，将从深圳、上海登记结算分公司的“代理证券资金清算系统”接收到的信息与从资金清算中心（组）接收的证券资金到账信息进行核对，如出现不一致，应主动与付款行联系，查明原因，按“在途资金”处理。若因特殊情况造成新股认购资金无法在下午三时以前汇出，付款行应在下午三时主动与收款行联系，由双方协商后，予以妥善处理。

（2）验资银行收到款项后要严格按照深圳证券交易所、上海证券交易所的有关规定配合交易所完成新股申购资金的验资工作。

（3）在新股资金返还日（T+4日），各级分支机构应提前与证券公司预约，备足资金头寸，以保证对证券公司的支付。

4）在途资金的处理

证券公司资金因中国人民银行联行清算系统资金在途，造成其证券清算资金头寸不足时，各一级分行在满足以下条件的情况下，可应证券公司法人的要求为其解决隔夜头寸。同时将有关情况报告深圳证券交易所、上海证券交易所。

（1）根据证券公司提供（他行已受理）的汇款凭证，核实证券公司资金在途情况，确保垫付资金能在下一工作日银行营业终了前到账。

（2）垫付期限不能超过一个工作日，且不得以逾期罚息等方式变相延长垫付期限，为证券公司提供连续的隔夜头寸。

（3）垫付资金金额原则上不能超过证券公司实收资本金的80%。

（4）垫付资金视为同业拆借管理，要签订相关协议，并根据双方协定的拆借利率收取利息。

若付款行已将证券资金汇划信息通过网络系统发往收款行，但因银行系统内部原因造成资金未能在当日营业终了前到达收款行账户，收款行应主动与付款行联系，查明原因，作垫付资金处理，同时将情况书面（连同凭证）逐级报上级行存管业务归口管理部门和资金部门，由银行总行营业部按活期存款透支罚息利率代为从付款行收取罚息。

2. 代理其他资金清算业务的核算

代理其他资金清算业务是除代理证券资金清算业务以外的业务，是指银行利用先进、安全、快捷的资金清算系统，为客户提供资金汇缴、汇划、异地清算和查询查复等业务。该项业务可保证客户资金在银行系统内实现24小时到账抵用，加急资金汇划业务在数小时内到达指定账户。目前，银行开展的该项业务主要为代理中小银行和外资银行资金清算、代理期货结算业务、代理证券资金清算业务等。

1）代理资金清算业务的方式

目前，代理资金清算业务一般采用两种方式，即集中方式与分散方式。

（1）集中方式。其是指委托行代表其所属营业网点统一设置一个集中清算点，与代理行清算中心（组）连接，其所属营业网点异地资金汇划业务统一由集中清算点发送和接收。在集中方式下，委托行在代理行资金清算中心（组）开设一个银行清算存款户，其所有营业网点业务信息均通过委托行集中清算点与代理行清算系统交换，汇出、汇入款项均通过该账户予以清算。

（2）分散方式。其是指委托行及其所属营业网点分别设立清算点，分别与清算中心（组）连接，委托行各营业网点在各自的清算点发送和接收电子汇划业务。在分散方式下，委托行及其所属营业网点分别设立应用终端与代理行清算系统交换业务信息，各自开设备付金账户，并通过该账户进行汇划资金清算，或者委托行及其所属营业网点设置银行清算存款户，所有网点发出的异地结算业务所产生的汇差均使用该账户清算。

2）代理汇划汇差资金清算的核算

代理汇划汇差资金清算的核算包括汇出行和汇入行两个阶段的处理。

（1）汇出行的处理。汇出行清算中心（组）营业日终处理以后，根据汇总打印的记账凭证销记电子汇划款项账户。

当电子汇划款项账户余额为借方时，会计分录为

借：存放中央银行款项

　贷：清算资金往来——电子汇划款项（委托行往来户）

当电子汇划款项账户余额为贷方时，会计分录相反。

（2）汇入行的处理。汇入行清算中心（组）营业日终按汇划业务不同，分别做如下处理。

第一，对直接汇入委托行清算点的汇划款项，清算中心（组）营业日终汇总打印记账凭证，办理资金清算。

当电子汇划款项账户为贷方余额时，会计分录为

借：清算资金往来——电子汇划款项（委托行往来户）

　　贷：存放中央银行款项

电子汇划款项账户为借方余额时，会计分录相反。

第二，其他业务视同一般汇划款项办理资金清算时，若电子汇划款项账户为贷方余额，会计分录为

借：清算资金往来——电子汇划款项（××行往来户）

　　贷：清算资金往来（或存放系统内款项）——××行往来户

电子汇划款项账户为借方余额时，会计分录相反。

3）代理费用的收取

开办代理业务的清算中心（组），按照代理协议规定的收费标准，由清算系统定期结计手续费、邮电费等代理费用，从委托行存款账户扣收后，按规定分别记入手续费收入和冲减营业费用。会计分录为

借：存放中央银行款项

　　贷：手续费及佣金收入——代理清算收入户

　　　　其他应收款——邮电费户

## 5.4 保管箱业务

### 5.4.1 保管箱业务的概念及规定

保管箱业务是指银行以出租保管箱的形式代客户保管贵重物品、重要文件、有价单证等财物的服务性项目。通过办理此类业务，银行可向委托人收取手续费、保管费或租金。银行各分支机构开办保管箱业务，必须报经总行批准，并报当地监管部门备案，同时必须严格执行以下内控规定：①实行双人管库制度，保管箱业务会计和出纳必须分设，相互不得兼任；②保管箱设备的选购，由总行统一管理，未经总行授权，各分支机构一律不得自行购置保管箱设备；③保管箱钥匙分公钥和分钥两种，公钥、分钥共同使用方可开启保管箱；④个人租用保管箱，可授权一人与其共用。

### 5.4.2 保管箱业务的处理手续

1. 保管箱租用的处理

出租保管箱应收取租金及保证金。保管箱租期、租金按年计算。租金一律实行预交，租期内如遇价格调整，均按交付时的价格收取。保证金在申请租箱时一次交付，主要用于扣除逾期租金及银行凿箱等费用，保证金待租用人退租手续结清后退还租用人。

银行经办人收到申请人提交的申请书、支款凭证及有关证件审核无误后，按规定预留租用人印鉴（密码），填制“业务收费凭证”一式三联和“保管箱押金收据”一式三联，向租用人收取押金和租金。第一联押金收据与申请书一起专夹保管，以有关支款凭证等作借方记账凭证，收费凭证第一联作借方记账凭证附件，收费凭证第二联作“保管箱业务收入”科目贷方记账凭证，另填制一联贷方记账凭证作“其他应付款”科目记账凭证，

押金收据作附件，第三联收费凭证和第三联押金收据退申请人。会计分录为

借：库存现金（或单位活期存款——××户）

贷：手续费及佣金收入——保管箱业务收入

其他应付款——保管箱押金户

同时，登记“保管箱租箱、退箱登记簿”，填制表外科目收入凭证，登记表外科目明细账。会计分录为

收：重要空白凭证——印鉴卡在用户

2. 保管箱续租的处理

银行经办人收到租用人提交的申请书及有关证件等审核无误后，取出原申请书留存联，加盖“续租”戳记，登记“保管箱租箱、退箱登记簿”，同时填制“业务收费凭证”一式三联向租用人收取租金，其余处理手续同上。

3. 保管箱退租的处理

银行经办人收到租用人提交的申请书、押金收据第二联及有关证件等审核无误，并与原申请书留存联核对一致后，登记“保管箱租箱、退箱登记簿”。实际退还押金金额按原押金余额扣除逾期租金计算；提前退租的，租金不予退还。待租用人将保管箱物品全部取出并交还两把保管箱钥匙后，将押金退承租人。同时，填制一联借方记账凭证，以押金收据第一、三联及申请书留存联等有关资料作借方记账凭证附件，另填制贷方记账凭证办理转账（如有扣收租用人逾期租金情况，则另填制业务收费凭证一式三联，第三联作借方记账凭证附件，第二联作“保管箱业务收入”科目贷方记账凭证，第三联退租用人）。会计分录为

借：其他应付款——保管箱押金户

贷：手续费及佣金收入——保管箱业务收入

库存现金（或单位活期存款——××户）

付：重要空白凭证——印鉴卡在用户

4. 更换印鉴和挂失的处理

租用人因印鉴更换、钥匙丢失申请挂失的，应填写“保管箱印鉴、钥匙挂失申请书”（以“挂失申请书”代），并出具有关证明及有效身份证件。银行经办人员根据留存资料进行审查，同意受理后即在规定的时间内冻结开箱。挂失申请书加盖“业务用公章”后，第一联专夹保管，第二联退租用人，第三联交业务部门，并按规定收取挂失手续费，同时，填制“业务收费凭证”一式三联，第一联作借方记账凭证或借方记账凭证的附件，第二联作贷方记账凭证，第三联交租用人。会计分录为

借：库存现金（或单位活期存款——××户）

贷：手续费及佣金收入——保管箱业务收入

5. 凿箱和换锁的处理

1）正常凿箱的处理

挂失期满，需要办理凿箱或换锁的租用人，凭挂失申请书办理凿箱或换锁手续，并交纳专用锁成本和换锁费用。银行应填制“业务收费凭证”一式三联，第一联作借方记账凭证附件，第二联作“保管箱业务收入”科目贷方记账凭证，第三联交租用人，另填制一联贷方记账凭证作“库存物资”科目记账凭证，有关凭证作借方记账凭证办理转账。

会计分录为

借：库存现金

　贷：手续费及佣金收入——保管箱业务收入

　　　库存物资——保管箱专用锁

2）非正常凿箱的处理

非正常凿箱是租用人因故逾期而发生的凿箱、司法执行凿箱及公证凿箱等。发生非正常凿箱时，银行经办人凭非正常凿箱证明，填制“业务收费凭证”一式三联，第一联作借方记账凭证附件，第二联作“保管箱业务收入”科目贷方记账凭证，第三联交租用人，另填制一联贷方记账凭证作“库存物资”科目记账凭证；如银行支用保管箱押金时，应填制两联特种转账借方凭证，一联作借方记账凭证，一联交租用人作扣款通知。会计分录为

借：其他应付款（或库存现金）——保管箱押金户

　贷：手续费及佣金收入——保管箱业务收入

　　　库存物资——保管箱专用锁

3）收取赔偿金的处理

保管箱租用人因损坏箱体、丢失钥匙而交纳赔偿金时，银行应填制“业务收费凭证”一式三联，第一联作借方记账凭证或借方记账凭证的附件，第二联作贷方记账凭证，第三联交租用人；如银行支用保管箱押金时，应填制两联特种转账借方凭证，一联作借方记账凭证，一联交租用人作扣款通知。会计分录为

借：其他应付款（或现金）——保管箱押金户

　贷：营业外收入

6. 收取滞纳金的处理

当超过保管期限而未办理退租或续租手续时，租用人应交纳滞纳金。银行收取滞纳金时，应填制“业务收费凭证”一式三联，第一联作借方记账凭证或借方记账凭证的附件，第二联作贷方记账凭证，第三联交租用人。会计分录为

借：库存现金

　贷：营业外收入

## 5.5 国内保函业务

### 5.5.1 保函业务的概念及相关规定

保函是指银行根据申请人的请求，以其自身的信誉向商业交易的另一方担保该交易项下的某种责任或义务的履行，而做出的一种具有一定金额、一定期限、承担某种支付责任或经济赔偿责任的书面付款保证承诺。其承诺，当申请人不履行其债务时，由银行按照约定履行债务或承担责任。银行开办保函业务的类型包括投标保证、承包保证、履约保证、预收（付）款退款保证、工程维修保证、质量保证、来料加工保证及来件装配保证、关税保付保证、保释金保证、付款保证、延期付款保证、分期付款保证、借款保证、租赁保证、补偿贸易保证、账户透支保证等。其可划分为付款类保函、履约类保函和债务类保函。根据相关规定，银行不得办理下列事项的保证：①违反我国法律、法规

和社会公共利益的保证；②企业注册资本及股本性投资的保证；③以银行分支机构为受益人的保证；④银行认为不宜办理的其他保证。

银行开办保函业务，必须严格遵循自主经营、授权经办和反担保保障原则，在出具保函前必须让申请人提供保证金或其他反担保形式，同时交付一定金额的保证费用。保证费用应按照保证期限每三个月向被保证人收取一次，保证期限不满三个月的，按三个月收费。保函不得转让，不得设定担保，不得擅自修改变更。银行因履行保证责任垫付资金的，对垫付的资金，自垫付之日起按逾期贷款利率计收利息。另外，保函业务由各级行信贷部门归口管理。

### 5.5.2 保函业务核算的专用会计科目

1. “开出保函”科目

（1）本科目核算本行应客户要求，对外开出的保函或备用信用证，包括开出境内融资性保函、开出境内非融资性保函、开出境外融资性保函、开出境外非融资性保函。

（2）对外开立保函或保函增额时，本科目按保函金额作收入登记；保函减额、付款或到期转销时，本科目按保函金额作付出登记。

（3）本科目属表外科目，余额应反映在收方。

2. “收到保函”科目

（1）本科目核算收到的本行为受益人的保函、备用信用证或具有保函性质的凭信，包括收到境内保函、收到境外保函等。

（2）收到保函、保函增额时，本科目按保函金额作收入登记；保函减额、注销时，本科目按保函金额作付出登记。

（3）本科目属表外科目，余额应反映在收方。

### 5.5.3 保函业务的处理手续

1. 收取保证金的处理

申请人采取缴存保证金的方式委托担保。银行信贷部门与申请人、反担保人正式签订“出具保函协议书”和相应的反担保的合同后，申请人交存保证金的，应提交有关支付票据及进账单一式三联。银行经办人审核无误后，以支付票据作借方记账凭证，进账单第一联加盖“转讫章”退申请人作回单，第二联作贷方记账凭证，第三联加盖“业务公章”交业务部门。会计分录为

借：单位活期存款——××申请人户

　贷：保证金存款——××申请人户

申请人若采取质押、抵押提供反担保，银行应按照担保物的核算规定进行核算。

2. 收取手续费的处理

“出具保函协议书”生效后，经办银行应根据业务部门通知，按照“出具保函协议书”的约定及时向被保证人收取手续费，同时，填制业务收费凭证并办理转账。会计分录为

借：单位活期存款——××被保证人户

贷：手续费及佣金收入——担保业务收入户

同时应填制表外科目收入凭证，登记表外科目明细账。会计分录为

收：开出保函——××申请人户

3. 担保垫款的处理

1）垫付款项的处理

被保证人在合同时间内未能筹足偿债资金，而使银行垫付款项时，应向被保证人和反担保人行使追索权及反担保债权。

（1）申请人采取缴存保证金方式提供反担保的，应先全额扣划保证金，不足部分列“逾期贷款——担保垫款”，或者“垫款”科目核算，营业柜台应根据有关原始凭证填制特种转账借、贷方凭证办理转账。会计分录为

借：单位活期存款——××被保证人户
　　保证金存款——××申请人户
　　逾期贷款（或垫款）——担保垫款——××被保证人户
　贷：单位活期存款——××保函受益人户

同时，填制表外科目付出凭证，登记表外科目明细账。会计分录为

付：开出保函——××申请人户

（2）申请人采取质押、抵押、第三方保证方式提供反担保的，银行应按照担保物核算规定中有关垫款规定处理，同时，填制表外科目付出凭证，登记表外科目明细账。会计分录为

付：开出保函——××申请人户

2）结计担保垫款利息收入的处理

银行在结计担保垫款利息收入时，应按规定计算利息并填制“利息清单”一式三联，第一、二联分别作借、贷方记账凭证，第三联交客户。会计分录为

借：应收利息——应收担保垫款利息××被保证人户
　贷：利息收入——担保垫款利息收入户

3）收回垫付款项的处理

收回担保垫款时，客户应填制支付凭证偿还垫款，银行在支付凭证第一联加盖转讫章后退客户。会计分录为

借：单位活期存款——××被保证人户
　贷：逾期贷款（或垫款）——担保垫款××被保证人户
　　　应收利息——应收垫款利息××被保证人户

4. 保函到期或终止担保的处理

保证期届满，银行未承担保证责任的，或保证金存款用于保证项下的支付仍有余额的，银行应在收回保函后，根据被保证人的请求将款项从相关账户转出。退还时，申请人应提交有关支付票据及进账单一式三联，营业柜台审核无误后，以有关支款凭证作借方记账凭证，进账单第一联加盖转讫章退申请人作回单，第二联作贷方记账凭证，第三联加盖转讫章交被担保人。会计分录为

借：保证金存款——××申请人户
　贷：单位活期存款——××被保证人户

同时，填制表外科目付出凭证，登记表外科目明细账。会计分录为

付：开出保函——××申请人户

## ➤ 关键概念

中间业务　委托贷款　代理债券　保管箱业务　保函　代理资金清算业务　结算　票据　支票
银行本票　银行汇票　商业汇票　承兑　背书　银行卡　汇兑　委托收款　托收承付　信用证

## ➤ 复习思考题

1. 什么是中间业务？我国商业银行目前开展的中间业务有哪些？
2. 中间业务与传统存贷款业务相比有何特点？
3. 什么是银行本票？银行本票的种类有哪些？它们有什么不同？
4. 什么是银行汇票？银行本票与银行汇票有什么异同点？
5. 试比较商业承兑汇票与银行承兑汇票的异同。
6. 试比较委托收款与托收承付的异同。
7. 什么是信用证？信用证的种类有哪些？
8. 什么是保管箱业务？租用保管箱时应怎样进行核算？
9. 什么是保函？银行开办的保函业务有哪几种？
10. 委托贷款中委托人和受托银行谁承受的风险大，为什么？
11. 银行的债券自营业务属于中间业务吗？为什么？
12. 代理发行债券有几种方式？它们之间有什么区别？
13. 转账结算业务属于中间业务吗？为什么？
14. 什么是银行的担保业务？其可以采取何种担保形式？
15. 简述代理债券发行业务的核算程序。
16. 债券代理业务有几种？简述其核算程序。
17. 简述银行结算方式的种类。
18. 请对银行“三票”结算方式进行比较分析。
19. 中国工商银行（简称工行）解放路支行本日发生下列业务，要求写出会计分录，并说明记账的依据。

（1）收到开户单位叶华造纸厂（账号：43001）提交本厂签发和背书的现金支票（41562号）一份，提取备用金7500元。

（2）收到开户单位红星百货公司（账号：61002）提交现金及现金解款单，解交销货收入现金100 000元。

（3）提回由他行已代收款的转账进账单一份，金额120 000元，收款单位是在本行开户的民生百货商店，而付款单位是在同城他行开户的华山机器厂。

（4）本日收到本行开户单位市火柴厂（账号：430015）提交现金5000元及信汇凭证一份，要求汇往兰州木材加工厂（账号：42001）清理旧欠款。

（5）收到本行开户单位嘉信公司交来银行汇票二、三联及转账进账单，经核对发现，汇票面额为100万元，转账进账单要求转账金额为80万元。因其他一切符合规定，所以立即办理转账，并向付款单位恒大公司开户行西直街支行发出借方报单。

（6）收到上海红雨服装厂开户行发送的联行往来贷方报单及信汇凭证一份，汇款金额20万元，收款单位是在本行开户的西安市第三印染厂，审核无误后立即转账。

（7）收到本行开户单位市建材公司同意支付佳汇木材加工厂货款50万元的承付通知，立即办理

划款，并将委托收款凭证第四联及联行往来贷方报单一并寄送佳汇木材加工厂开户行锦秀支行。

（8）收到太原市分行营业部填发的联行往来借方报单及银行汇票第三联，付款人为在本行开户的爱华农机厂。经核对发现原汇票金额为500万元，联行报单金额为320万元。立即办理转账。

20. 中国建设银行南大街支行收妥款项后签发由医药公司申请的银行汇票一份，金额40 000元，用途为采购款，收款单位为在省外同系统晋阳支行开户的生物制药厂。实际结算金额为35 000元，请编制签发、兑付、结清三个环节的相关会计分录。

# 第6章

# 资金清算业务

> 本章提要

资金清算业务离不开信息系统的支持，资金清算系统是支撑各种支付工具应用、实现资金清算并完成资金最终结算划拨的通道。目前，我国已初步建成以中国现代化支付系统（China national advanced payment system，CNAPS）为核心，以行内资金汇划清算系统为基础，票据交换和票据影像系统、外币清算系统以及银行卡支付系统并存的支付清算框架体系。本章主要介绍了银行资金清算业务处理流程和账务核算。通过学习，要求掌握行内资金汇划清算系统、大小额支付系统、同城票据交换系统、境外资金清算系统的业务处理范围和基本做法，了解信息技术的发展对银行资金清算业务的影响，国际资金清算发展的趋势和新特点。

## 6.1 资金清算业务概述

### 6.1.1 支付结算与资金清算

简单地讲，企业以及个人之间的业务往来，通过银行进行的资金给付行为，被称为支付结算。而银行之间把支付业务往来所产生的资金进行结清并划拨的过程被称作资金清算。所以，支付结算与资金清算两者紧密联系、相辅相成。

1. 资金清算业务是支付结算业务的延伸

通常情况下，支付结算伴随着资金清算。例如，中国农业银行（简称农行）北京分行的一个客户办理电子汇划业务 100 元，将款项汇往工行上海分行（其实是支付信息报文到达工行上海分行），这时候办理的业务叫支付结算；然后由农行通过支付系统将 100 元信息划到工行上海分行，再由中国人民银行清算账户结转两行汇划差额，这时候的业务处理就属于资金清算范畴。某种意义上可以认为资金清算是支付结算业务的延伸，客户来银行办理业务，往往集支付、汇划、结算、清算为一体，通过清算系统将银行遍布全国各地的网点联结成一个整体，实现资金往来及时到账。

2. 资金清算业务为资金流动提供便捷通道

如果银行没有开通资金清算业务，客户的支付结算业务只能局限于有限的处理范围，如同一银行内部或同一银行内部分支机构之间办理，势必限制资金跨地区、跨银行、跨国界的流动。银行开通资金清算服务后，通过配以先进的通信设备、发达的清算网络以及高素质的业务人员，就可在全球范围内全天候 24 小时提供各类清算服务。这样无论客户身处何时何地，办理何种业务，只要向银行提出申请，即可凭借安全、快捷的清算渠道，令资金流转四通八达、高效运作。

3. 资金清算系统的发展促进支付工具的创新

人们经常形象地把支付结算工具比喻为资金流通的“车”，而把清算渠道比喻为资金流通的“路”。伴随支付清算系统的创新，新的支付结算工具层出不穷。目前，我国已形成以“三票一卡、一证、三方式”（汇票、本票、支票、银行卡；信用证；汇兑、委托收款、托收承付）为主体，以电子支付为发展方向的多样化的非现金支付工具体系。而且，随着网络通信技术的发展，电子货币、网上支付、移动支付等创新支付工具和方式不断涌现，并呈现出较快的发展势头。

4. 资金清算体系的完善和畅通提高了支付结算的效率

支付清算体系是经济金融的核心基础设施，基本覆盖了所有的银行业金融机构，连接着货币市场、债券市场、外汇市场等多个金融市场，其安全、高效、稳定运行可以密切各金融市场间的有机联系，加速社会资金周转，提高资源配置效率。资金清算业务的发展也将改变支付结算汇路不畅、支付结算功能和手段匮乏、资金清算速度慢、结算品种单一的局面，为客户提供更优质的金融服务。

### 6.1.2 资金清算业务分类

资金清算业务涵盖了资金支付调拨的所有环节，按不同的分类标准可以划分为不同的业务种类。

1. 按清算区域划分

清算业务按清算区域划分为同城清算和异地清算。同城清算是在同一城市不同银行之间的资金往来，如北京市工行将款项划拨为北京市农行就属于标准的同城清算。但现在也有了“大同城”和“小同城”之说。同处于一个经济带的若干城市群，如珠江三角洲、京津唐之间不同银行之间的清算属于“大同城”，而“小同城”是狭义上的同一城市，如广州市、北京市。同城清算一般通过中央银行或清算机构如同城票据交换所来进行。

异地清算是不同地区之间的银行资金往来，如北京市工行向西安市农行划拨款项，异地清算一般通过中央银行来办理。异地清算还包括与国外银行之间的资金往来，一般通过同时与清算双方有合作的中间行即代理行来进行。

2. 按办理联行业务的先后次序划分

按办理联行业务的先后次序将联行往来划分为往账和来账两大系统。首先，办理联行业务的行，发出报单，称为发报行，办理“联行往账”业务；对方行，后办理联行业务的行收到报单，被称为收报行，办理“联行来账”业务。当然，对同一个银行来说，在不同的业务中，它既可以是付款行也可以是收款行；既要处理往账业务也要处理来账业务。这就要求往账和来账必须严格划分，准确进行资金清算。

3. 按照货币种类划分

清算业务按币种分为本币清算和外币清算。本币清算是以人民币为记账货币，人民币清算通过各银行在中国人民银行开立清算账户办理资金划拨，也可通过系统内清算行划拨；外币清算则通过国家外汇管理局各分局相互划拨和清算外币资金，包括同城和异地的外币资金划拨。

4. 按资金划拨方式划分

清算业务按资金划拨方式分为全额实时清算和差额定时清算。全额实时清算即参加资金清算的各银行采用实时处理方式，对每一笔付款（借记）或收款（贷记）业务实时转发，并对其清算户实时清算。差额定时清算中的差额是指银行按同一币种同一交易日的交易金额的净差额，即各银行将各自应付应收款项的金额进行轧差，得到应贷差额或应借差额，然后在固定时间通过中国人民银行的清算账户进行资金划拨。

5. 按是否跨行划分

清算业务按是否跨行分为系统内清算和跨系统清算。系统内清算是指同一法人银行系统内不同分支机构之间的资金清算业务。跨系统清算是指不同法人银行机构之间的资金清算业务。

### 6.1.3 我国资金清算系统框架体系

资金清算业务离不开信息系统的支持，资金清算系统是支撑各种支付工具应用、实现资金清算并完成资金最终结算划拨的通道。目前，我国已初步建成以中国现代化支付系统为核心，以行内资金汇划清算系统为基础，票据交换和票据影像系统、银行卡支付系统以及外币清算系统并存的支付清算框架体系。

1. 中国现代化支付系统

中国现代化支付系统是中国人民银行按照我国支付清算需要，利用现代计算机技术和通信网络开发建设的，能够高效、安全处理各银行办理的异地、同城各种人民币支付业务及其资金清算和货币市场交易资金清算的应用系统。中国现代化支付系统主要由大额实时支付系统（high value payment system，HVPS）和小额批量支付系统（bulk electronic payment system，BEPS）两个业务应用系统组成。

大额实时支付系统主要处理同城和异地在规定金额起点以上的大额贷记支付业务（目前为 2 万元以上）和紧急的小额贷记支付业务。大额支付指令逐笔实时发送，全额实时清算资金，旨在为各银行和广大企事业单位以及金融市场提供快速、高效、安全的支付清算服务，防范支付风险。

小额批量支付系统采取批量发送支付指令，轧差净额清算资金，实行“全天候”7 × 24小时不间断运行，为银行业金融机构的小金额、大批量跨行支付清算业务提供了一个低成本的公共支付平台。同时，小额批量支付系统还于2007年10月开通了个人通存通兑业务，为个人提供了更方便快捷的资金清算渠道。

2. 行内资金汇划清算系统

行内资金汇划清算系统是同一银行系统内各行之间的资金清算系统。它是银行业金融机构办理结算资金和银行内部资金往来与清算的主要渠道，是集汇划业务、清算业务、结算业务等功能为一体的综合性应用系统。

3. 票据交换系统

票据交换系统是我国支付清算体系的重要组成部分，是由中国人民银行当地分支行组织的跨行支付清算系统。在指定区域内遵循“先付后收、收妥抵用、差额清算、银行不垫款”的原则，定时定点集中交换、清分中国人民银行和银行业金融机构提出的结算票据。票据交换系统主要处理纸票据不能截留的支票、本票、跨行银行汇票，以及跨行代收、代付纸质凭证。其运行的主要机构是各地的票据交换所，而运行的模式可能有“先直后横”、“先横后直”和“先直后横再直”三种。

4. 银行卡支付系统

银行卡支付系统是专门处理银行卡跨行数据的信息交换和交易资金清算的业务系统。由银行卡跨行支付系统及发卡银行行内银行卡支付系统组成。经过近几年的发展，我国已形成了以中国银联银行卡跨行支付系统为主干，连接各发卡银行行内银行卡支付系统的银行卡支付网络架构。银行卡支付体系的重要基础设施，实现了银行卡的联网通用。2004年11月，中国银联银行卡跨行支付系统实现了与中国现代化支付系统的连接，通过在中国人民银行开设的特许清算账户实现资金在银行之间实时划拨，进一步提高了资金清算效率。

5. 外币清算系统

外币清算是通过代理银行和国家外汇管理局在7个城市设立的外汇清算中心完成的。境内外币支付系统由中国人民银行牵头建设，由清算总中心集中运营，由直接参与机构等单一法人集中接入，采用“r”型信息结构，由外币清算处理中心负责对支付指令进行接收、清算和转发，由代理结算银行负责对支付指令进行结算。从发起清算行发出到接收清算行收到，通常在1分钟内完成。

## 6.2　行内资金汇划清算系统

通常意义上，系统是指相互联系、相互作用的若干要素或部分结合在一起并具有特定功能，达到同一目的的有机整体。人们习惯将同一法人银行称为同一系统，银行内部的各分支行之间称为联行。资金清算业务按照是否在同一法人银行区分为系统内清算和跨系统清算。

目前，各家银行都开发了行内资金汇划清算系统，系统内总分行、分行辖内之间因日常结算、资金清算和经营管理需要而划付、缴存、借贷款项的内部账务往来均属于行内汇划业务。在业务清算处理过程中，要求对资金汇划清算的查询、查复严格按照“有疑速查、查必彻底，有查速复、复必详尽”的原则办理。

### 6.2.1 行内资金汇划清算系统的架构

行内资金汇划清算系统由汇划业务经办行（简称经办行）、清算行和总行清算中心组成，各行间通过计算机网络联结，如图 6-1 所示。

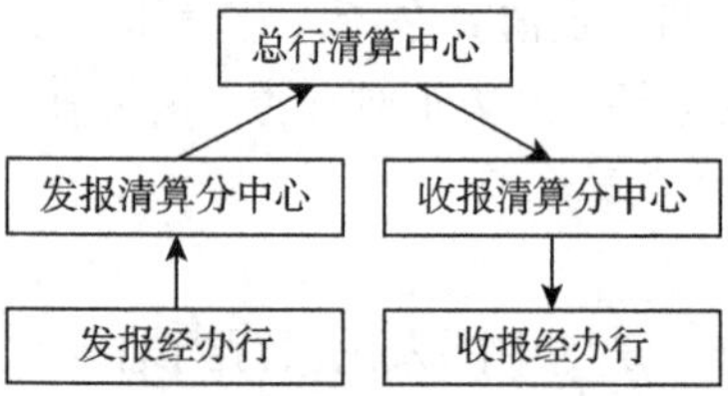


图 6-1 行内资金汇划清算系统的结构

在总行清算中心开立账户的各清算行被称为行内汇划清算分中心。清算分中心一般设置在省或直辖市分行、总行直属分行及二级分行。在分中心开立账户，且具体办理汇划业务的各级行处统称经办行。发出汇划业务的经办行被称为发报行；收到汇划业务的经办行被称为收报行。清算分中心及经办行的设立、撤销，应由主管分行向总行提出书面申请，总行核准同意后颁发或撤销行内汇划联行号。行内汇划联行号是参加行内资金汇划清算系统的专用标识，经办行凭依行内汇划联行号办理资金发报和收报。

总行清算中心负责办理系统内各经办行之间的资金汇划、各清算行之间的资金清算及资金拆借、清算账户对账等账务的核算和管理。

清算分中心在总行清算中心开立备付金存款账户，办理行内汇划业务往来的报文转发、账务核算管理、资金清算，对下属经办机构进行业务指导。

各经办行负责行内汇划业务往来的收报、发报以及办理有关查询查复业务。

### 6.2.2 行内资金汇划清算系统的基本做法和基本流程

行内资金汇划清算系统承担汇兑、托收承付、委托收款（含商业汇票、国内信用证、储蓄委托收款等）、银行汇票、银行卡、储蓄旅行支票、内部资金划拨以及其他款项汇划及资金清算，对公、储蓄、银行卡异地通存通兑业务的资金清算，同时办理有关的查询查复业务，并通过汇划往来，实现各分支机构之间代收代付资金的实际清算。

1. 基本做法

行内资金汇划清算系统的基本做法是实存资金、同步清算、头寸控制、集中监督。

1）实存资金

实存资金是指以清算分中心为单位在总行清算中心开立备付金存款账户，用于汇划款项时的资金清算。

2）同步清算

同步清算是指经办行汇出、汇入资金要同时进行清算，随发随收，即当发报经办行通过其清算分中心经总行清算中心将款项汇划至收报经办行的同时，总行清算中心每天根据各行汇出、汇入资金情况，从各清算行备付金账户付出资金或存入资金，从而实现各清算行之间的资金清算同步进行。

3）头寸控制

头寸控制是指各清算分中心在总行清算中心开立的备付金存款账户，保证足额存款，总行清算中心对各行汇划资金实行集中清算。

清算行备付金存款不足，二级分行可向管辖省区分行借款；省区分行和直辖市分行，即直属分行头寸不足可向总行借款。

4）集中监督

集中监督是指行内资金汇划清算系统中，总行清算中心对汇划往来数据发送、资金清算、备付金存款账户资信情况和行际间查询、查复情况进行管理和监督。

2. 基本流程

行内资金汇划清算系统的运作流程是：发报行将汇划信息经计算机加密处理后，形成加密数据，通过通信专用线路传输至分中心、总中心；总中心将整理后的加密数据，再通过通信专用线路传输至分中心，转收报行。各参与机构的基本职能如下。

（1）发报经办行。各发报经办行根据发生的结算等资金汇划业务录入数据，全部及时发送至发报清算分中心。

（2）发报清算分中心。发报清算分中心将辖属各发报经办行的资金汇划信息传输给总行清算中心；所有经办行的资金汇划、查询查复全部通过清算分中心进出，清算分中心管理并监督辖属经办行的资金清算。

（3）总行清算中心。总行清算中心将发报清算行传输来的汇划数据即时传输给收报清算分中心，并当日更新各分中心清算账户备付金存款。

（4）收报清算分中心。收报清算分中心当天将汇划信息传输给收报经办行，办理资金收付。

在这里，清算分中心扮演信息中转站的角色，既要向总行清算中心传输发报经办行的汇划信息，又要向收报经办行传输总行清算中心发来的汇划业务信息，资金汇划的出口、入口均反映在分中心。清算分中心受理的行内汇划业务，除辖内业务外，只能直接发送总行。各清算分中心之间不发生直接的横向关系，由总中心负责各清算分中心之间汇划业务的转收、转发。在每日营业终了前的规定对账时间，从上到下，由总中心和各分中心、各分中心和经办行核对当日往、来账的笔数、金额无误后，结出当日行内汇划往来账务余额。

3. 处理要求

行内资金汇划清算系统是银行的一项整体工作，为保证系统的正常运行和资金快捷汇划，要集中统一管理，明确各级行的要求，加速资金周转、简化业务手续。

1）对经办行的要求

做到随发随收、当日核对、每日结平、存欠反映。

（1）及时处理资金汇划往来报文数据，做到不积压、不延误。

（2）汇划业务数据的录入必须换人复核，严格内部控制。

（3）严格执行经办、复核、授权相分离的规定。大额资金汇划业务逐笔授权；经各经办行会计主管人员审核授权后办理；发报业务在 1 亿元（含）以上的，经办行必须将原始凭证送至管辖清算分中心，由管辖清算分中心双人办理特大额发报授权。

（4）坚持印、押、证分管、分用的原则。其中，“印”是指银行汇票等专用章；“押”是指网内联行编押机及编押方法等；“证”是指银行票证和联行报单等。

（5）经办行应每日核对当日业务，结平账务，准确反映资金存欠。

2）对清算分中心的要求

（1）办理资金的借出、借入、归还等手续，计收、计付内部资金利息。

（2）接收并负责处理总行发送对账差错信息，并对辖属各行的对账业务进行管理。

3）对总行清算中心的要求

（1）根据汇划业务信息，办理资金清算，实时更新备付金账户。

（2）根据财务资金部门的调拨通知，及时办理清算资金调度，计收计付内部资金利息、资金的借出和归还等手续。

（3）及时核对账务，查清未达账项。

### 6.2.3 行内资金汇划清算系统的会计科目及会计凭证

1. 会计科目

1）“清算资金往来”科目

“清算资金往来”科目核算通过各级清算中心进行的资金汇划业务；本科目属资产负债共同类科目。总中心本科目下按分中心设立账户，各账户余额贷方为上存总行资金，余额借方为透支总行资金。分中心本科目下，按辖属机构设立账户。凡发有行内汇划行号的行、部、处都必须在其上级分中心开设系统内清算资金往来账户，各分中心在总中心开设系统内清算资金往来账户。每日营业终了，经办行应与清算分中心，清算分中心与清算总中心核对账户余额相符。

2）“存放系统内款项”科目

“存放系统内款项”科目核算各经办行存放于系统内其他机构、清算分中心或总中心用于资金清算的备付金款项。本科目可按存放款项的性质和机构进行明细核算。存入款项时，借记本科目，贷记相关科目，支取时，做相反的会计分录。“存放系统内款项”科目属于资产类，余额在借方，反映本机构存放系统内的各种款项。

3）“系统内存放款项”科目

“系统内存放款项”科目核算系统内其他机构存放于本机构的各种款项，包括各类业务资金、清算资金及其他性质的款项。本科目可按存放款项往来资金性质和机构进行明细核算。收到存入款项或清算贷差时，借记有关科目，贷记本科目；系统内其他机构通过本机构支取款项、清算借差时，做相反的会计分录。“系统内存放款项”科目属于负债类，余额在贷方，反映系统内其他机构存放在本机构的各种款项。

2. 会计凭证

1）系统内汇划汇总记账凭证

系统内汇划汇总记账凭证由发报经办行日终根据当天向清算分中心发出的汇划业务信息打印，并以打印的“系统内汇划业务清单”作附件。系统内汇划汇总记账凭证分为“系统内汇划借方报单”和“系统内汇划贷方报单”。

系统内汇划借方报单：作为发报行记账凭证，一式两联。第一联作“清算资金往来”科目借方传票；第二联为系统内汇划转账凭证，代“存放系统内款项”等科目贷方传票。

系统内汇划贷方报单：作为发报行记账凭证，一式两联。第一联为系统内汇划贷方报单，代“清算资金往来”科目贷方传票；第二联为系统内汇划转账凭证，代“存放系统内款项”科目借方传票。

2）系统内汇划补充凭证

系统内汇划补充凭证是收报行接收来账数据后打印的凭证，是账务记载的依据和款项已入账的通知。该凭证分为“系统内汇划借方补充报单”和“系统内汇划贷方补充报单”。

系统内汇划借方补充报单：作为收报行记账凭证，一式五联。第一联为系统内汇划借方补充报单，代“清算资金往来”科目贷方传票，第二联为行内汇划转账凭证，代“系统内存放款项”科目借方传票，第三联代系统内汇划转账凭证，代“系统内存放款项”科目贷方传票，第四联为转账借方传票，第五联作付款通知。

系统内汇划贷方补充报单：作为收报行记账凭证，一式五联。第一联为系统内汇划贷方补充报单，代“清算资金往来”科目借方传票，第二联为系统内汇划转账凭证，代“系统内存放款项”科目贷方传票，第三联代系统内汇划转账凭证，代“系统内存放款项”科目借方传票，第四联为转账贷方传票，第五联作入账通知。

### 6.2.4 行内资金汇划清算系统的日常账务处理

行内资金汇划清算系统要经过发报经办行、清算分中心、总行清算中心、收报经办行四个处理环节。实际业务操作中，应根据资金流向，按照“先收（扣）款，后记账”和“先记账，后付款”的要求办理账务核算。

1. 发报经办行的处理

发报经办行是资金汇划业务的发生行，业务发生后，要经过录入、复核和授权三个环节，发报员应做到快速、及时、不积压、不延误。

1）业务受理

客户委托银行办理汇划业务时填写行内汇划凭证与有关结算业务凭证提交银行。经办人员按业务种类审核凭证无误后，将汇划业务的内容、用途等录入计算机，并经复核员全面审查、复核。涉及行内汇划发报的业务主要有汇出汇款、汇票解付、托收、内部划款等。

2）办理转账

经办人员根据客户填写的原始凭证或内部转账指令，办理转账手续。

（1）汇款业务。经办员根据客户填写的汇款申请书，提交汇出汇款指令，交易成功后，在汇款申请书上打印相应内容，系统自动记账，会计分录为

借：库存现金（或单位活期存款——客户账）

　贷：清算资金往来——往账户

（2）解付汇票业务。经办员根据客户提供的汇票第二联、第三联，经审核要素核押无误后，提交解付银行汇票指令，系统自动记账，在摘要栏内注明所解付的“汇票号码”，在部分解付时应注明“部分解付”的字样。打印进账单，作为贷方传票。会计分录为

借：清算资金往来——往账户

　贷：应解汇款（或单位活期存款——客户账）

（3）托收承付（或委托收款）业务。经办人员根据托收行发出的“托收委托书”及原始票据，在收到客户的承付凭证后办理付款，会计分录为

借：单位活期存款——客户账
　贷：清算资金往来——往账户

（4）内部款项划拨。经办行根据划款指令进行转账并发报划款，如果为付款业务，则填制贷方报单，会计分录为

借：存放系统内款项
　贷：清算资金往来

如果为收款业务，则填制借方报单，会计分录相反。

经复核无误，密押员加编密押后，进行发报，计算机自动办理转账，并打印“系统内汇划贷方报单”，同时接收业务成功的反馈信息。会计分录为

借：存放系统内款项
　贷：清算资金往来

如果为收款业务，发出“系统内汇划借方报单”，会计分录则相反。

每日营业终了时，打印“系统内汇划未发报文登记簿”（即“清算资金往来”科目中未发出报单明细），查明未发报原因，在下一个工作日进行相应处理。

3）凭证处理

发报行对客户提交的原始凭证应做以下处理。

（1）电汇、电子汇兑、异地托收承付、委托收款凭证第三联、第四联，在款项从客户账户里扣划后，作“系统内汇划贷方报单”凭证的附件。

（2）银行汇票、银行承兑汇票第二联、第三联，信用卡存（取）款单在款项划回时，作“系统内汇划借方报单”凭证的附件。

（3）发报行如遇特殊业务，必须将有关凭证寄回收报行才能转账时，发报行应于办理行内汇划业务当日，将有关凭证寄收报行，并通过电话或电子公文方式通知收报行。

2. 发报清算分中心的处理

发报清算分中心在资金汇划系统中处于信息中转站的地位，其主要处理内容是：收到发报经办行传输来的全国汇划业务后，实时上传总行清算中心；收到发报清算行传输来的分中心辖内的汇划业务后，实时转发给各收报经办行。发报清算分中心收到发报经办行传输来的汇划业务的数据后，对金额在1亿元（含1亿元）以上特大金额汇款应由会计主管授权后进行处理，同时由行内汇划清算系统自动加编密押，进行汇划信息的传输，然后进行账务处理。

1）全国的汇划业务

对全国的汇划业务，计算机自动进行账务处理，更新在总行清算中心开立的备付金账户，并将汇划信息传输给总行清算中心转给收报清算分中心。

如果发报清算分中心收到发报经办行发来的贷报汇划业务，会计分录为

借：清算资金往来——发报行户
　贷：清算资金往来——总行清算中心户

如果是借方汇划业务，会计分录相反。

2）同一清算分中心的汇划业务

若属于同一清算分中心所辖的汇划业务，系统直接将汇划信息传输给收报经办行，并分别更新发报行和收报行备付金账户余额。

如果是贷方汇划款项业务，会计分录为

借：清算资金往来——发报行户

　贷：清算资金往来——收报行户

如果是借方汇划业务，会计分录则相反。

清算分中心于当日日终将日间登记的行内汇划数据信息汇总后上送总行，汇划发报业务全部由系统自动完成。清算分中心严格按时结束当日行内汇划往来业务，在当日切换时间以后发生的行内汇划往来业务，作为下一个工作日的业务进行处理。

3. 总行清算中心的处理

总行清算中心收到各发报清算分中心汇划款项，由计算机自动登记后，将款项传送至收报清算分中心。每日营业终了更新各清算分中心在总行开立的备付金存款户。

如为贷方汇划款项，会计分录为

借：清算资金往来——发报清算分中心户

　贷：清算资金往来——收报清算分中心

如为借方汇划业务，会计分录则相反。

日终处理结束后，计算机生成总中心的“系统内汇划往来汇总报单”（代系统内汇划往来科目记账传票）、系统内汇划日报表和相应对账信息，下发分中心及经办行对账。

4. 收报清算分中心的处理

收报清算行收到总行清算中心传来的汇划业务数据，计算机自动检测收报经办行是否为辖属行处，并经核押无误后自动进行账务处理。收到行内汇划贷方报单，会计分录为

借：清算资金往来——收报清算中心

　贷：清算资金往来——收报经办行

如为借方汇划业务，会计分录方向相反。

日终处理结束后，计算机生成分中心及各经办行的“系统内汇划往来汇总报单”“系统内汇划业务中心日报表”“总中心—分中心余额对账单”“分中心—网点余额对账单”“总中心—分中心发生额对账单”“分中心—网点发生额对账单”等报表，打印核对无误后，当日汇划业务结束。

5. 收报经办行的处理

收报经办行收到收报清算分中心传来的汇划信息后，经检查无误，打印“系统内汇划贷（借）方补充报单”一式五联，并自动进行账务处理。经办员根据“系统内汇划借（贷）方补充报单”第三联、第四联、第五联上的摘要内容，确认其业务种类，分别办理汇入汇款、汇票结清、托收入账等。

1）汇入汇款

收报行接到发报行信息入账成功后，打印补充报单第三联、第四联、第五联。“系统内汇划贷方补充报单”的第三联作为借方传票；第四联作为贷方传票；第五联加盖转

讫章和经办人员名章作客户回单。会计分录为

借：清算资金往来——来账户

　贷：单位活期存款——客户账（或应解汇款）

2）汇票结清

收报行接到发报行信息后，经办员根据“系统内汇划借方补充报单”第三联、第四联，与汇票留存底卡核对。如查询确认汇票全部结清后，打印转账借方传票，补充报单第三联作为贷方传票，底卡第一联作为转账借方传票，报单第四联、第五联和底卡第四联作为转账借方传票的附件，会计分录为

借：汇出汇款

　贷：清算资金往来——来账户

若部分解付有余款时，还要另打印送款单作为贷方传票，部分解付余款退回原客户账的情况，补充报单第三联及送款单作为贷方传票，底卡第一联作为转账借方传票，补充报单第四联、第五联作为转账借方传票的附件，底卡第四联作为客户回单。会计分录为

借：汇出汇款

　贷：清算资金往来——来账户

　　单位活期存款——客户账

3）托收入账

付款行发出承付报文后，托收行根据系统内汇划贷方补充报单第三联、第四联及留存的托收承付、委托收款存根，办理托收入账。入账成功后，打印托收凭证第二联，补充报单第三联作转账借方传票，托收凭证第二联作为贷方传票，补充报单第四联、第五联作为贷方传票的附件。会计分录为

借：清算资金往来——来账户

　贷：单位活期存款——客户账

6. 行内汇划清算系统的对账

对账是保证清算总中心、分中心、经办行之间资金汇划及时、准确、安全的重要手段，是防范资金清算风险的有效措施。各清算分中心每日营业终了自动将汇划及资金清算明细数据逐级上传进行明细信息配对对账。省区分行收到上传的明细数据后与辖属各清算行汇划业务明细数据及清算信息配对对账。总行清算总中心收到传来的明细数据后，与各分中心在总行的“系统内存放款项”科目有关账户汇划业务明细数据及清算信息配对对账，并将对账结果逐级下传，发现问题及时发出对账差错信息，同时登记“对账差错登记簿”。

各清算分中心每日接收总行清算总中心发出的对账差错信息后，打印差错清单，在5个工作日必须查清原因，并按规定处理完毕。

**【例 6-1】** 交通银行北京分行营业部收到交通银行西安南二环支行的系统内汇划贷方报单及所附托收承付结算凭证第四联，金额为 86 000 元，收款单位为 S 大学北京办事处。经核对相符，办理转账。会计分录为

借：清算资金往来——来账户　　　　86 000

　贷：单位活期存款——S 大学北京办事处户　　　　86 000

【例 6-2】 工行西安小寨支行的开户单位小红豆餐饮有限公司向工行西安沙坡支行的开户单位西安铁路局服务中心支付采购货物款项 60 000 元。其中，小红豆餐饮有限公司作为付款单位向小寨支行申请办理汇出汇款，小寨支行进行复核发报后将款项划拨至工行西安清算中心，然后转发给沙坡支行，沙坡支行收报复核后办理转账，将款项划转至西安铁路局服务中心账户。

（1）小寨支行账务处理。小寨支行经办人员扣收款项，在行内汇划系统录入信息，会计分录为

借：单位活期存款——小红豆餐饮公司户　　60 000

　贷：清算资金往来——往账户　　60 000

（2）沙坡支行。沙坡支行收到汇划报文后，进行解密核押，办理转账，会计分录为

借：清算资金往来——来账户　　60 000

　贷：单位活期存款——铁路局服务中心户　　60 000

### 6.2.5 行内资金汇划汇差管理

1. 基本概念及规定

行内汇划汇差是指参加行内汇划往来业务的各行汇划资金时，因代收代付款项而产生的差额，它反映了各行间的资金存欠关系。行内汇划汇差在总中心叫作分中心汇差，在分中心叫作经办行汇差。总分中心的行内汇划往来账户的余额，在当日业务终了后，反映在贷方的差额为应付汇差；反映在借方的差额则为应收汇差。当某行借方余额超过核定的汇差额度时，为超额度汇差。

为了保障全行支付业务的畅通，确保各经办行的汇划支付，总分中心对系统内汇划往来账户实施借方汇差额度管理，允许各行系统内汇划往来账户在规定额度内透支支付。总中心依据总行有关部门对各分中心核定的汇差额度，对各行系统内汇划往来账户的汇差实施监督与管理。当系统内汇划往来账户的借方余额超过核定的汇差额度时，透支行必须及时通过中央银行或存放系统内款项划拨资金，补足头寸。

2. 轧计汇差

（1）联行往来各科目贷方发生额合计大于借方发生额合计，反映本行占用他行资金，即为应付汇差。

（2）联行往来各科目借方发生额合计大于贷方发生额合计，反映本行资金被他行所占用，即为应收汇差。

3. 汇差资金清算

汇差资金管理按照“共同管理、逐级清算、及时清划”的原则，实时监控，既保证支付需要，又不占用过多资金。分中心及经办行调回分中心或经办行汇差时，必须保证其调款后在上级中心的行内汇划往来账户的余额为贷方余额，并足够支付当日行内汇划业务。

1）调回汇差

分行资金管理部门根据本行汇差资金的占用情况，向会计部门发出领用汇差指令，业务操作人员依据调款指令，通过系统内汇划的加押公文方式，向总中心申请领用汇差。总中心接到调款申请后，办理存差资金清算，会计分录为

借：清算资金往来——往账户

　贷：系统内存放款项——某存差分行备付金存款户

分中心收到总中心下划款项后，办理入账，会计分录为

借：存放系统内款项

　贷：清算资金往来——来账户

借：清算资金往来——往账户

　贷：系统内存放款项

经办行向分中心申请调回汇差（应收汇差），分中心接到调款申请后，通过中央银行或系统内存放款项办理资金划回，会计分录为

借：存放系统内款项（或存放中央银行款项）

　贷：清算资金往来（结平原来的借方差额）

**【例 6-3】** 工行西安小寨支行 10 月 31 日电子汇划往来当日发生额轧差后为应收汇差 200 万元，则向上级行工行西安分行发送报文，申领汇差。西安分行收到报文复核无误后将汇差资金划拨至小寨支行。

工行西安分行收到汇差报文，会计分录为

| | |
|---|---|
| 借：存放系统内款项 | 2 000 000 |
| 　贷：清算资金往来——来账户 | 2 000 000 |

小寨支行收到汇差资金后办理入账，会计分录为

| | |
|---|---|
| 借：存放系统内款项（或存放中央银行款项） | 2 000 000 |
| 　贷：清算资金往来——来账户（结平原来的借方差额） | 2 000 000 |

2）上划汇差

当分中心汇差超额度出现透支时，应主动上划资金补足，会计分录为

借：清算资金往来——往账户

　贷：存放系统内款项

总中心收到分中心上划资金后办理入账，会计分录为

借：系统内存放款项——某借差分行备付金存款户

　贷：清算资金往来——来账户

经办行出现汇差额度透支时，也应及时通过中央银行或存放系统内款项上划资金，会计分录为

借：清算资金往来

　贷：存放系统内款项（或存放中央银行款项）

**【例 6-4】** 工行西安小寨支行 10 月 31 日电子汇划系统收报借方发生额为 700 万元，贷方发生额为 800 万元，发报借方发生额为 900 万元，贷方发生额为 1300 万元，全部业务已经发报并办理转账完毕，则日终轧差为应付汇差 500 万元（1300+800−700−900）。说明在上级行的备付金户出现透支，需要上划汇差。小寨支行会计分录为

| | |
|---|---|
| 借：清算资金往来——往账户 | 5 000 000 |
| 　贷：存放系统内款项（或存放中央银行款项） | 5 000 000 |

4. 行内汇划往来汇差利息的计算

1）计息积数

各级中心应按在本中心开立的行内汇划分户账的日终余额，分别按借、贷方向累计计息积数，对借方余额中超额度占用的部分，单独累计计息积数。计息日按币别、利率档次打印计息清单。

2）计息币别

计息币别包括人民币、美元、港币、日元、英镑、澳大利亚元、加拿大元和欧元。

3）计息利率

行内资金汇划往来汇差利率分为三档，即超存利率、额度内占用利率和超额度占用利率。超存汇差按计息日中央银行挂牌的活期利率计算应付利息；透支部分按照透支利率执行（超过规定额度后按超额度利率）。

4）计息公式

汇差利息=计息积数×相应档次利率（年利率）/360

## 6.3　跨行资金清算系统

### 6.3.1　中国现代化支付系统

2005 年 6 月，中国人民银行大额实时支付系统完成在全国的推广运用；小额批量支付系统于 2005 年底开始试点，2006 年底已完成全国推广，标志着中国现代化支付系统基本建成。

1. 中国现代化支付系统概述

中国现代化支付系统是中国人民银行在全国电子联行系统基础上建立的一套更为先进、适应社会经济发展需要的跨行支付清算系统。其由大额实时支付系统和小额批量支付系统两个系统组成。大额实时支付系统实行逐笔实时处理支付指令，全额清算资金。小额批量支付系统实行批量发送支付指令，轧差净额清算资金。

1）中国现代化支付系统的架构

在物理结构上，中国现代化支付系统建有两级处理中心，即国家处理中心和城市处理中心。国家处理中心设在中国人民银行总行，城市处理中心设在各中心城市中国人民银行分行，国家处理中心分别与各城市处理中心相连，其通信网络采用专用网络，以地面通信为主，卫星通信备份，如图 6-2 所示。

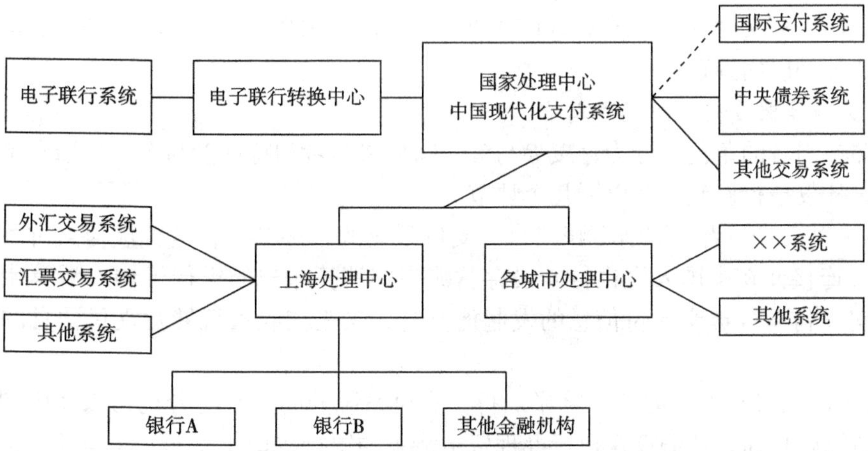


图 6-2　中国现代化支付系统体系结构图

——表示国内支付系统连接方式　　----表示国际支付系统连接方式

中国现代化支付系统的两层结构要求银行在中央银行开立的账户进行合并和集中：一是银行分支机构在中国人民银行分支行的账户合并为一个，即在同一城市一家银行只在当地中国人民银行分支行开设一个统一的清算账户；二是银行在中国人民银行开设的所有清算账户都将物理地集中在全国处理中心，而账户的开立与撤销、备付金管理、账户透支限额的规定等账户管理仍由相关的中国人民银行分支行负责，采用“物理上集中（处理）、逻辑上分散（管理）”模式。

2）中国现代化支付系统与其他系统的关系

中国现代化支付系统的全国处理中心将处理在中央银行开设结算账户的系统参与者之间全部的大额支付交易，所以将不再区分全国支付和当地支付，也不区分跨行支付和行内支付。这样，中国现代化支付系统的运行将对同城票据交换系统、行内资金汇划清算系统产生冲击。

中国现代化支付系统城市处理中心覆盖同城业务，所以中国现代化支付系统也将逐步取代同城清算系统。

银行与中国现代化支付系统的连接可由其总行与其所在地中国现代化支付系统城市处理中心连接，也可由其分支行与其所在地中国现代化支付系统城市处理中心连接。因此，既可以通过行内汇划系统由其总行提交中国现代化支付系统处理，也可以由其分支行直接提交中国现代化支付系统城市处理中心处理。对同一城市处理中心下的同一银行系统内不同机构之间的资金汇划，仍需要通过行内资金汇划清算系统办理。

总之，通过中国现代化支付系统的运行，将逐步形成一个以中国现代化支付系统为核心，以行内资金清算系统为基础，以各地同城票据交换所为补充的中国支付清算体系。

2. 大额实时支付系统

大额实时支付系统的“大额”是指规定金额起点以上的业务，目前大额实时支付系统规定的金额起点是 2 万元，也就是说，所有起点之上的贷记支付业务都可以通过大额实时支付系统处理。大额实时支付系统采用逐笔、实时处理支付业务，实时清算资金的运作方式。大额实时支付系统于 2005 年 6 月 27 日完成全国推广。其处理速度快，正常情况下 3 分钟以内到账。

1）大额实时支付系统的参与者

按照参与者的角色，分为直接参与者、间接参与者和特许参与者。按照资金流向，支付信息从发报行发起，经以下几个环节。

（1）直接参与者，即清算账户行。支付系统的直接参与者是直接与支付系统城市处理中心连接并在中国人民银行开设存款账户即清算账户的银行机构。清算账户行既是负责向支付系统提交支付信息的发起清算行，又是向收报行转发支付信息的接收清算行。

（2）间接参与者，即非清算账户行。支付系统的间接参与者是指未在中国人民银行开设清算账户而委托清算账户行办理资金清算的银行机构。

发报行：支付业务的发起行，是向清算账户行提交支付业务的银行机构。

收报行：支付业务的接收行，是从清算账户行接收支付信息的银行机构。

城市处理中心：负责接收并转发国家处理中心与清算账户行之间支付信息的收发报中心。

国家处理中心：负责接收、转发支付信息，并进行资金清算处理。

城市处理中心与国家处理中心为中国人民银行机构。

（3）特许参与者，是指经中国人民银行批准，通过大额实时支付系统办理特定业务的机构。

2）大额实时支付系统处理业务范围

大额实时支付系统处理下列具体业务：中国人民银行规定金额起点以上的跨行贷记支付业务；金额起点以下的紧急跨行贷记支付业务及其他支付清算业务。通过大额实时支付系统可以办理同城跨行和异地银行之间点对点的汇兑、委托收款、托收承付以及国债买卖、同业拆借等业务。

因为在同一个城市、同一系统，银行分支行只能开立一个清算账户，所以同一清算账户行辖属机构之间的支付业务不得使用大额实时支付系统处理。因为大额实时支付系统需要收费，所以一般银行还规定非资金调拨的系统内往来业务，不得使用大额实时支付系统处理。

3）会计科目和会计凭证

为准确核算大额实时支付系统的往账和来账业务，设置以下几个科目。

（1）“大额支付系统往账待清算”科目。清算账户行向支付系统发出或代理下属机构发出支付业务时，使用本科目核算。清算账户行受理支付贷记业务时，贷记本科目；日终收到中国人民银行资金清算对账报文往账总金额在借方时，借记本科目，贷记“存放中央银行款项”科目；往账总金额在贷方时，借记“存放中央银行款项”科目，贷记本科目。科目余额一般为贷方余额，表示未发出款项。

（2）“大额支付系统来账待清算”科目。清算账户行接收或代理下属机构接收支付系统业务时，使用本科目核算。在受理汇入贷记业务时，借记本科目；日终收到中国人民银行资金清算对账报文来账总金额在贷方时，贷记本科目，借记“存放中央银行款项”科目；来账总金额在借方时，借记本科目，贷记“存放中央银行款项”科目。科目余额一般为借方，表示未转账或未转发款项。

（3）“支付系统应付结算款项”科目。本科目用于核算各网点接收的来账中收款人账号户名与本网点实有账号户名不符的来账，由系统等待手工解付的款项自动转入本科目，由经办人员检查确认后手工处理。

（4）“支付系统手续费暂收款项”科目。本科目用于核算各网点办理支付业务的结算收费及划缴。当收取手续费时，借记“现金”等科目，贷记本科目；当划缴手续费时，借记本科目，贷记“现金”或“存放中央银行款项”等科目。

大额实时支付系统的专用凭证格式同于行内资金汇划凭证。

4）发送往账的业务核算

发报经办行按照规定审核有关原始凭证要素无误后，办理相应转账手续。常见的往账业务有汇兑、委托收款、托收承付、同业拆借、退汇、电子联行、国库资金汇划等。下面按照发报行是否为清算账户行分别介绍账务核算。

（1）发报行为清算账户行。发报行为清算账户行（直接参与者），发出支付系统贷记业务时，会计分录为

借：单位活期存款

　贷：大额支付系统往账待清算

如果发出支付系统借记业务，会计分录则相反。

复核经办员根据原始发报依据对报文复核无误后，加编密押。若金额超出授权金额则等待授权，否则联动发报交易，系统自动记账，打印“电子汇划贷方报单”。在复核时，应根据业务需要确定每笔支付业务的优先级别。对低于“大额支付系统支付业务下限值”的一般实时支付业务，应选择“加急”。

对清算账户行本身的支付业务，在做复核发报或授权时，报文已向大额实时支付系统发出。

（2）发报行为非清算账户行。发报行为非清算账户行（间接参与者），首先通过行内电子汇划系统将款项划转到清算账户行，然后通过大额实时支付系统转账。受理贷记业务时，会计分录为

借：单位活期存款

　贷：清算资金往来

清算账户行对于来自非清算账户行的支付报文，系统会自动核押、接收，并将其转发至大额实时支付系统，系统自动记账。收到及发出支付贷记业务时，会计分录为

借：清算资金往来

　贷：大额支付系统往账待清算

（3）凭证及日终处理。对于客户提交的原始凭证应作如下处理：“电汇凭证”第三联，“托收承付凭证”“委托收款凭证”第四联均为发报依据，作为电子汇划贷方报单的附件；清算账户行的电子汇划往账报单，作为已发报凭证。

对所有已发出的支付业务，只有收到国家处理中心返回的“已清算”结果，才表示该笔业务发送成功。根据大额实时支付系统“委托日期必须为当日”的要求，所有往账支付业务，应全部在当日营业结束前发出。系统在支付系统营业时间结束后，将控制不允许进行录入、发报处理。因此，在系统营业结束前15分钟，应停止支付业务往账的录入，在此后办理的客户汇兑类支付业务，应向客户说明，此笔汇款将于下一个工作日发出，并在原始凭证（汇款申请书等）上加盖“轧次日”戳记。

5）接收来账的业务核算

银行电子汇划系统接收大额实时支付系统前置机（MBFE）传送来的支付报文，系统进行自动清分，如收款人账号含有网点号，直接将报文清分至收款人开户行；如账号非标准账号，则以报文收报行行号为清分条件，将报文清分至收报行。支付报文通过电子汇划系统进行转发并记账，收报行收到“账号”“户名”相符的支付报文，系统自动记客户账。

（1）收报行为清算账户行，接收支付贷记业务时，会计分录为

借：大额支付系统来账待清算

　贷：单位活期存款——客户账

（2）收报行为非清算账户行，则经由清算账户行通过电子汇划将款项划转至收报行，接收支付贷记业务时，会计分录为

借：大额支付系统来账待清算

　贷：清算资金往来——往账户

收报行根据支付报文，将支付款项转账至客户账，会计分录为

借：清算资金往来——来账户

　贷：单位活期存款——客户账

接收支付借记业务时，会计分录相反。

（3）对于“账号”“户名”不相符的支付报文，或收款账户为内部账时，汇入款项将转入“支付系统应付结算款项”科目账户，然后需人工处理后入账。但若“行号”错误，是无法进行账务处理的，因为银行转账以“行号”为准。如果为清算账户行的支付贷记报文，会计分录为

借：大额支付系统来账待清算

　贷：支付系统应付结算款项

如果为非清算账户行的支付贷记报文，会计分录为

借：清算资金往来

　贷：支付系统应付结算款项

经过检查核实后，人工办理转账，会计分录为

借：支付系统应付结算款项

　贷：单位活期存款——客户账

6）大额实时支付系统结算收费

凡通过支付系统办理支付业务的发报行，均需按规定的标准、实际发生的业务笔数，向中国人民银行缴付汇划费用。中国人民银行根据规定设置了不同的业务类型和分时段按金额的收费标准，于每月末前一天对上月末至当日的业务进行计费，在月末日扣收。

（1）经办行收取手续费的处理。经办行根据“谁委托，谁付费”的原则办理收费业务。当办理大额支付业务并同时扣划手续费时，会计分录为

借：库存现金（或单位活期存款）

　贷：大额支付手续费暂收款项

（2）中国人民银行收取手续费时的处理。清算账户行向中国人民银行划付手续费时，清算账户行会计分录为

借：大额支付手续费暂收款项

　贷：存放中央银行存款

中国人民银行会计分录为

借：××银行备付金存款

　贷：手续费及佣金收入

清算账户行向非清算账户行划收手续费时，非清算账户行会计分录为

借：大额支付手续费暂收款项

　贷：存放系统内款项

7）大额实时支付系统资金清算

清算账户行业务系统接收中国人民银行前置机的“大额支付业务核对报文”，自动核对并销记“支付系统往来账报单登记簿”，自动进行资金清算账务处理。会计分录为

| | |
|---|---|
| 借：大额支付系统往账待清算 | （往账总金额） |
| 贷：存放中央银行款项 | （往账总金额） |
| 借：存放中央银行款项 | （来账总金额） |
| 贷：大额支付系统来账待清算 | （来账总金额） |

【例 6-5】 陕西西安的某客户因为采购钢材向上海宝钢公司支付款项 6000 万元，通过大额实时支付系统办理款项汇划。该客户的开户行为工行西安分行营业部，宝钢公司的开户行为交通银行上海分行营业部，二者均为清算账户行。若工行收费 1‰，请写出工行西安分行营业部会计分录。

工行西安分行营业部会计分录为

| | |
|---|---|
| 借：单位活期存款——客户账 | 60 060 000 |
| 贷：大额支付系统往账待清算 | 60 000 000 |
| 大额支付手续费暂收款项 | 60 000 |

【例 6-6】 引上例，上海宝钢公司的开户行交通银行上海分行营业部收到西安某客户钢材货款 6000 万元的大额实时支付系统来账报文，审核报文信息等无误后，进行账务处理。会计分录为

| | |
|---|---|
| 借：大额支付系统来账待清算 | 60 000 000 |
| 贷：单位活期存款——上海宝钢公司户 | 60 000 000 |

3. 小额批量支付系统

小额批量支付系统主要处理同城或异地 2 万元以下的跨行交易，可支持汇兑、委托收款、代发工资、实时缴税、实时扣税、通存通兑、公用事业费收缴、支票截留等多种支付工具和支付方式，为社会提供低成本、大业务量的支付清算服务。小额批量支付系统与大额实时支付系统最大的区别就在于批量处理支付业务，轧差净额清算资金。小额批量支付系统和大额实时支付系统在运作原理上基本相同，二者共享清算账户清算资金。

1）小额批量支付系统参与者

小额批量支付系统参与者分为直接参与者（清算账户行）、间接参与者（非清算账户行）和特许参与者，其定义与大额实时支付系统相同。按照参与者发挥的作用，又可分为发起行、接收行、付款清算行、收款清算行和付款行城市处理中心、收款行城市处理中心。

（1）发起行：受理并发起小额贷记、借记支付业务信息的行所。受理贷记支付业务信息或借记支付业务回执信息时付款行为发起行；受理借记支付业务信息时收款行为发起行。

（2）接收行：接收小额贷记、借记支付业务信息，并进行相应处理的行所。接收并处理贷记支付业务信息或借记支付业务回执信息时收款行为接收行；接收并处理借记支付业务信息时付款行为接收行。

（3）付款清算行：向支付系统发出或代理下属机构发出贷记支付业务信息或借记支付业务回执信息，以及从支付系统接收或代理下属机构接收借记支付业务信息的直接参与者，也称清算账户行。

（4）收款清算行：向支付系统发出或代理下属机构发出借记支付业务信息，及从支付系统接收或代理下属机构接收贷记支付业务信息或借记支付业务回执信息的直接参

与者，也称清算账户行。

（5）付款行城市处理中心：付款行所属的城市处理中心。

（6）收款行城市处理中心：收款行所属的城市处理中心。

2）小额批量支付系统的业务机制

小额批量支付系统处理同城、异地的借记支付业务以及金额在规定起点以下的贷记支付业务。同城业务是指同一城市处理中心的参与者相互间发生的支付业务。异地业务是指不同城市处理中心的参与者相互间发生的支付业务。小额批量支付系统实行 7×24 小时不间断运行。小额批量支付系统的系统工作日为自然日，其资金清算时间为大额实时支付系统的工作时间。

同城贷记支付业务，其信息从付款行发起，经付款清算行、城市处理中心、收款清算行，至收款行止。

同城借记支付业务，其信息从收款行发起，经收款清算行、城市处理中心、付款清算行、付款行后，付款行按规定时限发出回执信息原路径返回至收款行止。

异地贷记支付业务，其信息从付款行发起，经付款清算行、付款行城市处理中心、国家处理中心、收款行城市处理中心、收款清算行，至收款行止。

异地借记支付业务，其信息从收款行发起，经收款清算行、收款行城市处理中心、国家处理中心、付款行城市处理中心、付款清算行、付款行后，付款行按规定时限发出回执信息原路径返回至收款行止。

小额批量支付系统处理的支付业务一经轧差即具有支付最终性，不可撤销。收到已轧差的贷记支付业务信息或已轧差的借记支付业务信息回执时，应当贷记指定收款人账户。

3）小额批量支付系统业务处理范围

小额批量支付系统处理跨行支付业务如下。

（1）普通贷记业务，是指付款行向收款行主动发起的付款业务，主要业务种类包括汇兑、委托收款（划回）、托收承付（划回）、国库贷记汇划业务、网银贷记支付业务等。

（2）定期贷记业务，是指付款行依据当事各方事先签订的协议，定期向指定收款行发起的批量付款业务，主要业务种类有代付工资业务、代付保险金、养老金业务等。

（3）实时贷记业务，是指付款行接受付款人委托发起的、将款项实时贷记指定收款人账户的业务，主要业务种类有个人储蓄通存业务等。

（4）普通借记业务，是指收款行向付款行主动发起的收款业务，主要业务种类包括中国人民银行机构间的借记业务、国库借记汇划业务等。

（5）定期借记业务，是指收款行依据当事各方事先签订的协议，定期向指定付款行发起的批量收款业务，业务种类有代收煤、电、气等公共事业费业务，国库批量扣税业务。

（6）实时借记业务，是指收款行接受收款人委托发起的，将确定款项实时借记指定付款人账户的业务，主要业务种类包括个人储蓄通兑业务、对公通兑业务、国库实时扣税业务等。

另外，小额批量支付系统还可处理中国人民银行规定的其他支付业务。

4）会计科目和会计凭证

（1）小额批量支付系统使用的会计科目。

其一，“小额支付系统往账待清算”科目。凡清算账户行向支付系统发出或代理下属机构发出贷记支付业务或借记支付业务回执，或日终收到中国人民银行资金清算对账报文时，使用本科目核算。

其二，“小额支付系统来账待清算”科目。凡清算账户行接收或代理下属机构接收支付系统发来的贷记支付业务或借记支付业务回执，或日终收到中国人民银行资金清算对账报文时，使用本科目核算。

其三，“小额支付系统往账待发报”科目。清算账户行辖属机构已复核或授权的小额贷记支付业务（包括借记业务回执）等待组包发出时，或将待发出的支付业务进行组包发出时，使用本科目核算。

其四，“小额支付业务待收付——支票圈存待支付”科目。当收到支票圈存指令，以及收到相应借记业务包括支票截留、同城交换提回支票等业务时，使用本科目核算。

（2）会计凭证。小额批量支付系统使用的凭证主要包括“电子汇划往来往账业务专用凭证”，用于发出贷记业务或借记业务回执；“支付业务专用凭证——来账贷（借）记业务专用凭证”，用于来账业务；“支付业务通用凭证”，用于所有信息类报文的发起与接收。

5）发出往账支付业务账务核算

（1）普通贷记业务的核算。经办行受理往账业务，经办柜员审核客户提交的贷记凭证无误后，办理相应转账手续。

复核柜员依据客户提交且已记账的贷记凭证，对报文进行复核，若交易金额未超出授权金额，则系统自动记账，打印“汇划贷方报单”，对非清算账户行的支付业务，通过行内电子汇划系统发往清算账户行。“汇划凭证”第三联与客户提交的凭证均为发报依据，作为汇划贷方报单的附件。

当经办行为非清算账户行时，会计分录为

借：单位活期存款——客户账

　　贷：清算资金往来

清算账户行的会计分录为

借：清算资金往来

　　贷：小额支付系统往账待发报

当经办行为清算账户行时，会计分录为

借：单位活期存款——客户账

　　贷：小额支付系统往账待发报

（2）定期贷记业务的核算。经办柜员审核客户提交的贷记凭证无误后，进行相应处理，数据批量导入系统，并检查确认数据正确，使用通用凭证打印导入数据信息。复核柜员依据客户提交且已记账的贷记凭证对报文进行复核。

经办行为非清算账户行时的处理。当交易金额小于授权金额时，发报记账并打印贷方传票。对需授权的支付业务，授权柜员依据客户提交且已记账的贷记凭证进行授权，

授权成功，记账并打印记账凭证；对非清算账户行的支付业务，通过行内电子汇划系统发往清算账户行，会计分录为

借：单位活期存款（或内部账）　　（汇总金额）

　贷：清算资金往来　　（汇总金额）

清算账户行会计分录为

借：清算资金往来　　（汇总金额）

　贷：小额支付系统往账待发报　　（汇总金额）

经办行为清算账户行时，会计分录为

借：单位活期存款（或内部账）　　（汇总金额）

　贷：小额支付系统往账待发报　　（汇总金额）

（3）普通借记业务和定期借记业务。经办柜员受理客户提交的借记凭证，经审核无误后，进行相应处理，打印有关借记业务凭证。

复核柜员以经办柜员已处理的借记凭证作为依据，对报文进行复核，并在凭证上打印复核柜员信息，打印出的借记业务凭证专夹保管，等待接收到回执后处理。

普通借记和定期借记业务的处理过程不涉及账务处理。

（4）清算账户行组包发报处理。对已复核或已授权的支付报文，清算账户行系统将在规定时间，自动进行组包，并将其发至中国人民银行小额批量支付系统前置机。对加急的小额支付业务报文，可由清算账户行人工进行组包发出。发出贷记业务包时，会计分录为

借：小额支付系统往账待发报

　贷：小额支付系统往账待清算

发出借记业务包时，不产生账务处理。

对所有已发出的非实时贷记业务报文，收到轧差节点返回的“已轧差”通知，表示该笔业务处理完成。对所有已发出的借记业务报文，收到接收行的“成功”或“拒付”回执，并进行相应处理后，该笔业务才处理完成（详见来账业务处理）。

6）接收来账支付业务账务核算

接收支付系统前置机传送来的支付业务报文包，系统自动进行清分处理。接收行在接收来账报文时，使用来账业务贷方专用凭证进行批量打印。对符合自动入账条件的报文，系统自动进行账务处理。

（1）接收普通贷记和定期贷记业务（接收普通借记及定期借记业务回执）。

接收行为非清算账户行时，清算账户行会计分录为

借：小额支付系统来账待清算

　贷：清算资金往来

通过行内资金汇划清算系统发至接收行，接收行会计分录为

借：清算资金往来

　贷：单位活期存款——客户账（或活期储蓄存款）

对不符合自动入账条件的支付业务来账报文，需要人工处理，会计分录为

借：清算资金往来

　贷：单位活期存款——客户账（或活期储蓄存款）

接收行为清算账户行时，会计分录为

借：小额支付系统来账待清算

　贷：单位活期存款——客户账（或活期储蓄存款）

对不符合自动入账条件的支付业务来账报文，需要人工处理，会计分录为

借：小额支付系统来账待清算

　贷：清算资金往来（或内部过渡科目）

经办行核实后，依据来账报文办理人工入账，会计分录为

借：清算资金往来

　贷：单位活期存款——客户账（或活期储蓄存款）

接收普通借记及定期借记业务回执的处理相同。

（2）接收普通借记、定期借记业务的处理。接收行在接收来账报文时，使用来账业务借方专用凭证进行批量打印。对接收到符合自动处理条件的借记业务报文，系统自动进行处理；对接收到不符合自动入账条件的借记业务报文，由柜员人工处理。

借记业务“扣账”的处理。对符合扣账条件的借记业务报文，在记账同时产生“成功”回执报文时，会计分录为

借：单位活期存款（或内部账）

　贷：清算资金往来

借记业务“拒付”的处理。对不符合扣账条件的借记业务报文，产生“拒付”回执报文，无账务处理。

支票截留业务的处理。收到的“支票截留借记业务”报文，核验支票信息是否真实有效，确认无误后，进行相应处理，处理手续基本与接收普通借记业务的处理相同，但对已圈存支票及未圈存支票，账务处理有所不同。已圈存支票的支票截留业务的会计分录为

借：小额支付业务待收付——支票圈存待支付

　贷：清算资金往来

未圈存支票的支票截留业务的会计分录同普通借记业务。而支票圈存业务是指收款人在收受支票时，通过网络、POS 机、电话等受理终端，经过小额批量支付系统向出票人开户行发出圈存指令，预先从出票人账户上圈存支票金额，以保证支票及时、足额支付的业务。

**【例 6-7】** 张明家在西安，2019 年考取了上海交通大学的自费研究生，第一年学费 50 000 元。为了减少现金携带，张明在中国银行西安南大街支行开立银行卡，将学费存入卡内，然后在上海的中信银行徐家汇支行取出。中信银行徐家汇支行受理后，通过小额批量支付系统向中国银行西安南大街支行发出实时借记报文，手续费标准为 5‰（最低 5 元，最高不超过 200 元）。

中信银行：

（1）中信银行徐家汇支行会计分录为

| | |
|---|---|
| 借：清算资金往来——往账户 | 50 000 |
| 　贷：库存现金 | 49 800 |
| 　　　手续费及佣金 | 200 |

（2）中信银行上海分行会计分录为

| | |
|---|---|
| 借：小额支付系统往账待清算 | 50 000 |

贷：清算资金往来——来账户 50 000

中国银行：

（1）中国银行陕西省分行会计分录为

借：清算资金往来——往账户 50 000

贷：小额支付系统来账待清算 50 000

（2）中国银行西安南大街支行会计分录为

借：活期储蓄存款 50 000

贷：清算资金往来——来账户 50 000

7）日终轧差和资金清算

业务系统接收前置机的“小额业务包汇总核对报文”，按照中国人民银行小额批量支付系统对账报文，系统自动对同轧差日期、轧差场次、同节点的往来业务进行轧差，进行账务处理。如贷记业务往账金额大于来账金额，会计分录为

借：小额支付系统往账待清算 （往账贷记业务金额）

贷：小额支付系统来账待清算 （来账贷记业务金额）

存放中央银行款项（应付差额） （往来业务轧差金额）

如贷记业务往账金额小于来账金额，会计分录为

借：小额支付系统往账待清算 （往账贷记业务金额）

存放中央银行款项（应纳差额） （往来业务轧差金额）

贷：小额支付系统来账待清算 （来账贷记业务金额）

综上所述，资金清算分为：①清算账户行与中国人民银行之间的资金清算。两者之间采用分场次轧差清算，法定工作日支付系统将按清算场次对当日的往来账分别进行清算。②清算账户行与非清算账户行的资金清算。两者之间通过行内资金汇划清算系统清算。

### 6.3.2 同城票据交换业务

在同城结算业务中，由于大量业务的收、付款人不在同一银行开户，而这些不同商业银行之间的资金往来需要通过同城票据交换系统来完成。票据交换系统是指由中央银行组织，在城市内或指定区域内定时定点集中交换票据凭证，清算代收、代付票据资金的跨行支付清算系统，是我国支付清算系统的重要组成部分。

1. 同城票据交换概述

1）同城票据交换的概念

同城票据交换是同一票据交换区内各行处之间相互代收、代付票据，每日按规定时间到指定地点（如票据交换所），进行集中交换票据，并轧差代收、代付资金差额进行清算资金的业务活动。目前，同城票据交换采用票据自动清分系统进行资金清算。

票据作为重要的非现金支付工具，在我国经济生活中发挥着不可替代的重要作用。票据交换主要处理实物票据不能截留的跨行支票、本票、银行汇票以及跨行代收、代付的其他纸质凭证。其中，支票因具有使用灵活、方便的特点，成为社会公众广泛使用的支付工具，一直以来是票据交换系统处理的主要业务。

2）同城票据交换的基本做法

票据交换实现的机构主体是票据交换所，其业务主管部门是中央银行分支机构的支付结算管理部门。同城票据交换由中央银行负责清算并进行管理与监督，具体办法由中央银行各分支行自行制定，各地中央银行设立统一的交换场所，规定统一的交换时间。参加清算的各行处需向中央银行申请，经批准并发给交换号码后方能参加交换。各行处之间的资金清算一律通过在中央银行开立的备付金账户划转。

同城票据交换的基本做法可概括如下：先付后收，收妥抵用，差额清算，银行不垫款。票据交换业务处理流程主要分为三个环节：一是参加交换的银行机构（也称为提出行）向票据交换所提出票据；二是票据交换所对提出票据以提入行为单位进行清分后交银行机构（也称为提入行）提回；三是将轧差净额提交中央银行会计营业部门完成资金清算。

3）同城票据交换的基本原理

票据交换分为提出行和提入行两个系统。向票据交换所提出票据的是提出行，收回票据的是提入行。按照票据交换参与者的角色分为代收和代付两种类型。这样，同城票据交换有四种情况，即提出代收票据、提出代付票据、提入代收票据、提入代付票据。代收票据是指提出行代提入行收款的有关结算凭证，如信汇凭证、委托收款凭证及进账单等；代付票据是指提出行代提入行付款的有关结算凭证，如以提出行的客户为收款人的转账支票等。为了便于理解，提出票据中的代收、代付是站在对方银行的角度，代收其实就是代理他行向本行客户收款，代付其实就是代理他行向本行客户付款。对提入行的代收、代付是站在本行客户的角度，代收就是向本行客户收款，代付就是向本行客户付款。

提出行提出代收票据和提入行提入代付票据表示为本行应付款项；提出行提出代付票据和提入行提入代收票据表示本行应收款项。由于参加票据交换的行处既是提出行，同时也是提入行，所以各行在每次交换中当场加计应收和应付款项并轧算出票据交换的应收或应付差额，由票据交换所汇总轧平各行处的应收、应付差额，并转交中央银行办理转账，清算差额。其基本原理如图 6-3 所示。

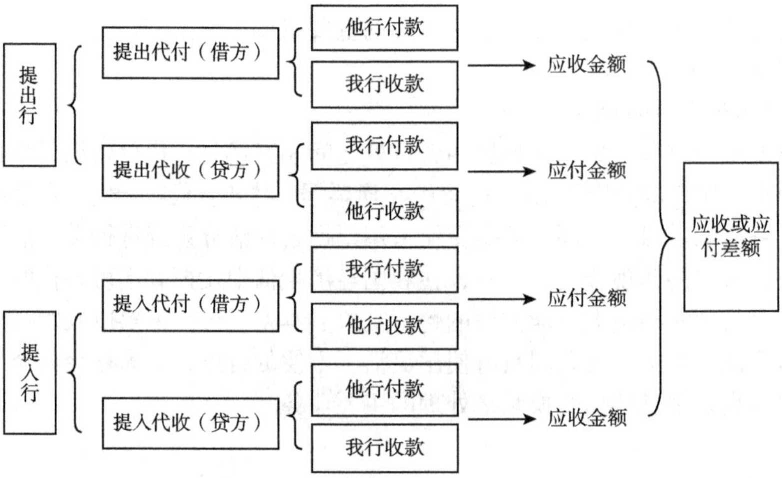


图 6-3　同城票据交换的资金清算

2. 同城票据交换的核算

1）会计科目及使用

设置“同城票据清算”科目，核算银行参加同一票据交换区域内的提出、提入票据及其清算的款项。

提出借方票据时，借记本科目，贷记“其他应付款”科目；发生退票时，借记“其他应付款”科目，贷记本科目；已过退票时间未发生退票时，借记“其他应付款”科目，贷记“单位活期存款”等科目。提出贷方票据时，借记“单位活期存款”等科目，贷记本科目；发生退票时，借记本科目，贷记“其他应付款”科目。

提入借方票据时，若提入票据正确无误，借记“单位活期存款”等科目，贷记本科目；若因误提他行票据等原因不能入账，借记“其他应收款”科目，贷记本科目；再提出时，借记本科目，贷记“其他应收款”科目。提入贷方票据时，若提入票据正确无误，借记本科目，贷记“单位活期存款”等科目；若因误提他行票据等原因不能入账，借记本科目，贷记“其他应付款”科目，退票或再提出时，借记“其他应付款”科目，贷记本科目。

将提出票据和提入票据计算轧差后，如为应收差额，借记“存放中央银行款项”科目，贷记本科目；如为应付差额，借记本科目，贷记“存放中央银行款项”科目。

2）业务流程

对于商业银行，票据交换的具体操作流程如图 6-4 所示。

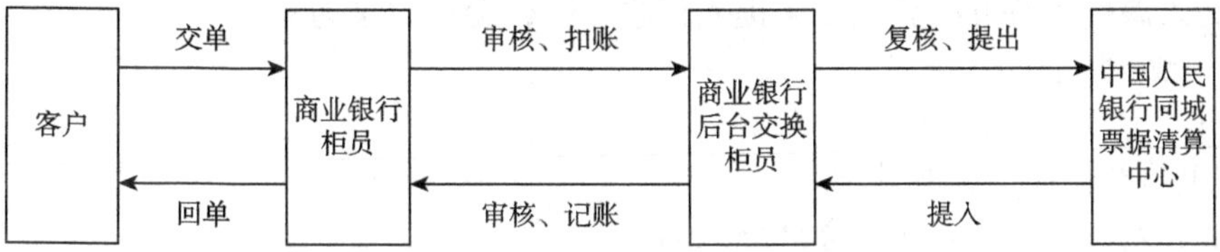


图 6-4　同城票据交换流程图

（1）提出行处理手续。各提出行受理的非本行同城票据，按提出代收票据（电信汇的转汇、进账单、税单等）和提出代付票据（支票、银行汇票、本票及商业汇票等）分别整理登记“代收票据交换登记簿”和“代付票据交换登记簿”，结出金额合计数，并借记或贷记客户账扣划资金。然后根据提入行的交换号进行整理，结计汇总提出代收代付票据差额，并分别填制“代理付款清单”和“代理收款清单”，根据清单加计金额及凭证张数填入“票据交换报告表”的提出代收、代付有关栏，带往交换所进行交换。

（2）提入行处理手续。交换员收齐其他行处提出的代收、代付清单和票据后，分别加计清单上的凭证张数和金额，经核对后填入“票据交换报告表”的提入代收、代付有关栏。然后根据报告表中代收、代付合计数计算出差额，加盖交换员名章，一份留存，一份交票据交换所。

（3）票据交换所处理。交换所收齐各行处“票据交换报告表”后，逐栏加计合计数填制汇总的“票据交换报告表”，汇总报告表必须做到：提出的代收票据金额等于提入代收票据金额；提出代付票据金额等于提入代付票据金额；应收差额合计金额等于应付差额合计金额。如有不符，由交换所经办人员组织全体交换员进行核查，直至当场轧平。

3）账务处理

（1）提出交换票据。提出交换票据是银行向票据交换所提出应由本行收款或付款的票据业务处理过程。

当提出票据为借方结算凭证（提出代付）时，会计分录为

借：同城票据清算

贷：其他应付款

若在规定时间无退票并向收款人支付款项时，会计分录为

借：其他应付款

贷：单位活期存款——××收款人户

当提出票据为贷方结算凭证（提出代收）时，会计分录为

借：单位活期存款——××付款人户

贷：同城票据清算

（2）提入交换票据。提入交换票据是在票据交换所办理交换完毕后由银行办理入账收款或付款的业务处理过程。

当提入行从票据交换所取回本行借方结算凭证（提入代付）时，会计分录为

借：单位活期存款——××付款人户

贷：同城票据清算

当提入票据为贷方结算凭证（提入代收）时，会计分录为

借：同城票据清算

贷：单位活期存款——××收款人户

（3）清算差额资金的处理。

若清算差额为应收差额，会计分录为

借：存放中央银行款项

贷：同城票据清算

若清算差额为应付差额，会计分录为

借：同城票据清算

贷：存放中央银行款项

中央银行处理时，会计分录为

借：××银行准备金存款——付差行户

贷：××银行准备金存款——收差行户

4）退票的规定及核算处理

（1）提入借方票据的退票。提入行提回的借方票据（提入代付），由于付款人账户冻结、透支等各种原因不能入账而提出退票时，应将其视同代付票据，纳入下次清算交换退还给原提出行，并在退票时间以内，电话通知原提出行（北京市为下午 4：00 电话通知退票）。如当天不能退回，先转入“其他应收款”科目核算，次日提出交换时再从“其他应收款”科目予以冲销。

当天发生退票时，会计分录为

借：其他应收款

　贷：同城票据清算

次日提出票据时，会计分录为

借：同城票据清算

　贷：其他应收款

（2）提入贷方票据的退票。提入行提回的贷方票据（提入代收），由于账号户名不符、收款人不在本行开户等原因不能入账而提出退票时，应将其视同代收原提出行票据，于下次清算交换提出。如果当天不能退回，先转入"其他应付款"科目核算，次日提出交换时再从"其他应付款"科目转出。

当天发现差错时，会计分录为

借：同城票据清算

　贷：其他应付款

次日提出退票时，会计分录为

借：其他应付款

　贷：同城票据清算

原提出行收到退回代收票据后，应查明原因，重新确定应提入的行处，于下次提出交换，再次提出时不需要进行账务处理。如付款人要求不再提出，则转入付款人存款账户。会计分录为

借：同城票据清算

　贷：单位活期存款——付款人账户

**【例 6-8】**　某农行交换时提出的借方票据（代付票据）金额为 100 万元。其中工行应付票据（即付款单位在工行开户）金额为 60 万元，中国银行应付票据（即付款单位在中国银行开户）金额为 40 万元；提出的贷方票据（代收票据）金额为 200 万元，是工行应收票据（收款人在工行开户）。从交换所提入的借方票据（付款人在本行开户），收款人在工行开户金额为 60 万元；贷方票据，收款人在本行开户金额为 150 万元，付款人在中国银行开户。试做该农行相关会计分录。

（1）提出交换票据。

当提出借方票据时，会计分录为

| | |
|---|---|
| 借：同城票据清算 | 1 000 000 |
| 　贷：其他应付款 | 1 000 000 |

票据交换时间过后，会计分录为

| | |
|---|---|
| 借：其他应付款 | 1 000 000 |
| 　贷：单位活期存款——××收款人户 | 1 000 000 |

当提出贷方票据时，会计分录为

| | |
|---|---|
| 借：单位活期存款——××付款人户 | 2 000 000 |
| 　贷：同城票据清算 | 2 000 000 |

（2）提入交换票据。

当提入票据为借方票据时，会计分录为

| | |
|---|---|
| 借：单位活期存款——××付款人户 | 600 000 |
| 　贷：同城票据清算 | 600 000 |

当提入票据为贷方结算凭证时，会计分录为

借：同城票据清算 1 500 000

　贷：单位活期存款——××收款人户 1 500 000

（3）计算应收应付差额。

农行应收总额=100+150=250（万元）

农行应付总额=200+60=260（万元）

应收应付轧差后为应付 260−250=10（万元）

通过存放中央银行的账户支付款项，会计分录为

借：同城票据清算 100 000

　贷：存放中央银行款项 100 000

### 6.3.3 全国支票影像交换系统

1. 全国支票影像交换系统概述

全国支票影像交换系统是运用影像技术将实物支票转换为支票影像信息，通过计算机和网络将支票信息传递至出票人开户银行提示付款，实现支票全国通用的业务处理系统。该系统已于 2003 年 6 月 21 日在香港投入运作。2006 年，此业务已在天津、河北、山东等 13 个省份开始试点，2007 年 7 月已在全国上线运行。全国支票影像交换系统定位于处理银行机构跨行和行内的支票影像信息交换，其资金清算通过中央银行覆盖全国的小额批量支付系统处理。支票影像业务的处理分为影像信息交换和业务回执处理两个阶段，即支票提出银行通过全国支票影像交换系统将支票影像信息发送至提入行提示付款；提入行通过小额批量支付系统向提出行发送回执完成付款。

2. 全国支票影像交换系统的结构与接入模式

1）全国支票影像交换系统的总体结构

全国支票影像交换系统的结构布局充分考虑了我国幅员辽阔、业务量大、各地业务量不均衡等实际情况，为两级两层结构，如图 6-5 所示。

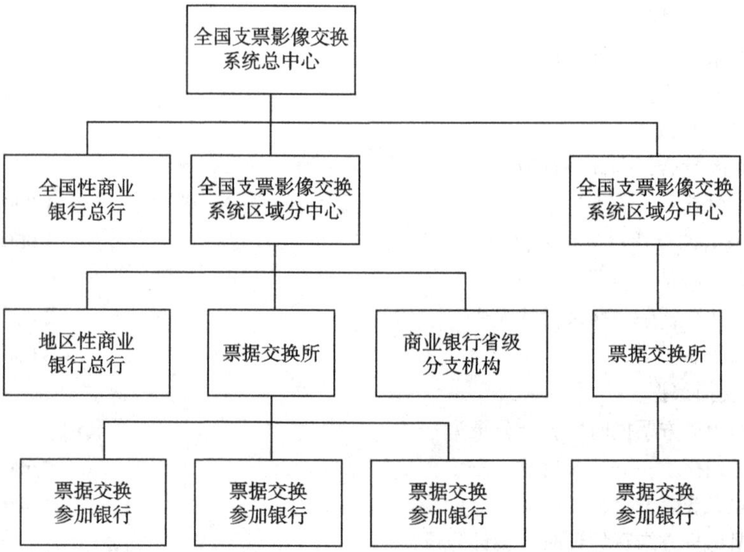


图 6-5 全国支票影像交换系统总体结构图

第一层为全国支票影像交换中心（总中心）。总中心负责接收、转发跨分中心支票影像信息。

第二层为全国支票影像交换分中心（省中心或区域中心）。分中心负责接收、转发同一区域参与者的支票影像信息，并向总中心发送和从总中心接收跨分中心的支票影像信息。

各省会（首府）、地市及县级同城票据交换所与当地分中心连接，各银行机构通过分中心和总中心接入全国支票影像交换系统办理业务。

2）商业银行的接入模式

各政策性银行、国有商业银行、股份制商业银行、城市商业银行、农村商业银行、农村信用社、城市信用社、外资银行等银行业金融机构可以根据本行业务需要参加全国支票影像交换系统，可选择分散接入模式或集中接入模式。

（1）分散接入模式。分散接入模式是指商业银行未与全国支票影像交换系统联网，商业银行采取传递支票实物或磁介质方式，通过当地票据交换所向全国支票影像交换系统提交业务。其业务路径是：商业银行—票据交换所—全国支票影像交换系统—票据交换所—商业银行。中央银行各分支机构的会计营业部门和国库部门可采取分散接入模式办理影像交换业务。

（2）集中接入模式。集中接入模式是指商业银行具备影像采集条件，其所辖各级票据交换机构以省级或全国机构为单位，直接提交全国支票影像交换系统处理。其中，全国性银行省级机构或地方性商业银行法人机构可集中接入分中心，全国性商业银行法人机构可集中接入总中心。其业务传递路径是：商业银行地区分支机构—商业银行省级分支机构—全国支票影像交换系统（分中心）—其他商业银行省级分支机构—其他商业银行地区分支机构。

采取集中接入模式的银行机构，可以选择直联方式或间联方式。在直联方式下，银行行内系统通过接口直接提交或接收支票影像信息；在间联方式下，银行通过前置机客户端提交或接收支票影像信息。

3）支票影像业务种类

支票影像交换系统处理的业务主要有两类，即支票业务和通用业务。

对于支票业务，影像交换系统主要处理异地的跨行和行内支票影像交换业务。根据支票的提出行和提入行所在地区不同可以分为全国业务和区域业务。全国业务是指不同分中心覆盖范围内的业务，区域业务是指同一分中心覆盖范围内不同城市（县）间的业务。

通用业务是指支票以外的其他支付业务，目前全国支票影像交换系统可支持的其他类型借记业务包括银行汇票、商业承兑汇票、银行承兑汇票、银行本票和商业本票的影像传递处理。

4）支票影像业务基本原理

支票影像系统的业务处理基本原理是：持票人开户行（即提出行）收到持票人提交的异地支票后，自行或委托同城票据交换所采集支票影像并制作支票影像信息，通过本行或票据交换所的前置机将影像信息传送至出票人开户行（即提入行）。提入行对收到的影像信息审核后，将审核结果通过小额批量支付系统告知提出行，小额批量支付系统负责对其中同意付款的支票影像业务完成资金轧差清算。

3. 全国支票影像交换系统业务处理流程

支票影像业务处理模式分为分散接入模式和集中接入模式，按照交换区域划分为区域业务和全国业务。这里主要介绍支票影像业务处理的总体业务流程，分散接入模式和集中接入模式的主要区别在于提出和接收支票影像信息的方式不同，其余业务操作基本相同。

1）前提条件

（1）全国支票影像交换系统与小额批量支付系统共享业务要素数据、行名行号数据。

（2）未参加小额批量支付系统的票据交换银行需要指定本行在小额批量支付系统中的业务代理行。

（3）全国支票影像交换系统的资金清算统一通过小额批量支付系统处理。

（4）全国支票影像交换系统与小额批量支付系统运行时序相同。

2）总体业务处理流程

支票业务处理按处理次序分为五个步骤：第一步，提出支票影像信息；第二步，支票影像信息交换；第三步，支票影像信息的接收及确认；第四步，支票业务回执处理；第五步，提出支票业务信息归并及销记。

4. 全国支票影像交换系统的账务处理

1）提入行的处理

提入行已参加小额批量支付系统的，提入行行内系统根据提入的支票业务报文及核验结果（确认付款或退票），在规定的时间内自动生成小额批量支付系统支票回执报文，并按同一清算行组成支票回执业务包，包中附带确认付款回执和退票回执的业务明细。然后将回执包发送至小额批量支付系统总分中心并销记支票业务登记簿。

提入行接收小额批量支付系统总分中心返回的已拒绝、已排队、已轧差、已清算通知，并修改对应业务状态。

支票核验通过后，提入行对确认付款的支票业务立即进行扣款，会计分录为

借：单位活期存款——付款人户

　　贷：待清算支付款项

扣款成功后，提入行应在规定期限内通过小额批量支付系统发起支票影像业务确认付款回执。提入行接到小额批量支付系统发来的已清算通知时进行账务处理，会计分录为

借：待清算支付款项

　　贷：存放中央银行款项

提入行未参加小额批量支付系统的，提入行接收到支票业务报文后按规定进行核验，并将核验结果（确认付款或退票）告知小额业务代理行，小额业务代理行根据提入的支票业务报文及核验结果（确认付款或退票）自动转换为小额批量支付系统支票回执报文。小额业务代理行的具体账务处理同上。

2）提出行的处理

提出行（或其小额业务代理行）接收总中心发送的支票回执业务包并核验密押，无

误后向总中心返回确认信息。如果核押错误，则作拒绝处理。提出行为直联方式的，支票回执业务包直接发送至行内系统进行处理；间联方式的提出行根据收到的支票回执业务包，使用中央银行规定格式的来账清单和统一印制的来账凭证打印支付信息，送行内系统进行处理。

提出行行内系统对回执确认付款的，匹配并销记“提出支票业务登记簿”后，进行账务处理，会计分录为

借：待清算支付款项

　贷：单位活期存款——收款人存款户

提出行收到总中心转发的已清算通知后，行内进行账务处理，会计分录为

借：存放中央银行款项

　贷：待清算支付款项

提出行行内系统对回执拒绝付款的，匹配并销记“提出支票业务登记簿”后，打印退票理由书并连同支票实物退还持票人。

## 6.4　境外资金清算系统

### 6.4.1　境外资金清算系统概述

境外资金清算系统是指境内银行与境外银行之间进行资金往来支付，完成各种经济业务产生的国际间债权债务的资金清偿过程。境外资金清算业务应遵循国际惯例，做好与境外金融机构的往来对账，畅通清算渠道，提高清算处理效率。

1. 境外资金清算业务范围

境外资金清算是伴随国际货币资金流动而产生的，一般与国际结算、国际融资、国际投资活动紧密联系在一起。其业务范围如下。

（1）国际结算，是指国际贸易和非贸易事项交易双方通过银行办理的收付款业务，国际结算方式主要包括汇款、托收和信用证。

（2）国际融资，是指境内机构通过各种手段在国际市场融通资金业务，主要方式有国外贷款、买方信贷、进出口押汇、境外发债、福费廷等。

（3）国际投资，是指境内机构或个人将资金投资境外金融市场以获取收益的业务，主要方式有购买国外债券、股票、金融衍生品等。

无论是国际结算还是国际投融资业务，最终反映在清算系统表现为收付款和资金调拨，因此按资金流向也可把境外资金清算业务归结为汇出款项和汇入款项。

2. 境外资金清算业务模式

目前，境外资金清算业务有两种模式：一种是代理行模式；另一种是清算组织模式。

代理行模式是指在境外清算业务中，境内银行委托境外银行（代理行）代理收付款，二者之间互开往来账户，通过此类账户项下收付款往来，完成国际间债权债务的清算。以北京的汇款人向纽约收款人汇款为例：北京的汇款人将款项交北京地区的银行（如中国银行），然后将款项存放至该行纽约代理行（如花旗银行）的账户，再由代理行汇交收

款人。其汇款路径为：汇款人—境内银行—境外代理行—收款人。

清算组织模式是境内外银行机构作为会员参加的一个共同清算组织，由清算组织办理会员间资金往来划拨，如速汇金（Money Gram）公司、西联汇款（Western Union）公司。以北京客户向境外汇款为例进行说明，北京客户在可办理速汇金业务的任一网点办理汇款，生成8位汇款参考号后，汇款人将该信息提供给境外收款人；境外收款人到其当地可办理速汇金业务的网点凭上述 8 位汇款参考号及其他资料就可办理款项的支取。其汇款路径为：汇款人—境内银行（速汇金公司会员）—境外银行（速汇金公司会员）—收款人。

二者的区别在于：代理行模式需要相互之间开立账户，而清算组织模式需要银行均为该组织成员。

### 6.4.2 境外资金清算系统简介

国际银行之间的资金往来需要专业清算系统支持，最主要的系统有 SWIFT（Society for Worldwide Interbank Financial Telecommunication，即环球银行电信协会）系统、CHIPS 系统和 FEDWIRE 系统。下面分别加以简要介绍。

1. SWIFT 系统

SWIFT 是国际上最重要的金融通信网络之一。通过该系统，可在全球范围内把原本互不往来的金融机构全部串联起来，进行信息交换。该系统主要提供通信服务，专为其成员金融机构传送与汇兑有关的各种报文信息。成员行接收到这种信息后，将其转送到相应的资金调拨系统或清算系统内，再由其进行各种必要的资金转账处理。所以，该系统为全球报文交换系统，而非支付系统。

2. CHIPS 系统

CHIPS 是 clearing house interbank payment system 的缩写，系“纽约清算所银行同业支付系统”的简称。纽约是世界上最大的金融中心，国际贸易的支付活动多在此地完成。因此，CHIPS 也就成为世界性的资金调拨系统。CHIPS 日处理交易 28.5 万笔，金额 1.5 万亿美元，平均每笔金额 500 万美元。47 家直接会员来自 19 个国家，包括中国银行与交通银行，全球 95%的美元跨国支付由该系统完成。

CHIPS 的参加银行，除了利用该系统本身调拨资金外，还可接受银行同业往来的付款指示，通过 CHIPS 将资金拨付给指定银行。CHIPS 直接会员在 CHIPS 开设清算账户，同时在联储银行开设结算账户，CHIPS 自身也在联储银行开设结算账户。CHIPS 进行双边/多边连续轧差清算，日终通过 FEDWIRE 完成结算。

3. FEDWIRE 系统

美国的第一条支付网络是联邦储备通信系统（federal reserve communication system），通常称之为 FEDWIRE。它属美国联邦储备体系（federal reserve system）所有，并由其管理，是美国国家级的支付系统，用于遍及全国 12 个储备区的 1 万多家成员银行之间的资金转账。它实时处理美国国内大额资金的划拨业务，逐笔清算资金。每天平均处理的资金及传送证券的金额超过 10 000 亿美元，平均每笔金额达 330 万美元。

在该系统传输和处理的信息主要有：资金转账；美国政府和联邦机构的各种证券交

易信息；联邦储备体系的管理信息和调查研究信息；自动清算所业务；批量数据传送。

总之，SWIFT 是全球行间报文交换网络，而非支付系统；CHIPS 是一种美元大额清算系统，其结算通过另一个核心支付系统，即联储的全额实时清算系统 FEDWIRE 完成。三者的关系如图 6-6 所示。

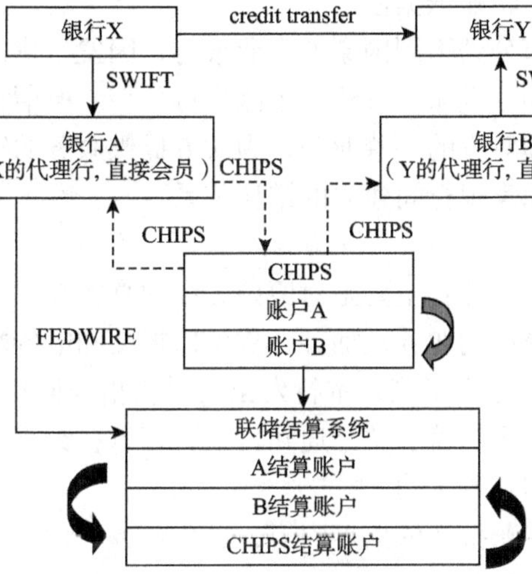


图 6-6　SWIFT、CHIPS、FEDWIRE 系统之间的联系

### 6.4.3　境外资金清算业务处理

1. 业务处理原则

境外资金清算业务的参与者有汇款人、汇款行、总行清算中心、代理行（转汇行）、收款人等。境外资金清算业务应坚持“集中管理、逐级清算”的原则，总行清算中心是全行境外清算业务的监督管理机构，统一管理境外账户，负责组织管理全行与各境外金融机构之间、辖内各级机构之间资金清算业务往来。各分支机构负责受理辖内各机构经办的境外收付款业务，并负责与总行清算中心的资金划拨和对账。银行内部之间的资金往来通过电子汇划系统办理。

2. 会计科目及凭证

1）会计科目

境外资金收付通过在境外同业开立的用于办理资金收付业务的往来账户进行。存放境外同业账户是指银行在境外同业银行或金融机构开立的可自由兑换货币的往来账户，通过此类账户项下收付款的往来，完成国际间债权债务的清算。境外账户通过“存放境外同业款项”科目进行会计核算，本科目下按境外账户行行别分设账户。当使用境外账户办理汇入汇款时，借记本科目，贷记有关科目；当使用境外账户办理汇出汇款时，借记有关科目，贷记本科目。

2）会计凭证

境外资金清算业务的原始凭证分为头寸证实类和转账依据类两种。

（1）头寸证实类。账户行发送的对账单，包括邮寄对账单、SWIFT 报文 MT950/

MT940；账户行发送的已借/贷记通知，包括邮寄报单、SWIFT 报文 MT900/MT910。

（2）转账依据类。代理行发来的加押付款指令；账户行发送的具有已借/贷记通知性质的加押查复函电，如 SWIFT 报文 MT199/MT299；向账户行发送的付款指令回执；账户行发送的对账单项下或账户行发送的邮寄（SWIFT）已借/贷记通知项下注明各业务部门或分行编号的，可作为转账依据使用。

所谓账户行，是指两家分处不同国家的商业银行，因发生货币收入业务的需要，或者一方在对方设账，或者相互设账，就建立了账户行关系。所谓代理行，是指与其他国家银行建立往来关系，代理对方的一些业务，为对方提供服务的银行。代理行不附属于本行，代理关系就是不同国家银行间建立的结算关系。

3. 账务处理

经办人员首先审核原始凭证，主要是对原始凭证的真实性、合法性进行检查。重点注意以下几点：是否本行受理的业务；加押 SWIFT 报文和电传的密押是否正确；各种邮寄报单是否有印鉴，印鉴是否正确；本行发出的付款指令回执是否正确（ACK），是否有汇款委托书相匹配，是否加盖了“已通知付款”印章；银行汇票是否注明我行为解付行，印鉴是否正确，背书是否正确。

审核无误后，根据可转账报文依据等内容，进行账务处理。

1）汇出汇款

经办机构人员受理客户汇款申请，审核原始凭证确属境外资金支付的，将款项通过行内资金汇划系统划转到总行清算中心，即采取“先直后横”的模式处理。会计分录为

借：单位活期存款（或库存现金）——客户账

　　贷：清算资金往来——往账户

总行清算中心收到报文后，根据发出的付款指令回执中的付款事项，确认为分行委托总行付款业务，会计分录为

借：清算资金往来——往账户

　　贷：存放境外同业款项

经办人员应判断对账单中的摘要项，若为汇款费用，应查找相应的付款指令，确认费用发生，会计分录为

借：手续费支出

　　贷：存放境外同业款项

如判断对账单中的摘要项为账户行收取的账户费用、透支利息等，须与邮寄来的明细报单核对，报经业务主管批准，会计分录为

借：手续费支出

　　贷：存放境外同业款项

需要注意的是，分（支）行委托上级行对外付汇，应保证本行在总行清算中心上有充足的头寸，避免超额度支付发生透支。

**【例 6-9】** 某外贸公司从其开户行中国银行西安南大街支行的活期外汇存款账户中支取 1000 万欧元汇往国外，假设汇款的手续费率为万分之一，则可通过行内资金汇划系统和境外代理行办理转账。会计分录为

借：外汇活期存款　　10 001 000 欧元
　贷：清算资金往来——往账户　　10 000 000 欧元
　　　手续费及佣金收入——手续费收入　　1000 欧元

总行清算中心的账务处理为

借：清算资金往来——来账户　　10 000 000 欧元
　贷：存放境外同业款项　　10 000 000 欧元

2）汇入汇款

总行清算中心经办人员审核报文，判断付款指令中的收款人开户行项或收款人账号项，或根据业务编号项确定收款行，采取“先横后直”的模式处理。会计分录为

借：存放境外同业款项
　贷：清算资金往来——往账户

经办行收到收款信息时，会计分录为

借：清算资金往来——来账户
　贷：外汇活期存款——收款人账户

**【例 6-10】**　美国进口商向上海宝钢公司支付钢材货款 200 万美元，交通银行上海分行的境外代理行为花旗银行，由于交通银行在花旗银行开立同业账户，所以进口商可直接到花旗银行办理汇款，通过 SWIFT 系统向交通银行发送支付报文，审核无误后确认将款项划转上海宝钢的美元账户，会计分录为

借：存放境外同业款项——花旗户　　2 000 000 美元
　贷：外汇活期存款——上海宝钢公司户　　2 000 000 美元

## ➢ 关键概念

结算与清算　行内资金汇划　中国现代化支付系统　全额实时清算　差额定时清算　SWIFT　同城票据交换　全国支票影像交换系统

## ➢ 复习思考题

1. 简述支付结算和资金清算之间的联系与区别。
2. 请联系第 5 章学过的银行汇票业务，完整表述从结算到清算的过程。
3. 简述行内资金汇划清算系统的处理流程。
4. 比较大额实时支付系统与小额批量支付系统的异同。
5. 简述小额批量支付系统处理的业务种类。
6. 简述跨行汇划款项的处理流程。
7. 简述同城票据交换的基本做法和基本原理。
8. 简述同城票据交换的主要参与机构。
9. 案例分析题。

工行广州天河支行本日发生下列业务，要求写出会计分录：

（1）工行广州天河支行开户单位××单位汇款 100 000 元，支付购买工行北京海淀支行开户单位联想公司计算机的款项。

（2）工行广州天河支行收到其开户单位天河城提交的银行汇票第二、第三两联，金额为 200 000 元，审核后，立即办理兑付手续。该银行汇票由工行上海浦东支行签发。

（3）工行广州天河支行本日受理开户单位麦顶商场到期承付的雨花亭灯泡厂托收的货款一笔60 000元，收报行是异省系统外某银行江南支行。若天河支行收取1‰的手续费，请写出该行会计分录。

（4）张某在美国留学，其父母通过工行广州天河支行本日向其汇去生活费6000美元。

（5）王某持工行广州天河支行的借记卡，在北京农村商业银行的柜台取款30 000元，手续费为5‰。

10. 为了保证联行往来电子汇划资金的安全，银行会采取哪些技术保障措施？

# 第7章

# 外 汇 业 务

➢ **本章提要**

外汇业务是银行会计核算的重要内容之一。本章主要介绍外汇业务的核算原理和主要外汇业务会计核算方法。通过本章的学习，要求掌握外汇买卖、外汇存贷款、信用证、托收、国际汇兑等常见外汇产品核算方法，并注意比较相互之间存在的差异，及时关注外汇市场的变化，分析人民币升值和人民币国际化对银行会计核算带来的潜在影响，比较现行外币核算方法与国际会计准则之间的差异。

## 7.1 外汇业务概述

外汇业务是商业银行业务的重要组成部分。随着金融全球化和对外开放进程的加快，中资银行与外资银行间的竞争日益加剧，而其中的外汇业务更是竞争的重点领域。

### 7.1.1 外汇和汇率

1. 外汇

外汇简单地讲是以外币标示的债权债务证明。按照《中华人民共和国外汇管理条例》的规定，外汇是指下列以外币表示的用于国际结算的支付手段，主要有以下种类：①外国货币，一般限定在能自由兑换国家的货币，包括纸币、铸币；②外币支付凭证，包括票据、银行存款凭证、邮政储蓄凭证等；③外币有价证券，包括政府债券、公司债券、股票等；④特别提款权、欧洲货币单位；⑤其他外汇资产。

作为外汇，需要有两个条件：一是以外国货币表示；二是可自由兑换。目前，全世界有 45 个国家和地区的货币是可自由兑换货币，但最常用的是美元、英镑、欧元、日元。各种外币以其个位为记账单位，小数点以下根据该货币的辅币进位情况而定，常见外国货币符号和辅币进位情况如表 7-1 所示。

表 7-1 常见外国货币符号和辅币进位

| 外国货币名称 | 货币符号（ISO 简写） | 货币单位和辅币进位 |
|---|---|---|
| 美元 | US$（USD） | 1 元=100 分 |
| 英镑 | £（GBP） | 1 镑=100 便士 |
| 欧元 | €（EUR） | 1 欧元=100 分 |
| 日元 | J¥（JPY） | 1 元=100 钱 |
| 新加坡元 | S$（SGD） | 1 元=100 分 |
| 加拿大元 | CAN$（CAD） | 1 元=100 分 |
| 澳大利亚元 | A$（AUD） | 1 元=100 分 |
| 俄罗斯卢布 | RUB（SUR） | 1 卢布=100 戈比 |

2. 外汇业务的范围

目前，国内银行办理的外汇业务主要有：外汇存款；外汇汇款；外汇贷款；外汇借款；发行或代理发行股票以外的外币有价证券；外汇票据的承兑和贴现；外汇投资；买卖或者代理买卖股票以外的外币有价证券；自营或代客外汇买卖；外币兑换；外汇担保；贸易、非贸易结算；资信调查、咨询业务；国家外汇管理局批准的其他外汇业务。

3. 汇率的种类及标价方法

1）汇率的种类

汇率又称汇价，是指一个国家的货币折算成另一个国家货币的比率。按照期限划分，汇率还可以分为即期汇率和远期汇率；按照汇率的载体分为现钞价和现汇价；按照交易方向分为买入价、卖出价和中间价等。

（1）即期汇率和远期汇率。按外汇买卖的交割期限来划分，汇率可分为即期汇率与远期汇率。所谓交割，是指买卖双方履行交易契约，进行交易确认并进行款项同时结清的行为。外汇买卖的交割是指购买外汇者付出本国货币、出售外汇者付出外汇的行为。由于交割日期不同，汇率就有差异。即期汇率又称现汇汇率，是买卖双方成交后，在两个营业日之内办理外汇交割时所用的汇率。远期汇率又称期汇汇率，是买卖双方事先约定的，并在未来的一定日期进行外汇交割的汇率，如 3 月 1 日签订外汇买卖合约，约定在 9 月 1 日以 1USD=6.4703CNY 的汇率办理交割。其中，CNY 是国际贸易中表示人民币元的唯一规范符号。如今已取代了 RMB “¥” 的记法，统一用于外汇结算和国内结算。

（2）现汇价和现钞价。现汇指的是由港、澳地区或者境外汇入外汇，以及外币汇票、本票、旅行支票等国际结算凭证转存账户的外汇。现钞指的是国内居民手持的外汇钞票。所以，外汇存款有现钞户和现汇户之分。一般情况下，未经允许现钞存款不能变成现汇存款，现钞也不能直接汇往国外。

现汇价是银行买卖现汇时的牌价；现钞价是银行买卖外币现钞时使用的价格。一般来说在银行外汇买卖业务中，现钞买入价低于现汇买入价，而在外汇卖出时现汇的报价与现钞的报价相同。

（3）买入价、卖出价和中间价。买入价是指银行向客户买入外汇时使用的汇率，用以计算付出的本币数。卖出价是银行向客户卖出外汇时使用的汇率，用以计算收进本币数。二者的平均价格称为中间价，是银行之间外汇买卖价计算的基础。买入价和卖出价是从银行角度来说的。USD/JPY 的报价为 111.30/111.36，表示客户向银行卖出美元买入日元的汇率为 111.30，而客户向银行卖出日元买入美元的汇率为 111.36。也可以说，111.30 是报价银行买入美元的价格，即买入价，是客户（询价者）卖出美元的价格；111.36 是报价银行卖出美元的价格，即卖出价，是客户（询价者）买入美元的价格。

2）外汇的标价方法

两种货币折算时，首先要确定以哪一国货币作为标准，这被称为汇率的标价方法。通常，外汇汇率有两种标价方法，即直接标价法和间接标价法。

直接标价法又称应付标价法，是指以一定单位的外国货币为标准折算为若干单位本国货币的表示方法，如 1USD=111.30JPY。间接标价法又称应收标价法，是指以一定单位的本国货币为标准折算为若干单位外国货币的表示方法，如 1GBP=1.6233USD。采用间接标价法的国家和地区有美国（USD）、英国（GBP）、澳大利亚（AUD）、新西兰（NZD）、欧盟（EUR）。大部分国家都用直接标价法，我国人民币汇率也采用直接标价法。

### 7.1.2 外汇业务核算的原理

银行外汇业务核算应遵循《企业会计准则第 19 号——外币折算》的规定，它着重解决了记账本位币的确定、外汇交易的会计处理和外币财务报表的折算问题。

1. 记账本位币

记账本位币是指银行经营所处的主要经济环境中的货币。我国企业以人民币为记账本位币，也允许业务收支以人民币以外的货币为主的单位选择其中一种货币为记账本位币，但要求编报的财务会计报告应当折算为人民币。企业选择的记账本位币一经确定，不得改变，除非与确定记账本位币相关的经营所处的主要经济环境发生了重大变化。

记账本位币以外的货币被称为外币。相对于人民币，外汇业务使用外币进行交易，但是会计信息的确认、计量和披露却采用记账本位币即人民币，外币核算的核心问题就是解决不同币种之间的会计确认、计量与披露如何保持一致。

2. 外汇交易

外汇交易是以外币计价或结算的交易，包括的主要内容如下。

（1）买入或卖出以外币计价的商品或劳务。这里所说的商品是一个泛指的概念，可以是有实物形态的存货、固定资产等，也可以是无实物形态的无形资产、债权或股权等。

（2）借入或借出外币资金。这里包括企业向银行借款、银行向中国人民银行及同业借款、发行以外币计价或结算的债券等。

（3）其他以外币计价或结算的交易，如接受外币现金捐赠等。

外汇交易可分为货币性项目和非货币性项目。货币性项目是银行持有的货币和将以固定或可确定金额的货币收取的资产或者偿付的负债。货币性项目分为货币性资产和货币性负债，货币性资产包括现金、银行存款、应收账款和应收票据以及准备持有至到期的债券投资等；货币性负债包括应付账款、其他应付款、短期借款、应付债券、长期借款、长期应付款等。

非货币性项目是货币性项目以外的项目，如存货、长期股权投资、交易性金融资产（股票、基金）、固定资产、无形资产等。

3. 外币折算

外币折算是指将外汇交易或外币财务报表折算为记账本位币的过程。外汇交易折算的会计处理主要涉及两个环节：一是在交易日对外汇交易进行初始确认，将外币金额折算为记账本位币金额；二是在资产负债表日对相关项目进行折算，因汇率变动产生的差额应记入当期损益。

银行对于发生的外汇交易，应当在初始确认时，采用交易发生日的即期汇率将外币金额折算为记账本位币金额，或者采用与交易发生日即期汇率近似的汇率折算。

在资产负债表日，对外币货币性项目（货币资金、债券、应付款等）和外币非货币性项目（存货、股权、长期预付款等）进行不同处理。对于外币货币性项目，采用资产负债表日即期汇率折算。因资产负债表日即期汇率与初始确认时或者前一资产负债表日即期汇率不同而产生的汇兑损益差额，计入当期损益，同时调增或调减外币货币性项目的记账本位币金额。而以历史成本计量的外币非货币性项目，已在交易发生日按当日即期汇率折算，资产负债表日不改变其记账本位金额。

### 7.1.3 外汇业务核算方法

外汇业务涉及人民币和多种货币，为了记录和反映人民币资金和外汇资金的收付，使人民币和外币之间、外币和外币之间的核算更合理、科学，必须采用专门的核算方法。外汇业务的专门核算方法有外汇分账制和外汇统账制两种。虽然在外币折算准则中没有提及分账制记账方法，但在外币折算准则应用指南中提出，金融保险企业的外汇交易频繁，涉及外币币种较多，可以采用分账制记账方法进行日常核算。

1. 外汇分账制

外汇分账制也称原币记账法，是经营外汇业务的银行，对外汇与本币实行分账核算的一种记账方法，也就是直接以各种原币为记账单位，而不折成本币进行记账的方法。

采用外汇分账制核算的银行，应按业务发生时的各种原币填制凭证、登记账簿、编制会计报表。银行发生结售汇、外币买卖以及各种货币之间的兑换及账务间的联系均通过“货币兑换”科目，并按业务发生时的汇率记账。“货币兑换”科目应采用多栏式账簿，套写成外币计量单位与人民币计量单位并列的两张转账传票，记录当时兑换的比率和不同货币折算的数值。这样既能使本币账和外币账各自平衡，又能使本币账和外币账有机联系起来。

资产负债表日，银行应将以原币编制的财务会计报告折算为人民币。其中，货币性项目按资产负债表日即期汇率折算，非货币性项目按交易日即期汇率折算，产生的汇兑差额计入当期损益。

综上所述，外汇分账制核算方法的特点如下。

（1）以原币分别立账。人民币与各种外币分账核算。

（2）设置“外汇买卖”科目，以联系和平衡不同货币间的账务。

（3）现汇与记账外汇分账核算，记账人民币与人民币也分账核算。

（4）年终结算时，编制本外币合并报表，并以人民币统一反映经营状况和成果。

2. 外汇统账制

外汇统账制也称本位币记账法或单一货币制，是经营外汇业务的银行，对每一笔外汇的买卖、收付等都折合成本币进行账务处理的方法。

采用外币统账制核算的银行，应分别记账本位币和各种外币进行明细核算。银行发生外币业务时，应当将有关外币金额折合为记账本位币记账，并登记外币金额和折合率。除另有规定外，所有与外币业务有关的账户，应当采用业务发生时的汇率，或业务发生当期期初的汇率折合。

所有外币账户金额的增加、减少，一律按外汇牌价折合为人民币记账。会计期末，银行应将外币账户的外币余额按照期末外汇牌价折合为人民币，作为外币账户的期末人民币余额。调整后的各外币账户的人民币余额与原账面余额的差额，作为汇兑损益，列作当期损益。

外币金额折合人民币记账时，可采用变动汇率，即业务发生时外汇牌价（通常采用中间价）作为折算率；也可采用固定汇率，即按业务发生当期期初的牌价作为折算率。

### 7.1.4 外汇分账制的处理方法

外汇分账制和外汇统账制只是核算的流程和方法不一样，二者核算的内容和结果是无差异的。无论采用哪种方法，汇率变动对损益的影响是一致的。由于国内银行都采用了外汇分账制，所以本节重点介绍分账制的操作方法。

1. 外汇交易通过“货币兑换”科目进行处理

（1）银行发生的外汇交易同时涉及货币性项目和非货币性项目的，按相同外汇金额同时记入货币性项目和“货币兑换（外币）”科目。同时，按交易发生日即期汇率折算为记账本位币的金额，计入非货币性项目和“货币兑换（记账本位币）”科目。

（2）银行发生的交易仅涉及记账本位币外的一种货币反映的货币性项目的，按照相同币种金额入账，不需要通过“货币兑换”科目核算。如果涉及两种以上货币，按相同币种金额记入相应货币性项目和“货币兑换（外币）”科目。

（3）期末的处理，应将所有以记账本位币以外的货币反映的“货币兑换”科目余额按期末汇率折算为记账本位币金额，并与“货币兑换（记账本位币）”科目余额相比较，其差额转入“汇兑损益”科目。如为借方差额，借记“汇兑损益”科目，贷记“货币兑换（记账本位币）”科目；如为贷方差额，借记“货币兑换（记账本位币）”科目，贷记“汇兑损益”科目。

结算外币货币性项目产生的汇兑差额计入“汇兑损益”科目。

2. 外汇交易的日常核算不通过“货币兑换”科目进行处理

外汇交易日常核算不通过“货币兑换”科目，仅在资产负债表日结转汇兑损益时通过“货币兑换”科目进行账务处理。期末，由于所有账户均需要折算为记账本位币列报，所有以外币反映的账户余额均需要折算为记账本位币余额。其中，货币性项目以资产负债表日即期汇率折算，非货币性项目以交易日即期汇率折算。折算后，所有账户借方余额之和与所有账户贷方余额之和的差额即为当期汇兑差额，应当计入当期损益。

## 7.2 外汇买卖业务

### 7.2.1 外汇买卖的概念及种类

外汇买卖又称外汇兑换，是外币业务核算的中心内容。由于银行在办理国际结算中使用的货币种类不同，需要以一种货币兑换成另一种货币。这种按一定的汇率卖出一种货币或买入一种货币的行为，被称为外汇买卖。

外汇买卖的基本功能是回避风险和增值获利。通过外汇买卖将手中的外币换成其他外币，一方面，可以避免因汇市波动带来的贬值风险；另一方面，利用外汇买卖的套利将持有的较低利率的外币兑换为另一种较高利率的外币以获得更高收益。外汇买卖按照交易目的、参与主体、交割期限等进行分类。

1. 按外汇买卖的目的划分

按照外汇买卖目的不同，将外汇买卖划分为结汇、售汇和套汇。

结汇是指境内企事业单位、机关和社会团体按国家外汇管理政策的规定，将各种外汇收入按银行挂牌汇率结售给外汇指定银行，由外汇指定银行付给相应人民币的业务。

售汇是指境内企事业单位、机关和社会团体的正常对外支付外汇，持有关有效凭证，用人民币到外汇指定银行办理兑付，由外汇指定银行收进人民币，付给等值外汇的业务。

套汇是银行根据客户的要求，将一种外汇兑换成另一种外汇的外汇买卖业务。银行办理的套汇业务有两种类型：①同一货币之间现钞和现汇的互换，如钞买汇卖；②不同币别的外汇套汇，即将一种外币兑换成另一种外币，如英镑兑换日元。

2. 按外汇买卖的主体划分

按照参与主体不同，外汇买卖可分为自营外汇买卖和代客外汇买卖。

自营外汇买卖是指银行按照自己确定的外汇买卖价格，用自己拥有的人民币资金购入外汇，或将自己拥有的外汇卖出，收回人民币资金或另一种外汇的买卖行为；代客外汇买卖是指银行接受客户委托，按照与客户约定的价格买入或卖出外汇的行为。

3. 按外汇买卖的交割时期划分

按交割时间不同，外汇买卖分为即期、远期和掉期外汇买卖。

即期外汇买卖一般是指买卖双方按当天外汇市场的即期汇率成交，并在当天或第二个工作日进行交割的外汇交易。

远期外汇买卖是指买卖外汇的双方根据外汇买卖合同，到约定的日期按约定的汇率进行交割的外汇交易。

掉期外汇买卖一般是指在买进或卖出即期外汇或远期外汇的同时，卖出或买进远期外汇，其目的是避免外汇汇率变动带来的风险，通常被用来作为外汇保值的手段。

### 7.2.2　会计科目及账簿

银行办理外汇买卖时通过“货币兑换”科目核算，在资产负债表日对外汇买卖的损益进行确认计量，通过“汇兑损益”科目核算。

1. 会计科目

1）“货币兑换”科目

“货币兑换”科目是实行外汇分账制下的一个特色科目，该科目起着联系和平衡账务的桥梁作用。该科目核算银行办理的各种外汇之间的买卖业务，以及同币种现汇与现钞之间的兑换业务。该科目应按币种进行明细核算。

卖出外币时，借记本科目，贷记外币“现金”“外汇活期存款”等科目；买入外币时，借记“外汇活期存款”等科目，贷记本科目。本科目为资产负债共同类科目，余额轧差后在借方为资产类科目，在贷方为负债类科目。

年末，本科目外币余额按决算牌价折成人民币，与本科目人民币余额的差额即为外汇买卖损益。按此差额，借记本科目（人民币），贷记“汇兑损益”科目；或借记“汇兑损益”科目，贷记本科目（人民币）。

“货币兑换”科目具有两个作用：一是外币与人民币之间的桥梁和制约作用，体现本、外币之间的内在联系；二是这一科目使外币与外币之间、人民币与人民币之间起到各自平衡的作用。“货币兑换”科目传票必须同时与双方有关科目转账，不得只转一方。

【例7-1】　20××年4月1日，某进口单位持进口许可证，向银行申请售汇10 000元港汇汇往香港。当天港汇卖出价为100∶102.81。会计分录为

| | |
|---|---|
| 借：单位活期存款 | ¥10 281 |
| 　贷：货币兑换——汇卖价 | ¥10 281 |
| 借：货币兑换——汇卖价 | HK$10 000 |
| 　贷：汇出汇款（或存放境外同业款项） | HK$10 000 |

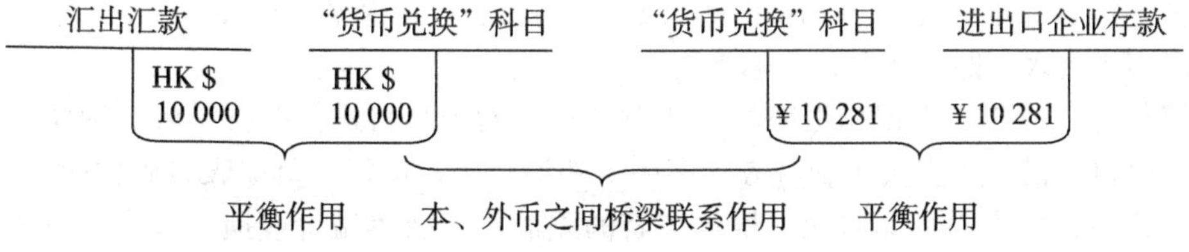


2）“汇兑损益”科目

“汇兑损益”科目核算银行在经营外汇业务过程中由于外币兑换、外汇买卖、外汇结售、外汇投资等原因实现的收益及损失。银行发生汇兑收益时，借记“货币兑换”“外汇结售”等科目，贷记本科目；发生汇兑损失时，借记本科目，贷记“货币兑换”“外汇结售”等科目。期末，各外币账户的外币期末余额，应当按照期末汇率折合为人民币。按照期末汇率折合的人民币金额与原账面人民币金额之间的差额，如为汇兑收益，借记有关科目，贷记本科目。如为汇兑损失，做相反会计分录。本科目应按外汇币种进行明细核算。期末，应将本科目的余额转入“本年利润”科目，结转后本科目应无余额。

2. 会计账簿

“货币兑换”科目设置总账和分户账两类账簿。“货币兑换”科目的分户账是一种特定格式的账簿，如表 7-2 所示，它以每一种外币分别立账，但不设人民币外汇买卖分户账，并将外汇买卖金额和相应的人民币金额记在一张账页上。

**表 7-2 ××商业银行**

（“货币兑换”科目分户账）

货币： 账号：

| 年 | | 摘要 | 买入 | | | 卖出 | | | 结余 | | | |
|---|---|---|---|---|---|---|---|---|---|---|---|---|
| 月 | 日 | | 外币（贷）金额 | 牌价 | 人民币（借）金额 | 外币（借）金额 | 牌价 | 人民币（贷）金额 | 借或贷 | 外币金额 | 借或贷 | 人民币金额 |
| | | | | | | | | | | | | |
| | | | | | | | | | | | | |
| | | | | | | | | | | | | |
| | | | | | | | | | | | | |

“货币兑换”科目分户账的账页由买入、卖出、结余三栏组成。买入栏、卖出栏各设外币、牌价、人民币三项；买入时，外币反映在贷方，人民币反映在借方；卖出时，外币反映在借方，人民币反映在贷方。结余栏同时反映（借或贷）外币与人民币结余。

“货币兑换”科目总账，按各外币和人民币分别设置。总账设借、贷、余额三栏，每日根据科目当日发生额及上日余额填写。

日终“货币兑换”科目处理后，若科目各原币余额反映在贷方，表示该种外汇买卖买入多于卖出，即有结余，亦称多头。反之，科目各原币余额反映在借方，表示该种外汇卖出多于买入，即有缺余，亦称空头。

银行月末或年末需根据汇率的变化对外汇买卖类科目进行损益结转，应将“货币兑换”科目的借方（空头）和贷方（多头）外汇余额，按资产负债表日牌价折成本币，并与该科目初始本币金额对比，根据二者的差额算出获得溢价或损失多少，转入“汇兑损益”科目。在各货币折合本币与本币合并的资产负债表上“货币兑换”科目应无余额。

### 7.2.3 外汇买卖业务的核算

外汇买卖是银行经营外汇的重要业务，它贯穿于各种业务之中。本小节主要介绍结汇、售汇和套汇业务核算。目前，国内银行外汇买卖业务集中管理敞口，大多采取由总行或分行统一向外汇交易市场（中国外汇交易中心）吞吐外汇，则其下属分支行经营外汇买卖所收外汇资金应划交其总行或上级行，人民币资金亦向其总行或上级行清算，并向总行或上级行计收差价收益。

1. 结售汇业务

我国外汇管理实行结售汇制。结汇、售汇业务是指外汇指定银行为客户办理人民币与可自由兑换货币之间兑换的业务。根据《外汇指定银行办理结汇、售汇业务管理暂行办法》的要求，外汇指定银行办理与客户之间的结汇、售汇业务和自身结汇、售汇业务应当分账核算，设置专用的结汇、售汇会计科目，并分别管理、统计和核算。

1）会计科目

在“货币兑换”科目下设置“外汇结售”子科目，核算银行办理的人民币与外汇之间的买卖业务，并按币种进行明细核算。本科目为资产负债共同类科目，余额轧差后在借方为资产类科目，在贷方为负债类科目。

当银行为客户办理售汇业务时，借记本科目（外币），贷记“存放境外同业款项”等科目（外币）；同时，借记“单位活期存款”等科目（人民币），贷记本科目（人民币）。

客户办理结汇业务时，借记“存放境外同业款项”等科目（外币），贷记本科目（外币）；同时，借记本科目（人民币），贷记“单位活期存款”等科目（人民币）。

计算损益时，如为收益，借记本科目（人民币），贷记“汇兑损益”科目，如为亏损，借记“汇兑损益”科目，贷记本科目（人民币）。

2）结汇业务的核算

客户向银行结汇也是银行买入外汇并向客户支付人民币（按外汇或外钞买入价折算人民币金额），其会计分录为

| | |
|---|---|
| 借：存放境外同业（或现金） | （外币） |
| 　贷：货币兑换——外汇结售 | （外币） |
| 借：货币兑换——外汇结售 | （人民币） |
| 　贷：单位活期存款（或现金） | （人民币） |

3）售汇业务的核算

向客户售汇是指银行卖出外汇收进人民币（按外汇卖出价折算人民币金额），其会计分录为

| | |
|---|---|
| 借：单位活期存款（或现金） | （人民币） |
| 　贷：货币兑换——外汇结售 | （人民币） |
| 借：货币兑换——外汇结售 | （外币） |
| 　贷：存放境外同业（或现金） | （外币） |

**【例7-2】** 20××年1月5日，中国银行收到境外代理行发来贷记报单一份，内容为甲公司某信用证项下的USD10万货款收妥。中国银行随即按外汇管理规定与甲公司结汇。当日挂牌价为美元汇买价1：7.25；会计分录为

| | |
|---|---|
| 借：存放境外同业款项 | US$ 100 000 |
| 　贷：货币兑换——外汇结售汇户 | US$ 100 000 |
| 借：货币兑换——美元结售汇户 | ¥725 000 |
| 　贷：单位活期存款——甲公司 | ¥725 000 |

到12月31日，挂牌美元汇率为1：7.05，则表明发生汇兑损失2万元，需要进行结转汇兑损益，会计分录为

借：汇兑损益 ¥20 000
　贷：货币兑换 ¥20 000
借：本年利润 ¥20 000
　贷：汇兑损益 ¥20 000

2. 套汇业务

套汇分三种情况：不同币种的货币通过人民币折算；同一货币分别以现钞价和现汇价核算；通过套汇专户直接套汇（不经过人民币折算）。

1）通过人民币套汇

在办理不同币种之间的货币兑换或即期买卖，且交易的两种不同外币之间没有直接比价时，需要利用两种外币的人民币牌价套算出卖出币种的金额。计算公式为

卖出币种的套汇金额=买入币种金额×买入币种汇买价/卖出币种汇卖价

【例 7-3】 某客户支付新加坡出口商货款，要求银行将 20 万美元换成新加坡元，当日的美元买入价 100 美元=827.8 人民币，新加坡元卖出价 100 新元=502.9 人民币，则银行应付新加坡元=200 000 × 8.278 ÷ 5.029≈329 210.58。

第一步，买入美元。

借：外汇活期存款——某企业户 US$200 000
　贷：货币兑换——套汇户 US$200 000

第二步，换成人民币。

借：货币兑换——美元套汇户 ¥1 655 600
　贷：货币兑换——新元套汇户 ¥1 655 600

第三步，卖出新元。

借：货币兑换——套汇户 S$329 210.58
　贷：外汇活期存款——某企业户 S$329 210.58

2）同一货币钞汇之间套汇

客户将现汇转换为现钞，则客户先卖出现汇（钞），然后买入现钞（汇），中间通过人民币套算。一般来讲，钞买价低于汇买价，按国际惯例钞买汇大约多支付外汇 1%～3%，而钞卖价大部分情况下等于汇卖价。

汇买钞卖的计算公式为

卖出币种现钞金额=买入币种现汇金额×汇买价÷钞卖价

钞买汇卖的计算公式

卖出币种现汇金额=买入币种现钞金额×钞买价÷汇卖价

【例 7-4】 某企业客户从其外汇账户支取 20 000 美元。当日美元现汇汇率为 100USD=826.65CNY/828.50CNY。

银行应付美元现钞=20 000×8.2665÷8.285≈US$19 955.34

借：外汇活期存款——某企业户 US$20 000
　贷：货币兑换——汇买价 US$20 000
借：货币兑换——汇买价 ¥165 330
　贷：货币兑换——钞卖价 ¥165 330
借：货币兑换——钞卖价 US$19 955.34
　贷：现金 US$19 955.34

3）直接套汇

对具有资金投机交易性质的大额套汇，为便于分析套汇业务的实际盈亏，可以不通过人民币而直接设置套汇专户用原币记账；待年终决算时，再将各原币户余额按决算日牌价折成人民币，填制货币兑换科目传票，转入各原币“货币兑换”账户内，结平套汇专户，发生的人民币差额记入“汇兑损益”。

**【例7-5】** 客户向银行卖出100万英镑买入美元直接套汇，当日的英镑兑换美元的汇率为GBP1=US$1.65，则会计分录为

| | |
|---|---|
| 借：外汇活期存款 | GBP1 000 000 |
| 贷：货币兑换——即期汇率 | GBP1 000 000 |
| 借：货币兑换——即期汇率 | US$1 650 000 |
| 贷：外汇活期存款 | US$1 650 000 |

年终决算时，办理外汇平盘，并对损益进行评价。年终决算时的英镑汇率为GBP1=¥13.50，美元的汇率为US$1=¥8.00，100万英镑折算人民币为1350万元，165万美元折算人民币为1320万元，则因汇率波动产生盈利30万元。会计分录为

| | |
|---|---|
| 借：货币兑换——决算牌价/英镑 | ¥300 000 |
| 贷：汇兑损益 | ¥300 000 |

## 7.3 外汇存款业务

### 7.3.1 外汇存款业务的概念及种类

外汇存款是在我国境内办理的以外国货币作为计量单位的存款，其存取和计息均用外国货币来计算和办理。外汇存款按开户对象划分为单位外汇存款和个人外汇存款；根据管理要求不同通常划分为现钞户和现汇户，但自2007年2月起不再分两个户；按存款期限划分为活期存款和定期存款；按存取方式划分为支票户和存折户。

1. 个人外汇存款

凡是内地（大陆）居民、港澳台同胞以及外国人、外籍华人及华侨均可将外汇资金存入银行开立个人外币存款账户，具体适用对象如表7-3所示。按照《境内居民个人外汇管理暂行办法》的规定，居民个人从境外汇入的外汇、携入的外币票据，从境外携入或持有的可自由兑换的外币现钞可开立外汇存款账户；一次性存入等值1万美元以下的，直接到银行办理；一次性存入等值1万~5万美元（含5万美元）的，银行审核真实身份和合法外汇来源证明材料；5万美元以上的，凭国家外汇管理局核准件办理。

**表7-3 个人外汇存款的适用对象**

| 服务对象 | 有效身份证件 | 开户起存金额 |
|---|---|---|
| 内地（大陆）居民 | 居民身份证、户口簿、军人证、武警身份证明 | 活期存款20元人民币的等值外币，定期存款50元人民币的等值外币 |
| 港澳台同胞 | 港澳居民往来内地通行证、台湾居民来往大陆通行证或其他有效旅行证件 | 活期存款100元人民币的等值外币，定期存款500元人民币的等值外币 |
| 外国人、外籍华人和华侨 | 护照 | 活期存款100元人民币的等值外币，定期存款500元人民币的等值外币 |

个人外汇存款的币种包括美元、港币、英镑、欧元、日元、加拿大元、澳大利亚元、瑞士法郎和新加坡元等。按存期划分为活期、定期及定活两便三大类。个人外币存款存期分为 1 个月、3 个月、半年、1 年、2 年共 5 个档次。客户可在储蓄柜台存入现金，或从个人结算账户、汇入汇款等转入存款。根据《个人外汇管理办法》，自 2007 年 2 月起不再区分个人现钞和现汇账户，对个人非经营性外汇收付统一通过外汇储蓄账户进行管理。

根据中国人民银行及国家外汇管理局的相关规定，居民个人可办理本人不同外币账户，以及与其直系亲属境内外币账户的资金划转业务。

2. 单位外汇存款

单位外汇存款是国家外汇管理局规定允许开立现汇户的国内外机构办理的外币存款。凡境内企事业单位、机关、社会团体和外国驻华使领馆、国际组织、民间机构及其他境外法人驻华机构可持国家外汇管理局核发的《外汇账户使用证》或《开户通知书》，或持有效凭证如《外商投资企业外汇登记证》《外债登记证》等开户资料到开户银行，开立可自由兑换货币的外汇现汇存款账户。

单位外汇存款账户包括驻华机构活期存款、单位定期存款、单位活期存款、三资企业活期存款和外商专户存款等。单位外汇存款的币种包括美元、港币、英镑、欧元、日元、加拿大元、澳大利亚元、瑞士法郎和新加坡元等。其他可自由兑换的外币，可以按存款日公布的外汇牌价兑换成上述货币入账或存款。

外币存款按照存款数额的大小分为外币小额存款和外币大额存款。

外币小额存款是指金额在 300 万美元以下或等值其他外币的存款。它按期限分为活期、7 天通知、定期存款三类。定期存款记名式存单，包括 1 个月、3 个月、6 个月、1 年和 2 年 5 个档次。外币小额存款执行固定利率。

外币大额存款是指金额在 300 万美元（含）以上或等值其他外币的存款。它按期限分为活期、通知、定期存款三类。通知存款为记名式存单，包括 1 天通知、7 天通知 2 个档次或者 7 天通知 1 个档次；定期存款包括 7 天、1 个月、3 个月、6 个月、1 年和 2 年 6 个档次。

定期、通知存款的起存金额不低于人民币 5000 元的等值外汇；活期起存金额不低于人民币 1000 元的等值外汇。

### 7.3.2 个人外汇存款的核算

客户申请开立定期或活期外币存款账户时，应填写“外币存款开户申请书”或“存款凭条”，写明户名、地址、存款种类、金额等，连同外汇或现钞一并交存银行。银行认真审核申请书、外币票据或清点现钞，并按规定审查开户人的有关证明材料如护照、身份证等。经核对无误后办理存折账户或支票账户的开立手续。

1. 个人外汇活期存款的核算

1）存入的处理

存入的处理主要包括两种情况。

（1）以相同币种现钞或现汇存入时，会计分录为

借：现金（或存放境外同业款项）　（外币）
　贷：外汇活期储蓄存款　（外币）

（2）以不同币种现钞或现汇存入时，按套汇处理，会计分录为

借：现金　（A外币）
　贷：货币兑换　（A外币）
借：货币兑换——钞买价　（人民币）
　贷：货币兑换——汇卖价　（人民币）
借：货币兑换　（B外币）
　贷：外汇活期储蓄存款　（B外币）

2）支取的处理

从外汇储蓄户支取现汇或同种货币现钞时，均按 1∶1 支付。但支取等值 1 万美元以上同种现钞时，需向国家外汇管理局申请，经批准后办理，并另收取 3‰的手续费。

（1）支取外币现钞时，会计分录为

借：外汇活期储蓄存款（现钞户）　（外币）
　贷：现金　（外币）
　　手续费及佣金收入——手续费收入　（外币）

（2）支取并汇出外汇时，会计分录为

借：外汇活期储蓄存款　（外币）
　贷：汇出汇款（或存放境外同业款项）　（外币）

2. 个人外汇定期存款的核算

存款人存入定期存款时，由银行发给记名式存单或存折，会计分录为

借：现金　（外币）
　贷：外汇定期储蓄存款　（外币）

存款到期后，可转外汇活期存款户，也可支取现金，会计分录为

借：外汇定期储蓄存款　（外币）
　　利息支出　（外币）
　贷：现金（或外汇活期存款）　（外币）

3. 利息计算

1）个人外汇活期存款的利息计算

每年 12 月 20 日为结息日，全年按实际天数计算，以结息日挂牌活期存款利率计付利息。结息日的会计分录为

借：利息支出　（外币）
　贷：外汇活期储蓄存款　（外币）

2）个人外汇定期存款的利息计算

个人定期存款到期取本付息，如遇利率调整，仍按存入日利率计算利息；到期续存，按续存日利率计息。

根据规定，个人外币活期、定期存款利息需要以原币扣除利息收入所得税。

**【例 7-6】** 某客户于 20××年 3 月 10 日将其收到的汇入汇款 2000 万美元存入其在中国银行开立的港元存款账户，3 月 13 日将港元全部支取，汇至国外。已知 3 月 10 日美元汇买价为 100USD= 539.29CNY，

港元汇卖价 100HKS=74.42CNY。3 月 9 日港元存款账户余额为 86.85 万元，港元存款活期利率为 0.1%。

（1）将美元汇款转存为港元时，会计分录为

借：存放境外同业款项　　US$20 000 000
　贷：货币兑换　　US$20 000 000
借：货币兑换——汇买价　　¥107 858 000
　贷：货币兑换——汇卖价　　¥107 858 000
借：货币兑换　　HK$144 931 470
　贷：外汇活期储蓄存款　　HK$144 931 470

（2）提取并汇出存款时，会计分录为

借：外汇活期储蓄存款　　HK$145 799 970
　　利息支出　　HK$1215
　贷：存放境外同业款项　　HK$145 801 185

存款利息为 $145\ 799\ 970 \times 0.1\% \div 360 \times 3 \approx 1215$（HKD）。

### 7.3.3 单位外汇存款的核算

单位外汇存款账户可以办理境内、境外汇款等结算业务，也可以通过外汇买卖方式折算为其他外币存款，经批准后也可以兑付人民币或提取外币。单位外汇存款通过“外汇活期存款”“单位定期存款”“外汇通知存款”等科目核算。

1. 单位外汇活期存款的核算

外汇活期存款分为以汇款存取、以现钞存取、以不同货币存取三种情况。

1）以汇款存取的处理

（1）以境外汇入现汇，收妥外币票据后存入，会计分录为

借：存放境外款项　　（外币）
　贷：外汇活期存款　　（外币）

（2）通过向境外汇款方式支取存款，会计分录为

借：外汇活期存款　　（外币）
　贷：存放境外款项　　（外币）

2）以现钞存取的处理

以外币现钞存入，应通过“货币兑换”科目办理转账。存入现钞，按钞买价、汇卖价处理，会计分录为

借：现金　　（外币）
　贷：货币兑换　　（外币）
借：货币兑换——钞买价　　（人民币）
　贷：货币兑换——汇卖价　　（人民币）
借：货币兑换——汇卖价　　（外币）
　贷：外汇活期存款　　（外币）

支取现钞，按汇买价、钞卖价（汇卖价）处理，会计分录为

借：外汇活期存款　　（外币）
　贷：货币兑换　　（外币）

借：货币兑换——汇买价　（人民币）
　贷：货币兑换——钞卖价　（人民币）
借：货币兑换　（外币）
　贷：现金　（外币）

3）以不同货币存取的处理

将A种外币存入B种外币账户，按套汇处理，会计分录为

借：存放境外同业款项　（A外币）
　贷：货币兑换　（A外币）
借：货币兑换——汇买价　（人民币）
　贷：货币兑换——汇卖价　（人民币）
借：货币兑换　（B外币）
　贷：外汇活期存款　（B外币）

若从A种外币账户提取B种货币，也按套汇处理，会计分录则相反。

2. 单位外汇定期存款的核算

若单位以外汇汇款存入或将外汇活期存款账户资金转入外汇定期存款账户时，银行填制记名式定期存单凭以记账，会计分录为

借：存放境外同业款项　（外币）
　贷：外汇定期存款　（外币）

若单位以外币现钞存入现汇账户，应通过套汇办理，因为单位外汇存款只有现汇户，会计分录为

借：现金　（外币）
　贷：货币兑换　（外币）
借：货币兑换——钞买价　（人民币）
　贷：货币兑换　（人民币）
借：货币兑换——汇卖价　（外币）
　贷：外汇定期存款　（外币）

单位外汇定期存款到期时，银行按规定计付利息，单位可将款项汇往国外、港澳地区或用于支付其他款项。单位定期存款支取，一律通过转账处理，不得支取现金。会计分录为

借：外汇定期存款　（外币）
　　利息支出　（外币）
　贷：外汇活期存款　（外币）

3. 利息计算及账务处理

1）计息范围及规定

除了国库款项和属于财政预算拨款性质的经费预算外汇活期存款不计利息外，其他性质的单位外汇存款均应计付利息。

利率设固定利率和浮动利率两种方式。活期、通知、定期存款三类外币大额存款均可以使用固定利率；但1年和2年期限两个档次的外币大额定期存款可以使用浮动利率，浮动方式可选择每1个月浮动一次、每3个月浮动一次或每6个月浮动一次。

2）计付利息的账务处理

单位外汇存款利息的计算规定，与人民币存款利息的规定基本相同。

（1）单位外汇活期存款根据“存款余额表”按积数法计算存款利息。在季末结息日，逐户将本季度的累计积数乘以日利率，即得出各单位的应计利息数。每季末月 20 日为结息日，支付利息以原币记账，会计分录为

借：利息支出 （外币）

贷：外汇活期存款 （外币）

（2）单位定期存款的计息规定：按对年对月对日计算利息，不足一年或一月的零头天数折算成日息计算。存款到期，利随本清，一次性计付利息。如遇到利率调整，存期内仍按存入日利率计算，提前支取或逾期支取部分按支取日的活期利率计息。协定存款按客户与银行约定的存款期限、金额、利率存入银行，到期支取本息。外汇通知存款的计息规定与人民币相同，不再赘述。

【例 7-7】 某进出口公司于 5 月 6 日存入 20 万港元，定期半年，年利率为 3.375%，11 月 6 日到期。该公司于同年 12 月 12 日到银行支取该笔定期存款，支取日活期存款利率为 0.15%。

该公司的港元存款利息为

半年定期的存款利息=200 000 × 3.375% ÷ 12 × 6=3375（港元）

11 月 6 日至 12 月 12 日的活期利息=200 000 × 0.15% ÷ 360 × 36 ≈ 30（港元）

银行支付该存款的利息支出=3375+30=3405（港元）

会计分录为

借：外汇定期存款——进出口公司户 HK$200 000

利息支出——定期存款利息支出 HK$3405

贷：外汇活期存款 HK$203 405

## 7.4 外汇贷款业务

### 7.4.1 外汇贷款的概念及分类

外汇贷款是银行运用吸收的外汇存款和从国外吸收进来的外汇资金而发放的以外币为计量单位的贷款，是银行外汇资金的重要运用途径。目前，我国银行发放的外汇贷款种类较多，可按不同标准进行分类。

（1）按外汇贷款期限不同划分，可分为短期外汇贷款（指期限小于等于 1 年的贷款）和中长期外汇贷款（指期限大于 1 年的贷款）。

（2）按外汇贷款的利率形式不同划分，可分为浮动利率贷款、固定利率贷款和优惠利率贷款。

（3）按贷款的发放条件不同划分，可分为信用贷款、保证贷款和抵（质）押贷款等。

（4）按外汇贷款资金来源的不同划分，可分为现汇贷款、“三贷”贷款（买方信贷、政府贷款和混合贷款）、银团贷款、转贷款等。

本节将重点介绍现汇贷款、买方贷款、银团贷款和外汇转贷款。

### 7.4.2 现汇贷款

1. 现汇贷款的基本概念

现汇贷款即自由外汇贷款，是银行以自行筹集的外汇资金发放的贷款。目前，办理现汇贷款的种类主要有短期外汇浮动利率贷款、短期外汇优惠利率贷款、特优贷款、贴息贷款、外商投资企业贷款等。外汇贷款的原则是借什么货币还什么货币，以原币偿还并计收原币利息。货币种类由借款人选择，汇率风险由借款人承担。贷款的币种有美元、英镑、港币、欧元和日元等多种货币。贷款期限根据业务需要有1个月、3个月、半年、1年、2年、3年共6个档次。现以短期外汇浮动利率贷款为例，简述贷款的发放、计息和收回的处理手续，现汇贷款流程如图7-1所示。

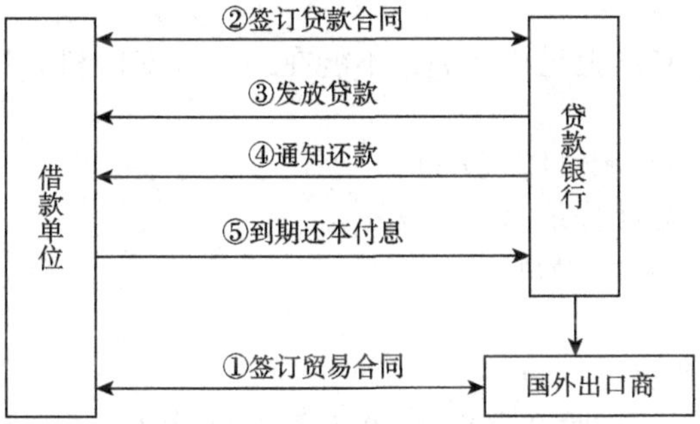


图7-1 现汇贷款流程图

2. 贷款的发放

借款单位向银行申请外汇贷款时要填具外汇贷款申请书，银行审查同意后，发出批准贷款文件，与借款单位签订贷款合同，写明贷款的金额、期限、利率，明确借贷双方各自的经济责任等，银行据以开立贷款账户。银行放款时，使用“外汇短期贷款”科目核算，按借款单位不同分设账户，并应区别不同情况办理发放手续。

（1）当贷款直接转入借款单位的外汇存款账户时，会计分录为

借：外汇短期贷款——××贷款户 （外币）
　贷：外汇活期存款 （外币）

若借款单位对外付汇时，会计分录为

借：外汇活期存款 （外币）
　贷：存放境外同业款项 （外币）

（2）当借款单位直接使用贷款对外付汇时，会计分录为

借：外汇短期贷款 （外币）
　贷：存放境外同业款项 （外币）

（3）当借款单位以非贷款货币对外付汇时，通过“货币兑换”科目按套汇处理。

3. 贷款的计息及账务处理

现汇贷款的利率可以根据合同规定采用浮动利率、固定利率或优惠利率。对外汇短期贷款的利息，一般实行浮动利率，即在浮动期内，利率固定不变，不受市场变动的影响，当浮动期到期后按浮动利率计息。浮动利率贷款的利率是参照伦敦同业

拆放利率来确定的。浮动档次有1个月浮动、3个月浮动和6个月浮动3种。

现汇贷款的计息天数，按公历的实际天数，算头不算尾。具体有以下几种情况。

1）正常还息的处理

借款单位以外汇存款偿还本金和利息时，会计分录为

借：外汇活期存款——借款单位户（外币）

　贷：利息收入——外汇贷款利息收入（外币）

2）利息转为本金的处理

按照合同约定将利息转为贷款本金时，会计分录为

借：外汇短期贷款——借款单位户（外币）

　贷：利息收入——外汇贷款利息收入户（外币）

3）无力还息的处理

借款单位还本付息专户无足够余额，不能在结息日支付利息时，会计分录为

借：应收利息（外币）

　贷：利息收入——外汇贷款利息收入户（外币）

借款单位付息时，会计分录为

借：外汇活期存款——借款单位户（外币）

　贷：应收利息（外币）

4）非应计贷款的处理

贷款逾期超过90天或应收利息超过90天仍未收回时，不再纳入表内核算，而是通过表外“应收未收利息”科目核算，会计分录为

收：应收未收利息——借款人户（外币）

同时将贷款本金转到“非应计贷款”，会计分录为

借：外汇非应计贷款（外币）

　贷：外汇短期贷款（或外汇逾期贷款）（外币）

4. 贷款的收回

借款单位使用现汇贷款，必须按期偿还，也可以提前偿还或分批偿还。借款单位可用自有外汇偿还或以人民币资金购汇归还本息。收回贷款时应将最后一个结息日至还款日尚未计收的利息与本金一并收回。

（1）借款单位用外汇存款偿还贷款本息时，会计分录为

借：外汇活期存款——借款单位户（外币）

　贷：外汇短期贷款——借款单位户（外币）

　　利息收入——外汇贷款利息收入户（外币）

（2）借款单位经批准用人民币购汇偿还贷款本息，其会计分录为

借：单位活期存款——借款单位户（人民币）

　贷：货币兑换——汇卖价（人民币）

借：货币兑换——汇卖价（外币）

　贷：外汇短期贷款——借款单位户（外币）

　　利息收入——外汇贷款利息收入（外币）

（3）借款单位使用非原贷款外币存款偿还时，会计分录为

借：单位活期存款——借款单位户　　（还款外币）
　贷：货币兑换——汇买价　　（还款外币）
借：货币兑换——汇买价　　（人民币）
　贷：货币兑换——汇卖价　　（人民币）
借：货币兑换　　（贷款外币）
　贷：外汇短期贷款——借款单位户　　（贷款外币）
　　利息收入——外汇贷款利息收入　　（贷款外币）

【例 7-8】　某进出口公司于 3 月 4 日向开户银行申请贷款 50 万美元，期限半年，贷款转入其单位活期存款账户，且在 9 月 4 日到期后从该存款账户偿还贷款本息，该笔贷款采用 3 个月浮动利率，利息按季结计并转入贷款本金。已知 3 月 4 日美元 3 个月浮动利率为 5.1%，6 月 4 日美元 3 个月浮动利率为 4.92%。要求写出贷款发放及收回的全部会计分录。

3 月 4 日发放贷款：

借：外汇短期贷款——某进出口公司　　USD 500 000
　贷：外汇活期存款——某进出口公司　　USD 500 000

3 月 20 日结计利息并转账：

利息收入=500 000×5.1%÷360×17≈1204.17（USD）

借：外汇短期贷款——某进出口公司　　USD 1204.17
　贷：利息收入　　USD 1204.17

6 月 20 日结计利息并转账：

利息收入=501 204.17×5.1%÷360×75+501 204.17×4.92%÷360×17≈6489.76（USD）

借：外汇短期贷款——某进出口公司　　USD 6489.76
　贷：利息收入　　USD 6489.76

9 月 4 日计算利息并收回贷款：

利息收入=507 693.93×4.92%÷360×75≈5203.86

借：外汇活期存款　　USD 512 897.79
　贷：外汇短期贷款　　USD 507 693.93
　　利息收入　　USD 5203.86

### 7.4.3　买方信贷外汇贷款

1. 买方信贷外汇贷款的概念

买方信贷是出口信贷的一种形式，是出口国银行向进口国银行提供信贷，再由进口国银行转贷给进口商，用以购买提供贷款国家的技术和设备，以及支付有关费用的信贷方式。这种信贷是出口国家为了扩大本国出口，提高国际市场竞争力而采取的措施。买方信贷外汇贷款期限较长，利率较低，是利用外资的一种重要形式。

买方信贷分为出口买方信贷和进口买方信贷。目前，我国银行办理的主要是进口买方信贷，即进口国银行从出口国银行取得并按需要转贷给国内进口单位使用的信贷。买方信贷外汇贷款必须经过出口国政府批准，签订贸易合同和贷款合同，用于购买或支付出口国的货物、技术或劳务。贷款金额不得超过贸易合同金额的 85%，其余 15% 由进口商以现汇支付定金，支付定金后才能使用贷款。贷款分期按等份金额每半年还

本付息一次。

2. 买方信贷外汇贷款的程序

买方信贷整个核算过程主要包括对外签订协议、支付定金、使用贷款和偿还本息四个环节，如图 7-2 所示。

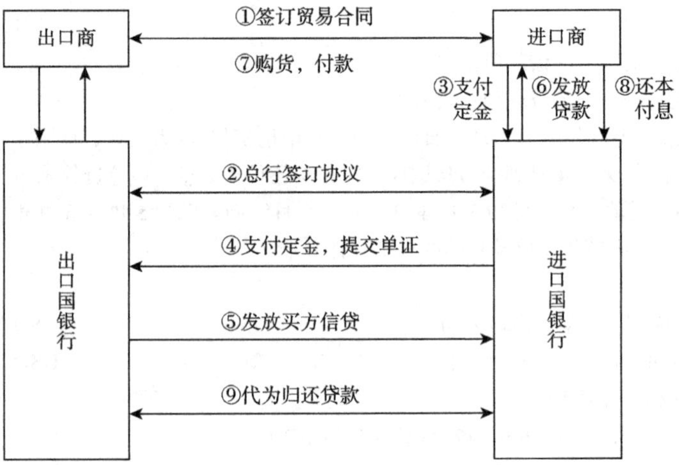


图 7-2 进口买方信贷流程图

3. 买方信贷外汇贷款的科目

买方信贷项下向国外银行的借入款，由各银行总行集中开户，并由总行负责偿还借入的本息。各分行对使用贷款的单位发放买方信贷外汇贷款，由有关分行开户，并由分行负责按期收回贷款的本息。其核算主要使用以下科目。

（1）“买方信贷外汇贷款”科目。用于核算出口国银行向进口商或进口国银行提供的长期外汇贷款的发放和收回。该科目属资产类科目，借方反映贷款的发放，贷方反映贷款的到期偿还，余额反映在借方，表明贷款尚未到期。

（2）“借入买方信贷款”科目。用于核算进口方银行或进口商获得买方信贷后借入款项的数额及到期偿还的情况，它是与“买方信贷外汇贷款”相对应的科目。该科目属于负债类科目，贷方反映借入款项的情况，借方反映借入款项到期归还情况，余额在贷方，反映借入但尚未归还的款项。

（3）“买方信贷用款限额”表外科目，是获得买方信贷的总行专用科目，当获得买方信贷用款限额时，本科目反映在收方；当实际提取贷款时，本科目反映在付方。

4. 买方信贷外汇贷款的账务处理

1）进口国银行

第一，进口国银行对外签订买方信贷协议时，会计分录为

收：买方信贷用款限额　　（外币）

第二，进口商根据协议规定比例对外预付定金。

（1）进口商用现汇支付定金时，会计分录为

借：外汇活期存款　　（外币）

贷：存放境外同业款项 （外币）

（2）进口商向银行申请现汇贷款支付定金时，会计分录为

借：外汇短期贷款 （外币）

贷：存放境外同业款项 （外币）

（3）进口商以人民币购汇支付定金时，会计分录为

借：外汇活期存款——进口商户 （人民币）

贷：货币兑换——汇卖价 （人民币）

借：货币兑换 （外币）

贷：存放境外同业款项 （外币）

（4）进口商用与贷款币种不同的外币支付定金时，会计分录为

借：外汇活期存款——进口商户 （A外币）

贷：货币兑换 （A外币）

借：货币兑换——汇买价 （人民币）

贷：货币兑换——汇卖价 （人民币）

借：货币兑换 （B外币）

贷：存放境外同业款项 （B外币）

第三，进口国银行因企业需要而使用贷款时，会计分录为

借：存放境外同业款项 （外币）

贷：借入买方信贷款——××银行 （外币）

与此同时，冲销表外科目减少买方信贷使用款限额，会计分录为

付：买方信贷用款限额 （外币）

第四，贷款发放的处理。如果进口商与提供贷款银行总行在同地，由总行直接发放买方信贷外汇贷款，会计分录为

借：中长期外汇贷款——进口商户 （外币）

贷：外汇活期存款——进口商户 （外币）

如果进口商与提供贷款的总行分别在异地，由分行发放外汇贷款时，则通过系统内资金汇划系统处理。

第五，贷款本息的偿还。买方信贷项下借入境外同业款项本息的偿还由总行统一办理。

总行偿还国外贷款本息时，会计分录为

借：借入买方信贷款 （外币）

利息支出——借入买方信贷利息支出 （外币）

贷：存放境外同业款项 （外币）

总行对外支付贷款本息的同时，应向国内借款人收回本息。

如果借款单位在总行开户并以本币购汇偿还本息时，会计分录为

借：单位活期存款——进口商户 （人民币）

贷：货币兑换——汇卖价 （人民币）

借：货币兑换 （外币）

贷：中长期外汇贷款——进口商户 （外币）

利息收入 （外币）

借款单位直接以外汇偿还贷款，会计分录为

借：外汇活期存款——进口商户 （外币）
  贷：中长期外汇贷款——进口商户 （外币）
    利息收入 （外币）

2）出口国银行

（1）出口国银行对外签订买方信贷协议并发放贷款时，会计分录为

借：买方信贷外汇贷款 （外币）
  贷：存放境外同业款项 （外币）

（2）出口国银行收到进口国银行归还贷款本息时，会计分录为

借：存放境外同业款项 （外币）
  贷：买方信贷外汇贷款 （外币）
    利息收入 （外币）

**【例 7-9】** 某机电公司需要从国外进口生产设备一套，金额为 20 万英镑，特向出口商银行花旗银行申请买方信贷外汇贷款，期限 1 个月，年利率为 5.4%。机电公司开户银行中国银行与花旗银行签订总协议后通知机电公司预付 15%的现汇定金并汇款。若贷款如期收回本息，要求写出会计分录。

支付定金时，会计分录为

借：外汇活期存款 £30 000
  贷：存放境外同业款项 £30 000

取得借款时，会计分录为

借：存放境外同业款项 £170 000
  贷：借入买方信贷款——花旗银行 £170 000
付：买方信贷用款限额 £170 000

发放贷款时，会计分录为

借：中长期外汇贷款——机电公司户 £170 000
  贷：外汇活期存款——机电公司户 £170 000

贷款到期，机电公司偿还贷款本息时，会计分录为

利息收入=170 000 × 5.4% ÷ 12 × 1=765（英镑）

借：外汇活期存款——机电公司户 £170 765
  贷：中长期贷款——机电公司户 £170 000
    利息收入——买方信贷外汇贷款利息收入户 £765

中国银行将款项偿还花旗银行，会计分录为

借：借入买方信贷款 £170 000
  利息支出——借入买方信贷利息支出 £765
  贷：存放境外同业款项 £170 765

### 7.4.4 外汇银团贷款

1. 外汇银团贷款的概念

外汇银团贷款是由获准经营外汇贷款业务的多家银行和非银行金融机构，采用同一贷款协议，按照商定的期限和比例向同一借款人提供外汇资金的贷款方式。外汇银团贷款按资金投向地区不同，分为境内外汇银团贷款和境外外汇银团贷款两种。其中，境外银团贷款一般结合出口买方信贷方式，其会计核算参照有关内容。这里的银团贷款核算

主要是指境内外汇银团贷款方式。

2. 外汇银团贷款的参与人

外汇银团贷款参与银行或金融机构，按其权利与责任的不同，分为牵头行、代理行和成员行三种。牵头行即银团贷款的组织者或安排者，原则上由借款人的主要贷款行和基本账户行担任，其所占银团贷款的份额一般最大；代理行是银团贷款协议签订后的贷款管理人，一般由借款人的牵头行担任，也可由银团各成员行共同协商产生。

借款单位申请国外银团贷款，应取得外汇局的批准文件，经银行审查符合贷款条件后，借款单位与贷款银行签订银团贷款协议及其附件。这种贷款往往需要政府或其他官方机构出面担保。

3. 外汇银团贷款的科目

办理银团贷款使用"银团贷款"和"银团贷款出资额"科目核算。

1）"银团贷款"科目

核算银行作为银团贷款代理行按银团贷款协议发放的贷款，并按借款单位分别设立账户进行明细核算。"银团贷款"科目属于资产类科目。

2）"银团贷款出资额"科目

核算银行作为参与行根据银团贷款协议在银团贷款中的出资额，并按银团贷款各参加行分别设立账户进行明细核算。"银团贷款出资额"科目属于资产类科目。

为简化核算，对于银团贷款的费用和利息收支使用"利息收入——银团贷款利息收入"核算。银团贷款应分别按以下不同情况进行核算：①银行作为牵头行和代理行并参加一部分贷款；②银行只作为代理行，不参加贷款；③银行只作为参加行，参加一部分贷款。

3）"银团贷款资金"科目

"银团贷款资金"科目核算代理行收到成员行提供的资金额，属于负债类科目，收到资金记贷方，转贷记借方。

4. 本行作为成员行的核算

本行作为外汇银团贷款成员行或非代理行性质的牵头行，需按照银团贷款协议，在规定的划款时间将承诺的贷款金额划拨到代理行指定账户，并在规定的时间接收代理行划回贷款本息。此类银团贷款按照期限长短，分别在"外汇短期贷款"和"外汇长期贷款"科目核算。

1）收取有关费用的核算

成员行或牵头行如果收到代理行划来的银团贷款项下有关费用后，填制转账借贷方凭证各一联，以收账通知或清算报文作为借方凭证附件。会计分录为

借：存放境内同业款项（或存放同业款项）

　　贷：手续费及佣金收入——手续费收入

2）划款的核算

成员行或牵头行在规定时间，将规定金额贷款资金划入代理行账户。同时根据贷款合同开立外汇贷款账户，并填制转账借方凭证一联，以划款凭证作为贷方记账凭证。会计分录为

借：银团贷款出资额

　　贷：存放境内同业款项（或存放同业款项）

3）划收利息的核算

成员行或牵头行在规定结息日对贷款户进行结息，将利息计算清单第一联寄给代理行作为催收利息通知，第二、第三联分别作为借贷方记账凭证。会计分录为

借：应收利息——借款人户

　　贷：利息收入——外汇贷款利息收入

成员行或牵头行收到代理行转来的贷款利息后，填制转账借贷方凭证各一联，以收账通知或清算报文作为借方凭证附件。会计分录为

借：存放境内同业款项

　　贷：应收利息——借款人户

4）贷款到期收回贷款本金的核算

成员行或牵头行收到代理行划转来的贷款本金后，填制转账借贷方凭证三联（一借两贷），以收账通知或总行、境外行清算报文作借方凭证附件。会计分录为

借：存放境内同业款项（或存放同业款项）

　　贷：银团贷款出资额

5）逾期或催收贷款的核算

如果贷款发生逾期或转为催收贷款，其本金和利息的核算方法与一般现汇贷款的逾期或非应计贷款的核算相同。

5. 本行作为代理行的核算

本行作为银团贷款代理行，既有自身参与银团贷款协议发放的贷款，又有作为代理行集中其他成员行贷款资金发放的代理银团贷款。前者本行承担贷款风险，并作为现汇贷款管理；后者本行不承担贷款风险，但要建立专户进行管理，并按协议规定发放贷款和收回协议下的全部本息。

1）收取有关费用并按比例分配给各成员行

代理行根据银团贷款协议中规定的费用收取比率向借款人收取银团贷款项下有关费用，并按比例分配给各行。收费时填制收费凭证一式二联，第一联加盖业务用章后交客户作为扣款通知，第二联作为借方记账凭证，另填制转账贷方凭证两联。会计分录为

借：外汇活期存款——借款人户

　　贷：手续费及佣金收入——手续费收入（本行应收取部分）

　　　　其他应付款——参加行户（其他成员行应收取部分）

代理行根据银团贷款协议中约定的费用分配比例，将代收的银团贷款有关费用划给有关成员行指定账户，并填制转账借贷方凭证各一联。会计分录为

借：其他应付款

　　贷：存放同业款项

2）提款时的处理

代理行在收到各成员行贷款资金后，填制转账借贷方凭证各一联，会计分录为

借：存放境内同业款项（或存放同业款项）

　　贷：银团贷款资金——××行户

同时，根据贷款协议和用款计划，将到期应发放的贷款转入借款人账户。填制特种转账凭证两联，第一联盖章后交客户，第二联作贷方记账凭证。另外填制转账借方凭证两联。会计分录为

借：银团贷款——借款人户（其他成员行参加的份额）
  短期外汇贷款/长期外汇贷款（本行参加的份额）
 贷：外汇活期存款——借款人户

3）利息的核算

在规定结息日，代理行首先按照贷款合同的规定，对本行发放的贷款部分计收利息，其会计核算与“现汇贷款利息的核算”相同。

同时，代理行对本行代理发放的银团贷款计算出应收利息，在与各成员行利息清单通知核对一致后，扣收客户存款，并按行别划转到各成员行指定账户，同时填制利息清单一式两联和转账贷方凭证一联，一联利息清单加盖业务用章后给借款人，另一联作借方记账凭证，另外填制转账贷方凭证一联，以划款凭证和成员行催款通知一并作为贷方凭证附件。会计分录为

借：外汇活期存款——借款人户
 贷：存放同业款项

4）归还贷款的核算

借款人按合同规定归还贷款本金时，填制外汇支付凭证一式两联，代理行审核无误后，在第一联加盖业务用章后交客户，另一联作借方记账凭证；或者在规定还款日，代理行主动扣款时，填制特种转账借方凭证一式两联，一联加盖业务用章后交客户作扣款通知，另一联记账。另外填制特种转账贷方凭证两联，以成员行发送的催款通知作为贷方记账凭证附件。会计分录为

借：外汇活期存款——借款人户
 贷：短期外汇贷款（或长期外汇贷款）——借款人户（本行贷款部分）
  银团贷款——借款人（成员行贷款部分）

同时，代理行将各成员行的贷款本金划拨到各成员行指定账户后，并填制转账借贷方凭证三联（两借一贷），以划款凭证或电文作为贷方凭证附件。会计分录为

借：银团贷款资金——参加行户
 贷：存放同业款项

5）借款人不能按期归还银团贷款

借款人如因特殊情况只能归还部分银团贷款，则代理行应按照协议规定，根据成员行的贷款份额按比例分别划归各成员行。对借款人未能按期归还的贷款，代理行只需按规定将本行参与的部分转入逾期贷款和催收贷款（包括呆滞贷款和呆账贷款），对代理的银团贷款不必转入逾期贷款和催收贷款。

对借款人不能按期归还的贷款利息，代理行应按规定将本行应收的利息转入应收贷款利息或逾期贷款利息，并按规定计收罚息。对其他成员行应收的利息不作处理，成员行发送的催款通知在核对确认后做专夹保管，待借款人实际归还利息时，再划给各成员行，并以成员行发送的催款通知作贷方凭证附件。

### 7.4.5 外汇借款转贷款

1. 外汇借款转贷款的概念

外汇借款转贷款是指本国银行利用从境外银行或其他金融机构借入的外汇借款而发放的贷款。使用外汇借款转贷款的借款人需持借款合同依据资本项目开户要求到国家外汇管理局某地分局办理“外汇转贷款登记证”“开立外债还本付息账户通知书”，若提入现汇的还需办理“外汇贷款专用账户开立批准书”，连同其营业执照副本及其他开户手续到营业部门办理开户手续。银行依据“外汇贷款专用账户开立批准书”为客户开立贷款专户，依据“开立外债还本付息账户通知书”为客户开立还贷专户。

2. 外汇借款转贷款的种类

外汇借款转贷款包括境外商业借款转贷款、境外发债借款转贷款、国际金融组织借款转贷款、买方信贷借款转贷款、外国政府借款转贷款和国家外汇储备借款转贷款。

境外商业借款是指在国际金融市场上向外国银行借入货币资金。境外发债是指银行在境外发行外币债券所筹集的资金。国家外汇储备借款是指银行向国家外汇管理局借入的外汇储备资金。而国际金融组织借款是指世界银行、亚洲开发银行、国际货币基金组织等国际金融组织向银行提供的贷款。

银行经办的境外商业借款和国际金融组织借款，上游表现为对国外的长期借款，下游表现为银行对借款人的贷款；境外发债借款转贷款，上游表现为在国际金融市场发行的外币债券，下游表现为银行对借款人的贷款；国家外汇储备借款转贷款，上游表现为对国家外汇管理局的外汇借款，下游表现为银行对借款人的贷款。

3. 会计科目

1）“转贷款”科目

分别核算银行根据协议转贷外国政府或国际金融组织贷款等款项。该科目按转贷款种类及借款单位进行明细核算。银行发放转贷款时，按发放贷款的本金，借记本科目（本金），按实际支付的款项，贷记“外汇活期存款”等科目。收回贷款时，银行应按实际收到的金额，借记“外汇活期存款”等科目，贷记本科目。本科目属于资产类科目，期末借方余额反映银行发放的转贷款。

2）“转贷款资金”科目

核算银行根据协议发放转贷款而融入的款项，如转贷外国政府贷款资金、转贷国际金融组织贷款资金等。收到转贷款资金时，按实际收到的款项，借记“存放境外同业款项”等科目，按转贷款的本金，贷记本科目（本金）；到期归还转贷资金时，按实际归还的款项，借记本科目，贷记“存放境外同业款项”等科目，按其差额，借记或贷记“利息支出”科目。本科目属于负债类科目，期末贷方余额反映银行尚未归还的转贷款资金。

4. 会计账务处理

1）转贷款发放的核算

（1）从境外提款时，会计分录为

借：存放境外同业款项　　　　（外币）
　贷：转贷款资金　　　　　　（外币）

若借款人在总行开户，会计分录为

借：转贷款（外币）

　贷：外汇活期存款（外币）

（2）下拨转贷资金时，不同级次银行的处理。总行会计分录为

借：清算资金往来——往账户（外币）

　贷：系统内存放款项——某分行户（外币）

分行收到总行划拨资金的借记报单后，会计分录为

借：存放系统内款项——总行户（外币）

　贷：清算资金往来——来账户（外币）

（3）分行发放贷款时，会计分录为

借：转贷款（外币）

　贷：外汇活期存款——借款人存款户（外币）

2）利息的核算

外汇转贷款一般一年两次付息，到期一次还本或分次还本。每期付息日和还本日，分行信贷部门同时监控还本付息情况，负责催收。

（1）分行对客户计息时，会计分录为

借：外汇活期存款（或应收利息）（外币）

　贷：利息收入（外币）

（2）总行向分行计收利息时，会计分录为

借：系统存放款项——某分行户（外币）

　贷：利息收入（系统内往来利息）（外币）

（3）分行接到总行计收利息通知时，会计分录为

借：利息支出（系统内往来利息支出）（外币）

　贷：存放系统内款项（外币）

（4）总行对外付息时，会计分录为

借：利息支出——国外借款利息支出（外币）

　贷：存放境外同业款项（外币）

3）贷款到期还本的处理

（1）总行扣收贷款本金时，会计分录为

借：系统内存放款项——某分行户（外币）

　贷：清算资金往来（外币）

（2）分行收到客户还本时，会计分录为

借：外汇活期存款（外币）

　贷：转贷款（外币）

（3）分行上划本金时，会计分录为

借：清算资金往来（外币）

　贷：存放系统内款项（外币）

（4）总行对外还本时，会计分录为

借：转贷款资金（外币）

　贷：存放境外同业款项（外币）

## 7.5 外汇结算业务

外汇结算是实现国际间资金流动、清偿国际间经贸和其他往来引起的债权债务，以及与国际融资相关联的一种重要手段。外汇结算按业务内容可以分为贸易结算和非贸易结算两大类。由国际间的商品交易和经贸往来而引起的货币收付或债权债务的结算称为贸易结算；由国际间的非商品贸易如政治文化活动所引起的资金收付称为非贸易结算。本节重点介绍贸易结算业务，包括信用证、托收、贸易融资（押汇、打包放款、福费廷）等业务。对非贸易结算业务，主要介绍国际汇兑、旅行支票业务。

### 7.5.1 信用证

信用证结算方式是当前国际外汇结算的主要方式，信用证是银行有条件地保证付款的凭证，其特点是银行信用保证代替商业信用保证，即开证银行在信用证条款得到完全遵守的情况下，承担对出口商的第一性付款责任。

1. 信用证项下进口业务

进口信用证结算是银行根据进口商申请开证的要求，向国外出口商（受益人）开立一定金额、在一定期限内按规定条件保证付款的信用证，并在此证项下凭国外寄来的按照信用证条款规定的单据，对国外付款并向进口商办理售汇的一种结算方式（图 7-3）。

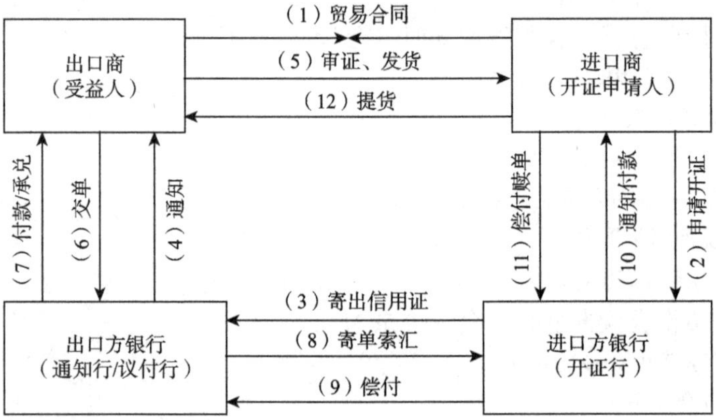


图 7-3 进口信用证核算流程图

进口信用证结算业务，应主要做好三项工作，即开立信用证、修改信用证、单据的审核与付款。

1）开立信用证

进口单位与国外出口商洽谈业务签订贸易合同后，根据合同条款向银行填具“开立信用证申请书”，并连同有关批件、证明一同交银行申请开立信用证。银行收到开证申请书及相关文件，经审核同意后，根据开证人自身情况，酌情收取保证金，并选择信誉高、资本实力雄厚和经营能力强的国外银行作为代理行，签发信用证。

信用证签发，意味着银行对外承担了第一性付款责任，并拥有了对进口单位收取货款的权利。在开证时要登记或有资产、或有负债表外科目。对于表外科目，银行可以视情况进行复式或单式记账。若银行采用单式记账，即表外科目采用收付制登记，则增加记“收”，减少记“付”。若银行采用复式记账即借贷制核算，则将表外科目拆成资产和负债两个科目，分别借记和贷记，借贷方科目为对转科目。开证时无论是即期信用证还是远期信用证，银行均对此办理相应的登记，单式记账会计分录为

收：开出信用证　　　　（外币）

此外应按合同分货币设立登记簿，更好地安排付款外汇资金头寸。

当按规定收取保证金时，使用“保证金存款”科目进行核算，会计分录为

借：外汇活期存款　　　　（外币）

　贷：保证金存款　　　　（外币）

收取开证手续费时，贷记“手续费及佣金收入”科目，会计分录为

借：外汇活期存款　　　　（外币）

　贷：手续费及佣金收入——手续费收入　　　　（外币）

2）修改信用证

信用证开出后，如因情况变化，进口单位提出修改信用证，银行应协助审核，并及时将修改后的条款通知国外联行或代理行，转送国外出口商。若国外出口商要求修改原信用证，经出口商同意后，也可进行修改。申请修改信用证增额或减额时，均应通过“开出信用证”表外科目核算。

收：开出信用证　　　　（外币）

付：开出信用证　　　　（外币）

信用证修改时应收修改手续费，现行规定每笔为 100 元，修改增加按 0.15%计收。信用证增额时，应补收保证金，会计核算与开立信用证时相同。信用证减额时，对“应收（应付）开出信用证”科目进行调整，并退回多收的保证金。

当超过信用证有效期时，可与有关进口单位联系办理逾期注销，冲销“应收（应付）开出信用证”科目余额，并退回已收未用保证金。

3）单据的审核与付款

银行收到国外寄来的全套进口单据，必须认真与信用证的条款核对。按国际惯例，经审核后，只要单证一致、单单一致，即应按约定的支付方式对外履行付汇责任，并对进口单位办理结汇。

根据进口信用证性质不同，进口付汇可分为即期信用证和远期信用证两种。按不同的支付方式，主要有单到国内审单付款、国外审单主动借记付款和国外审单电报索汇三种方式。

（1）进口即期信用证付款，包括单到国内审单付款、国外审单主动借记付款和国外审单电报索汇三种情况。

第一，单到国内审单付款。银行收到国外代理行寄来的单据后，立即送交进口单位审核，并约定进口单位应于 3 日内通知银行对外结汇付款或提出拒付理由办理拒付。银行在进口单位确认付款后，即对国外发出付款通知，同时对进口单位办理售汇转账手续，

会计分录为

借：单位活期存款（或保证金存款） （人民币）
　贷：货币兑换——汇卖价 （人民币）
借：货币兑换——汇卖价 （外币）
　贷：存放境外同业款项（或其他科目） （外币）

同时，转销表外“开出信用证”科目，会计分录为

付：开出信用证 （外币）

第二，国外议付行审单主动借记付款。国外出口商将出口单据交议付行审核后，议付行立即主动借记开证银行在该行开立的账户，并将单据连同已借记报单寄送开证行。开证行不需进口单位承付，即对进口单位办理售汇，其分录与单到国内审单付款相同，由于银行先垫款,进口商要承担国外议付行划款日到国内开证行收款日的货币垫款利息。会计分录为

借：单位活期存款（或保证金存款） （人民币）
　贷：货币兑换——汇卖价 （人民币）
借：货币兑换——汇卖价 （外币）
　贷：存放境外同业款项（或其他科目） （外币）
　　利息收入——××利息收入户 （外币）

同时，转销表外“开出信用证”科目，会计分录为

付：开出信用证 （外币）

第三，国外议付行审单电报索汇。这种付款方式是由国外议付行审查单证无误后，并不立即借记开证行账户，而是用电报通知开证行，再由开证行用电汇或信汇将款项汇交议付行。开证行收到议付行发来的加押电报，明确单证相符索汇，并经核押相符后即可对外付款，同时向进口单位办理结汇。待国外寄来单据后应认真核对金额与原索汇电报是否一致，防止重复付款。这种付款方式除付款行为的发起与前两种付款方式不一样外，会计核算手续完全一致。

（2）进口远期信用证到期付款。远期信用证付款为进口单位提供远期付款的便利，它是由开证行对出口商提供的一种银行担保业务。它能够保证出口商提交远期跟单汇票时，在单单、单证相一致的情况下，银行给予承兑，并在信用证到期时付款。

远期信用证付款分为两个阶段进行，即承兑和到期付款。

第一，承兑。开证行收到远期信用证项下进口单据后，将单据连同“进口信用证单据通知书”送交进口单位确认到期付款。进口单位确认到期付款后，银行即办理远期汇票的承兑手续，并将已承兑汇票或承兑通知书寄国外议付行。汇票一经承兑，即反映承兑行对国外议付行承担到期付款的责任，也反映承兑行对进口单位拥有收款的权益。汇票的开出与承兑，反映了银行或有资产和或有负债的增加，应通过“银行承兑汇票”表外科目进行核算。银行收到国外寄来远期信用证项下进口单据，对远期汇票承兑时会计分录为

收：银行承兑汇票 （外币）
收：开出信用证 （外币）

第二，到期付款。在承兑汇票到期时，开证行即办理对国外付款和对进口单位结汇扣款手续，同时转销登记的或有资产、或有负债科目。若采用单式记账，对以上表外科

目反方向反映

借：外汇活期存款——进口单位　　　　（外币）

　贷：存放境外同业款项　　　　（外币）

若经批准进口单位需以本币购汇支付时，应通过“货币兑换”科目办理。

2. 信用证项下出口业务

信用证项下出口业务，是出口商根据国外进口商开户银行开来的信用证，按照合同条款规定，将出口单据送交国内银行，并由银行办理审单议付，且在向国外进口商银行收取外汇后，对出口商办理结汇的一种结算方式。信用证项下的出口结算业务，主要做好三个环节的工作，即信用证的受理和通知、审单议付、收妥货款时对出口商结汇。

1）信用证的受理和通知

银行收到国外开来的信用证时，首先对开证银行的资信、资金实力、进口商的偿付能力和保证条款等进行全面审查，并明确表示信用证能否接受或如何修改。审核无误后，作受证处理，通过表外科目“国外开来保证凭信”核算。在编制信用证通知流水号后，将信用证正本及时通知出口单位，以便其备货装运。信用证副本由银行妥善保管，同时依此按不同的货币填制“国外开来保证凭信记录卡”一式四联，一联作记录卡（附信用证副本），一联作国外开来保证凭信收入传票，一联作付出传票（议付或注销时使用），一联作卡片账。会计分录为

收：国外开来保证凭信　　　　（外币）

“国外开来保证凭信”为表外科目，用以核算境外联行及代理行开来委托境内银行代为通知各信用证受益人的保证凭信。该科目余额反映一定时期银行经办本国出口业务的具体情况，是银行匡算待收外汇资金和监督出口单位及时备货出运的依据。

当收到国外开证银行的“信用证修改通知书”要求修改金额，或信用证受益人因故申请将信用证的金额一部分或全部转移到其他口岸时，应办理信用证的修改、通知和转让手续，其增减的金额通过“国外开来保证凭信”核算。增加信用证金额时记收入栏，减少金额或转出信用证时用红字记入收入栏以冲销原证金额。国外银行开来的信用证一般都是不可撤销信用证，因此开证后要求撤销尚未逾期的信用证，必须经过受益人同意才能办理退证手续，只有当信用证逾期而又未办理手续时才能自动注销。退证和注销采用红字记“国外开来保证凭信”科目的收入栏，以冲销原证金额。

若国外开证行预先汇入信用证项下全部或部分押金，授权国内议付行在议付单据时予以抵扣，应在信用证及其他有关凭证上做好记录，并通过“保证金存款”科目进行核算，会计分录为

借：存放境外同业款项　　　　（外币）

　贷：保证金存款　　　　（外币）

出口商按信用证的规定向银行交单议付时，将信用证保证金由“保证金存款”科目转出办理结汇，多退少补。

2）审单议付

国外开证银行履行付款责任以信用证规定的条款为依据，以单证相符、单单相符为前提保证付款。所以，出口单位备妥出口单据向出口银行交单议付时，银行应认真审核

单证，做到单证一致、单单一致，以及单据内容正确、完备。经审核无误后，在信用证上批注议付日期及运输方式，然后编制“出口寄单议付通知书”，同时销记表外科目。出口银行按照信用证规定的索汇路线向国外银行寄单及收汇。寄出已议付的出口单据后，出口银行拥有了向国外银行收款的权益和承担对出口单位付款的责任。会计分录按即期或远期分别为

借：应收即期（或远期）信用证出口款项　　（外币）
　贷：代收即期（或远期）信用证出口款项　　（外币）

同时销记表外科目，会计分录为

付：国外开来保证凭信　　（外币）

如果信用证规定部分货款托收，则在议付时需要在“出口寄单议付通知书”上分别注明信用证议付金额及托收金额，并另填制“出口托收委托书”，以便分别核算。

3）出口结汇

出口结汇是银行在收妥出口货款外汇后，按当日挂牌汇率买入外汇，并折算相应的人民币支付给出口单位。办理出口结汇时，应在“出口寄单通知书”留底的一联上批注结汇记录，然后按照出口货款金额填制外汇买卖传票，办理人民币结汇。对有些出口单位按规定或经批准可以不结汇，收妥的货款则不通过外汇买卖，直接以原币转入其外汇账户即可。

目前，我国出口结汇办法有两类：一类是通过出口银行在境外联行或境外代理行所开立的自由外汇账户收汇，主要有收妥结汇、定期结汇和远期信用证到期结汇三种情况；另一类通过境外联行或代理行在出口银行总行开立的外汇账户进行收汇，有验单主动借记、单到国外银行授权借记和远期信用证到期结汇三种情况。

收妥结汇时，首先核销或有资产、或有负债科目，然后通过“货币兑换”科目将外汇折成人民币，其会计分录为

借：代收即期（或远期）信用证出口款项　　（外币）
　贷：应收即期（或远期）信用证出口款项　　（外币）
借：存放境外同业款项　　（外币）
　贷：手续费及佣金收入　　（外币）
　　货币兑换　　（外币）
借：货币兑换　　（人民币）
　贷：单位活期存款（或其他科目）　　（人民币）

**【例 7-10】** 英国贝克汉姆足球有限公司通过中国银行伦敦分行开来单到开证银行付款的即期信用证，向云南白药集团购买药材 10 吨，每吨 10 000 英镑，共计 100 000 英镑。云南白药集团开户行为交通银行昆明分行，议付单据后要求将款项及费用贷记交通银行昆明分行在中国银行伦敦分行的英镑账户，通知费和议付费分别按 1‰和 1.25‰计算，英镑汇率为 GBP1=CNY16.9031。请写出交通银行昆明分行在办理信用证通知及议付和收妥结汇的会计分录。

（1）信用证通知时，会计分录为

收：国外开来保证凭信　　£ 100 000

收取通知费时的会计分录为

借：外汇活期存款　　£ 100
　贷：手续费及佣金收入　　£ 100

（2）议付时，会计分录为

| | |
|---|---|
| 借：应收即期信用证出口款项 | £100 000 |
| 　贷：代收即期信用证出口款项 | £100 000 |
| 借：外汇活期存款 | £125 |
| 　贷：手续费及佣金收入 | £125 |
| 付：国外开来保证凭信 | £100 000 |

（3）收妥结汇时，会计分录为

| | |
|---|---|
| 借：代收即期信用证出口款项 | £100 000 |
| 　贷：应收即期信用证出口款项 | £100 000 |
| 借：存放境外同业款项 | £100 000 |
| 　贷：货币兑换 | £100 000 |
| 借：货币兑换——汇买价 | ¥1 690 310 |
| 　贷：单位活期存款 | ¥1 690 310 |

### 7.5.2 托收

托收是国际贸易中常用的收款方式之一，是由债权人或收款人开立汇票或提供索汇凭据，委托银行向债务人或付款人收取款项的一种结算方式。银行不承担保证付款的责任，出口单位能否收到货款，全凭进口方的信誉，属商业信用。托收按托收人不同可分为进口代收和出口托收两种情况。托收还可根据汇票是否附有成套货运单据分为光票托收和跟单托收两种方式，进出口业务托收一般都采用跟单托收方式。跟单托收按其货运单据和付款的交付是否同时进行，又分为付款交单和承兑交单两种交单方式。下面分别介绍进口代收和出口托收的会计处理。

1. 进口代收

进口代收是进口国银行收到出口国银行寄送的全套单据和汇票后，代向进口商收取款项的结算方式。进口代收结算的处理主要包括收到进口代收单据和对外付款两个环节。

1）收到国外寄来的进口代收单据

国内银行收到国外委托行寄来的进口代收单据，代收行编排顺序号后登记进口代收登记簿，核对无误后，填制“进口代收单据通知书”，送交进口单位通知其备款赎单。同时，通过或有资产、或有负债科目明确权责关系，会计分录为

| | |
|---|---|
| 借：应收进口代收款项 | （外币） |
| 　贷：应付进口代收款项 | （外币） |

2）进口单位确认付款

进口单位经审核进口单据同意承付，向银行提交承付确认书，办理对外付款。如远期汇票经进口单位承兑后，将以承兑汇票于到期日通知国外委托行，待到期日即付款，代收行即按有关规定办理付汇，会计分录为

| | |
|---|---|
| 借：单位活期存款——进口单位 | （人民币） |
| 　贷：货币兑换——汇卖价 | （人民币） |
| 借：货币兑换 | （外币） |
| 　贷：存放境外同业款项 | （外币） |

同时，核销表外或有资产、或有负债科目，会计分录为

借：应付进口代收款项　　（外币）
　贷：应收进口代收款项　　（外币）

如果进口单位用现汇支付，则直接用外币支付。代收行应收的手续费若由出口商承担，则可直接在货款中扣收；若由进口单位承担，则由代收行另行计收。如果进口单位不同意承付，应提出拒付理由，连同单据退回代收银行，由其转告国外委托行；如果进口单位提出部分拒付，则在征得国外委托行的同意后，按实际付款金额办理付款手续。

**【例 7-11】** 中国民生银行西安分行 9 月 3 日收到美国花旗银行寄来的进口代收单据，采用即期付款交单方式，金额为 US$50 000，委托中国民生银行西安分行向进口商陕西电器公司收取货款。经通知后，电器公司于 9 月 10 日确认付款，中国民生银行为电器公司办理售汇付款手续，扣收手续费 300 美元，其余款项汇划给花旗银行。已知挂牌汇率为 USD1=CNY7.8925。

（1）9 月 3 日收到进口单据时，会计分录为

借：应收进口代收款项　　US$50 000
　贷：应付进口代收款项　　US$50 000

（2）9 月 10 日售汇付款时，会计分录为

借：单位活期存款　　¥394 625
　贷：货币兑换　　¥394 625
借：货币兑换　　US$50 000
　贷：手续费及佣金收入　　US$300
　　　存放境外同业款项　　US$49 700
借：应付进口代收款项　　US$50 000
　贷：应收进口代收款项　　US$50 000

2. 出口托收

出口托收是出口单位根据买卖双方签订的贸易合同规定办理托收时，将全套出口单据和汇票交给开户银行，并由其委托国外银行向国外进口商收取款项的结算方式。出口托收的业务处理主要包括托收交单和托收结汇两个主要环节。

1）托收交单

出口商根据贸易合同备妥单据填具“托收申请书”，交银行要求办理托收。在托收申请书上应由申请人注明收款方式、交单条件和其他有关收款事项。银行审单后，填制“出口托收委托书”，注明货款收妥后的处理办法，连同有关单据寄交国外代收行委托收款。

银行在寄出出口托收委托书及有关单据后，为表示代表物权的单据已经寄出，但货款尚未收妥，应通过“出口托收款项”表外科目核算。发出托收时，会计分录为

借：应收出口托收款项　　（外币）
　贷：代收出口托收款项　　（外币）

发出托收时，按规定向出口单位计收托收手续费和邮费。

2）托收结汇

出口托收款项，一律实行收妥结汇。托收行收到国外银行的划收报单或授权通知书后，对出口单位办理结汇手续。

首先核销“出口托收款项”表外科目。会计分录为

借：出口托收款项　　（外币）

贷：应收出口托收款项　　　　（外币）

若以原币入账，会计分录为

借：存放境外同业款项　　　　（外币）

贷：外汇活期存款——出口单位户　　　　（外币）

若以人民币办理结汇，通过“货币兑换”科目，会计分录为

借：存放境外同业款项　　　　（外币）

贷：货币兑换　　　　（外币）

借：货币兑换　　　　（人民币）

贷：单位活期存款——出口单位户　　　　（人民币）

出口托收若超过了正常托收期限仍未收妥款项，应及时联系催收。

### 7.5.3 贸易融资

贸易融资是指银行依托国际进出口贸易和相关的结算业务，对出口商、进口商以及中间商提供融通资金的便利，是国际贸易、结算和资金融通三者的有机结合。针对国际贸易的不同业务种类和业务处理的不同环节，银行提供的贸易融资类产品也多种多样。这里重点介绍押汇、打包放款和福费廷三种最常用的贸易融资方式。

1. 押汇

押汇是进出口企业以进出口货物单据作为抵押物向银行申请借款，由银行提供资金融通的一种结算方式。押汇其实是一种短期贷款，按业务内容一般分为进口押汇和出口押汇。

1）进口押汇

进口押汇是指进口企业以进口货物物权作抵押，向银行申请的短期资金融通。银行应进口企业申请，凭其信誉或缴存的保证金对外开出信用证，银行在收到有关进口单据后，根据进口商的押汇申请，先行垫款对外支付后，转而向进口商办理付款赎单手续，银行收回资金并释放单据。

根据结算方式的不同，进口押汇可分为信用证项下进口押汇和进口代收项下进口押汇两种。进口押汇主要包括叙做进口押汇和收回押汇垫款两个环节，在其会计处理过程中通过“进口押汇”科目进行核算。“进口押汇”科目核算银行开出信用证后，凭信用证项下或进口代收项下经进口企业承兑的进口跟单汇票作抵押，向国外议付行偿付而由进口企业偿还的款项，借方表示款项的发放，贷方表示款项的收回，余额反映在借方，表明尚未收回的款项。

（1）叙做进口押汇。进口企业申请进口押汇时，首先填制进口押汇申请书，并提供信托收据、贸易合同和其他单据资料。经银行审核同意，办理进口押汇，对出口方付款，其会计分录为

借：进口押汇　　　　（外币）

贷：存放境外同业款项　　　　（外币）

（2）偿还押汇本息。进口企业向银行偿还押汇本息赎回单据时，银行应抽出保管的有关凭证进行核对审核，并计算扣除自进口押汇日起至进口商赎单还款日止的利息，

会计分录为

借：外汇活期存款 （外币）

　贷：进口押汇 （外币）

　　利息收入——押汇利息收入 （外币）

进口押汇利息=押汇金额×押汇天数×日利率

（3）转为逾期贷款。如果进口企业未能按时偿还押汇款项，则将其转为逾期贷款，若逾期超过规定的天数（90天），则转为非应计贷款。会计分录为

借：逾期贷款——逾期进口押汇 （外币）

　贷：进口押汇 （外币）

借：应收利息——应收进出口押汇利息 （外币）

　贷：利息收入——押汇利息收入 （外币）

2）出口押汇

出口押汇是指出口企业将全套出口单据提交议付行，由银行买入单据并按票面金额扣除自议付日到预计收汇日为止的利息及有关手续费，将净款预先支付给出口企业的一种融资方式。根据结算方式的不同，出口押汇分为信用证项下出口押汇及托收项下出口押汇。

出口押汇业务处理的主要环节是叙做出口押汇和收回押汇垫款，其会计处理通过“出口押汇”科目核算。该科目核算银行对出口单位交来国外银行开来的信用证项下出口单证（出口跟单汇票）议付的款项。借方表示款项的发放，贷方表示款项的收回，余额反映在借方，表明尚未收回的款项。

（1）叙做出口押汇。出口企业向银行申请出口押汇时，首先填制出口押汇申请书，并与银行签订出口押汇总质权书，明确双方的权利和义务。经银行审核同意，按押汇之日起加上开证行或付款行合理工作日，加票据期限，计算押汇垫款利息，办理出口押汇手续。

若允许出口企业保留外汇，会计分录为

借：出口押汇 （外币）

　贷：利息收入——押汇利息收入 （外币）

　　外汇活期存款——出口企业户 （外币）

若要求办理结汇，则会计分录为

借：出口押汇 （外币）

　贷：利息收入——押汇利息收入 （外币）

　　货币兑换——汇买价 （外币）

借：货币兑换——汇买价 （人民币）

　贷：单位活期存款——出口企业户 （人民币）

出口押汇利息=押汇金额×估计收到票款所需天数×日利率

出口押汇贷款的实际入账金额=票据金额−押汇利息−业务费用

（2）偿还押汇本息。押汇银行收到国外联行或者代理行已收妥货款并贷记押汇银行的通知后，凭贷方报单记账，收回出口押汇款项，会计分录为

借：存放境外同业款项 （外币）

贷：出口押汇 （外币）

手续费及佣金收入——手续费收入 （外币）

（3）转为逾期贷款。如果到期未能收到货款，在有效期限内向出口企业追索要求偿还。如果超过有效期，则将其转为逾期贷款，若逾期超过规定的天数（90天），则转为非应计贷款。会计分录为

借：逾期贷款——逾期出口押汇 （外币）

贷：出口押汇 （外币）

借：应收利息——应收进出口押汇利息 （外币）

贷：利息收入——押汇利息收入 （外币）

2. 打包放款

打包放款是指出口企业凭国外开来的信用证，向银行申请融通资金，用以采购出口物资或加工物资后出口，当货物运出，出口企业将全套单据连同汇票送交银行委托代为收款，以收到的货款偿还原借款项的一种结算方式。打包放款其实是为缓解出口企业在出口商品打包装箱时的资金缺口而发放的本币短期贷款。银行应视实际情况发放，贷款金额不得超过信用证总金额等值本币的85%，贷款期限从贷款之日起至该信用证项下货款收妥或办理出口押汇日止，不超过3个月。

打包放款通过“打包放款”科目核算，该科目属于资产类科目，用于核算出口方银行向出口企业提供的，以信用证正本为抵押的出口前期融资性本币短期贷款的发放和收回。借方表示款项的发放，贷方表示款项的收回，余额反映在借方，表明尚未收回的款项。

1）放款

申请打包放款的出口企业，应向银行提交打包放款申请书、外贸合同及国外银行开来的信用证正本等有关文件，经银行审查同意后签署放款协议，然后发放贷款，会计分录为

借：打包放款 （人民币）

贷：单位活期存款——出口企业户 （人民币）

银行根据信用证的外币金额，按贷款发放日外汇买入价折合人民币，叙做贷款金额的多少，由银行根据出口企业的信用等级和风险状况自行决定。发放贷款时需在传票上注明相应的外币金额。

2）偿还本息

偿还打包放款本息时，银行原则上从出口企业的出口议付货款中主动扣还，也可使用存款偿还，视还款的具体情况作不同的账务处理。

（1）以出口押汇款项偿还本息时，会计分录为

借：出口押汇 （外币）

贷：货币兑换——汇买价 （外币）

借：货币兑换——汇买价 （人民币）

贷：打包放款——出口企业户 （人民币）

利息收入——打包放款利息收入 （人民币）

手续费及佣金收入——出口业务手续费收入 （人民币）

单位活期存款——出口企业户　（人民币）

出口押汇的外币金额即打包放款传票上注明的金额，出口押汇款项偿还打包放款本息后的余额折合成人民币，记入出口企业活期存款账户。

（2）以收妥结汇款归还打包放款本息时，会计分录为

借：存放境外同业款项　（外币）
　贷：货币兑换——汇买价　（外币）
借：货币兑换——汇买价　（人民币）
　贷：打包放款——出口企业户　（人民币）
　　利息收入——打包放款利息收入　（人民币）
　　手续费及佣金收入——出口业务手续费收入　（人民币）
　　单位活期存款——出口企业户　（人民币）

（3）以存款偿还打包放款本息时，会计分录为

借：单位活期存款——出口企业户　（人民币）
　贷：打包放款——出口企业户　（人民币）
　　利息收入——打包放款利息收入　（人民币）
　　手续费及佣金收入——出口业务收入　（人民币）

3. 福费廷

福费廷也称买断或包买票据，是银行从出口企业那里无追索权地买断由开证行承兑的远期汇票或由进口企业所在地银行担保的远期汇票或本票的一种贸易融资方式。福费廷业务范围包括：经开证行或保兑行有效承兑的远期承兑信用证或远期议付信用证；经付款行有效承诺的延期付款信用证；经进口企业所在地银行保付签章的本票或汇票。

福费廷的货币目前限为美元、日元、英镑、欧元和港币，其利率的高低主要取决于进口国及开证行（或保兑行、保付行）的资信状况，以伦敦同业拆放利率为基础进行浮动。买断期限以银行向出口企业提供的融资付款之日起至开证行（保兑行）承兑的到期日或保付行保付的票据到期日加宽限期（不低于 3 天）来计算。

福费廷的会计处理通过"买入外币票据"科目来核算，该科目为资产类科目；买进票据要同时登记"有价单证"表外科目。通常福费廷的业务类型包括直接买断、间接买断和转卖三种情况，应分别进行核算。

（1）直接买断。银行从出口企业或其他银行买断由开证行承兑的远期汇票或进口商所在地银行担保的远期汇票或本票，其会计分录为

借：买入外币票据——买断票据　（外币）
　贷：外汇活期存款——出口企业户　（外币）
　　利息收入——买入票据利息收入　（外币）
收：有价单证

（2）间接买断。出口银行将出口企业的远期票据向外资银行询价，在获得外资银行的报价并加上一定的差价后再向出口企业报价，最终由外资银行买断，出口银行收取差价作为利息收入，其会计分录为

借：存放境外同业款项（或其他有关科目）　（外币）
　贷：外汇活期存款——出口企业户　（外币）
　　利息收入——买入票据利息收入　（外币）

（3）转卖。出口银行将持有的已直接买断的票据再转卖给外资银行，其会计分录为

借：存放境外同业款项　（外币）
　金融企业往来支出——转卖票据利息支出　（外币）
　贷：买入外币票据——买断票据　（外币）
付：有价单证

（4）收回。已直接买断的票据，到期收回票款，其会计分录为

借：存放境外同业款项　（外币）
　贷：买入外币票据——买断票据　（外币）
付：有价单证

（5）逾期处理。若出口企业对银行已直接买断的票据超过宽限期后 15 天，而付款人仍未付款时，转入逾期贷款。其会计分录为

借：逾期贷款　（外币）
　贷：买入外币票据——买断票据　（外币）

（6）追索款项。转入逾期后经催收或向出口企业行使追索权后，收回款项时，其会计分录为

借：存放境外同业款项　（外币）
　贷：逾期贷款　（外币）
付：有价单证

### 7.5.4 非贸易外汇结算

非贸易外汇结算是指没有商品贸易背景的国际间资金账务往来业务。这里主要介绍国际汇兑和外币旅行支票。

1. 国际汇兑

国际汇兑的种类，按照使用结算工具的不同，可分为电汇、信汇和票汇等，按照汇兑结算程序分为汇出汇款和汇入汇款。

1）向国外汇出汇款

向国外汇出汇款业务是指我国外汇银行为汇出行，接受汇款人的委托，以电汇、信汇、票汇等方式，通过国外联行或国外代理行，将款项汇往国外给收款人，并按规定向汇款人收取汇款手续费及邮电费的业务。收费标准如表 7-4 所示。

**表 7-4　某银行汇出汇款收费标准**

| 汇款方式 | 收费项目 | 收费标准 |
|---|---|---|
| 电汇 | 手续费 | 汇款金额的 1‰，最低 20 元，最高 250 元人民币 |
| | 电报费 | 汇出港币为每笔 80 元人民币，汇出其他币种为每笔 150 元人民币 |
| | 汇钞差价费 | 如以外币现钞办理汇款，需支付相应的汇钞差价费 |
| 票汇 | 手续费 | 汇款金额的 1‰，最低 30 元，最高 250 元人民币 |
| | 汇钞差价费 | 如以外币现钞办理汇款，需支付相应的汇钞差价费 |

汇款人要求汇款时，必须填制汇款申请书一式两联。银行审查同意，并收妥款项和有关费用后，一联作汇出汇款传票附件，另一联代汇款回单加盖业务公章后退给汇款人。

汇出汇款时，会计分录为

借：单位活期存款　（人民币）
　贷：货币兑换——汇卖价　（人民币）
　　手续费及佣金收入——手续费收入　（人民币）
　　其他应收款——邮电费　（人民币）
借：货币兑换　（外币）
　贷：汇出汇款　（外币）

如以原币汇出，则不通过“货币兑换”科目核算。

汇出行收到国外汇入行解付汇款的通知，凭报单销记汇出汇款卡片账，会计分录为

借：汇出汇款
　贷：存放境外同业款项

【例 7-12】 客户需要汇出 HKD20 000，按当日牌价 HKD100=CNY108 交付人民币 21 600 元，另支付手续费 100 元，邮电费 30 元。会计分录为

借：库存现金　¥21 730
　贷：货币兑换——汇卖价　¥21 600
　　手续费及佣金收入——手续费收入　¥100
　　其他应收款——邮电费　¥30
借：货币兑换　HK$20 000
　贷：汇出汇款　HK$20 000

2）国外汇入汇款

国外汇入汇款业务是指我国外汇银行作为汇入行，接受我国港澳地区或国外银行的委托，代为解付电汇、信汇、票汇等方式的汇款。

收到国外发来的电汇电报或电传、信汇凭证，验对密押或签章无误后，填制汇款通知书一式五联，分别作汇款通知书、正收条、“汇入汇款”科目借、贷方传票和卡片账。国外汇入汇款以“先收妥头寸，后解付”为原则。汇入时会计分录为

借：存放境外同业款项　（外币）
　贷：汇入汇款　（外币）

国外汇入汇款解付时，会计分录为

借：汇入汇款　（外币）
　贷：外汇活期存款——收款人户　（外币）

2. 外币旅行支票

外币旅行支票是指境内银行代售的、由境外银行或专门金融机构印制、以发行机构作为最终付款人、以可自由兑换货币作为计价结算货币、有固定面额的票据。其作用是专供旅客购买和支付旅途费用，它与一般银行汇票、支票的不同之处在于旅行支票没有指定的付款地点和银行，一般也不受日期限制，能在全世界通用。目前，全球通行的旅行支票品种有运通（AMERICAN EXPRESS）、VISA、MASTERCARD 以及通济隆（THOMAS COCK）。旅行支票也有不同票面，以美元支票为例，分 20 元、50 元、100 元、500 元、1000 元。

1）购买规定

（1）境内居民个人可以用外汇存款账户内资金或外币现钞购买外币旅行支票，也

可以用人民币账户内资金或人民币现钞购买外币旅行支票。

（2）一次性购买旅行支票在等值1万美元（含）以下的，应提供本人身份证，有效入境签证的护照，并填写购买申请书直接到银行购买。

（3）一次性购买旅行支票在等值1万美元以上、5万美元（含）以下（如果现钞购买，限额2万美元）的，除上述材料外，还需提供证明其真实用途的相关材料直接到银行购买。

（4）一次性购买旅行支票在等值5万美元以上（如果现钞购买，限额2万美元）的，需要到国家外汇管理局办理申请，银行凭国家外汇管理局某地分局出具的核准件办理购买外币旅行支票业务。

2）领回旅行支票

因为旅行支票可以替代现金使用，所以应妥善保管。银行收到旅行支票时，应视同现金入库保管，并登记"重要空白凭证"表外科目，按委托行、货币面额设立分户明细账。会计分录为

收：重要空白凭证——旅行支票　　（外币）

3）代售旅行支票

客户来银行购买旅行支票，应填写一式五联旅行支票购买协议书。根据购买人的付款方式，若为支付相同币种的，则按票面金额×（1+1%手续费率）收取款项；若为支付不同币种的，则按票面金额×（1+1%手续费率）×相应汇率，计算出应收金额。出售旅行支票的账务处理如下。

（1）以经国家外汇管理局批准的审批件办理人民币购买旅行支票时，会计分录为

借：库存现金（或个人存款）　　（人民币）
　贷：货币兑换——非贸易外汇结售　　（人民币）
借：货币兑换——非贸易外汇结售　　（外币）
　贷：手续费及佣金收入——手续费收入（代售旅行支票收入）　　（外币）
　　代理业务资金——旅行支票公司　　（外币）
付：重要空白凭证——旅行支票　　（外币）

（2）以同币种外币现汇购买时，会计分录为

借：库存现金（或个人存款）　　（外币）
　贷：手续费及佣金收入——手续费收入（代售旅行支票收入）　　（外币）
　　代理业务资金——旅行支票公司　　（外币）
付：重要空白凭证——旅行支票　　（外币）

（3）以不同外币现汇购买时，会计分录为

借：库存现金（或个人存款）　　（支付外币）
　贷：货币兑换　　（支付外币）
借：货币兑换——汇买价　　（人民币）
　贷：货币兑换——汇卖价　　（人民币）
借：货币兑换　　（票面外币）
　贷：手续费及佣金收入——手续费收入（代售旅行支票收入）　　（票面外币）
　　代理业务资金——旅行支票公司　　（票面外币）
付：重要空白凭证——旅行支票　　（票面外币）

4）缴纳代售旅行支票款的处理

缴纳代售旅行支票款时，会计分录为

借：代理业务资金——旅行支票公司　（票面外币）
　贷：存放境外同业款项　（票面外币）
付：重要空白凭证——旅行支票　（票面外币）

5）兑付旅行支票

持票人若需要向银行办理旅行支票的兑现，应将旅行支票及本人有效证件提交柜员办理，并填写外币兑换水单。银行按旅行支票面额的7.5‰扣收手续费，并计算出应付款项。根据持票人的兑付款方式不同对该笔交易进行不同会计处理。兑付旅行支票通过“买入外币票据”科目核算，收到旅行支票时，借记本科目，贷记“单位活期存款”（或“库存现金”）、“手续费收入”等科目；卖出票据收到票据款项时，借记“存放境外同业款项”等科目，贷记本科目。

（1）若为兑付人民币，会计分录为

借：买入外币票据　（票面币种）
　贷：手续费及佣金收入——手续费收入（代售旅行支票收入）　（票面币种）
　　外汇结售——非贸易结售汇　（票面币种）
借：外汇结售——非贸易结售汇　（人民币）
　贷：库存现金（或单位活期存款）　（人民币）

（2）若为兑付原币，会计分录为

借：买入外币票据　（票面币种）
　贷：手续费及佣金收入——手续费收入（代售旅行支票收入）　（票面币种）
　　库存现金（或单位活期存款）　（票面币种）

（3）若为兑付另一种外币，会计分录为

借：买入外币票据　（票面币种）
　贷：手续费及佣金收入——手续费收入（代售旅行支票收入）　（票面币种）
　　货币兑换　（票面外币）
借：货币兑换——汇买价　（人民币）
　贷：货币兑换——汇卖价　（人民币）
借：货币兑换　（兑付币种）
　贷：库存现金（或单位活期存款）　（兑付币种）

（4）旅行支票公司划来款项时，会计分录为

借：存放境外同业款项　（票面币种）
　贷：买入外币票据　（票面币种）

## ➢ 关键概念

外汇　汇率　外汇分账制　外汇买卖　汇兑损益　买方信贷　外汇银团贷款　信用证　福费廷

## ➢ 复习思考题

1. 比较外汇分账制与外汇统账的异同。
2. 简述分账制核算的基本要点。
3. 简述单位外汇定期存款的核算。
4. 简述转贷款核算的主要环节。
5. 出口押汇和进口押汇有什么不同?
6. 贸易结算主要有哪几种业务?
7. 简述国际汇兑的会计核算。
8. 简述旅行支票的核算方法。
9. 某银行当日从国内居民手中买入100美元，结付人民币。若当日美元钞买价为1美元=6.5元人民币，要求写出会计分录。
10. 中国银行某支行当日从客户李亮手中购入1000美元现钞，按当日汇率折算后，兑付6900元人民币给客户，要求写出会计分录。
11. 2018年3月5日客户乙到中国银行新城支行存入美元现钞1 000 000元，并于2018年5月16日支取，若利率为1.35% ，要求写出存入和支取的全部会计分录 。
12. 某进出口公司要求将其收到的汇款3400美元，存入其在M银行开立的英镑存款账户中，若当日美元汇买价为654.72/100，英镑汇卖价为890.38/100，要求写出会计分录。

# 第8章

# 金融机构往来业务

➢ **本章提要**

金融机构往来体现了各金融机构之间在资金运作方面的关系。本章主要介绍商业银行与中央银行、商业银行之间的账务处理。通过本章的学习，可加深对再贷款和再贴现工具的理解，熟悉同业拆借的基本要求，关注全国银行间同业拆借市场和货币市场的运作，掌握各金融机构往来中的银行业务核算手续。

## 8.1　金融机构往来概述

### 8.1.1　金融机构往来的概念及内容

1. 金融机构往来的概念

金融机构往来是指银行与银行之间、商业银行与中央银行之间、银行与非银行金融机构之间，由于办理资金的调拨与缴存、款项的汇划与结算、资金的融通与拆借等原因而引起的资金账务往来。金融机构往来涉及的主体主要有三个，即中央银行、商业银行和非银行金融机构。往来内容主要由三部分组成：一是各商业银行与中央银行之间的往来；二是各商业银行之间的往来，有同一系统银行之间的往来和跨系统各商业银行之间的往来；三是商业银行与非银行金融机构的往来。本章主要介绍以商业银行为核心的金融机构之间的往来业务。

2. 金融机构往来的内容

1）商业银行与中央银行往来

商业银行与中央银行往来，是指中央银行与国有商业银行、股份制商业银行以及地方性商业银行之间由资金融通、调拨、汇划款项等引起的资金账务往来。首先，中央银行作为商业银行的开户行，会发生各种存款往来业务；其次，中央银行发挥最后贷款人的作用，会根据情况向商业银行发放再贷款；最后，中央银行还会为商业银行提供资金清算服务。

2）商业银行之间往来

商业银行之间往来也称同业往来，是指商业银行之间由办理跨系统结算、相互拆借等业务所引起的资金账务往来。由于各单位在不同的商业银行开户，相互之间的货币结算构成商业银行往来的主要内容。同时，各商业银行之间的同业拆借、同业存款、跨系统汇划款项等也构成商业银行往来的重要内容。

3）商业银行与非银行金融机构往来

商业银行与非银行金融机构往来是指商业银行与保险公司、信托投资公司、金融租赁公司、财务公司等其他金融机构之间由资金划转、票据交换等业务所引起的资金账务往来。虽然保险公司、财务公司、信托投资公司、金融租赁公司等非银行金融机构按规定不能从事吸收储蓄存款等商业银行业务，但它们可以将资金存入银行，必要时也可向银行借款，还会发生相互之间的资金清算，从而形成与商业银行的往来关系。

此外，从广义上讲，金融机构往来还包括非银行金融机构与中央银行往来以及非银行金融机构之间往来，这里不再赘述。

### 8.1.2　金融机构往来的核算要求

金融机构往来是各银行之间的资金账务往来，体现了银行之间的债权和债务关系，所以金融机构往来的管理是银行会计工作管理的一项重要内容。具体有以下四点要求。

第一，要坚持“资金分开、独立核算”的原则，严格划分各商业银行和中央银行、各商业银行之间的资金界限。

第二，商业银行在中央银行的存款账户不得透支；计划内借款不得超过中央银行核定的额度；要求留足备付金，如备付金不足应及时调度资金；同业拆借应通过双方在中央银行的存款户办理转账，不得取现金，不能互相直接拆借现金。

第三，各商业银行之间临时性的资金占用要及时清算。如临时资金头寸不足，可相互融通资金，进行拆借，到期后应及时还本付息；对相互代收代付款项的汇划和票据交换的差额及时办理资金划拨手续，不能长期占用他行资金。

第四，体现畅通汇路的要求，及时办理跨系统的结算业务，加速社会资金的周转。

### 8.1.3　金融机构往来核算的主要科目

1.“存放中央银行款项”科目

“存放中央银行款项”科目属于资产类科目，核算各商业银行在中央银行开户而存入的用于支付清算、调拨款项、提取及缴存现金、往来资金结算以及吸收存款的一定比例缴存于中央银行的款项和其他需要缴存的款项。存放中央银行的各种款项应按性质分别进行核算。

商业银行增加在中央银行的存款时，借记“存放中央银行款项”科目，贷记“库存现金”“同城票据清算”等科目；减少在中央银行的存款时，借记“库存现金”“同城票据清算”等科目，贷记“存放中央银行款项”科目。银行按期收到准备金存款的利息收入时，借记“存放中央银行款项”科目，贷记“金融企业往来收入”科目。

2. “向中央银行借款”科目

“向中央银行借款”科目用来核算银行向中央银行借入的日拆性借款、临时周转借款、季节性借款、年度性借款以及因特殊需要经批准向中央银行借入的特种借款。此科目属于负债类科目，余额应反映在贷方，反映银行尚未归还中央银行的借款。此科目下应按借款性质进行明细核算。

银行向中央银行借入款项时，借记“存放中央银行款项”科目，贷记本科目；归还借款时，借记本科目，贷记“存放中央银行款项”科目。银行按期向中央银行支付利息时，借记“金融企业往来支出”科目，贷记“存放中央银行款项”科目。

中央银行对商业银行的贷款实行按期限管理，商业银行为反映向中央银行取得和归还贷款的情况，在“向中央银行借款”科目下按贷款期限性质分别设立以下账户。

（1）年度性贷款账户。中央银行为解决商业银行因经济合理增长引起的信贷资金不足而发放的贷款，使用此账户核算。贷款期限一般为 1 年，最长不超过 2 年。

（2）季节性贷款账户。中央银行为解决商业银行由于信贷资金先支后收或存贷款季节性升降等因素引起的暂时资金不足而发放的贷款，使用此账户核算。这种贷款的期限一般为 1~2 个月，最长不超过 4 个月。

（3）日拆性贷款账户。中央银行为解决商业银行由于汇划款项、清算资金不足等因素引起的临时性资金不足而发放的贷款，使用此账户核算。贷款期限一般为 7~10 天，最长不超过 20 天。

3. “拆放同业款项”科目

“拆放同业款项”科目属于资产类科目，核算银行拆借给境内外其他银行和非银行金融机构的款项。银行拆借给系统内其他银行的款项在“系统内借出”科目核算。本科目应按拆放的金融机构进行明细核算。

银行根据拆借协议，向境内外其他银行和非银行金融机构拆出资金时，借记本科目，贷记“存放中央银行款项”等科目；收回资金本息时，借记“存放中央银行款项”等科目，贷记本科目、“金融企业往来收入”等科目。

4. “同业拆入款项”科目

“同业拆入款项”科目属于负债类科目，核算银行从境内外金融机构拆入的款项。本科目应按拆入资金的金融机构进行明细核算。

拆入资金时，借记“存放中央银行款项”等科目，贷记“同业拆入款项”科目；归还资金时，借记“同业拆入款项”科目，贷记“存放中央银行款项”等科目。

5. “同业存放款项”科目

“同业存放款项”科目属于负债类科目，核算境内、境外银行和非银行金融机构存放本行的款项，应当按照存放款项性质和存放金融机构进行明细核算。

当同业增加在本行的存放款项，借记“存放中央银行款项”等科目，贷记“同业存放款项”科目。减少在同业的存放款项做相反的会计分录。科目期末为贷方余额，反映其他同业在本行存放的款项余额。

6. “存放同业款项”科目

“存放同业款项”科目属于资产类科目，核算本行存放于境内、境外银行和非银行金融机构的款项，可按存放款项的性质和存放的金融机构进行明细核算。

当本行增加在同业的存款时，借记“存放同业款项”科目，贷记“存放中央银行款项”等科目；减少在同业的存款时，做相反的会计分录。“存放同业款项”科目期末借方余额，反映本行存放在同业的各种款项。

## 8.2　商业银行与中央银行往来业务

商业银行通过与中央银行往来进行处理的业务主要有：商业银行向中央银行发行库领取现金；商业银行经收的国家金库款以及财政性存款全部缴存中央银行；各商业银行吸收的一般性存款须按规定的比例缴存中央银行；各商业银行通过中央银行办理银行间的资金往来清算；商业银行通过中央银行清算本系统的资金汇划汇差；商业银行通过中央银行调拨业务资金；商业银行在核定的额度内向中央银行申请再贷款和再贴现；中央国库现金管理商业银行定期存款等。本节主要介绍向中央银行缴存存款准备金、再贷款、再贴现等业务。

### 8.2.1　商业银行向中央银行存款的核算

1. 向中央银行存取现金的核算

根据货币发行制度的规定，商业银行需核定各行处业务库必须保留的现金限额，并报开户中央银行发行库备案。当现金超过规定的库存现金限额时，需缴存中央银行发行库；当需用现金时签发现金支票到开户中央银行发行库提取。

1）向中央银行缴存现金的核算

商业银行向中央银行缴存现金时，填制现金缴款单一式两联，连同现金一起送缴中央银行发行库。清点无误后，中央银行在现金缴款单上加盖“现金收讫”戳记并退回一联给商业银行作入账依据，会计分录为

借：存放中央银行款项

　贷：库存现金

2）向中央银行支取现金的核算

支取现金时，商业银行填写现金支票经中央银行审查后办理取款手续，会计分录为

借：库存现金

　贷：存放中央银行款项

2. 向中央银行缴存准备金存款的核算

存款准备金制度规定，商业银行和其他金融机构应按规定的比例向中央银行缴存存款准备金（包括法定存款准备金和超额存款准备金）。存款准备金是指金融机构为保证客户提取存款和资金清算需要而准备的资金，金融机构按规定向中央银行缴纳的存款准备金占其存款总额的比例就是存款准备金率。法定存款准备金是指商业银行按照法律规定必须存在中央银行里的自身所吸收存款的一个最低限度的准备金。法定存款准备金的比

例通常是由中央银行决定的，被称为法定存款准备金率。超额存款准备金是金融机构存放在中央银行、超出法定存款准备金的部分，主要用于支付清算、头寸调拨或作为资产运用的备用资金。

1）缴存存款的范围与有关规定

（1）缴存存款的范围。缴存存款包括缴存财政性存款和缴存一般性存款，它们之间性质不同，应注意严格划分，不得混淆。

财政性存款的缴存范围是：国家金库款（轧减中央经费限额支出数）；地方财政预算内、外存款；待结算财政款项（轧减借方数）；财政发行的国库券及各项债券款项（轧减国库券及各项债券款项数）。

一般性存款的缴存范围主要有四种类型。一是商业银行吸收的企业存款、金融机构存款、农村存款、基建单位存款、委托存款（轧减委托贷款、委托投资后的结余）等。二是商业银行吸收的储蓄存款。三是保证金存款，包括信用证保证金存款、保函保证金存款、银行承兑汇票保证金存款。四是金融机构代理中央银行财政性存款中的机关团体存款，财政预算外存款，也划为金融机构一般存款。

（2）缴存存款的时间及额度规定。对商业银行的法定存款准备金按法人统一考核，日间，要求存款准备金账户不能发生透支；日终，该账户余额必须达到法定存款准备金的最低限。缴存款的比例由中央银行确定。财政性存款，属于中央银行信贷资金来源，商业银行要100%缴存中央银行，不得挤占挪用。一般性存款，属于商业银行的信贷资金来源，中央银行为了控制贷款规模和派生存款的不合理增长，增加资金流动性，规定应按存款总额的一定比例（如2020年5月15日金融机构平均法定存款准备金率为9.4%）缴存法定准备金。中央银行根据宏观调控的需要可对缴存比例进行调整。

调整缴存存款的时间。商业银行向中央银行缴存存款的时间，除第一次按规定时间缴存外，银行应每旬调整缴存一次，于旬后5日内办理。

调整缴存存款的幅度。划缴或调整存款时，对财政性存款，应按本旬（月）末各科目余额总数与上期同类各科目旬（月）末余额总数对比，按实际增加或减少数进行调整（以千元为最小单位，千元以下四舍五入），计算应缴存金额；对于一般性存款则按本旬（月）末各科目余额总数与上期同类科目余额总数进行对比，如增加或减少的总额达10万元（含10万元）以上的，应予调整，增加或减少不足10万元的并入下次调整。缴存（调整）金额以千元为单位，千元以下四舍五入。

商业银行缴存外汇存款准备金时，美元存款准备金计至千元，千元以下免交；港币存款准备金计至万元，万元以下免交。中国人民银行调整存款准备金时，美元存款准备金计至千元，千元以下不需调增或调减；港币存款准备金计至万元，万元以下不需调增或调减。

2）调整缴存存款的核算

商业银行按规定时间向中央银行缴存（或调整）存款时，应根据有关存款科目余额填制“缴存存款各科目余额表”一式两份，并按规定比例计算出应缴存金额，分别填制“缴存（或调整）财政性存款划拨凭证”和“缴存（或调整）一般存款划拨凭证”各一式四联。第一联贷方传票和第二联借方传票由缴存商业银行代记账传票；第三联贷方传票和第四联借方传票由中央银行代记账传票。

如为财政性存款调增补缴，商业银行以第一、第二联划拨凭证进行账务处理。会计分录为

借：缴存中央银行财政性存款

　贷：存放中央银行款项

【例 8-1】 工行西安分行缴存财政性存款 150 万元，凭划拨凭证办理转账。会计分录为

| | |
|---|---|
| 借：缴存中央银行财政性存款 | 1 500 000 |
| 　贷：存放中央银行款项 | 1 500 000 |

如为商业银行吸收的一般存款，应由商业银行总行集中每旬按规定比例向中央银行缴存。各基层银行应及时填制上报“一般存款余额表”，总行汇总后进行缴存或调整。会计分录为

借：缴存中央银行一般存款

　贷：存放中央银行款项

如为调减退回，则会计分录相反。

转账后，商业银行将两种缴存款划拨凭证的第三、第四联连同缴存存款各科目余额表一份，一并交中央银行，另一份余额表留存。

【例 8-2】 工行西安南二环支行 10 月 31 日各项存款余额调整缴存存款后，已缴存财政性存款 200 万元，已缴存一般性存款 30 万元。11 月 10 日，该支行各存款科目余额如下：财政性存款 400 万元，单位存款 1000 万元，企业存款 1000 万元。财政性存款缴存准备金的比例为 100%，一般性存款缴存比率为 10%。11 月 15 日在办理缴存手续时，填制缴存存款科目余额表一式两份，分别计算出实缴财政性存款金额为 200 万元，实缴一般性存款金额 170 万元。根据计算结果分别编制缴存存款划拨凭证，并以划拨凭证第一、第二联进行转账处理，会计分录为

| | |
|---|---|
| 借：缴存中央银行财政性存款 | 2 000 000 |
| 　贷：存放中央银行款项 | 2 000 000 |
| 借：缴存中央银行一般存款 | 1 700 000 |
| 　贷：存放中央银行款项 | 1 700 000 |

3）欠缴存款的核算

商业银行在调整应缴存款时，如果在中央银行存款余额不足，必须在规定的时间内及时筹集资金，办理调整缴存存款手续。若在规定的期限内不能调入资金，其不足支付的部分即构成欠缴存款。对欠缴金额每日按规定比例（目前中国人民银行对其不足部分按每日万分之六的利率处以罚息）计算罚款，中央银行随同扣收欠缴存款一并收取。

（1）发生欠缴的核算。商业银行发生欠缴存款时，应填制各科目余额表，对本次能实缴的金额，按正常调增的核算手续办理，填制财政性存款和一般性存款的划拨凭证，但应注意将划拨凭证的“本次应补缴金额”栏改填为“本次能实缴金额”，并在凭证备注栏内注明本次欠缴金额数。对实缴金额和欠缴金额应分别进行账务处理，实缴部分的会计分录与调整补缴相同。

对欠缴的存款，另编制财政性存款（或一般性存款）欠缴凭证一式四联（各联用途与缴存凭证相同）和表外科目收入传票，逐笔记入“待清算凭证”登记簿。会计分录为

收：待清算凭证——欠缴中央银行

然后将各科目余额表第三、第四联划拨凭证以及第三、第四联欠缴凭证一并交中央银行；第一、第二联欠缴凭证留存专夹保管。

【例 8-3】 某商业银行根据财政性存款和一般存款科目调整办理缴存存款，应缴存财政性存款 123 万元，缴存一般存款 321 万元，但其在中央银行只办理了缴存财政性存款，一般性存款欠缴。会计分录为

| | |
|---|---|
| 借：缴存中央银行财政性存款 | 1 230 000 |
| 贷：存放中央银行款项 | 1 230 000 |
| 收：待清算凭证——欠缴中央银行 | 3 210 000 |

中央银行收到商业银行送来的本次实缴存款的划拨凭证及各科目余额表时，按正常的缴存手续办理，会计分录与调增补缴时相同。

对收到的欠缴凭证，应通过"待清算凭证"表外科目核算，记载登记簿，对欠缴凭证第三、第四联妥善保管。会计分录为

收：待清算凭证——××银行户

（2）扣收欠缴款项的处理。中央银行待商业银行调入资金时，将欠缴款项全额收回。同时，中央银行对商业银行的欠缴存款，应按规定处以 0.6‰的罚款，罚款的计算自旬后第 5 天或月后第 8 天起至欠款收回日的实际天数，算头不算尾。

商业银行收到中央银行转来的扣收欠缴存款的特种转账借、贷方传票后，与原保存的欠缴凭证第一、第二联一起办理转账，会计分录为

借：缴存中央银行一般存款

　贷：存放中央银行款项

欠缴存款扣收后，商业银行应及时销减表外科目"待清算凭证"，销记登记簿等相关信息。会计分录为

付：待清算凭证——欠缴中央银行

借：营业外支出——罚款支出户

　贷：存放中央银行款项

如商业银行至下次调整时仍未补缴，则应将原欠缴凭证退回，并将欠缴款项并入下一次一并计算，但需对本次欠缴金额单独计收罚款。

【例 8-4】 某商业银行欠缴 4 天后，接到中央银行扣收的欠缴中央银行一般存款的凭证 321 万元，并收到罚款单据 5136 元，会计分录为

| | |
|---|---|
| 借：缴存中央银行一般存款 | 3 210 000 |
| 贷：存放中央银行款项 | 3 210 000 |
| 付：待清算凭证——欠缴中央银行 | 3 210 000 |
| 借：营业外支出——罚款支出户 | 5136 |
| 贷：存放中央银行款项 | 5136 |

（3）迟缴和少缴的处理。商业银行调增补缴存款未能在规定的时间办理的，称为迟缴；对于应缴款项大于实际缴存款项的，称为少缴。对于迟缴或少缴金额，应从最后调整日起至补缴日止每日按 0.5‰计收罚息，连同迟缴或少缴款项一并上划中央银行。

### 8.2.2 再贷款的核算

商业银行向中央银行办理再贷款和再贴现是商业银行重要的资金来源渠道，也是中

央银行加强宏观管理调节社会资金流量的有效手段。再贷款和再贴现是商业银行与中央银行往来核算的重要内容。

1. 再贷款发放的核算

商业银行根据资金营运情况向中央银行申请再贷款时，应填制一式两份再贷款申请书，经中央银行资金部门批准后，办理借款手续。借款时，商业银行会计部门按照批准的再贷款申请书有关内容及资金调拨通知单，填写一式五联借款凭证，在借款凭证上加盖预留印鉴后，提交中央银行。

（1）中央银行的处理。借款凭证经中央银行资金部门签批后，留存第四联贷款记录卡，其余四联转送会计部门。会计部门收到四联借款凭证，以借款凭证第一、第二联分别作转账借方和贷方传票，办理转账，并登记借款的商业银行的存、贷款分户账。会计分录为

借：××银行贷款——某行贷款户

　贷：××银行准备金存款

第三联借款凭证盖章后，退还借款的商业银行。第五联凭证妥善保管，并定期与贷款分户账核对，以保证账据一致。

（2）商业银行的处理。商业银行收到中央银行退回的第三联凭证，以此代转账借方传票，另编转账贷方传票办理转账，中央银行会计分录为

借：存放中央银行款项

　贷：向中央银行借款——再贷款户

2. 再贷款到期收回的核算

贷款到期，商业银行应主动办理贷款归还手续，填制一式四联还款凭证，加盖预留印鉴后提交中央银行。中央银行会计部门审查还款凭证无误，抽出原借款凭证第五联核对内容一致后，以第一、第二联还款凭证分别代转账借方、贷方传票，原借款凭证第五联作贷方传票附件，办理转账。会计分录为

借：××银行准备金存款

　贷：××银行贷款——某行贷款户

　　金融企业往来收入——金融机构利息收入户

转账后，分别登记借款的商业银行的存贷款分户账，并将第四联还款凭证退还借款的商业银行，第三联还款凭证送资金部门保管。

当然，再贷款到期，尽管借款的商业银行未主动办理还款手续，但只要其账户上有足够资金，中央银行会计部门在征得商业银行同意后也可主动填制特种转账借、贷方传票各两联，收回贷款。特种转账借方、贷方传票的使用与还款凭证相同。

商业银行收到中央银行退回的还款凭证第四联，以其代中央银行存款账户的贷方传票，同时另编贷款账户的转账借方传票办理转账。会计分录为

借：向中央银行借款——××借款户

　金融企业往来支出——中央银行往来利息支出户

　贷：存放中央银行款项

【例 8-5】　某商业银行 2018 年 12 月向中央银行借款 1000 万元，在接到中央银行的凭证后处理账务。并于 2019 年 8 月收到中央银行贷款到期的通知，本金 1000 万元，利息 94.56 万元。请写出商业

银行及中央银行的会计分录。

商业银行收到贷款资金时，会计分录为

| | |
|---|---|
| 借：存放中央银行款项 | 10 000 000 |
| 　贷：向中央银行借款——再贷款户 | 10 000 000 |

商业银行到期偿还贷款本息，会计分录为

| | |
|---|---|
| 借：向中央银行借款 | 10 000 000 |
| 　　金融企业往来支出——中央银行往来利息支出 | 945 600 |
| 　贷：存放中央银行款项 | 10 945 600 |

### 8.2.3 再贴现的核算

商业银行以已贴现而尚未到期的经过承兑的商业汇票向中央银行申请再贴现，再贴现一般不超过 6 个月。

1. 受理再贴现的核算

商业银行申请再贴现时，应填制一式五联再贴现凭证，在第一联上签章后，连同已贴现的商业汇票一并交中央银行资金部门审查。

1）中央银行的处理

中央银行会计部门接到资金部门转来审批同意的再贴现凭证和商业汇票，应审查再贴现凭证与所附汇票的面额、到期日等有关内容是否一致，确认无误后，按规定的再贴现率计算出再贴现利息和实付再贴现金额，将其填入再贴现凭证中，以第一、第二、第三联再贴现凭证代传票，办理转账。会计分录为

借：××银行贷款——再贴现——某银行再贴现户

　贷：××银行准备金存款

　　金融企业往来收入——再贴现利息收入户

再贴现凭证第四联作收账通知退还商业银行，第五联到期卡附汇票按到期日顺序排列妥善保管，并定期与再贴现科目账户余额核对。

2）商业银行的处理

商业银行收到中央银行第四联再贴现凭证，即填制特种转账借、贷方传票，办理转账。会计分录为

借：存放中央银行款项

　　金融企业往来支出——中央银行往来利息支出户

　贷：向中央银行借款——向中央银行再贴现户

2. 到期收回再贴现票款的核算

1）中央银行的处理

再贴现汇票到期，中央银行主动从申请再贴现的商业银行存款账户内收取票款，根据再贴现凭证第五联到期卡，分别编制两联特种转账借方传票和一联特种转账贷方传票，以其中一联特种转账借方传票和一联特种转账贷方传票办理转账，再贴现凭证第五联作附件。会计分录为

借：××银行准备金存款

　贷：××银行贷款——再贴现——某银行再贴现户

转账后，另一联特种转账借方传票经加盖章后送交商业银行。

2）商业银行的处理

商业银行收到中央银行的特种转账借方传票，另编制中央银行存款账户的贷方传票办理转账。会计分录为

借：向中央银行借款——向中央银行再贴现户

　贷：存放中央银行款项

【例 8-6】 工行西安沙坡支行 2019 年 8 月 18 日持已贴现尚未到期的银行承兑汇票一份，向中央银行申请再贴现，汇票的票面金额为 250 万元，9 月 29 日到期，假定再贴现率为 2.4%。要求计算再贴现利息，写出会计分录。

首先，计算再贴现利息。再贴现利息=2 500 000 × 42 × 2.4%/360=7000（元）。

其次，实际支付再贴现金额=2 500 000−7000=2 493 000（元）。

最后，将计算的再贴现利息和实付再贴现额填入再贴现凭证，以第一、第二、第三联再贴现凭证代传票办理转账，会计分录为

| | |
|---|---|
| 借：中国工商银行贷款——再贴现——中国工商银行西安沙坡支行 | 2 500 000 |
| 　贷：中国工商银行准备金存款——西安沙坡支行 | 2 493 000 |
| 　　金融企业往来收入——再贴现利息收入 | 7000 |

中国工商银行西安沙坡支行的会计分录为

| | |
|---|---|
| 借：存放中央银行款项 | 2 493 000 |
| 　金融企业往来支出——中央银行往来利息支出 | 7000 |
| 　贷：向中央银行借款——向中央银行再贴现户 | 2 500 000 |

## 8.3 商业银行间往来业务

商业银行之间往来业务主要有同业拆借和同业存放以及代理结算业务（可参照中间业务中的相关内容，在此不再赘述）等。

### 8.3.1 同业拆借的核算

同业拆借是指商业银行之间临时融通资金的一种短期资金借贷行为，主要用于解决清算票据交换差额、系统内调拨资金不及时等原因引起的临时性资金不足。

1. 同业拆借的规定

同业拆借通过参加全国银行间同业拆借市场来进行，同业拆借对象应为全国银行间同业拆借市场一级网络会员，不得与非交易网络会员开展同业拆借业务。同业拆借业务一律通过同业拆借交易网络进行场内交易，不得进行场外交易。各银行和非银行金融机构拆出资金限于交足存款准备金和留足必要的备付金之后的存款，严禁占用联行资金和中央银行贷款进行拆放。拆入资金只能用于弥补票据清算、资金汇划汇差头寸的不足和解决临时性周转资金的问题，严禁用拆借资金发放固定资产贷款。

资金拆借以日拆为主，商业银行最长期限不得超过 1 年。同业拆借到期不得展期。同业拆借资金的利率由双方根据市场报价协商确定，不得超过中央银行规定的最高限。拆借的本金和利息的支付都必须以转账方式进行，不得收付现金。

2. 同业拆借的账务处理

1）资金拆出的处理

涉及拆出行、拆入行及中央银行三方的账务处理。

（1）拆出行的处理。拆出行应开出中央银行存款账户的转账凭证或转账支票，提交开户的中央银行，办理资金划转手续。会计分录为

借：拆放同业款项——××行户

　贷：存放中央银行款项

（2）中央银行的处理。中央银行收到拆出行提交的转账支票，经审核无误，办理款项划转。会计分录为

借：××银行准备金存款——拆出行户

　贷：××银行准备金存款——拆入行户

办理转账后，通知拆入行。

（3）拆入行的处理。拆入行接到收账通知办理转账。会计分录为

借：存放中央银行款项

　贷：同业拆入款项——××行户

2）拆借资金归还的处理

与资金拆放处理相同，也涉及三方的账务处理。

（1）拆入行的处理。拆借资金到期，拆入行签发中央银行转账支票，提交开户的中央银行，并办理本息划转手续。会计分录为

借：同业拆入款项——××行户

　　金融企业往来支出

　贷：存放中央银行款项

（2）中央银行的处理。中央银行收到拆入行提交的转账支票，经审核无误，办理款项划转，会计分录为

借：××银行准备金存款——拆入行户

　贷：××银行准备金存款——拆出行户

办理转账后，通知拆出行。

（3）拆出行的处理。拆出行接到收账通知，办理转账，会计分录为

借：存放中央银行款项

　贷：金融企业往来收入

　　　拆放同业款项——××行户

**【例 8-7】** 拆借资金到期，农行将拆借资金 100 万元及利息 2 万元一并签发中央银行转账支票归还工行。

农行的会计分录为

| | |
|---|---|
| 借：同业拆入款项——中国工商银行××户 | 1 000 000 |
| 　　金融企业往来支出 | 20 000 |
| 　贷：存放中央银行款项 | 1 020 000 |

中央银行的会计分录为

| | |
|---|---|
| 借：中国农业银行准备金存款 | 1 020 000 |
| 　贷：中国工商银行准备金存款 | 1 020 000 |

工行的会计分录为

借：存放中央银行款项　　1 020 000

　贷：拆放同业款项——中国农业银行××户　　1 000 000

　　金融企业往来收入　　20 000

### 8.3.2　同业存放款项的核算

同业存放是指其他商业银行机构在本行开立同业存放账户，本行为客户提供安全、快捷的存取款业务，同时满足客户与本行之间各类业务往来的资金清算需求。

1. 存出款项的处理

存出行通过大额实时支付系统划出资金时，会计分录为

借：存放同业款项——××银行

　贷：存放中央银行款项

存入行通过大额实时支付系统接收来账时，会计分录为

借：存放中央银行款项

　贷：同业存放款项——××银行

2. 到期支付本息的处理

存入行到期支付本息时，会计分录为

借：同业存放款项——××银行

　　金融企业往来支出

　贷：存放中央银行款项

存出行收到同业划来的本息后，办理账务处理，会计分录为

借：存放中央银行款项

　贷：存放同业款项

　　金融企业往来收入

## 8.4　商业银行与其他金融机构往来业务

### 8.4.1　商业银行与其他金融机构往来业务的范围

商业银行与其他金融机构业务往来中，涉及证券、保险、信托、金融租赁等非银行金融机构，也称金融同业业务。同业业务是指中华人民共和国境内依法设立的金融机构之间开展的以投融资为核心的各项业务，主要业务类型包括同业拆借、同业存款、同业借款、同业代付、买入返售（卖出回购）等同业融资业务和同业投资业务。因其他业务在以前章节有不同程度介绍，所以本节主要介绍买入返售（卖出回购）金融资产业务。

### 8.4.2　买入返售（卖出回购）金融资产的概念及会计科目

1. 买入返售（卖出回购）金融资产的基本概念

买入返售（卖出回购）是指两家金融机构之间按照协议约定先买入（卖出）金融资产，再按约定价格于到期日将该项金融资产返售（回购）的资金融通行为。买入返售（卖出回购）业务项下的金融资产应当为银行承兑汇票，债券、央票等在银行间市场、证券

交易所市场交易的具有合理公允价值和较高流动性的金融资产。卖出回购方不得将业务项下的金融资产从资产负债表转出。

2. 买入返售（卖出回购）金融资产核算涉及的会计科目

1）“买入返售金融资产”科目

（1）本科目核算企业（金融）按照返售协议约定先买入再按固定价格返售的票据、证券、贷款等金融资产所融出的资金。

（2）本科目可按买入返售金融资产的类别和融资方进行明细核算。

（3）本科目期末借方余额，反映企业买入的尚未到期返售金融资产摊余成本。

2）“卖出回购金融资产款”科目

（1）本科目核算企业（金融）按照回购协议先卖出再按固定价格买入的票据、证券、贷款等金融资产所融入的资金。

（2）本科目可按卖出回购金融资产的类别和融资方进行明细核算。

（3）本科目期末贷方余额，反映企业尚未到期的卖出回购金融资产款。

### 8.4.3 买入返售（卖出回购）金融资产的账务处理

1. 买入返售金融资产的主要账务处理

（1）企业根据返售协议买入金融资产，应按实际支付的金额，借记本科目，贷记“存放中央银行款项”“结算备付金”“银行存款”等科目。本行会计分录为

借：买入返售金融资产

　贷：存放中央银行款项

（2）资产负债表日，按照计算确定的买入返售金融资产的利息收入，借记“应收利息”科目，贷记“利息收入”科目。 其会计分录为

借：应收利息

　贷：利息收入

（3）返售日，应按实际收到的金额，借记“存放中央银行款项”“结算备付金”“银行存款”等科目，按其账面余额，贷记本科目、“应收利息”科目，按其差额，贷记“利息收入”科目。其会计分录为

借：存放中央银行款项

　贷：买入返售金融资产

　　应收利息

　　利息收入

2. 卖出回购金融资产款的主要账务处理

（1）企业根据回购协议卖出票据、证券、贷款等金融资产，应按实际收到的金额，借记“存放中央银行款项”“结算备付金”“银行存款”等科目，贷记本科目。其会计分录为

借：存放中央银行款项

　贷：卖出回购金融资产款

（2）资产负债表日，按照计算确定的卖出回购金融资产的利息费用，借记“利息支出”科目，贷记“应付利息”科目。其会计分录为

借：利息支出

　贷：应付利息

（3）回购日，按其账面余额，借记本科目、“应付利息”科目，按实际支付的金额，贷记“存放中央银行款项”“结算备付金”“银行存款”等科目，按其差额，借记“利息支出”科目。其会计分录为

借：卖出回购金融资产款

　　应付利息

　　利息支出

　贷：存放中央银行款项

## ➢ 关键概念

再贷款　再贴现　同业拆借　法定准备金　备付金

## ➢ 复习思考题

1. 什么是金融机构往来？金融机构往来的内容和核算要求有哪些？
2. 对欠缴存款准备金应按哪些规定进行处理？
3. 银行同业拆借是如何核算的？
4. 简述影响商业银行法定准备金规模的因素。
5. 简述同业拆借的市场构成。
6. 中国工商银行某支行 2019 年 4 月 18 日发生下列业务，请写出会计分录，并结清本行应收或应付差额。

（1）本日向同级中国人民银行申请并获得季节性贷款 500 000 元。

（2）本日向中国人民银行归还再贴现放款 1 000 000 元。

（3）本日提出转账支票 12 张，金额 75 000 元；提出进账单 4 张，金额 25 000 元。提入转账支票 7 张，金额 193 000 元；提入进账单 2 张，金额 70 000 元。

（4）本日代开户单位制药厂办理信汇业务，金额 9500 元。汇往异地中国农业银行开户单位机械厂，并通过同城中国农业银行转汇。

（5）本日拆出资金 1000 万元，解决中国农业银行某分行的流动性问题。

（6）本日划缴中央银行法定准备金 500 万元。

# 第9章

# 经营成果

> 本章提要

银行在办理各项资产、负债及中间业务的过程中，必然要发生各项收入和成本费用支出。以收入抵补成本费用支出后所得的就是银行的财务损益，它直接关系到银行的经营成果。若收入大于成本费用支出，为银行实现的利润；反之为亏损。银行应在维护财经纪律的前提下，降低耗费，提高经济效益，扩大经营成果，促进业务的不断发展以及竞争力的不断提高。通过本章的学习，要求读者能掌握收益、成本费用的核算方法及处理手续。

## 9.1 收入

### 9.1.1 收入的概念及特征

收入是指企业在日常活动中形成的、会导致所有者权益增加的、与所有者投入资本无关的经济利益的总流入。

收入具有以下几个方面的特征。

（1）收入从银行日常活动中产生，而不是从偶发的交易或事项中产生。

（2）收入可能表现为银行资产的增加，也可能表现为负债的减少，或者两者兼而有之。

（3）收入能导致银行所有者权益的增加，由于“资产=负债+所有者权益”，所以银行取得收入一定能增加所有者权益。这里仅指收入本身导致的所有者权益的增加。

（4）收入只包括银行自身经济利益的流入，不包括为第三方或客户代收的款项。

（5）收入必须是能以货币计量的。收入作为会计要素之一，必须同其他要素一样能以货币来衡量其价值，从而为收入的确认、计量、记录和报告提供准确的依据，也便于与其相关的费用配比，体现一定期间的经营成果。

（6）收入必须要与其相关的费用配比。

### 9.1.2 收入的构成

银行收入由营业收入和营业外收入所构成。

1）银行营业收入

银行营业收入可分为主营业务收入和其他业务收入。主营业务收入是银行为完成其经营目标所从事的日常活动中主要项目产生的经济利益的流入。一般说来，主营业务收入占商业银行营业收入的比重较大，会对银行经济效益产生较大的影响。新企业会计准则规定：银行提供金融商品或服务所取得的营业收入，主要包括利息收入、手续费及佣金收入、其他业务收入、汇兑损益、公允价值变动损益、投资收益等。其他业务收入指银行除主营业务以外的其他经营活动实现的收入，包括出租固定资产、出租无形资产、收兑配售贵金属等实现的收入。

2）银行营业外收入

银行营业外收入也称“营业外收益”。与其经营业务无直接因果关系但又有一定联系的各项收入，应列入当期利润的收入。包括：①银行的多余出来的无人认领的款项。②固定资产的盘盈。③固定资产净收益。④罚款收入。⑤抵债的资产处置后超过抵债的剩余的款项。⑥证券交易差错收入。⑦教育费附加返还款。⑧债权人由于特殊原因无法支付的应付款项。⑨债务重组利得、政府补助、捐赠利得等。银行取得营业外收入应在实际收到款项时予以确认。

### 9.1.3 收入的确认

收入的确认是收入会计核算的起点，包括两个过程：一是确定某一经济事项是否符合收入的定义；二是确定该经济事项是否达到实际确认的标准。只有经过上述两个过程，该经济事项才得以真正确认为收入。

1. 收入确认的标准

（1）可定义性，是指应予确认的项目必须符合收入的定义。

（2）可计量性，是指应予确认的项目必须能以货币来计量。

（3）相关性，是指应予确认的项目所提供的会计信息必须是有用的。

（4）可靠性，是指应予确认的项目所反映的信息必须真实可靠。

2. 收入确认的条件

1）一般收入的确认条件

银行的利息收入、金融企业往来收入、中间业务收入、担保收入等只有在同时符合以下两个条件时，才能予以确认：①与交易相关的经济利益很可能流入企业。经济利益是指直接或间接流入企业的现金或现金等价物。如果与交易相关的经济利益不能够流入企业，即使其能够可靠地计量也不能加以确认。只有两个条件同时满足时，收入才能够加以确认。②收入的金额能够可靠地计量。收入能否可靠地计量是收入确认的基本条件。收入不能可靠地计量，便不可能对其确认。同时为赚取该收入而发生的费用不能可靠地计量，也不能确认收入。因为收入和费用的确认必须符合会计核算基本原则——配比原则。

2）银行发放贷款取得收入的确认条件

银行发放的贷款应按期计提利息并确认收入。发放贷款到期（含展期）90天后没有收回的，其应计利息停止计入当期利息收入，纳入表外核算；已计提的贷款应收利息，在贷款到期90天后仍未收回，或在应收利息逾期90天仍未收回的，冲减原已计入损益的利息收入，转作表外核算。上述停止计提或冲减的应计利息，应在实际收到款项时确认为当期的利息收入。

### 9.1.4 营业收入的核算

1. 利息收入的核算

利息收入是银行根据收入准则确认的资金运用收入。利息收入在整个营业收入中占有极大的比重，是银行财务收入的主要来源，是银行经营成果的重要内容。

1）会计科目的设置及使用

“利息收入”科目属损益类，专门用于核算银行向客户的各类贷款（银团贷款、贸易融资、贴现和转贴现融出资金、协议透支、信用卡透支、转贷款、垫款等）、与其他金融机构（中央银行、同业等）之间发生资金往来业务、买入返售金融资产等实现的利息收入等。

本科目可按业务类别进行明细核算。

资产负债表日，企业应按合同利率计算确定的应收未收利息，借记“应收利息”等科目，按摊余成本和实际利率计算确定的利息收入，贷记本科目，按其差额，借记或贷记“贷款——利息调整”等科目。实际利率与合同利率差异较小的，也可以采用合同利率计算确定利息收入。期末，应将本科目余额转入“本年利润”科目，结转后本科目无余额。

2）利息收入的账务处理

（1）当期收到利息的核算。银行在计息当期划收利息时，填制有关凭证，办理转账。会计分录为

借：单位活期存款（或个人活期储蓄存款）——××户

　贷：利息收入——××利息收入户

（2）计提应收利息的核算。按权责发生制原则，凡属于银行本期应收取的利息，应确认收入的实现，并按季（月）度计提应收利息，计提当期损益。各项贷款，无论是实行定期结息，还是利随本清，除有特殊规定外，一律以每季末月的20日为应收利息的计提日，计入应收利息时，编制转账借、贷方凭证各一联办理转账。会计分录为

借：应收利息

　贷：利息收入——××利息收入户

实际收到利息时，会计分录为

借：单位活期存款（或个人活期储蓄存款）——××户

　贷：应收利息

（3）欠息的核算。收息日，发生单位欠息，应按规定在表外科目反映。会计分录为

收：未收贷款利息——××借款人户

另外，欠息还应按原贷款利率按季计算复利，列表外科目核算，并发给欠息单位复利通知单。计提复利的会计分录与计提应收利息相同，表外核算也与欠息核算相同。

实际收回未收贷款利息及复利时，会计分录为

借：单位活期存款（或个人活期储蓄存款）——××户

　贷：应收利息（已计提的利息）

　　利息收入（未计提的利息）——××利息收入户

同时，销记表外科目。会计分录为

付：未收贷款利息——××借款人户

（4）应收而未收回利息的核算。我国现行财务制度规定，对逾期（含展期后）90天以上的贷款不再计提应收利息，但应列表外科目核算。应收利息中因欠息人破产或死亡，以其破产或遗产清偿后，仍然不能收回的应收利息账款，或者因欠息人逾期未履行付息义务，超过90天仍然不能收回的利息，冲减原已记入损益的利息收入，转作表外核算。填制转账借、贷方凭证各一联，借方凭证作“利息收入”科目的转账凭证，贷方凭证作“应收利息”科目凭证办理转账。会计分录为

借：利息收入——××利息收入户

　贷：应收利息

同时，列入表外科目核算。会计分录为

收：未收贷款利息——××借款人户

（5）收回已核销呆账贷款中利息收入的核算。已核销呆账贷款中的利息收入以后又收回时，根据有关凭证办理转账。会计分录为

借：应收利息

　贷：贷款减值准备

同时，

借：单位活期存款（或个人活期储蓄存款）——××户

　贷：应收利息

（6）期末，利息收入结转利润时，会计分录为

借：利息收入——××利息收入户

　贷：本年利润

2. 金融企业往来收入的核算

金融企业往来收入是指银行与其他金融机构（包括联行、中央银行、同业）之间发生资金往来业务所取得的利息收入，包括存放中央银行款项利息收入、存放中央银行特定存款利息收入、存放银行同业款项利息收入、存放境外同业款项利息收入、存放联行款项利息收入、拆放同业款项利息收入、系统内借出款项利息收入、银行间债券回购业务差价收入、再贴现、转贴现利息收入等。银行的金融企业往来收入应按让渡资金使用权的时间和适用利率计算确认。

1）会计科目的设置及使用

“金融企业往来收入”科目属损益类科目。银行确认金融企业往来收入的款项时，借记“存放中央银行款项”“存放中央银行特种存款”“存放系统内款项”“存放银行同业”“存放境外同业”“拆放同业”“系统内借出”等科目，贷记本科目。期末应将本科目余额结转“本年利润”，借记本科目，贷记“本年利润”科目，结转后本科目应无余额。该科目按往来金融机构进行明细核算。

2）金融企业往来收入的账务处理

（1）定期计收金融企业往来收入的核算。金融企业往来收入的核算应按权责发生制的要求，按季定期结息，考虑到金融企业往来收入稳定可靠，无坏账损失的风险，为便于操作，对定期计收的金融企业往来收入都作变通处理，不通过“应收利息”科目核算，发生收入时直接计入当期损益。会计分录为

借：存放中央银行款项

　贷：金融企业往来收入——××利息收入户

（2）不定期计收金融企业往来收入的核算。金融企业往来中拆出资金跨年度的，应按权责发生制原则，通过“应收利息”科目计提应收利息。在分户计算出应收利息后，按利息收入户填制转账借、贷凭证各一联（分户账多的要先填“计收利息清单”），办理转账。会计分录为

借：应收利息

　贷：金融企业往来收入——××利息收入户

到期实际收回利息时，会计分录为

借：存放中央银行款项

　贷：应收利息

（3）利息收入结转利润的核算。期末结转利润时，会计分录为

借：金融企业往来收入——××利息收入户

　贷：本年利润

3. 手续费及佣金收入的核算

手续费及佣金收入是指银行办理结算业务、咨询业务、担保业务、代保管等代理业务以及办理受托贷款及投资业务等取得的手续费及佣金，如结算手续费收入、佣金收入、业务代办手续费收入、基金托管收入、咨询服务收入、担保收入、受托贷款手续费收入、代保管收入，代理买卖证券、代理承销证券、代理兑付证券、代理保管证券、代理保险业务等代理业务以及其他相关服务实现的手续费及佣金收入等。银行的手续费等中间业务收入应当在向客户提供相关服务时予以确认。

1）会计科目的设置及使用

“手续费及佣金收入”科目属损益类，用来核算银行各种手续费及佣金收入。本科目可按手续费及佣金收入类别进行明细核算。

企业确认的手续费及佣金收入，按应收的金额，借记“应收手续费及佣金”“代理承销证券款”等科目，贷记本科目。实际收到手续费及佣金，借记“存放中央银行款项”“银行存款”“结算备付金”“吸收存款”等科目，贷记“应收手续费及佣金”等科目。

期末，应将本科目余额转入“本年利润”科目，结转后本科目无余额。

2）手续费及佣金收入的账务处理

银行取得手续费及佣金收入的时间根据具体情况而定，既可定期，也可逐笔向有关单位和个人收取。收取款项的方式有现金和转账结算两种。

（1）发生手续费及佣金收入时，会计分录为

借：现金（或吸收存款——××户）

　贷：手续费及佣金收入——××收入户

（2）期末余额结转利润时，会计分录为

借：手续费及佣金收入——××收入户

　贷：本年利润

4. 汇兑损益的核算

汇兑损益是银行经营外汇业务过程中由于外币兑换、汇率变动等原因实现的汇兑收益及损失。汇兑损益应根据买入、卖出价差和汇率变动的净收益确认。

1）会计科目的设置及使用

“汇兑损益”科目属于损益类科目，用来核算银行发生的外币交易因汇率变动而产生的汇兑损益。

采用统账制核算的，各外币货币性项目的外币期（月）末余额，应当按照期（月）末汇率折算为记账本位币金额。按照期（月）末汇率折算的记账本位币金额与原账面记账本位币金额之间的差额，如为汇兑收益，借记有关科目，贷记本科目；如为汇兑损失，做相反的会计分录。

采用分账制核算的，期（月）末将所有以外币表示的“货币兑换”科目余额按期（月）末汇率折算为记账本位币金额，折算后的记账本位币金额与“货币兑换——记账本位币”科目余额进行比较，为贷方差额的，借记“货币兑换——记账本位币”科目，贷记“汇兑损益”科目；为借方差额的，做相反的会计分录。

期末，应将本科目的余额转入“本年利润”科目，结转后本科目应无余额。

2）汇兑损益的账务处理

当发生汇兑净收入时，会计分录为

借：货币兑换（本币或外币）

　贷：汇兑损益——××收益账户（本币或外币）

期末结转利润时，本币账户的汇兑损益直接结转，而外币账户的汇兑损益则应该根据年终决算日换算价格进行换算后结转。

（1）对本币账户的汇兑损益结转时，会计分录为

借：汇兑损益——××收益户（本币）

　贷：本年利润（本币）

（2）对外币账户的汇兑损益进行结转时，会计分录为

借：汇兑损益——××收益户（外币）

　贷：货币兑换——决算日汇价（外币）

借：货币兑换——决算日汇价（本币）

　贷：本年利润（本币）

5. 其他业务收入的核算

其他业务收入是指银行根据收入准则确认的除主营业务以外的其他经营活动实现的收入，包括租赁收入、补贴收入、中途转让投资收入、追偿款收入、房地产开发收入、金银买卖收入、无形资产转让净收入、抵押物、质物的拍卖及变卖净收入（在取得抵押物、质物次日起一年内处分）等。银行的其他业务收入在实际收到款项时予以确认。

1）会计科目的设置及使用

“其他业务收入”科目属损益类科目。银行收到其他业务收入的有关款项时，借记“吸收存款”等科目，贷记本科目。“其他业务收入”科目应按其他业务收入的种类进行明细核算。“其他业务收入”的明细科目可以设置为：①补贴收入；②租赁收入；③无形资产转让净收入；④房地产开发收入；⑤追偿款收入；⑥金银买卖收入；⑦其他服务收入等。期末，应将本科目余额转入“本年利润”科目，结转后本科目应无余额。

2）其他业务收入的账务处理

（1）发生其他业务收入时，会计分录为

借：吸收存款——××户

　贷：其他业务收入——××收入户

（2）期末结转利润时，会计分录为

借：其他业务收入——××收入户

　贷：本年利润

6. 公允价值变动损益的核算

公允价值变动净收益反映银行按照相关准则规定应当计入当期损益的资产或负债公允价值变动净收益，即核算企业在初始确认时划分为以公允价值计量且其变动计入当期损益的金融资产或金融负债（包括交易性金融资产或金融负债以及直接指定为以公允价值计量且其变动计入当期损益的金融资产或金融负债），以及采用公允价值模式计量的投资性房地产、衍生工具、套期业务中公允价值变动形成的应计入当期损益的利得（或损失）。

1）会计科目设置及使用

“公允价值变动损益”科目属损益类科目。其应当按照交易性金融资产、交易性金融负债、投资性房地产等进行明细核算。确认公允价值变动收益时，借记“交易性金融资产——公允价值变动”等相关科目，贷记本科目；确认公允价值变动损失时，借记本科目，贷记“交易性金融资产——公允价值变动”等相关科目。期末余额转入“本年利润”科目，结转后本科目无余额。

2）公允价值变动损益的账务处理

（1）持有期间资产负债表日，交易性金融资产或采用公允价值模式计量的投资性房地产的公允价值高于其账面价值时，会计分录为

借：交易性金融资产——公允价值变动

　　投资性房地产

　贷：公允价值变动损益

公允价值低于其账面余额的差额做相反的会计分录。

（2）出售交易性金融资产或采用公允价值模式计量的投资性房地产时，会计分录为

借：存放中央银行款项

　　公允价值变动损益（该科目累计额的相反方向登记）

　贷：交易性金融资产——成本

　　　　　　　　　　——公允价值变动

　　　投资收益

（3）资产负债表日，交易性金融负债的公允价值高于其账面余额时，会计分录为

借：公允价值变动损益

　贷：交易性金融负债

公允价值低于其账面余额的差额做相反的会计分录。

（4）处置（或偿还）交易性金融负债时，会计分录为

借：交易性金融负债

　贷：存放中央银行款项

（5）采用公允价值模式计量的衍生工具、套期工具、被套期项目等形成的公允价值变动，按照“衍生工具”“套期工具”“被套期项目”等科目的相关规定进行处理。

（6）期末结转利润时，若为贷方余额，表示收益，会计分录为

借：公允价值变动损益

　贷：本年利润

若为借方余额，表示损失，应结转于本年利润借方。

7. 投资收益的核算

投资收益指的是银行在规定的范围内，通过对外进行短期或长期投资，按照合同或协议的规定，从受资方分回的利润、股利和利息等投资收入。

1）会计科目的设置和使用

“投资收益”科目属损益类科目。核算银行根据长期股权投资准则确认的投资收益或投资损失，核算根据投资性房地产准则确认的采用公允价值模式计量的投资性房地产的租金收入和处置损益，核算处置交易性金融资产、交易性金融负债、可供出售金融资产实现的损益，核算银行的持有至到期投资和买入返售金融资产在持有期间取得的投资收益和处置损益。本科目应当按照投资项目进行明细核算。期末，应将本科目余额转入“本年利润”科目，本科目结转后应无余额。

2）投资收益的账务处理

（1）长期股权投资采用成本法核算的，银行应按被投资单位宣告发放的现金股利或利润中属于本企业的部分，根据不同情况进行处理。如果属于被投资单位投资后产生累计净利润的分配额，应当借记“应收股利”科目，贷记本科目；如果属于被投资单位在取得投资前实现净利润的分配额，应作为投资成本的收回，贷记“长期股权投资”科目。会计分录为

借：应收股利（被投资单位宣告发放的股利或利润）

　贷：投资收益（投资后的）

　　　长期股权投资（投资前的）

（2）长期股权投资采用权益法核算的，资产负债表日，应根据被投资单位实现的

净利润或经调整的净利润计算应享有的份额，借记“长期股权投资——损益调整”科目，贷记本科目。被投资单位发生亏损、分担亏损份额超过长期股权投资而冲减长期权益账面价值的，借记“投资收益”科目，贷记本科目（损益调整）。发生亏损的被投资单位以后实现净利润的，银行计算的应享有的份额，如有未确认投资损失的，应先弥补未确认的投资损失，弥补损失后仍有余额的，借记“长期股权投资——损益调整”科目，贷记本科目。

（3）出售长期股权投资时，应按实际收到的金额，借记“银行存款”等科目，原已计提减值准备的，借记“长期股权投资减值准备”科目，按其账面余额，贷记“长期股权投资”科目，按尚未领取的现金股利或利润，贷记“应收股利”科目，按其差额，贷记或借记本科目。

出售采用权益法核算的长期股权投资时，还应按处置长期股权投资的投资成本比例结转原记入“资本公积——其他资本公积”科目的金额，借记或贷记“资本公积——其他资本公积”科目，贷记或借记本科目。

（4）以公允价值计量且其变动计入当期损益的金融资产初始计量时，交易费用冲减投资收益，即借记本科目，贷记“银行存款”等科目。出售时，以公允价值与初始入账金额之间的差额确认为投资收益，同时调整公允价值变动损益。

（5）银行“持有至到期投资”在持有期间，采用实际利率法，按照摊余成本和实际利率计算确认利息收入，借记“应收利息”“持有至到期投资——利息调整”，贷记本科目。出售持有至到期投资时，应将取得的价款与持有至到期投资账面价值之间的差额确认为投资收益，借记“银行存款”，贷记“持有至到期投资——本金、利息调整”，差额借记或贷记本科目。

（6）银行处置可供出售金融资产时，应将取得的价款与该金融资产账面价值之间的差额确认为投资损益，同时，将原记入所有者权益的公允价值变动累计额对应处置部分的金额转出，记入投资损益。借记“银行存款”“资本公积——其他资本公积”，贷记“可供出售金融资产——成本、公允价值变动”，差额借记或贷记本科目。

### 9.1.5 营业外收入的核算

1. 会计科目的设置及使用

“营业外收入”科目属于损益类科目，核算银行发生的各项营业外收入。企业确认处置非流动资产利得、非货币性资产交换利得、债务重组利得，比照“固定资产清理”“无形资产”“原材料”“库存商品”“应付账款”等科目的相关规定进行处理。本科目应按营业外收入项目进行明细核算。

确认的政府补助利得，借记“银行存款”“递延收益”等科目，贷记本科目。

期末，应将本科目余额转入“本年利润”科目，结转后本科目无余额。

2. 营业外收入的账务处理

1）发生各项营业外收入的处理

发生各项营业外收入时，根据有关凭证编制借、贷方记账凭证。会计分录为

借：固定资产清理（或其他应付款等科目）

贷：营业外收入——××收入户

2）期末结转营业外收入的处理

期末本科目余额结转利润时，会计分录为

借：营业外收入——××收入户

贷：本年利润

### 9.1.6　贵金属买卖损益

贵金属买卖损益是指银行买卖黄金、白银等贵金属发生的收益或损失。

1. 科目的设置及使用

银行为了对贵金属买卖损益进行核算，设置“贵金属买卖损益”科目。本科目属损益类科目。按买卖贵金属的种类设明细账，期末将“贵金属买卖损益”科目余额转入“本年利润”科目，结转后本科目无余额。

2. 账务处理

（1）银行确认贵金属买卖收益时，会计分录为

借：库存现金（或有关科目）

贷：贵金属买卖损益

（2）确认贵金属买卖损失时，会计分录为

借：贵金属买卖损益

贷：库存现金（或有关科目）

（3）期末结转“本年利润”时，会计分录为

借：本年利润

贷：贵金属买卖损益

或者，

借：贵金属买卖损益

贷：本年利润

## 9.2　成本和费用

### 9.2.1　成本和费用的概念及特征

1. 成本和费用的概念

费用作为会计要素和会计报表要素的构成内容之一，是与收入相对应而存在的。费用是指银行日常活动所发生的、会导致所有者权益减少的、与向所有者分配利润无关的经济利益的总流出。成本是指企业为提供劳务而发生的各种耗费，不包括为第三方或客户垫付的款项。

成本和费用是两个并行使用的概念，两者之间既有联系又有区别。成本是按一定对象所归集的费用，即所发生的特定业务归集的费用，是对象化了的费用。也就是说，成本是相对于一定的业务而言所发生的费用，是按照企业所发生的业务成本等核算对象，对当期发生的费用进行归集而形成的。而费用是资产的耗费，它与一定的会计期间相联

系，与发生哪种业务无关；成本与发生的一定种类和数量的业务相联系，而不论发生在哪一个会计期间。

银行在从事业务活动的过程中，不仅要对大量吸收的资金支付相应的利息，而且还要支付业务经营中的工资和其他相关费用，同时耗费一定的物品，所有这些耗费以货币价值形式表现出来，就构成了成本和费用。只有与业务经营活动有关的各项支出才能计入成本，与业务经营活动无关的支出不能计入成本。

2. 费用的特征

（1）费用是从企业日常活动中产生的，而不是从偶发的交易或事项中产生的。费用定义中的"日常活动"，与收入定义中的"日常活动"相同，都是指银行为完成其经营目标而从事的所有活动，以及与之相关的其他活动，如银行的存款业务就属于日常活动。但是，有些交易或事项虽然也能使企业发生支出，但由于不是在企业的日常活动中发生的，就不能作为企业的费用，而作为营业外支出。

（2）费用可能表现为企业资产的减少，也可能表现为企业负债的增加，或者二者兼而有之。

（3）费用是因经营活动而引起的企业所有者权益的减少。一般情况下，银行的资金流入（收入）会增加银行的所有者权益；相反，银行的资金流出会减少银行的所有者权益。但是在银行经营活动过程中，并不是所有的支出都归入费用，如银行以货币资产偿付债务时，引起一项资产的减少和一项负债的减少，对所有者权益没有影响，因此不构成银行的费用。再如银行向投资者分派股利或利润，其资金流出虽然减少了所有者权益，但其属于最终的利润分配，不是经营活动的结果，也不应作为费用。

3. 银行营业成本与费用的内容

银行的营业成本是指在业务经营活动过程中发生的与业务经营有关的支出，包括利息支出、金融企业往来支出、手续费支出、汇兑损失等。

银行的营业费用，是指银行在业务经营及管理工作中发生的各种耗费，包括固定资产折旧、业务宣传费、业务招待费、电子设备运转费、安全防卫费、财产保险费、邮电费、劳动保护费、外事费、印刷费、公杂费、低值易耗品摊销、职工工资、差旅费、水电费、租赁费（不含融资租赁费）、修理费、职工福利费、职工教育经费、工会经费、房证费、咨询费、无形资产摊销、长期待摊费用摊销、待业保险费、劳动保险费、取暖费、审计费、技术转让费、研究开发费、绿化费、董事会费、上缴管理费、广告费等。

### 9.2.2 费用的确认和计量

1. 费用确认的原则

费用就其实质来说就是资产的耗费，但并不是所有的耗费都是费用。一般来说，费用的确认应遵循划分收益性支出与资本性支出原则、权责发生制原则、配比原则。

1）划分收益性支出与资本性支出原则

按照划分收益性支出与资本性支出原则，若某项支出的效益涉及多个会计年度，该项支出应予以资本化，不能作为当期费用；如果某项支出的效益仅涉及本会计年度，就应作为收益性支出，在一个会计期间内确认为费用。划分两类支出原则为费用的确认提供了一个时间上的总体界限，保证了正确计量资产的价值和正确地计算各期的成本、费用及损益。

2）权责发生制原则

划分收益性支出与资本性支出原则，只是为费用的确认做出时间上的大致区分，而权责发生制原则规定了具体在什么时点上确认费用。金融企业会计制度规定，凡是当期已经发生或应当分担的费用，不论款项是否支付，都应作为当期的费用；凡是不属于当期的费用，即使款项已在当期支付，也不应当作为当期的费用。

3）配比原则

按照配比原则，为产生当期收入所发生的费用，应当确认为该期的费用。配比原则的基本含义在于当收入已经实现时，某些业务已经发生，已发生的业务成本，应当在确认有关收入的期间予以确认。如果收入要到未来期间实现，相应的费用就应递延分配到未来的实际受益期间。因此，费用的确认，要根据费用与收入的相关程度，确认哪些资产耗费或负债的增加应从本期收入中扣减。

另外，银行确认费用时，还应当注重重要性原则和谨慎性原则的运用。

2. 费用确认的标准

根据上述费用确认原则，在确认费用时，一般应遵循以下三个标准。

1）按费用与收入的直接联系（或称因果关系）加以确认

凡是与本期收入有直接因果关系的耗费，就应当确认为该期间的费用。这种因果关系具体体现在以下两个方面：一是经济性质上的因果性，即应予以确认的费用与期间收入项目具有必然的因果关系，也就是有所得必有所费，不同收入的区分是由于发生了不同的费用；二是时间上的一致性，即应予以确认的费用与某项收入同时或结合起来加以确认，这一过程也就是收入与费用配比的过程。例如，如果从事证券业务的金融企业代理客户买卖证券是直接与所产生的手续费收入相联系的，那么，该项代理业务的成本就可以随同本期实现的手续费收入实现而作为该期的费用。

2）直接作为当期费用确认

在企业中，有些支出不能提供明确的未来经济利益，并且，如果对这些支出加以分摊也没有意义，这时，这些费用就应采用这一标准，直接作为当期费用予以确认，如固定资产日常修理费等。这些费用虽然与跨期收入有联系，但由于不确定因素，往往不能肯定地预计其收益所涉及的期间，因而就直接列作当期的费用。

3）按系统、合理的分摊方式确认

如果费用的经济效益有望在若干个会计期间发生，并且只能大致和间接地确定其与收益的联系，该项费用就应当按照合理的分配程序，在利润表中确认为一项费用。例如，固定资产的折旧和无形资产的摊销都属于这一情况。一般地，我们将这类费用称为折旧或摊销。

3. 费用的计量

费用是通过所使用或所耗费的资产或发生的业务所耗用的劳动的价值来计量的，通常的费用计量标准是实际成本。

### 9.2.3 成本与费用的核算

1. 营业支出的核算

1）利息支出的核算

利息支出是银行向单位、个人等以负债形式筹集资金所支付给债权人的报酬。银行应依据权责发生制原则按期预提应付利息，但对活期储蓄存款，考虑到其户数多，计息业务量大、利息支出额度较小，对各期成本支出和整个财务成果影响不大等特殊情况，其利息支出也可按收付实现制原则进行核算。

（1）会计科目的设置及使用。为反映利息支出的增减变动情况，银行设置“利息支出”科目进行核算。“利息支出”科目属损益类，用来核算银行发生的利息支出，包括吸收的各种存款（单位存款、个人存款、银行卡存款、特种存款、转贷款资金等）、与其他金融机构（中央银行、同业等）之间发生资金往来业务、卖出回购金融资产等产生的利息支出。本科目可按利息支出项目进行明细核算。

资产负债表日，企业应按摊余成本和实际利率计算确定的利息费用金额，借记本科目，按合同利率计算确定的应付未付利息，贷记“应付利息”科目，按其差额，借记或贷记“吸收存款——利息调整”等科目。实际利率与合同利率差异较小的，也可以采用合同利率计算确定利息费用。期末，应将本科目余额转入“本年利润”科目，结转后本科目无余额。

（2）利息支出的账务处理，主要包括以下几种情况。

发生利息支出时，会计分录为

借：利息支出——××利息支出户

　　贷：单位活期存款（或个人活期储蓄存款）——××户

预提定期存款应付利息时，会计分录为

借：利息支出——××利息支出户

　　贷：应付利息

贷或借：单位活期存款（或个人活期储蓄存款）——利息调整

实际支付已预提的应付利息时，会计分录为

借：应付利息

　　贷：单位活期存款（或个人活期储蓄存款）——××户

期末结转利润时，会计分录为

借：本年利润

　　贷：利息支出——××利息支出户

2）金融企业往来支出的核算

金融企业往来支出是指银行与其他金融机构（包括联行、中央银行、同业）之间发生资金往来业务所产生的利息支出，包括向中央银行借款利息支出、银行同业存款利息支出、非银行同业存款利息支出、境外同业存款利息支出、系统内存放款项利息支出、系统内借入款项利息支出以及再贴现、转贴现利息支出等。

银行为了核算反映金融企业往来支出的增减变化情况，设置“金融企业往来支出”科目。该科目属损益类科目。

银行发生往来利息支出时，借记本科目，贷记“存放中央银行款项”“存放银行同业”“结算资金往来”“票据融资”等科目。

期末应将本科目余额结转利润，借记“本年利润”，贷记本科目。

本科目应按金融机构性质进行明细核算。

（1）金融企业往来支出的明细科目。金融企业往来支出的明细科目主要有：向中央银行借款利息支出、同业存放款项利息支出、系统内存放款项利息支出、拆入款项利息支出、全国联行往来利息支出、省辖联行往来利息支出、其他往来利息支出等。

（2）金融企业往来支出的账务处理。定期支付金融企业往来利息支出时，会计分录为

借：金融企业往来支出——××利息支出户

　贷：存放中央银行款项

计提应付利息时，对跨年度的各项借款，应按期预提应付利息。会计分录为

借：金融企业往来支出——××利息支出户

　贷：应付利息

实际付息时，冲销“应付利息”，会计分录为

借：应付利息

　贷：存放中央银行款项

期末按本科目余额结转利润时，会计分录为

借：本年利润

　贷：金融企业往来支出——××利息支出户

3）手续费及佣金支出的核算

手续费支出是银行委托其他单位办理有关业务而支付的工本费，如代办储蓄手续费、其他银行代办业务手续费等。手续费支付有现金支付和转账支付两种方式。

为了反映手续费支出的增减变化情况，银行设置“手续费及佣金支出”科目。该科目属于损益类科目，用于核算银行委托其他单位代办业务而支付的手续费。发生各项手续费支出时，借记本科目，贷记有关科目；期末本科目余额结转利润时，借记“本年利润”科目，贷记本科目。本科目余额应反映在借方，期末结转利润后，本科目应无余额。

（1）手续费支出的明细科目。手续费支出的明细科目可设置为：结算手续费支出；代办储蓄手续费支出；代办其他业务手续费支出等。

（2）手续费支出的账务处理。银行参加票据交换的结算手续费，由组织清算的中央银行确定；代办储蓄手续费的总体标准，按代办机构吸揽储蓄存款年平均余额的1.2%控制；各分支行可以根据本地区、本行处的经营特点在此指标内确定内部控制比例。但在实际计算手续费时，以代办机构吸收储蓄存款的上月平均余额为基数，扣除银行职工在揽储、复核和管理工作中应分摊的数额，据此计算后予以支付。手续费支出应按有关规定和付费标准如实列支，不得预提。

发生手续费及佣金支出时，会计分录为

借：手续费及佣金支出——××手续费及佣金支出户

　　贷：存放中央银行款项（或存放同业款项——××代办单位存款户）

期末按“手续费支出”科目余额结转利润时，会计分录为

借：本年利润

　　贷：手续费及佣金支出——××手续费及佣金支出户

4）营业费用的核算

营业费用有关账户的支出，除按有关规定可先提后用外，其他一律据实列支，不得预提。银行对需要待摊和预提的费用，应根据权责发生制原则，结合自身的具体情况确定。待摊费用的摊销期一般不超过1年。预提费用当年能核算的，年终决算不留余额，需跨年度使用的，应在决算说明中予以说明。银行营业费用项目较多，而且繁杂，在会计核算中，应加强对营业费用的核算和管理。

为了核算营业费用的增减变动情况，银行设置“业务及管理费”和“折旧费用”两个损益类科目，用于核算银行在业务经营管理中发生的各项费用。

（1）业务及管理费核算。“业务及管理费”科目核算除折旧费以外的银行业务经营和管理过程中所发生的各项费用支出，本科目应按费用项目进行明细核算。

银行发生各项业务管理费用时，借记本科目，贷记“库存现金”“应付职工薪酬”“应交税费”“其他应付款”“累计摊销”“长期待摊费用”“住房周转金”等科目。

银行办理支付结算业务按规定向客户收取的邮电费，借记“吸收存款”“库存现金”等科目，贷记本科目（邮电费）。

银行向申请人开立信用证或信用证修改书时，收取的邮电费，借记“吸收存款”等科目，贷记本科目（邮电费）。

银行向单位和个人收取的凭证工本费，借记“吸收存款”“库存现金”等科目，贷记本科目（印刷费）。

银行按规定向存款保险基金公司缴纳的存款保险费，借记本科目，贷记“存放中央银行款项”等科目。

期末应将本科目余额结转利润，借记“本年利润”科目，贷记本科目，结转后本科目应无余额。

（2）折旧费核算。“折旧费用”科目核算银行对固定资产按规定折旧率提取的折旧费用。银行按月计提折旧费时，会计分录为

借：折旧费用

　　贷：累计折旧

期末结算利润时，会计分录为

借：本年利润

　　贷：折旧费用

5）其他业务成本的核算

（1）会计科目的设置及使用。其他业务成本是除了利息支出、金融企业往来支出、手续费及佣金支出、汇兑损失、营业费用以外的其他业务支出。银行的其他业务支出作为一个单独的费用项目，通过设置“其他业务支出”科目来核算，反映其他业务支出的

增减变动情况。

“其他业务支出”科目属损益类科目，核算银行确认的除主营业务活动以外的其他经营活动所发生的支出，包括出租固定资产的折旧额、出租无形资产的摊销额等。

采用成本模式计量投资性房地产的，其投资性房地产计提的折旧额或摊销额，也通过本科目核算。本科目可按其他业务成本的种类进行明细核算。企业发生的其他业务成本，借记本科目，贷记“原材料”“周转材料”“累计折旧”“累计摊销”“应付职工薪酬”“存放中央银行款项”等科目。期末，应将本科目余额转入“本年利润”科目，结转后本科目无余额。

（2）其他业务成本的账务处理。当发生其他业务支出时，会计分录为

借：其他业务支出——××支出户

　　贷：现金（或存放中央银行款项）

期末本科目余额结转利润时，会计分录为

借：本年利润

　　贷：其他业务支出——××支出户

2. 税金及附加的核算

1）基本概念

税金及附加是指银行根据国家税法的规定，按适用税率或费率缴纳的各种税收或附加费。它包括增值税、城市维护建设税、教育费附加、地方教育费等。

自2016年5月1日起，在金融机构试行“营改增”，即由过去缴纳营业税改为缴纳增值税，纳税税率为6%。其计算公式如下：

应纳增值税=销项税−进项税

销项税=［销售额/（1+6%）］×6%

进项税=［可进项抵扣支出/（1+适用税率）］×适用税率

城市维护建设税是国家为加强城市维护建设，扩大和稳定城市维护建设资金的来源而征收的一个税种，其性质属于附加税。银行应以缴纳的增值税为课税对象，缴纳城市维护建设税。城市维护建设税的税率为7%。其计算公式如下：

城市维护建设税=应纳增值税额×7%

教育费附加是为了加快发展地方教育事业，扩大地方教育经费的来源而征收的一个税种。教育费附加是以银行实际缴纳增值税额的3%计算缴纳；而用于地方教育事业发展的地方教育费附加，按照银行实际缴纳增值税额的1%计算缴纳。其计算公式如下：

教育费附加=应纳增值税额×3%

地方教育费=应纳增值税额×1%

2）科目设置

为了核算反映增值税金及附加的增减变动情况，银行设置“税金及附加”科目。该科目属于损益类科目，用于核算银行缴纳应由营业收入负担的各种税金，包括增值税、城市维护建设税和教育费附加、地方教育费等。期末终了，按规定计算出本期应纳的各项税金，借记本科目，贷记“应交税费”科目；结转利润时，借记“本年利润”科目，贷记本科日。余额应反映在借方，期末结转利润后，本科目应无余额。

税金及附加的明细科目可设置为：增值税；城市维护建设税；教育费附加、地方教育费等。

3）账务处理

（1）银行期末计提应纳增值税金及附加时，会计分录为

借：税金及附加——××税户

　贷：应交税费

（2）银行实际缴纳增值税金及附加时，会计分录为

借：应交税费

　贷：存放中央银行款项

（3）期末结转利润时，会计分录为

借：本年利润

　贷：税金及附加——××税户

3. 营业外支出的核算

营业外支出是指银行发生的与业务经营无直接关系的各项支出，包括非流动资产处置损失、非货币性资产交换损失、债务重组损失、公益性捐赠支出、非常损失、盘亏损失等。

1）会计科目的设置及使用

为了核算反映实际发生的与业务经营没有直接关系的各项支出，银行设置“营业外支出”科目。该科目属于损益类科目。银行确认处置非流动资产损失、非货币性资产交换损失、债务重组损失，比照“固定资产清理”“无形资产”“原材料”“库存商品”“应付账款”等科目的相关规定进行处理。

盘亏、毁损的资产发生的净损失，按管理权限报经批准后，借记本科目，贷记“待处理财产损益”科目。

期末，应将本科目余额转入“本年利润”科目，结转后本科目无余额。

2）营业外支出的账务处理

发生各项营业外支出时，根据有关凭证，编制借、贷方记账凭证。会计分录为

借：营业外支出——××支出户

　贷：待处理财产损益

期末本科目余额结转利润时，会计分录为

借：本年利润

　贷：营业外支出——××支出户

4. 资产减值损失的核算

资产减值损失是指银行按规定提取的各项准备金，包括贷款减值准备、坏账准备、持有至到期投资减值准备、长期股权投资减值准备、固定资产减值准备、无形资产减值准备、在建工程减值准备、抵债资产减值准备等。

1）科目设置

为估算银行的各项资产减值损失，设置“资产减值损失”科目，该科目属损益类科目。提取准备金时，借记本科目，贷记“贷款减值准备”“坏账准备”“固定资产减值准备”“无形资产减值准备”“在建工程减值准备”“抵债资产减值准备”等科目；冲减准备金时，借记“贷款减值准备”“坏账准备”“固定资产减值准备”“无形资产减值准备”“在

建工程减值准备”“抵债资产减值准备”等科目，贷记本科目。期末应将本科目余额结转利润，借记“本年利润”科目，贷记本科目，结转后本科目应无余额。

银行按规定在“资产减值损失”科目下，按提取准备金的种类设置明细科目：贷款减值准备、坏账准备、长期股权投资减值准备、持有至到期投资减值准备、固定资产减值准备、无形资产减值准备、在建工程减值准备、抵债资产减值准备。

2）资产减值损失的账务处理

（1）提取准备金时，会计分录为

借：资产减值损失——提取××准备

　贷：贷款损失准备（或其他损失准备）

（2）期末本科目余额结转本年利润时，会计分录为

借：本年利润

　贷：资产减值损失

## 9.3　利润

### 9.3.1　利润的概念及构成

1. 利润的概念

利润是指银行在一定会计期间的经营成果，它是银行在一定会计期间内实现的收入减去费用后的净额。对利润进行核算，可以及时反映银行在一定会计期间的经营业绩和获利能力，反映银行的投入产出效率和经济效益，有助于银行投资者和债权人据此进行盈利预测，评价银行经营绩效，做出正确的决策。

2. 利润的构成

银行的利润核算包括营业利润、利润总额、所得税、净利润四个不同核算阶段。而从这四个不同的阶段，我们可以清晰地看到利润的构成。

（1）营业利润。营业利润是银行营业收入减去营业成本、税金及附加、各项期间费用、资产减值损失，加上公允价值变动净损益和投资净收益后的净额。

（2）利润总额。利润总额是银行营业利润加上营业外收入，减去营业外支出后的金额。

（3）所得税。所得税是指银行应计入当期损益的所得税费用。银行应选用纳税影响会计法或应付税款法对所得税进行核算。根据《企业会计准则第 18 号——所得税》规定，我国企业采用资产负债表债务法核算递延所得税。

（4）净利润。净利润是指银行利润总额减去所得税后的金额。

综合起来，计算银行当期实收的净利润分为三个步骤。

第一步：计算营业利润。

营业利润=营业收入−营业成本和营业费用−税金及附加−资产损失
+公允价值变动收益+投资净收益

第二步：计算利润总额。

利润总额=营业利润+营业外收入−营业外支出

第三步：计算净利润。

净利润=利润总额–所得税

### 9.3.2 利润的核算

银行一般应按月计算利润，按月计算利润有困难的，可以按季或者按年计算利润。与此同时，银行还应计算每一会计期间的所得税费用，并按照国家的有关规定，计算并缴纳所得税。对于实现的利润和利润分配情况，银行应当分别核算，利润及利润分配各项目应当设置明细账，进行明细核算。银行提取的法定盈余公积、分配的优先股股利、提取的任意盈余公积金、分配的普通股股利、转作资本（或股本）的普通股股利，以及年初未分配利润（或未弥补损失）、期末未分配利润（或未弥补亏损）等，均应当在利润分配表中分别列项予以反映。

1. 所得税的核算

随着我国会计制度改革和税制改革的逐步深入，银行财务会计和所得税会计逐步分离，银行按照会计制度和会计准则核算的会计利润与按照税法计算的银行应纳税所得额之间的差异也逐步扩大。这些差异表现为永久性差异和时间性差异。所谓永久性差异，是指某一会计期间，由于会计制度和税法在计算收益、费用和损失时的口径不同，所产生的税前会计利润和应纳税所得额之间的差异；所谓时间性差异，是指税法与会计制度在确认收益、费用或损失时的时间不同而产生的税前会计利润与应纳税所得额的差异。因此，对所得税的会计核算，视其是否考虑差异而采用不同的会计处理方法，主要有应付税款法和纳税影响会计法两种。我国所得税会计采用资产负债表债务法核算递延所得税。

1）资产负债的计税基础

资产的计税基础，是指企业收回资产账面价值过程中，计算应纳税所得额时按照税法规定可以自应税利益中抵扣的金额，即某一资产在未来期间计税时按照税法规定可以税前扣除的金额。

负债的计税基础，是指负债的账面价值减去未来期间计算应纳税所得额时按照税法规定可予抵扣的金额。

2）暂时性差异

暂时性差异是指资产、负债账面价值与其计税基础不同产生的差额。根据暂时性差异对未来期间应纳税所得额的影响，分为应纳税暂时性差异和可抵扣暂时性差异。应纳税暂时性差异通常产生于资产的账面价值大于计税基础或者负债的账面价值小于其计税基础的情况，应纳税暂时性差异乘以预期未来适用的税率形成递延所得税负债，它实质上反映银行当期和以前期间少交的而在以后期间要交上的所得税。可抵扣暂时性差异在未来期间转回时会减少转回期间的应纳税所得额，减少未来期间的应交所得税，通常产生于资产的账面价值小于其计税基础和负债的账面价值少于其计税基础的情况。可抵扣暂时性差异乘以预期未来适用税率形成递延所得税资产。

3）所得税费用的核算

所得税费用等于当期所得税加上递延所得税。

当期所得税是指企业按照税法规定计算确定的针对当期发生的交易或事项，应缴纳给税务部门的所得税金额，即当期应交所得税。企业在确定当期应交所得税时，应在会计利润的基础上，按照适用税收法规的规定进行调整，计算出当期应纳税所得额，按照应纳税所得额与适用税率计算确定当期应交所得税。

应纳税所得额=会计利润+按照会计准则规定计入利润表但计税时不允许税前扣除的费用
+(-)计入利润表的费用与按照税法规定可予税前抵扣的金额之间的差额
+(-)计入利润表的收入与按照税法规定应计入应纳税所得额的收入之间的差额-税法规定的不征税收入+(-)其他需要调整的因素

递延所得税是指按照所得税准则规定，确认的所得税资产与所得税负债当期发生额的综合结果。

递延所得税=(递延所得税负债的期末余额-递延所得税负债的期初余额)
-(递延所得税资产的期末余额-递延所得税资产的期初余额)

企业因确认递延所得税资产和递延所得税负债形成的递延所得税，一般应当计入所得税费用，但以下两种情况除外：一是某项交易或事项按照会计准则规定应计入所有者权益的，由该交易或事项产生的递延所得税资产或递延所得税负债及其变化也应计入所有者权益，不构成利润表中的所得税费用。二是企业合并中取得的资产、负债，其账面价值与计税基础不同，应确认相关递延所得税的，该递延所得税的确认影响合并中产生的商誉或是计入当期损益的金额，不影响所得税费用。

银行确认产生递延所得税资产或递延所得税负债时，会计分录为

借：所得税费用
　　递延所得税资产
　贷：应缴税费——应交所得税
　　　递延所得税负债

2. 本年利润的核算

1）科目设置

为了反映银行利润的形成过程和组成内容，银行应当设置“本年利润”科目，对银行每期实现的利润总额（或发生的亏损）进行核算。

“本年利润”科目属所有者权益科目。期末将各项损益类科目的余额，转入“本年利润”科目。将收入类科目的余额，转入“本年利润”科目的贷方；将支出类科目的余额，转入“本年利润”科目的借方。最后，结平各项损益类科目。结转后，“本年利润”科目如为贷方余额，表明收入大于支出，即为本期利润总额；“本年利润”科目如为借方余额，表明收入小于支出，则为本期亏损总额。

年度终了，将“本年利润”科目的余额全数转入“利润分配——未分配利润”账户，结转后，该账户无余额。

银行结转“本年利润”科目期末（月末、季末、年末）余额的方法有两种，即账结法和表结法。按照规定，银行应按季计算盈亏，年终结转损益。

2）采用账结法结转银行利润

账结法是指银行通过设置“本年利润”科目，核算银行当年实现的利润或亏损总额，

银行利润直接在“本年利润”科目中结转并反映出来。

银行应于每月月末（季末）将各损益类科目的余额转入“本年利润”科目，结转后，各损益类账户余额为零。然后结算出“本年利润”科目借、贷方发生额的差额，如果是贷方差额，即为本期的利润额，以及本年累计利润总额；如果为借方差额，则为本期亏损额，以及本年累计亏损的总额。

银行结转损益类科目时，会计分录为

借：利息收入
　　手续费及佣金收入
　　金融企业往来收入
　　汇兑收益
　　投资收益
　　其他业务收入
　　营业外收入
　贷：本年利润

借：本年利润
　贷：利息支出
　　　手续费及佣金支出
　　　金融企业往来支出
　　　业务及管理费
　　　汇兑损失
　　　投资损失
　　　其他业务支出
　　　税金及附加
　　　营业外支出
　　　资产减值损失
　　　所得税费用

年终通过“本年利润”结出的利润（或亏损）总额应全数转入“利润分配”科目下设立的“未分配利润”账户。

年终决算日按规定结平“本年利润”科目时，会计分录为

借：本年利润
　贷：利润分配——未分配利润

或

借：利润分配——未分配利润
　贷：本年利润

结转后，“本年利润”科目无余额。

账结法的优点是各月均可通过“本年利润”科目提供其当期利润额，记账业务程序完整。但从实用的角度来讲，采用账结法增加了编制结转损益分录的工作量。

3）采用表结法结转“本年利润”

采用表结法结转本年利润，是指银行在月末、季末计算利润（或亏损）时，不通过“本年利润”账户，而是通过编制损益表直接计算出来，反映本期实现的利润或亏损。

这种表结法用于月末和季末对利润的反映。

如果采用表结法每月结账时，损益类各科目的余额不需要结转到“本年利润”科目，只有在年度终了进行年度决算时，才用账结法结出损益类各科目的全年累计余额及其构成情况。所以，每月结账时，只要结出各损益类科目的累计余额，就可以直接根据这些余额，逐项填入“损益表”，通过“损益表”计算出从年初到本月末为止的本年累计利润，然后减去上月末本表中的本年累计利润数，就是本月的利润或亏损总额。

银行在采取表结法的情况下，每月、每季编制资产负债表时，如果平时不进行利润分配，表内“未分配利润”项目应填制“损益表”中的利润总额与“未分配利润”科目余额的合计数；如果平时进行利润分配，应根据“损益表”中的“利润总额”与“利润分配”的差额来填制资产负债表中的“未分配利润”项目。

表结法在平时直接通过利润表结转，省去了转账环节，并可从科目余额得出本年累计的指标，同时并不影响利润表的编制及有关损益表指标的利用。

综上所述，采用表结法计算利润，“本年利润”科目只有年终使用；采用账结法，每月使用“本年利润”科目。无论采用哪种方法，年度终了时，都必须将“本年利润”科目结平，转入“利润分配——未分配利润”科目。结转后，“本年利润”科目应无余额。

年末转账，如为盈利，会计分录为

借：本年利润

　贷：利润分配——未分配利润

如为亏损，会计分录为

借：利润分配——未分配利润

　贷：本年利润

## ➢ 关键概念

收入　成本和费用　利润　账结法　表结法

## ➢ 复习思考题

1. 营业收入包括哪些内容？
2. 收入实现的确认原则是什么？
3. 对成本核算与管理的要求有哪些？
4. 银行利润的构成如何？结计利润是怎样处理的？
5. 利息收入的含义及其核算是怎样的？
6. 递延所得税资产和递延所得税负债的含义是什么？
7. 资产负债表债务法的主要内容是什么？
8. 什么是增值税？其计算的依据是怎样的？
9. 某银行 12 月 31 日有关外币账户余额如下：12 月 31 日市场汇率 1 美元=8.5 元人民币，应收利息（借方）10 000 美元，81 000 元人民币；现金（贷方）30 000 美元，258 元人民币；应收利息（贷方）6000 美元，49 200 元人民币；同业拆入 2000 美元，16 500 元人民币；中长期借款 15 000 美元，124 200 元人民币。问期末应调整的汇兑损益为多少？

# 第10章

# 所有者权益

> ➤ **本章提要**

所有者权益也称股东权益，是指所有者在企业资产中享有的经济利益，其金额为资产减去负债后的余额。银行业的所有者权益是指银行所有者对银行资产中享有的经济利益，在量上等于银行全部资产减去全部负债后的净值部分，它充分表明银行业的产权关系。通过本章的学习，要求了解银行所有者权益的构成，理解所有者权益增加途径，掌握所有者权益的核算手续。

## 10.1 所有者权益核算概述

### 10.1.1 所有者权益的概念及构成

所有者权益，是指企业资产扣除负债后，由所有者享有的剩余权益。公司的所有者权益又称为股东权益。所有者权益是所有者对企业资产的剩余索取权，它是企业的资产扣除债权人权益后应由所有者享有的部分，既可反映所有者投入资本的保值增值情况，又体现了保护债权人权益的理念。

所有者权益的来源包括所有者投入的资本、其他综合收益、留存收益等，通常由股本（或实收资本）、资本公积（含股本溢价或资本溢价、其他资本公积）、其他综合收益、盈余公积、一般风险准备和未分配利润等构成。

所有者投入的资本，是指所有者投入企业的资本部分，它既包括构成企业注册资本或者股本的金额，也包括投入资本超过注册资本或股本部分的金额，即资本溢价或股本溢价，这部分投入资本作为资本公积（资本溢价）反映。

其他综合收益，是指企业根据会计准则规定未在当期损益中确认的各项利得和损失。留存收益，是指企业从历年实现的利润中提取或形成的留存于企业的内部积累，包括盈余公积、一般风险准备和未分配利润。

### 10.1.2 所有者权益核算的会计科目

1. 股本（或实收资本）

1）本科目核算范围

本科目核算根据银行章程或合同协议的约定，实际收到投资人投入的资本，银行分配股票股利增加的股本以及以资本公积、盈余公积转增的资本也通过本科目核算。

2）本科目设置的二级科目

（1）优先股：核算本行的优先股股本。

（2）普通股：核算本行的普通股股本。

3）引起本科目变化的业务活动

（1）收到投资人投入的人民币现金时，借记“存放中央银行存款”等有关科目，按其面值和核定的股份总数的乘积计算的金额，贷记本科目，存在溢价收入的，贷记“资本公积”科目；收到投资人投入的房屋、机器设备等实物资产时，按评估确认的原值，借记“房地产”等有关科目，按评估确认的净值，贷记本科目，按其差额，贷记“累计折旧”科目；收到投资人投入的无形资产时，按评估确认的价值，借记“无形资产”科目，贷记本科目。

（2）收到投资人投入的外币资本时，在外币账务中，借记“存放境外同业活期款项”或有关科目，贷记“资本折算”科目；在本币账务中，借记“资本折算”科目，贷记本科目，存在溢价的，贷记“资本公积”科目。

（3）将可转换银行债券转为股本时，按照应转换债券的账面价值，借记有关科目，贷记本科目和有关科目，按实际支付的未转换股票款项金额，贷记“存放中央银行存款”等有关科目，按其差额，贷记“资本公积”科目。

（4）按照股东大会决议在规定日期将资本公积、盈余公积转增资本或向投资者分配股票股利时，借记“资本公积”、“盈余公积”和“利润分配”科目，贷记本科目。

（5）投资者投入的股本一般不得抽回。特殊情况下，经批准收购本行股票减资时，如支付价款高于面值总额，借记本科目，贷记“存放中央银行存款”等有关科目，其差额依次借记“资本公积”、“盈余公积”和“利润分配”科目；如支付价款低于面值总额，借记本科目，贷记“存放中央银行存款”等有关科目，按其差额，贷记“资本公积”科目。

（6）本科目属权益类科目，余额应反映在贷方。

2. 资本公积

1）本科目核算范围

本科目核算银行取得的资本公积。凡银行接受捐赠、投资人缴付出资额大于注册资本、财产重估增值、清产核资核增资本公积、用住房周转金购置职工住房、用专项拨款资金购建固定资产、按规定用资本公积转增资本等时，均通过本科目核算。

2）本科目设置的二级科目

（1）清产核资重估增值，核算按国家统一规定进行清产核资发生的资产重估净增值，经批准核增的资本公积。

（2）资产评估增值，核算本行按规定对资产（不含清产核资）进行评估，评估增值部分扣除未来应交所得税后的余额。

（3）接受捐赠非现金资产，核算本行因接受非现金资产捐赠而增加的资本公积。

（4）专项拨款转入，核算本行使用专项拨款购置固定资产等拨款项目完成后，按规定转入资本公积的部分。

（5）住房周转金转入，核算本行按规定以住房周转金购置职工住房支出转入资本公积的金额。

（6）股权投资准备，核算本行对被投资单位的长期股权投资采用权益法核算时，由于被投资单位接受捐赠等原因增加的资本公积，本行按持股比例计算而增加的资本公积。

（7）投资重估储备，核算可供出售债券等投资项目期末计量时确认的公允价值变动额。

（8）股本溢价，核算本行投资人实际投入的金额或确定的价值与股票面值和其核定的股份总额的乘积之间的差额。

（9）其他资本公积转入，核算本行因接受现金捐赠以及其他资本公积准备科目转入的资本公积。

（10）其他资本公积，核算上述各项资本公积以外所形成的资本公积。接受现金捐赠，按实际收到的捐赠款，借记“现金”等有关科目，贷记“资本公积–其他资本公积转入户”。

（11）套期递延准备，核算本行进行现金流量或境外经营净投资套期时，套期工具发生的公允价值变动有效套期部分金额。公允价值变动增加时，借记“套期工具”科目，贷记本科目，公允价值变动减少时，借记本科目，贷记“套期工具”科目。到期转出时，借（贷）记本科目，贷（借）记损益类科目或被套期项目的账面价值。本科目按二级科目名称设户进行明细核算。

3）引起本科目变化的业务活动

（1）接受捐赠的固定资产，应按同类资产的市场价格或根据所提供的有关凭据所确定的价值及发生的相关费用，借记固定资产类科目，按估计折旧，贷记“累计折旧”科目，按支付相关费用的金额，贷记“银行存款”等有关科目，按其差额，贷记“资本公积–接受捐赠非现金资产户”等有关科目。

（2）接受捐赠的固定资产处置时，应将原计入资本公积的接受捐赠资产价值转入其他资本公积转入户项下，借记“资本公积–接受捐赠非现金资产户”，贷记“资本公积”下的其他资本公积转入户。

（3）用住房周转金购买职工住房产权或使用权，按实际支付的价款，借记“房地产”或“无形资产”等有关科目，贷记“银行存款”等有关科目；同时，按应由住房周转金负担的部分，借记“住房周转金”科目，贷记“资本公积–住房周转金转入户”。

（4）用专用拨款资金购置固定资产时，借记固定资产类科目，贷记“银行存款”等有关科目，同时，将专项拨款转为资本公积，借记“专项拨款”科目，贷记“资本公积–专项拨款转入户”。

（5）按国家统一规定进行清产核资发生的资产重估净增值，经批准核增资本公积时，借记固定资产类科目，贷记“资本公积–清产核资重估增值户”等有关科目。

（6）以固定资产对外投资，按评估确认的固定资产净值和应交纳的税金，借记“股权投资”等有关科目，按投资固定资产已提折旧，借记“累计折旧”科目，按投资固定资产的账面原价和应交纳的税金，贷记固定资产类科目，如评估确认的固定资产净值大于投资资产账面净值的，按其差额，贷记“资本公积–股权投资准备户”，如评估确认的固定资产净值小于投资资产账面净值的，按其差额，借记“营业外支出”科目。

（7）以除固定资产以外的非现金的实物资产和无形资产对外投资，按评估确认的价值和应交纳的税金，借记“股权投资”等有关科目，按投资的实物资产和无形资产的账面价值和应交纳的税金，贷记“无形资产”等有关科目，如评估确认的资产价值大于投资资产账面净值，按其差额，贷记“资本公积–股权投资准备户”等有关科目，如评估确认的价值小于投资资产账面价值，按其差额，借记“营业外支出”科目。对该项投资再次评估如为增值的，若该项投资原为评估增值，应将再次评估增值作为增加“资本公积–股权投资准备户”处理，若该项投资原为评估减值，应将再次评估增值在原评估减值的范围内抵销，记入“营业外收入”科目，未抵销的增值，增加“资本公积–股权投资准备户”。对该项投资再次评估如为减值，若该项投资原为评估增值，应将再次评估减值在原评估增值范围内抵销，冲减“资本公积”科目下的“股权投资准备户”，未抵销的减值记入“营业外支出”科目；若该项投资原为评估减值，其减值记入“营业外支出”科目。

（8）或收回原用非现金的实物资产和无形资产投资时，应将该项投资原记入“资本公积–股权投资准备户”的余额转入“资本公积–其他资本公积转入户”，借记“资本公积”科目下的“股权投资准备户”，贷记“资本公积–其他资本公积转入户”。

（9）以资本公积转增资本时，借记“资本公积–其他资本公积转入户”等有关科目，贷记“实收资本”科目。

（10）可供出售债券公允价值变动确认公允价值变动额时，贷记或借记“资本公积–可供出售债券公允价值变动累计额户”，转出时借记或贷记有关科目。

（11）本科目属权益类科目，余额应反映在贷方。

3. 库存股

1）本科目核算范围

本科目核算银行收购、转让或注销的本行股份金额。

2）引起本科目变化的业务活动

（1）为减少注册资本而收购本行股份时，应按实际支付的金额，借记本科目，贷记有关科目。

（2）为奖励职工而收购本行股份时，应按实际支付的金额，借记本科目，贷记有关科目。将收购的股份奖励本行职工属于以权益结算的股份支付，如有实际收到的金额，借记有关科目，根据职工获取奖励股份的实际情况确定的金额，借记“资本公积”科目，按奖励库存股的账面余额，贷记本科目，按其差额，贷记或借记“资本公积”（股本溢价）科目。

（3）银行转让库存股，应按实际收到的金额，借记有关科目，按转让库存股的账面余额，贷记本科目，按其差额贷记“资本公积”（股本溢价）科目；为借方差额的，借记“资本公积”（股本溢价）科目，股本溢价不足冲减的，应借记“盈余公积”“利润分配”科目。

（4）注销库存股，应按股票面值和注销股数计算的股票面值总额，借记“股本”科目，按注销库存股的账面余额，贷记本科目，按其差额借记“资本公积”科目，股本溢价不足冲减的，应借记“盈余公积”“利润分配”科目。

（5）本科目属权益类科目，余额应反映在贷方。

4. 盈余公积

1）本科目核算范围

本科目核算银行按规定从净利润中提取的盈余公积。

2）本科目设置的二级科目

（1）法定盈余公积，核算银行按照法定比例从净利润中提取的盈余公积。

（2）任意盈余公积，核算银行提取法定盈余公积后，经股东大会批准按照规定比例从净利润中提取的任意盈余公积。

（3）法定公益金，核算银行按照规定的比例从净利润中提取的用于职工集体福利设施的公益金。

3）引起本科目变化的业务活动

（1）提取盈余公积时，借记“利润分配”科目，贷记本科目；以盈余公积弥补亏损时，借记本科目，贷记“利润分配”科目；以盈余公积转增资本时，借记本科目，贷记“股本”科目。

（2）用法定公益金购建职工宿舍、托儿所、理发室等，在固定资产交付使用后，应将法定公益金转为任意盈余公积，借记“法定公益金”，贷记“任意盈余公积”科目。处置用法定公益金购置的固定资产时，应将其原始支出从任意盈余公积中转回法定公益金，借记“任意盈余公积”，贷记“法定公益金”。

（3）本科目属权益类科目，余额应反映在贷方。

5. 一般风险准备

（1）本科目核算范围。本科目核算银行按规定从当年净利润中提取的一般风险准备。

（2）本科目设置的二级科目：一般风险准备，核算银行按规定从当年净利润中提取的一般风险准备。

（3）引起本科目变化的业务活动。提取一般风险准备时，借记“利润分配”科目，贷记本科目；动用一般风险准备时，借记本科目，贷记有关科目。

（4）本科目属权益类科目，余额应反映在贷方。

（5）本科目由总行专用。

6. 本年利润

1）交易形成本年利润

（1）本科目核算银行本年通过交易实现的利润（或发生的亏损）总额。

（2）本科目设置的二级科目：交易形成本年利润，核算银行本年通过交易实现的利润（或发生的亏损）总额。

（3）结转利润时，应将有关收入类科目的余额结转到本科目，借记有关收入类科目，贷记本科目；同时，将有关费用支出类科目的余额结转到本科目，借记本科目，贷记有关费用支出类科目。

年度终了，应将本科目的余额结转到"利润分配"科目，借记本科目，贷记"利润分配-未分配利润户"等有关科目；如为亏损，做相反会计分录。

（4）本科目属权益类科目，余额应反映在贷方。

2）折算形成本年利润

（1）本科目核算银行外币货币性项目折算产生的损益。

（2）本科目设置的二级科目：折算形成本年利润，核算银行外币货币性项目折算产生的损益。

（3）折算产生损益时，应将有关收入类科目的余额结转到本科目，借记有关收入类科目，贷记本科目；同时，将有关费用支出类科目的余额结转到本科目，借记本科目，贷记有关费用支出类科目。

年度终了，应将本科目的余额结转到"利润分配"科目，借记本科目，贷记"利润分配-未分配利润户"等有关科目；如为亏损，做相反会计分录。

（4）本科目属权益类科目，余额应反映在贷方。

7. 利润分配

1）本科目核算范围

本科目核算银行利润的分配（或亏损的弥补）和历年分配（或弥补）后的结存余额。

2）本科目设置的二级科目

（1）一般风险准备转入，核算银行动用一般风险准备弥补亏损时转入的一般风险准备。

（2）其他转入，核算银行使用盈余公积弥补亏损时转入的盈余公积。

（3）提取一般风险准备，核算银行从本年利润中提取的一般风险准备。

（4）提取法定盈余公积，核算银行从本年利润中按法定比例提取的法定盈余公积。

（5）提取法定公益金，核算银行从本年利润中按法定比例提取的法定公益金。

（6）提取任意盈余公积，核算银行从本年利润中按比例提取的任意盈余公积。

（7）分配优先股股利，核算银行本年利润中分配给优先股股东的现金股利。

（8）分配普通股现金股利，核算银行本年利润中分配给普通股股东的现金股利。

（9）分配普通股股票股利，核算银行本年利润中分配给普通股股东的股票股利。

3）引起本科目变化的业务活动

（1）按规定提取一般风险准备时，借记本科目下的"提取一般风险准备"二级科目，贷记“一般风险准备”科目；动用一般风险准备弥补亏损时，借记“一般风险准备”科目，贷记本科目下的“一般风险准备转入”二级科目。

（2）按规定提取盈余公积时，借记本科目下的“提取法定盈余公积”、“提取法定公益金”和“提取任意盈余公积”二级科目，贷记“盈余公积”科目；使用盈余公积弥补亏损时，借记“盈余公积”科目，贷记本科目下的“其他转入”二级科目。

（3）向投资者分配股利时，借记本科目下的“分配普通股现金股利”、“分配普通股股票股利”和“分配优先股股利”二级科目，贷记“应付利润”和“股本”等科目。

（4）年度终了，应将全年实现的利润总额，自“本年利润”科目转入本科目，借记“本年利润”等有关科目，贷记本科目下的“未分配利润”明细科目；如为亏损，做相反会计分录。同时，将本科目下的其他明细科目的余额转入“未分配利润”明细科目。结转后，除“未分配利润”明细科目外，本科目下的其他明细科目应无余额。

（5）年度终了结转后发生的对以前年度损益的调整，通过本科目下的“未分配利润”明细科目核算。

（6）本科目属权益类科目，余额应反映在贷方。

8. 未分配利润

1）本科目核算范围

本科目核算银行历年累积的未分配利润或未弥补亏损。

2）本科目设置的二级科目

（1）境内交易形成未分配利润：核算银行历年累积的境内交易形成的未分配利润或未以弥补亏损。

（2）境内折算形成未分配利润：核算银行历年累积的境内折算形成的未分配利润或未以弥补亏损。

（3）境外交易形成未分配利润：核算银行历年累积的境外交易形成的未分配利润或未以弥补亏损。

（4）境外折算形成未分配利润：核算银行历年累积的境外折算形成的未分配利润或未以弥补亏损。

3）引起本科目变化的业务活动

年终时，将本年实现的净利润结转到“利润分配”下“未分配利润”账户的贷方。同时将本年利润分配的数额结转到“利润分配”下“未分配利润”账户的借方。年末结转后的“利润分配”下“未分配利润”账户的贷方期末余额反映累计的未分配利润，借方期末余额反映累计的未弥补亏损。

4）本科目属权益类科目，余额应反映在贷方

借方余额反映历年累积的未弥补亏损，贷方余额反映历年积存的未分配利润。

## 10.2 实收资本（或股本）

银行业的实收资本是指投资者按照企业章程或合同、协议的规定，实际投入银行的资本。按投资主体不同，具体包括：国家投资、其他单位投资、社会个人投资和外商投

资等。实收资本按照投资形式可划分为：货币资金、实物、无形资产三种。

### 10.2.1　非股份制银行“实收资本”的会计核算

非股份制商业银行对投资人投入资本情况在 “实收资本”科目下进行核算。收到投资人投入资本时，按投入资本计价要求确定的金额借记 “有关科目”，贷记“本科目”。如按规定以资本公积、盈余公积转增股本时，借记“资本公积”“盈利公积”科目，贷记“实收资本”科目。

1. 投资者以现金投入的资本

投资者以现金投入的资本应当以实际收到或者存入开户银行的金额，借记“存放中央银行款项”科目，贷记本科目和“资本公积”科目。

**【例 10-1】** 某银行收到职工集资款 300 000 元，随即入账。会计分录为

| | |
|---|---|
| 借：库存现金 | 300 000 |
| 　贷：实收资本——个人投资 | 300 000 |

**【例 10-2】** 某银行原有注册资本 540 000 000 元，留存收益 20 000 000 元，现甲公司准备参与投资，经双方协商，同意其投资 219 000 000 元，将注册资本增至 750 000 000 元，该公司占 28%的股份。今收到该公司出资的转账支票 219 000 000 元，存入该行存款户。请写出其会计分录。

会计分录为

| | |
|---|---|
| 借：单位活期存款——甲公司存款户 | 219 000 000 |
| 　贷：实收资本——甲公司投资 | 210 000 000 |
| 　　　资本公积 | 9 000 000 |

2. 投资者以非现金资产投入的资本

投资者以非现金资产投入的资本，如投资人以房屋、设备等实物投入，按投出单位的账面原值，借记“固定资产”等科目，按确认的价值贷记“实收资本”科目，账面原值大于确认价值的差额，贷记“累计折旧”科目，确认价值大于账面原值按确认价值借记“固定资产”等科目，贷记“实收资本”科目。如投资人投入无形资产，以投资双方约定的价值，借记“无形资产”，贷记“实收资本”科目。

**【例 10-3】** 某银行收到 M 公司投入的房屋 1 栋，价值 4 000 000 元。会计分录为

| | |
|---|---|
| 借：固定资产 | 4 000 000 |
| 　贷：实收资本——M 公司投资 | 4 000 000 |

**【例 10-4】** 某银行收到投资单位投入的汽车 2 辆，原值共计 240 000 元，评估确认价为 200 000 元。会计分录为

| | |
|---|---|
| 借：固定资产 | 240 000 |
| 　贷：实收资本——其他单位投资 | 200 000 |
| 　　　累计折旧 | 40 000 |

**【例 10-5】** 某银行收到投资人投入的计算机 1 台，原价 50 000 元，评估确认价为 60 000 元。会计分录为

| | |
|---|---|
| 借：固定资产 | 60 000 |
| 　贷：实收资本——个人投资 | 60 000 |

【例 10-6】 某银行收到某企业以土地使用权进行的投资，确认价值为 300 000 元，会计分录为

借：无形资产——土地使用权　300 000

　贷：实收资本——法人投资　300 000

3. 投资者以外币投入的资本

1）合同约定汇率的核算

会计分录为

借：存放中央银行款项（收到外币当日的汇率折合人民币的金额）

　　资本公积——外币资本折算差额

　贷：实收资本（合同约定汇率折合人民币的金额）

或：

借：存放中央银行款项（按收到出资日当天的市场汇率折合为本位币的金额）

　贷：实收资本（按合同约定汇率折合为本位币的金额）

　　　资本公积——外币资本折算差额

【例 10-7】 某银行收到外商投资，采用业务发生时的即期汇率核算外币业务。5 月 25 日收到外商投入的资本 250 000 美元，当日的市场汇率为 1 美元=7.89 元人民币，合同约定的汇率为 1 美元=8 元人民币。银行收到该项投资时应确认的外币资本折算差额为多少元？要求写出会计分录。

会计分录为

借：存放中央银行款项　1 972 500

　　资本公积　27 500

　贷：实收资本——法人投资　2 000 000

2）合同没有约定汇率的核算

如果合同没有约定汇率的，银行应该按收到出资额当日的汇率折合人民币金额记账。会计分录为

借：存放中央银行款项——外汇户

　贷：实收资本——××户（实收数）

4. 资本公积、盈余公积转增资本的核算

按国家规定，不论是资本公积金，还是盈余公积金，均可转增资本。会计分录为

借：资本公积

　　盈余公积

　贷：实收资本

【例 10-8】 某银行按规定将“资本公积”800 000 元、“盈余公积”200 000 元，转增资本，会计分录为

借：资本公积　800 000

　　盈余公积　200 000

　贷：实收资本　1 000 000

“实收资本”应按投资人设置明细账，并设置相应备查簿，登记银行业的法定资本金、各投资人的出资比例以及认缴资本的金额等情况。

### 10.2.2　股份制银行“股本”的会计核算

1. 银行发行股票

1）银行首次发行股票

银行首次发行股票，按实际收到的金额，借记“现金”“存放中央银行款项”等科目，按股票面值和核定的股份总额的乘积计算的金额，贷记本科目，按其差额，贷记“资本公积——股本溢价”科目。会计分录为

借：存放中央银行款项（实际收到金额）

　　贷：股本（股票面值和核定的股份总额的乘积计算的金额）

　　　　资本公积——股本溢价（实际收到的金额与股本之间的差额）

2）给投资者分配股票股利

股票股利是指公司增发股票作为股利支付给股东，即公司将应分配给股东的股利以股票的形式发放给股东。企业分配股票股利的会计分录为

借：利润分配——应付股票股利

　　贷：股本

2. 境外上市银行（或境内发行外资股）发行股票

收到股款时，按收到股款当日的汇率折合的人民币金额，借记“存放中央银行款项”等科目，按股票面值与核定的股份总额的乘积计算的金额，贷记本科目，按收到股款当日的汇率折合的人民币金额与按人民币计算的股票面值总额的差额，贷记“资本公积——股本溢价”科目。

3. 可转换债券转为“股本”

银行发行的可转换银行债券按规定转为股本时，按该债券的面值，借记“发行债券——债券面值”科目；按未摊销的溢价或折价，借记或贷记“发行债券——债券溢价、债券折价”科目；按已提利息，借记“发行债券——应计利息”科目；按股票面值和转换的股数计算的股票面值总额，贷记本科目；按实际用现金支付的不可转换股票的部分，贷记“存放中央银行款项”等科目；按其差额，贷记“资本公积——资本（或股本）溢价”科目。

4. 银行减少注册资本

银行按法定程序报经批准减少注册资本的，借记本科目，贷记“存放中央银行款项”等科目。

股份制银行采用收购本银行股票方式减资的，按注销股票的面值总额减少股本，购回股票支付的价款超过面值总额的部分，依次减少资本公积和留存收益，借记本科目和“资本公积”“盈余公积”“利润分配——未分配利润”科目，贷记“存放中央银行款项”科目；购回股票支付的价款低于面值总额的，按股票面值，借记本科目，按支付的价款，贷记“存放中央银行款项”科目，按其差额，贷记“资本公积”科目。

（1）购回股票支付价款超过面值总额的部分，依次减少资本公积和留存收益时，会计分录为

借：股本

资本公积

盈余公积

利润分配——未分配利润

贷：存放中央银行款项

（2）购回股票支付价款低于面值总额的，会计分录为

借：股本（股票面值）

贷：存放中央银行款项（购回股票支付价款）

资本公积（购回股票支付价款与面值的差额）

5. 股东按规定转让出资

股东按规定转让出资的，应于有关的转让手续办理完毕时，将出让方所转让的出资额，在资本（或股本）账户的有关明细账户及各备查登记簿中转为受让方。

## 10.3 资本公积

资本公积是指银行业在经营过程中由于投资者或他人投入到企业而所有权属于投资人的那些资金。它在数量上等于资本溢价或股本溢价加上无偿捐赠的资产价值。它不同于投资人实际投入的资本。它是来自银行业所有者超额的投入，可供银行业无偿地无限期运用。

### 10.3.1 资本或“股本”溢价的会计核算

1. 收到投资者投入资金的核算

收到投资者投入资金的核算，应按实际收到的出资额或确定的价值，借记“存放中央银行款项”或“固定资产”，贷记实收资本和资本公积。会计分录为

借：存放中央银行款项（实际收到的金额）（或固定资产）

贷：实收资本（在注册资本中所占份额）

资本公积（资本溢价）

2. 股份制银行溢价发行股票的核算

股份制银行溢价发行股票，会计分录为

借：存放中央银行款项（实际收到的金额）

贷：股本（股票面值和核定的股份总额的乘积计算的金额）

资本公积——股本溢价

**【例 10-9】** 某股份制银行发行股票，普通股 40 000 股，每股票面 10 元，以 12 元溢价发行，新股全部认购，并如数收到股本。会计分录为

| | |
|---|---|
| 借：库存现金 | 480 000 |
| 贷：实收资本——普通股本 | 400 000 |
| 资本公积——资本溢价 | 80 000 |

3. 发行外资股的核算

境外上市的银行以及在境内发行外资股的股份制银行，在收到股款时，会计分录为

借：存放中央银行款项（收到股款当日的汇率折合人民币的金额）
　贷：股本（确定的人民币股票面值和核定的股份总额的乘积计算的金额）
　　资本公积——股本溢价

股份制银行发行股票支付的手续费或佣金、股票印制成本等，减去发行股票冻结期间所产生的利息收入，溢价发行的，从溢价中抵销；无溢价的，或溢价不足以支付的部分，作为长期待摊费用，分期摊销。

### 10.3.2 银行收到捐赠的会计核算

1. 银行接受实物资产捐赠的核算

银行接受的捐赠，按确定的价值入账，会计分录为

借：固定资产（确定的价值）
　贷：递延所得税负债（未来应交的所得税）
　　资本公积——接受非现金资产捐赠准备（确定入账的价值扣减未来应交所得税后的余额）

在接受捐赠的非现金资产处置时，按转入资本公积的金额入账。会计分录为

借：资本公积——接受非现金资产捐赠准备
　贷：资本公积——其他资本公积

**【例 10-10】** 某银行收到外单位捐赠的中型计算机 1 台，该设备评估确认价值 90 000 元，接受时发生运杂费和安装调试费 1000 元。会计分录为

$$未来应交的所得税=90\ 000\times 25\%=22\ 500（元）$$

| | |
|---|---|
| 借：固定资产 | 91 000 |
| 　贷：递延所得税负债 | 22 500 |
| 　　资本公积——接受非现金资产捐赠准备 | 67 500 |
| 　　存放中央银行款项 | 1000 |

2. 银行接受现金资产捐赠的核算

银行接受现金捐赠，按转入资本公积的金额入账，会计分录为

借：存放中央银行款项
　贷：资本公积——接受现金捐赠

**【例 10-11】** 某银行收到捐赠人的现金捐赠 1 000 000 元。会计分录为

| | |
|---|---|
| 借：存放中央银行款项 | 1 000 000 |
| 　贷：资本公积——接受现金捐赠 | 1 000 000 |

### 10.3.3 上市银行与关联方交易的会计核算

上市银行与其关联方之间的交易，如果没有确凿的证据表明交易价格是公允的，应按显失公允的交易价格部分，作为关联方对上市银行的捐赠，计入资本公积，借记有关科目，贷记本科目（关联交易差价）。

**【例 10-12】** 甲上市银行将部分固定资产、无形资产出售给关联方乙公司，出售固定资产的账面原价 500 万元，已提折旧 400 万元，已计提减值准备 50 万元，出售价格 300 万元；无形资产账面余额 300 万元，未计提减值准备，出售价格 500 万元，款项已经收到，不考虑相关税费，没有确凿证据证明其交易价格是公允的。

出售固定资产时的会计分录为

| | |
|---|---|
| 借：固定资产清理 | 500 000 |
| 　　固定资产减值准备 | 500 000 |
| 　　累计折旧 | 4 000 000 |
| 　贷：固定资产 | 5 000 000 |
| 借：存放中央银行款项 | 3 000 000 |
| 　贷：固定资产清理 | 500 000 |
| 　　　资本公积——关联交易差价 | 2 500 000 |

出售无形资产时的会计分录为

| | |
|---|---|
| 借：存放中央银行款项 | 5 000 000 |
| 　贷：无形资产 | 3 000 000 |
| 　　　资本公积——关联交易差价 | 2 000 000 |

## 10.4 利润分配

利润分配是指分行按照一定的制度和政策对银行形成利润进行分配的过程。银行按照规定程序对利润进行分配后的剩余部分称为未分配利润。它是资产负债表中的一个累计数，表明到目前为止历年未分配的利润之和来源于利润分配表的最后一栏数字。未分配利润与盈余公积金、一般风险准备一起，被称为留存收益。

### 10.4.1 银行利润分配概述

1. 利润分配顺序

按照《金融企业财务制度》的规定，银行缴纳所得税后，可对税后利润进行分配，但必须遵循如下顺序。

（1）抵补银行已缴纳的在成本和营业外支出中无法列支的有关惩罚性或赞助性支出。它包括：被没收的财物损失，延期缴纳各项税款的滞纳金和罚款，少缴或迟缴中央银行准备金的加息等。

（2）弥补银行以前年度亏损。如银行在 5 年限期，不能用税前利润弥补完的部分，可用税后利润进行弥补，银行历年提取的法定盈余公积金和任意公积金也可以用于弥补亏损。

（3）提取法定盈余公积金。按照税后利润加上上年末未分配利润，减去弥补以前年度亏损和罚没支出后的余额，按规定比率的 10%提取法定盈余公积金。法定盈余公积金可用于弥补亏损，也可用于转增资本金，但法定盈余公积金弥补亏损和转增资本金后的剩余部分，不得低于注册资本的 25%。

（4）提取公益金。银行提取的公益金主要用于职工食堂、宿舍、浴室、幼儿园等福利设施的建设支出。国有银行提取公益金比例由国家核定；股份制银行由董事会、股东大会决定提取比例；有限责任公司应按税后利润的 5%提取法定公益金。

（5）一般风险准备的提取。从事有贷款业务的银行，必须按一定比例从净利润中提取一般风险准备。一般风险准备的提取应作为银行利润分配处理。

（6）储备基金、企业发展基金、职工奖励及福利基金的提取。外商投资银行应当按照法律、行为法规的规定，按净利润提取储备基金、企业发展基金、职工奖励及福利基金。

（7）向投资者分配利润。银行按上述分配顺序分配以后的利润，应作为投资者分配的利润。其中，国有银行及国家投资并有控制权的银行，其税后利润原则上应当按国家投资比例向投资者分配利润，上缴财政，但国家可将其中一部分留给企业用于补充资本金，其他银行则按公司章程或董事会、股东大会的决议进行分配。银行经征得股东或投资者同意，也可以不分配本年利润，将剩余利润作为留存收益处理，也可以把以前年度的留存收益并入本年利润一并进行分配。

2. 银行利润分配的法定关系

银行按上述分配次序进行利润分配时，必须遵循下列法定关系。

（1）银行以前年度亏损未弥补完，不得提取公积金和公益金。

（2）银行在提取公积金和公益金以前，不得向投资者分配利润。

（3）银行必须按照当年税后利润（减弥补亏损）的 10%提取法定盈余公积金。如果银行历年提取的盈余公积金已达到注册资金的 50%时，可以不再提取盈余公积金。

（4）银行以前年度未分配利润，可以并入本年利润统一分配。

（5）银行在向投资者分配利润前，经董事会决定，可以提取任意盈余公积金。

（6）银行没有当年利润，不得向投资者分配利润。股份有限责任公司当年无利润时，原则上不得向股东分配股利，但盈余公积金弥补亏损以后，经股东大会决议，可按不超过股票面值 6%的比率，用盈余公积金分配股利。分配股利以后，银行法定盈余公积金不得低于注册资本的 25%。

（7）提取盈余公积金和公益金。提取法定盈余公积金，可以用于弥补亏损或者转增资本。但银行留存的法定盈余公积金一般不得低于注册资本的 25%。银行提取的公益金，主要用于银行的文教、职工福利设施支出。

### 10.4.2　利润分配的核算

1. 利润的结转

年度终了，银行首先将本年实现的税后利润（或亏损）总额，从“本年利润”科目转入“利润分配——未分配利润”科目。会计分录为

借：本年利润

　贷：利润分配——未分配利润

如为亏损，则做相反的会计分录。

2. 利润的分配

银行进行利润结转后，可按照前述银行利润分配的顺序进行会计核算。

1）抵补各项滞纳金、罚款、罚息

为了用利益机制限制和约束银行的违规行为，国家规定，银行因各种违规行为所受的处罚在其税后利润中列支，不得计入成本。支付各项罚款、罚息时，会计分录为

借：利润分配——未分配利润
　贷：存放中央银行款项（或有关科目）

2）盈余公积金补亏、盈余公积金提取

银行用盈余公积弥补亏损时，会计分录为

借：盈余公积
　贷：利润分配——其他转入

银行从税后利润提取法定盈余公积时，会计分录为

借：利润分配——提取法定盈余公积
　贷：盈余公积——法定盈余公积

银行按规定提取公益金时，会计分录为

借：利润分配——提取法定公益金
　贷：盈余公积——法定公益金

外商投资银行从净利润中提取的储备基金、企业发展基金和职工奖励及福利基金，会计分录为

借：利润分配——提取储备基金
　　　　　　——提取企业发展基金
　　　　　　——提取职工奖励及福利基金
　贷：盈余公积——储备基金
　　　　　　　——企业发展基金
　　　　　　　——应付福利费

3）一般风险准备的提取

按照《金融企业会计制度》的规定，凡是从事存贷款业务的银行，必须按一定比例从净利润中提取一般风险准备，会计核算时用“一般风险准备”科目，会计分录为

借：利润分配——提取一般风险准备
　贷：一般风险准备

4）向投资者分配利润

一般来说，盈利的公司会向股东派发股利，可以是现金、股票或其他财产形式，股利不是费用。

（1）向投资者分配股票股利。股票股利是指公司增发股票作为股利支付给股东，即公司将应分配给股东的股利以股票的形式发放给股东。宣告股票股利不做账，实际发放时会计分录为

借：利润分配——应付股票股利
　贷：实收资本/股本

因此在资产负债表中反映在实收资本等科目上另外需要注意的是，企业宣告分配股票股利时，投资方企业会计上不做分录。

（2）向投资者分配现金股利。宣告现金股利时会计分录为

借：利润分配
　贷：应付股利

实际发放时会计分录为

借：应付股利

　贷：单位活期存款（或库存现金）

5）未分配利润

经过利润分配后，如利润分配科目还有贷方余额时，即为当年的未分配利润，可作留存收益，与新年度的利润一并进行分配。

**【例 10-13】** 某商业银行 12 月 31 日各损益类账户余额如下：利息收入 587 000 元，手续费收入 69 000 元，金融企业往来收入 32 700 元，其他营业收入 2300 元，营业外收入 1000 元，利息支出 475 000 元，手续费支出 5300 元，金融企业往来支出 16 800 元，其他营业支出 46 900 元，营业外支出 2100 元。假设该银行按利润的 30%缴纳企业所得税，按净利润的 10%提取盈余公积。请写出账务处理过程。

会计分录为

| | |
|---|---|
| （1）借：利息收入 | 587 000 |
| 　　　　手续费及佣金收入 | 69 000 |
| 　　　　金融企业往来收入 | 32 700 |
| 　　　　其他营业收入 | 2300 |
| 　　　　营业外收入 | 1000 |
| 　　　贷：本年利润 | 692 000 |
| （2）借：本年利润 | 546 100 |
| 　　　贷：利息支出 | 475 000 |
| 　　手续费支出 | 5300 |
| 　　金融企业往来支出 | 16 800 |
| 　　其他营业支出 | 46 900 |
| 　　营业外支出 | 2100 |

（3）$145\,900\times 30\%=43\,770$（元）

| | |
|---|---|
| 借：所得税费用 | 43 770 |
| 　贷：应交税费——所得税 | 43 770 |
| 借：本年利润 | 43 770 |
| 　贷：所得税费用 | 43 770 |
| （4）借：本年利润 | 102 130 |
| 　　　贷：利润分配——未分配利润 | 102 130 |

（5）$102\,130\times 10\%=10\,213$ 元

| | |
|---|---|
| 借：利润分配——提取法定盈余公积 | 10 213 |
| 　贷：盈余公积 | 10 213 |

## 10.5 留存收益

### 10.5.1 盈余公积

1. 盈余公积的概念

盈余公积是指银行业按照有关规定从税后利润中提取的公积金。盈余公积金既可用于弥补亏损，又可转增银行资本。根据《中华人民共和国公司法》《金融企业会计制度》《金融企业财务制度》的规定，银行业必须按照当年税后利润（减弥补亏损）的 10%提

取法定盈余公积金。如果历年提取的盈余公积金已达到注册资本的50%时，可以不再提取盈余公积金。银行的盈余公积包括以下内容。

1）法定盈余公积

法定盈余公积指银行按照规定的比例从净利润中提取的盈余公积。

2）任意盈余公积

任意盈余公积指银行经股东大会或类似机构批准按照规定的比例从净利润中提取的盈余公积。

3）法定公益金

法定公益金指银行按照规定的比例从净利润中提取的用于职工集体福利设施的公益金。法定公益金用于职工集体福利时，应当转入任意盈余公积。

4）储备基金、企业发展基金

储备基金、企业发展基金指外资投资银行按照法律、行政法规的规定，从净利润中提取的储备基金、企业发展基金。

银行的盈余公积可用于弥补亏损、转增资本（或股本）。符合规定条件的银行，也可以用盈余公积分派现金股利。

2. 盈余公积的核算

1）会计科目的设置及使用

为了加强对盈余公积金的核算和管理，设置“盈余公积”科目，用以核算银行从利润中提取的盈余公积、公益金。该科目应按盈余公积的种类设置明细账，进行明细核算，该科目的期末贷方余额，反映银行提取的盈余公积结余。

2）明细科目的设置

银行为了清晰核算和反映盈余公积，设置的明细科目包括：①法定盈余公积；②任意盈余公积；③法定公益金；④储备基金；⑤企业发展基金。

3）会计科目使用说明

（1）提取盈余公积时，借记“利润分配——提取法定盈余公积、提取法定公益金、提取任意盈余公积”科目，贷记本科目。

（2）外资银行提取的储备基金、企业发展基金，借记“利润分配——提取储备基金、提取企业发展基金”科目，贷记本科目。

（3）银行经股东大会或类似机构决议，用盈余公积弥补亏损时，借记本科目，贷记“利润分配——其他转入”科目。

（4）股份制银行经股东大会决议，用盈余公积派送新股时，按派送新股计算的金额，借记本科目，按股票面值和派送新股总数计算的金额，贷记“股本”科目，如有差额，贷记“资本公积——股本溢价”科目。

（5）银行经股东大会或类似机构决议，用盈余公积分配现金股利或利润时，借记本科目，贷记“应付利润”科目；用盈余公积分配股票股利或转增资本，应当于实际分配股票股利或转增资本时，借记本科目，贷记“实收资本”或“股本”科目。

（6）外资银行经批准将储备基金用于转增资本，借记本科目（储备基金），贷记“实收资本”科目；在特殊情况下银行经批准用储备基金弥补亏损时，借记本科目，贷记“利润分配——其他转入”科目。

（7）外资银行用企业发展基金转增资本时，借记本科目（企业发展基金），贷记“实收资本”科目。

（8）银行按规定以法定公益金用于集体福利设施的，应按实际发生的金额，借记本科目（法定公益金），贷记本科目（任意盈余公积）。

3. 盈余公积的账务处理

（1）当银行从税后利润中提取盈余公积金时，会计分录为

借：利润分配——提取法定盈余公积
　　　　　　——提取法定公益金
　　　　　　——提取任意盈余公积
　贷：盈余公积——法定盈余公积
　　　　　　　——法定公益金
　　　　　　　——任意盈余公积

（2）外资银行提取的储备基金、企业发展基金，会计分录为

借：利润分配——提取储备基金
　　　　　　——提取企业发展基金
　贷：盈余公积——储备基金
　　　　　　　——企业发展基金

（3）银行经股东大会或类似机构决议，用盈余公积金弥补亏损时，会计分录为

借：盈余公积
　贷：利润分配——其他转入

（4）股份制银行经股东大会决议，用盈余公积派送新股，会计分录为

借：盈余公积（派送新股计算的金额）
　贷：股本（股票面值和派送新股总数计算的金额）
　　　资本公积——股本溢价（派送金额与派送新股面值总额的差额）

（5）银行经股东大会或类似机构决议，用盈余公积分配现金股利或利润时，会计分录为

借：盈余公积
　贷：应付股利

（6）用盈余公积分配股票股利或转增资本时，会计分录为

借：盈余公积
　贷：实收资本（或股本）

（7）按规定以法定公益金用于集体福利设施建设时，会计分录为

借：盈余公积——法定公益金
　贷：盈余公积——任意盈余公积

（8）外资银行经批准将储备基金、企业发展基金用于转增资本时，会计分录为

借：盈余公积——储备基金
　　　　　　——企业发展基金

贷：实收资本

【例 10-14】 某银行从税后利润中提取盈余公积 44 000 元。会计分录为

借：利润分配——提取盈余公积 44 000

贷：盈余公积 44 000

【例 10-15】 某银行以盈余公积 22 000 元弥补上年度亏损。会计分录为

借：盈余公积 22 000

贷：利润分配——其他转入 22 000

### 10.5.2 一般风险准备

一般风险准备是指银行按照风险资产的一定比例从净利润中提取的、用于弥补尚未识别的可能性损失的准备。因此，一般风险准备也是银行业所有者权益的组成部分。

1. 一般风险准备的相关规定

1）一般风险准备的计提范围

财政部 2012 年 3 月 30 日颁布，并于 2012 年 7 月 1 日实施的《金融企业准备金计提管理办法》明确规定，金融企业承担风险和损失的资产应计提准备金，具体包括发放贷款和垫款、可供出售类金融资产、持有至到期投资、长期股权投资、存放同业、拆出资金、抵债资产、其他应收款项等。

对由金融企业转贷并承担对外还款责任的国外贷款，包括国际金融组织贷款、外国买方信贷、外国政府贷款、日本国际协力银行不附条件贷款和外国政府混合贷款等资产，应当计提准备金。

金融企业不承担风险的委托贷款、购买的国债等资产，不计提准备金。

2）一般风险准备的计提比例

一般风险准备的计提比例由银行综合考虑其所面临的风险状况等因素确定，原则上一般风险准备余额不低于风险资产期末余额的 1.5%。

一般准备由银行总行（总公司）统一计提和管理，即一般风险准备金由银行总行集中提取，分行不用计提。总行如果有利润，首先要提一般风险准备。

2. 一般风险准备的核算

一般风险准备的科目设置

银行为了准确核算一般准备金设置“一般风险准备”科目。

（1）“一般风险准备”科目核算银行按规定从净利润中提取的风险准备。

（2）提取风险准备时，借记“利润分配——提取一般风险准备”科目，贷记“一般风险准备”科目。

（3）银行用风险准备弥补亏损时，借记“一般风险准备”科目，贷记“利润分配——一般风险准备转入”科目。

（4）“一般风险准备”科目的期末贷方余额反映银行提取的风险准备结余。

3. 一般风险准备的账务处理

（1）当银行提取一般准备金时，会计分录为

借：利润分配——提取一般风险准备

贷：一般风险准备

【例 10-16】 某商业银行当年风险资产的余额为 1 000 000 元，按 1.5%提取一般准备金。会计分录为

借：利润分配——提取一般风险准备　　15 000
　贷：一般风险准备　　15 000

（2）当银行用风险准备弥补亏损时，会计分录为

借：一般风险准备
　贷：利润分配——一般风险准备转入

【例 10-17】 某商业银行用风险准备金 100 000 元弥补本年度亏损。会计分录为

借：一般风险准备　　100 000
　贷：利润分配——一般风险准备转入　　100 000

## ➢ 关键概念

所有者权益　实收资本　资本公积　盈余公积　一般风险准备　未分配利润

## ➢ 复习思考题

1. 简要说明《中华人民共和国商业银行法》对我国金融企业在实收资本最低数额方面做了哪些规定？

2. 请说明新颁布的《金融企业财务制度》，针对投资者以现金和银行存款方式投入资本到银行，在会计核算上分了哪几种情况？

3. 按照新的《金融企业财务制度》，资本公积的会计核算包括哪几个部分？

4. 按照新的《金融企业财务制度》，盈余公积的会计核算包括哪几个部分？

5. 年度终了，银行将税后利润从“本年利润”账户转入到“利润分配”账户后，将按什么顺序分配利润？

6. 银行一般风险准备是如何核算的？

7. 甲银行收到乙公司的投资 3 600 000 美元，投资合同约定以合同签订日的美元汇率 7.97 元折合。届时乙公司的资本占注册资本 600 000 000 元的 4%。当时收到乙公司汇入 3 600 000 美元，当日美元汇率为 7.98 元。请根据上述资料写出有关会计分录。

8. 某股份制银行 2017 年实现利润 9 800 000 元，按 10%的比例提取法定盈余公积，按 5%的比例提取法定公益金，按 5%的比例提取任意盈余公积金。2018 年年初经批准将 20 000 000 元资本公积、900 000 元法定盈余公积和 450 000 元任意盈余公积转增资本。请根据上述资料编制会计分录。

9. 债权人权益和所有者权益的区别有哪些 ？

# 第11章

# 货币发行业务

> 本章提要

货币发行业务包括发行基金的保管、调拨和货币的投放与回笼，以及损伤票币的销毁等项工作。人民币是我国的法定货币。《中华人民共和国中国人民银行法》(简称《中国人民银行法》)规定，中国人民银行履行发行人民币和管理人民币流通的职责。中国人民银行是国家唯一的货币发行机构。通过本章的学习，要求读者在充分掌握相关理论的基础上，了解货币发行核算的特点和要求，掌握货币发行的程序和核算手续。

## 11.1 货币发行业务概述

### 11.1.1 货币发行业务的基本概念

货币发行是中央银行的主要职责，而货币发行业务是中央银行的负债业务，也是央行资金来源的主要渠道。包括发行基金的保管、调拨和货币的投放与回笼，以及损伤票币的销毁等项工作。所以，货币发行具有双重含义：一是指货币从中央银行发行库，通过各家银行业务库流向社会。由此也可了解到，货币发行业务通过设置发行库和业务库来完成。二是指货币从中央银行流出的数量大于流入的数量。货币发行是中央银行主要的负债业务，通过这项业务，中央银行既为商品流通和交换提供流通手段与支付手段，也相应地筹集了社会资金，满足中央银行履行其各项职能的需要。

### 11.1.2 货币发行库与业务库

1. 货币发行库

货币发行库是指保管国家待发行的货币——发行基金暨黄金储备的金库，是中央银行组织机构的重要组成部分，履行中央银行货币发行、回笼、销毁等职能的机构。货币发行库分为总库、分库、中心支库、支库四级。

发行库的主要任务是：保管人民币发行基金、金银实物和总行指定的代保管品；办理人民币发行基金出入库；办理开户单位现金存取款业务；监督、管理有关开户单位交存现金的质量。发行库的管理，实行垂直领导，各级发行库的主任均由同级中国人民银行行长兼任。各级发行库调拨发行基金，一律凭上级库签发的盖有发行库主任印章的调拨命令办理。

发行基金是指中国人民银行代理国家保管的尚未发行的票币，是用于调剂市场货币流通的准备金，由中国人民银行设立发行库负责保管。由于发行基金尚未进入流通领域，因而不属于流通中的货币。流通中的货币是将发行库发行基金投入流通领域的票币。银行业务库里的现金是流通中货币的一部分。中国人民银行发行库的发行基金与银行业务库的库存现金性质完全不同，两者必须严格划分。

2. 业务库

业务库一般是中国人民银行和商业银行对外营业的基层行（处、所），为办理日常现金收付业务而设立的金库。业务库中保管的现金是流通货币的一部分，也是银行现金收付的周转金，是营运资金的组成部分。

业务库保留的现金是基层行（处、所）现金收付的周转金，是其营运资金的组成部分，必须根据各基层行处的实际业务需要，核定业务库为满足周转需要而必须保留的限额。我国银行对外的现金收付，都是通过商业银行的业务库来办理和实现的；一切现金收入都交入业务库，一切现金付出都从业务库支取。业务库所保留的现金，是中国人民银行和商业银行办理现金收付的后备金，各行可以根据业务需要随时办理支付。

3. 业务库与发行库的区别

货币发行库和业务库虽然统称为银行金库，但也有很多区别。

（1）机构设置与管理方式不同。业务库由商业银行的分支行或中国人民银行业务部门自行管理，在上级行核定的库存限额内，担负着调剂现金收付的任务；发行库的各级库是中国人民银行机构的组成部分，实行垂直领导，由中国人民银行总行统一管理，完成货币发行任务。各种性质的银行均可设立业务库，但只有中国人民银行才设立发行库，在其分支机构设立分支库。分支库调拨人民币发行基金，应当按照上级库的调拨命令办理。任何单位和个人不得违反规定，动用发行基金。

（2）保管的票币性质不同。业务库保管的现金和发行库保管的发行基金性质不同。业务库保管的人民币是流通领域的现金，各商业银行的基层行（处、所）可根据业务需要随时支付；发行库所保管的是发行基金，是没有进入流通领域的待发行票券；必须按严格的流程进入流通领域，成为流通中的现金。

（3）服务对象不同。商业银行业务库的服务对象是社会上客户的资金清算；发行库的服务对象是上下级库和各商业银行。

### 11.1.3 货币发行业务核算的特点和要求

货币发行业务是中国人民银行发挥中央银行职能的主要业务之一。通过发行业务的核算，可以全面反映、监督发行基金的变动和货币发行、回笼情况。

1. 发行业务核算特点

1）会计账务处理的特点

会计账务要自成系统，专列科目，独立核算，分级管理。发行基金属于尚未发行的票币，在未进入流通领域前，并不构成中国人民银行的资金来源，不纳入中国人民银行的账务系统。当发行或回笼货币时，既涉及发行基金的增减，又引起银行资金的变化，因此要同时纳入中国人民银行的账务系统。如“发行基金”科目与“流通中货币”科目，既是发行业务核算专用科目，又是银行统一会计科目，具有既分别进行核算又对应统一的核算特点，反映了发行业务的全貌。

2）核算方法的特点

发行基金核算采用单式记账方法。调入发行基金及商业银行或本行业务库交来现金记收入，表示发行基金的增加；调出发行基金、商业银行或本行业务库提取现金以及销毁票币记付出，表示发行基金的减少。

3）发行基金管理的特点

上级库对辖内发行基金的增减变化，不只通过报表了解情况，还要通过本身账务进行逐笔反映监督，以检查出库限额遵守情况，并可作为辖内发行基金调剂的依据。

2. 发行业务核算的要求

（1）贯彻货币发行由中央银行高度集中统一掌握的原则。发行基金的调拨、货币的发行、损伤票币的销毁，必须按照上级库的命令和出库限额办理。商业银行向中国人民银行领取现金，必须控制在核定限额内，并不得超过其在中国人民银行存款户的余额。

（2）发行基金的调拨采取逐级负责、反映，由总库集中监督掌握的方法。货币的投放与回笼，由中国人民银行各级行处分别核算，逐级汇总电报总行。

（3）监督和维护发行基金的完整无缺。会计核算不但要及时、正确、完整地反映发行基金的增减变化情况，还必须坚持“先入库后记账，先记账后出库”的业务处理程序，并做到序时逐笔记账，不得并笔记账或轧差记账，通过贯彻账实分管、双人管库、定期查库、当日结库等基本制度，做到账实相符，以确保发行基金的安全。

（4）实行“账实分管”。

### 11.1.4 会计科目与账簿设置

1. 会计科目及使用

货币发行科目分为两大类，一类是发行库专用表外科目，另一类是银行表内会计科目。科目设置及使用说明如下。

1）“发行基金”科目

“发行基金”科目用以核算和反映全辖发行基金库存变化情况。商业银行或本行业务库交来现金或调入发行基金记收入；商业银行或本行业务库提取现金、销毁损伤票币或调出发行基金记付出；“发行基金”科目余额在收入方，反映全辖发行基金库存数，本科目各级发行库通用。总库、分库、中心支库和支库按本身库、辖属库分设账户。

2）“总行重点库发行基金”科目

“总行重点库发行基金”科目，由总行重点库及分行代总库保管发行基金库使用。调入发行基金、印制票币入库记收入；调出发行基金记付出；其余额在收入方，反映发行基金库存数。本科目总库按重点库及分行代总库保管发行基金库分设账户。

3）“印制及销毁票币”科目

“印制及销毁票币”科目，由总库使用。印制厂交来票币记收入；销毁票币记付出；其余额在收入方，反映全国发行基金库存和流通中货币总额（即历年印制票币总额扣减历年销毁票币总额）。本科目下按券别设户。为了全面反映历年印制和销毁票币累计数，在编新账页时应将历年收、付累计发生额依次过入新账页。

4）“流通中货币”科目

“流通中货币”属于中国人民银行总行及总库专用科目，总库收到各发行分库上报汇总发行、回笼货币的电报时使用。本科目由中国人民银行会计部门使用时，属于负债类科目，货币发行记贷方；回笼货币记借方；余额在贷方，反映全国流通中的货币总量。本科目由总库使用时，货币发行时本科目记收方；货币回笼时本科目记付方。

5）“发行基金往来”科目

“发行基金往来”科目用于对商业银行或中国人民银行业务库向发行库支取或解缴现金的核算。基层中国人民银行在货币发行时记贷方；货币回笼时记借方；余额双方反映。中国人民银行总行在收到分库货币发行电报时记借方；收到货币回笼电报时记贷方；总行以“流通中货币”科目与本科目对转。

综上所述，人民币发行库业务核算科目的平衡关系如下：

（收）发行基金+（收）总行重点库发行基金+（收）流通中货币=（收）印制及销毁票币

2. 账簿设置

各级发行库均设置专用账簿，其主要有发行基金分户账、总账和保管登记簿（可用银行甲种账页代替）。

发行基金分户账，一般是逐级设户记载。发行基金保管登记簿，按发行基金券别（版别）立户，其余额合计数应与发行基金分户账余额一致。

## 11.2 发行基金印制入库与调拨业务

发行基金分散保管在总行重点库和各级行保管库中。各级行根据辖内不同地区实际需要，经上级行签发调拨命令，可以在各保管库间调拨发行基金，以保证市场对现金的需要。

发行基金的调拨采取逐级负责的办法。发行基金调拨，应贯彻既保证市场对现金的需要，又不积压发行基金的原则，根据现金出纳计划和货币投放与回笼的规律及损伤票币的库存情况，合理摆布库存，做好市场各种票币券别的调剂工作。

### 11.2.1 印制厂交来票币的核算

印制厂印制完成的票币是发行基金的最初来源，一定要全部交入总库，或交由总库指定的发行库保管。总库发行基金由中国人民银行总行发行司直接负责管理。印制厂送交合格票币入库时应填制一式四联的"印制票币成品入库单"，随同票币送交指定的总行重点库，总行重点库按"印制票币成品入库单"所列内容经验收无误后，在"印制票币成品入库单"各联上盖章后，将第一、第三联退印制单位，印制单位以第三联"印制票币成品入库单"填制结算申请书后寄总行结算印刷费用，第四联报总库。以第二联代发行基金入库单，凭以记载有关发行基金账。

（1）总行重点库收到新印制票币，会计分录为

收：总行重点库发行基金——本库户

同时将第四联"印制票币成品入库单"报总库。总库收到盖有重点库印章的成品入库单第四联验收无误后，代印制及销毁票币收入传票，同时另填制发行基金收入传票，会计分录为

收：印制及销毁票币——××券别户

收：总行重点库发行基金——总行××重点库户

（2）分库收到印刷厂交来票币时会计分录为

收：发行基金——本库户

总库的会计分录为

收：发行基金——××分库户

收：印制及销毁票币

### 11.2.2 发行基金调拨的核算

为了保证各级发行库的发行基金合理储备，为此，要有计划地进行调拨。发行基金的调拨，采取逐级负责的办法，一律凭上级库根据调拨计划签发的调拨命令办理。调入库对调入的发行基金必须详细检查、验收，调出库与调入库交接完毕无误，应相互在调拨凭证上签字。在调拨中如发生短款，按有关规定办理。

调拨命令一式三联：第一联存查，由签发库作记账凭证，第二联调出命令，第三联调入命令，分别由调出、调入库凭以编制调拨凭证，办理调拨手续。

发行基金的调拨有两种情况，即同级库之间的调拨和上、下级库之间的调拨。

1. 同级库之间的调拨

1）调出库

调出库接到调出命令时，会计分录为

付：总行重点库发行基金——本库户

2）调入库

调入库接到调入命令，实际调入时，会计分录为

收：总行重点库发行基金——本库户

3）上级库

上级库对下级库重复设账，所以当接到调出、调入命令并核对一致后，进行账务处理。会计分录为

收：总行重点库发行基金——××调入库户

付：总行重点库发行基金——××调出库户

2. 上、下级库之间的调拨

1）上级库为调入库

（1）下级调出库按调出命令进行账务处理。会计分录为

付：总行重点库发行基金——本库户

（2）上级调入库按调入命令进行账务处理。会计分录为

收：发行基金——本库户

（3）总行发行库。总库对下级库重复设账，做到统一管理。

付：总行重点库发行基金——××调出库户

收：发行基金——××调入库户

2）下级库为调入库

下级库为调入库的账务处理，可比照上级库为调入库的账务处理。

发行基金的印制入库及总行重点库收到发行基金，只反映发行基金最初来源及其相应数量的增加，并未进入流通领域；发行基金的调拨，无论是上下级库之间还是同级库之间的调拨，只是在存放地的转移，并不涉及发行基金总量增减变化，因此只在各级发行库作账务处理。总之，发行基金印制入库及调拨的日常核算，只用单式记账法记账，而不需在银行账务的有关表内科目中进行记载，就能明确反映发行基金最初来源及其调拨情况，从而为国家组织货币发行和调节货币流通提供数据。

**【例 11-1】** 甲重点库收到印制厂送交面额 50 元券别的票币 10 000 000 000 元入库，同时还有一式四联的“印制票币成品入库单”，甲重点库按“印制票币成品入库单”所列内容经验收无误后，在“印制票币成品入库单”各联上盖章，将第一、第三联退印制单位，以第二联代发行基金入库单，凭以记载有关发行基金账。会计分录为

收：总行重点库发行基金——本身库户

同时，将第四联“印制票币成品入库单”报总库。总库收到盖有重点库印章的成品入库单第四联经验收无误后，代印制及销毁票币收入传票，同时另填制发行基金收入传票，会计分录为

收：印制及销毁票币——××券别的票币　　10 000 000 000

收：总行重点库发行基金——甲重点库户　　10 000 000 000

**【例 11-2】** 西安分库发行基金不足，向总库提出申请调入 300 000 000 元面值为 100 元的票币，经总库研究决定，从甲重点库调运。甲重点库根据总库下达的发行基金调拨命令填制发行基金调拨凭证一式五联，第一联登记发行基金库存簿，第二、第三联加盖发行库及库主任印章，与第四、第五联连同发行基金一并送西安分库。

甲重点库暂凭调出命令记载发行基金账。会计分录为

付：总行重点库发行基金——本身库户　　300 000 000

同时，将发行基金付西安库。西安库将甲重点库提交的发行基金调拨凭证与调入命令核对相符，并验收发行基金无误后，在调拨凭证的第二、第五联加盖发行库及库主任印章，将第二联退甲重点库，第五联寄总库，在第三、第四联上加盖发行基金收讫章和经手人章，第四联记发行基金库存簿，第三联附调入命令交发行会计做账务处理，会计分录为

收：发行基金——本身库户　　300 000 000

甲重点库将持回的发行基金调拨凭证第二联交发行会计，经与原调出命令核对无误后，作为附件，补作正式记账凭证，并由有关人员加盖印章。

总库收到盖有甲重点库和西安分库及库主任印章的第五联调拨凭证，做出发行库的账务处理。会

计分录为

收：发行基金——西安分库户 300 000 000

付：总行重点库发行基金——甲重点库户 300 000 000

【例 11-3】 西安中心支库发行基金不足，向西安分库提出申请调入 100 000 000 元面值为 100 元的票币，西安分库经研究决定，从西安分库调运发行基金给西安中心支库。西安分库根据自己下达的发行基金调拨命令填制发行基金调拨凭证一式五联，第一联登记发行基金库存簿，第二、第三联加盖发行库及库主任印章，与第四、第五联连同发行基金一并送西安中心支库。西安分库暂凭调出命令记载发行基金账。同时，将发行基金付西安中心支库。西安中心支库将西安分库提交的发行基金调拨凭证与调入命令核对相符，并验收发行基金无误后，在调拨凭证的第二、第五联加盖发行库及库主任印章，并退西安分库，在第三、第四联上加盖发行基金收讫章和经手人章，第四联登记发行基金库存簿，第三联附调入命令交发行会计做账务处理，会计分录为

收：发行基金——本身库户 100 000 000

西安分库将持回的发行基金调拨凭证第二联交发行会计，经与原调出命令核对无误后，作为附件，补作正式记账凭证，并由有关人员加盖印章。会计分录为

付：发行基金——本身库户 100 000 000

收：发行基金——西安中心支库户 100 000 000

西安中心支库从西安分库调入的发行基金，只引起发行基金在西安分库的辖内移动，并没有使西安分库辖内总的发行基金发生增减变化，因此西安分库的上级库不必掌握及进行账务处理。

## 11.3 货币发行与回笼业务

### 11.3.1 货币发行与回笼的概念

货币发行是指发行基金进入流通领域，引起发行基金的减少和流通中货币的增加。货币发行主要是通过商业银行现金投放实现的，商业银行的（库存）现金如果低于限额，可在中国人民银行存款账户余额内从中国人民银行发行库支取现金。

货币回笼是指货币从流通领域中退出，重新回到发行基金保管库内，引起发行基金的增加和流通中货币的减少。如果商业银行现金数量超过核定的库存限额，则将超出部分（以千元为单位）解入中国人民银行发行库，便引起流通中货币减少，发行库发行基金增加。

### 11.3.2 发行库对商业银行存、取款的核算

1. 商业银行向中国人民银行支取现金的核算

商业银行向中国人民银行支取现金，应签发现金支票，经中国人民银行会计部门审核无误记账，另填制发行基金往来科目现金收入传票，加盖记账员、复核员名单，一并交发行部门。若中国人民银行业务库有现金，则直接办理支取现金手续；若无现金，则办理发行基金出库手续。会计分录为

借：库存现金

　贷：发行基金往来

借：××银行准备金存款

　贷：库存现金

发行部门收到现金支票和传票后，经核对商业银行取款人工作证，并凭会计部门已审核记账和签章的现金支票，填制发行库出库凭证一式四联。然后分别在现金支票上加盖"现金付讫"章及经手人章，并付出现金。在发行基金往来科目现金收入传票上加盖"现金付讫"章及经手人章；在发行库出库凭证第一、第二联加盖"现金付讫"章及经手人章；第一联交发行会计凭以记发行基金账；第二联库房凭以登记发行基金库存簿；第三联加盖"现金付讫"章附发行基金往来科目现金收入传票，连同现金支票一并送交会计部门；第四联加盖发行库及库主任章寄上级库或作电报底稿附件。发行库核算的会计分录为

付：发行基金——本身库户

2. 商业银行向中国人民银行缴存现金的核算

商业银行向发行库缴存现金时，应填制"现金缴款单"一式两联，连同现金交发行库，发行库将款项收妥无误后，在"现金缴款单"上加盖"现金收讫"章及经手人名章，将回单联退缴款行，同时填制发行基金入库凭证一式四联，然后在发行基金入库凭证第一、第二联加盖发行基金收讫章及经手人章，第一联交发行会计做账务处理；第二联库房留记发行基金库存簿；第三联加盖"现金收讫"章及经手人章，连同现金缴款单交会计部门；第四联加盖发行库及库主任章寄上级库或作电报底稿附件。

中国人民银行会计部门接到发行会计转来的商业银行"现金缴款单"和发行基金入库凭证第三联，凭以填制发行基金往来科目现金付出传票，将入库凭证附后，并作账务处理。会计分录为

借：库存现金

　贷：××银行准备金存款

借：发行基金往来

　贷：库存现金

发行库核算的会计分录为

收：发行基金——本身库户

### 11.3.3　中国人民银行业务库向发行库领缴现金的核算

其他金融机构向中国人民银行存、取现金时，均应通过中国人民银行业务库办理。业务库库存现金不足或超过库存现金限额时，应向发行库办理领、缴现金手续。

1. 业务库向发行库领取现金的核算

业务库库存现金不足，向发行库领取现金时，应填制两联领取发行库现金凭单，经行长或出纳主管人员签章后，第一联留存，第二联送会计部门。

会计部门根据第二联领取发行库现金凭单填发行基金往来科目现金收入传票。会计分录为

借：库存现金

　贷：发行基金往来

然后将传票和第二联领取发行库现金凭单送交业务库。业务库将传票暂存，持第二

联领取发行库现金凭单由出纳人员向发行库领取现金。

发行库经审核无误，应填制四联发行基金出库凭证签章后将现金交出纳人员，将发行基金出库凭证第三联交会计部门，将第一、第二、第四联留作发行账务处理。其处理手续同前。但应将业务库送来的第二联领取发行库现金凭单作发行基金往来科目现金收入传票附件。会计分录为

付：发行基金——本身库户

业务库收到现金后，应在留存的传票上加盖“现金收讫”戳记和有关人员名章，并登记现金收入日记簿后退会计部门。

会计部门收到第三联发行基金出库凭证后应将其作为发行基金往来科目现金收入传票的附件。

2. 业务库向发行库缴存现金的核算

业务库因超过库存现金限额缴回发行库现金时，应填制两联“缴回发行库现金凭单”，经出纳主管人员签章后送会计部门，会计部门根据“缴回发行库现金凭单”填制发行基金往来科目现金付出传票，并登记账册。会计分录为

借：发行基金往来

　贷：库存现金

然后将传票和两联“缴回发行库现金凭单”一并交业务库，业务库经登记现金付出日记簿后将两联“缴回发行库现金凭单”和现金送交发行库。

经发行库审核，点收现金无误后，应填制四联发行基金入库凭证，并在凭证上签章和办理入库手续，将发行基金入库凭证第三联交会计部门，将第一、第二、第四联留作发行账务处理，其处理手续同前。但应将“缴回发行库现金凭单”第二联作发行基金往来科目现金付出传票附件。第一联盖章退业务库。会计分录为

收：发行基金——本身库户

业务库将收到的第一联“缴回发行库现金凭单”留存，并在传票上加盖“现金付讫”戳记和有关人员名章后将传票退会计部门。

会计部门收到第三联发行基金入库凭证应将其作为发行基金往来科目现金付出传票附件。

### 11.3.4 上级库对货币发行与回笼的核算

1. 中心支库和分库的处理

中心支库或分库收到下级库的发行或回笼电报，分别填制发行基金收入或付出传票（中心支库收到支库发行基金入库或出库凭证第四联，代发行基金收入或付出传票），发行库核算如系回笼，会计分录为

收：发行基金——××支库或本身库户

如系发行，会计分录为

付：发行基金——××支库或本身库户

同时，汇总全辖货币发行与回笼情况，并在当日向上级库电告。

2. 总库的处理

总库收到分库发行与回笼电报后，分别处理如下。

如系货币发行，应分别填制收、付传票各两联（电报作发行基金往来传票附件），中国人民银行的会计分录为

借：发行基金往来

　贷：流通中货币

发行库核算的会计分录为

收：流通中货币

付：发行基金——××分库户

如系货币回笼，应分别填制收、付传票各两联（电报作发行基金往来传票附件），中国人民银行的会计分录为

借：流通中货币

　贷：发行基金往来

发行库核算的会计分录为

收：发行基金——××分库户

付：流通中货币

**【例 11-4】** 西安分库下辖咸阳中心支库下的乾县支库，某日发生下列业务。乾县的中国人民银行收到乾县工行的现金支票，要求提取现金 100 万元。乾县的中国人民银行会计经对支票审核无误后，同意提现并做出账务处理。中国人民银行会计部门另填制发行基金往来科目现金收入传票，加盖记账员、复核员名单，一并交发行部门。会计分录为

| | |
|---|---|
| 借：库存现金 | 1 000 000 |
| 　贷：发行基金往来 | 1 000 000 |
| 借：中国工商银行准备金存款 | 1 000 000 |
| 　贷：库存现金 | 1 000 000 |

发行部门收到现金支票和传票后，经核对商业银行取款人工作证，并凭会计部门已审核记账和签章的现金支票，填制发行库出库凭证一式四联。然后分别在现金支票上加盖“现金付讫”章及经手人章，并付出现金。在发行基金往来科目现金收入传票上加盖“现金收讫”章及经手人章；在发行库出库凭证第一、第二联加盖“现金付讫”章及经手人章；第一联交发行会计凭以记发行基金账，第二联库房凭以登记发行基金库存簿，第三联加盖“现金收讫”章附发行基金往来科目现金收入传票，连同现金支票一并送交会计部门，第四联加盖发行库及库主任章寄上级库或作电报底稿附件。发行库核算的会计分录为

| | |
|---|---|
| 付：发行基金——本身库户 | 1 000 000 |

当天营业结束乾县支库向其上级发行库——咸阳中心支库拍发货币发行电报。咸阳中心支库收到辖内发行库货币发行电报，会计分录为

| | |
|---|---|
| 付：发行基金——乾县支库户 | 1 000 000 |

同时，通知西安分库。西安分库收到咸阳中心支库的货币发行电报，会计分录为

| | |
|---|---|
| 付：发行基金——咸阳中心支库户 | 1 000 000 |

同时，通知总库。总库收到西安分库的货币发行电报，会计分录为

| | |
|---|---|
| 付：发行基金——西安分库户 | 1 000 000 |

收：流通中货币 1 000 000

同时，总行会计部门会计分录为

借：发行基金往来 1 000 000

贷：流通中货币 1 000 000

3. 月度与年度整理期的核算

月度与年度整理期是分库与中心支库汇总货币发行、回笼数字因邮程而跨月（年）上报的期限。为了正确反映当月的全国货币发行、回笼情况，规定分库于次月 5 日（不含 5 日）前为上月的月度整理期（节假日顺延）。在整理期内，上报发行与回笼款，必须将上月款与本月款分开，不得混淆。年度整理期延长到次年 1 月 10 日。

## 11.4 损伤票币销毁业务

### 11.4.1 损伤票币销毁的概念及有关规定

1. 损伤票币的概念

损伤票币是指流通中的货币因经久使用或其他原因发生破旧、残缺而不能继续流通使用的票币。当其退出流通领域时应缴回发行库，由发行库根据销毁命令组织销毁。中国人民银行对商业银行交存的和对基层行上解的损伤票币都应复点无误后进行销毁。损伤票币销毁的各个环节，必须严密手续，妥善安排，严防事故发生。

2. 相关规定

（1）我国损伤票币销毁权属于中央总库，具体办理则授权分库负责。各分库可集中销毁，也可根据辖内的具体情况，指定若干中心支库为销毁点具体办理销毁工作，并报总行备案。

（2）损伤票币的出入库和调运集中手续同发行基金调拨相同。销毁前，先对大额票币（10 元以上）打孔切角，然后复点。销毁时，要指定有关负责人主持该项工作，并由有关人员进行监销。对销毁的变价收入，列入营业外收入，不得挪作他用。

（3）自 2004 年 2 月 1 日起，中国人民银行对残缺人民币实行新的兑换办法。其公布的《中国人民银行残缺污损人民币兑换办法》规定，票面剩余四分之三（含四分之三）以上具备规定特征的，即可实行全额兑换。票面剩余二分之一（含二分之一）至四分之三以下，具备规定特征的半额兑换。纸币呈正十字形缺少四分之一的残缺污损人民币只能兑换半额。

### 11.4.2 损伤票币销毁的核算

1. 中心支库销毁损伤票币的核算

中心支库销毁损伤票币，应由分库签发销毁命令一式二联（以调拨命令第一、第二联代），第一联销毁命令留存，第二联销毁命令寄发指令销毁票币的中心支库。中心支库根据销毁命令，填制损伤票币销毁凭证一式两联（以发行基金调拨凭证第一、第二联代），两联销毁凭证加盖发行基金付讫章及经手人章。第一联销毁凭证代出库凭单留库房凭以

登记发行基金库存簿，第二联销毁凭证附销毁命令交发行会计凭以记账。会计分录为

付：发行基金——本身库户

并将出库损伤票币送往销毁现场予以销毁。销毁后同时编制损伤票币销毁表一式四份，经销毁机关及监销人员盖章，一份发行部门留存，一份作票币销毁凭证附件，两份报分库。

2. 分库的核算

分库接到中心支库两份损伤票币销毁报告表后，以一份填制发行基金付出传票，并作传票附件，会计分录为

付：发行基金——××中心支库户

另一份按月汇总填制全辖销毁报告表，附各中心支库销毁报告表，上报总库。

3. 总库的核算

总库接到分库销毁报告表，与其附件核对无误后，填制两份发行基金付出传票，会计分录为

付：印制及销毁票币——××券别户

付：发行基金——××分库户

**【例 11-5】** 中国人民银行发行库西安分库下辖某中心支行销毁损伤票币 10 000 元，券别 100 元。

该中心支库的会计分录为

付：发行基金——本身库户　　10 000

分库的会计分录为

付：发行基金——××中心支库户　　10 000

总库的会计分录为

付：印刷及销毁票币——100 元券别户　　10 000

付：发行基金——西安分库户　　10 000

## 11.5 发行基金年度上划业务

### 11.5.1 发行基金往来账户的设置

为了确切反映当年货币发行、回笼的实际数，对发行基金往来科目应设置上年户和本年户分别进行核算。

新年度开始后，中国人民银行各行应将发行基金往来科目分别设置“上年户”和“本年户”以明确反映每一年度的货币发行和货币回笼数，把上年余额通过分录转入“上年户”。上级行收到货币发行、回笼电报后，也要分别通过“上年户”和“本年户”账户内反映，两者不得混淆。发行基金往来科目上年户余额，要在 1 月上旬前经与发行库的发行基金账务核对其货币发行、回笼累计发生额无误后，填制特种转账借方、贷方传票，通过新年度联行账务逐级汇总上划总行。

### 11.5.2 发行基金往来余额上划的账务处理

1. 支行的处理

各支行发行账务核对无误后，应填制特种转账借、贷方传票两联，以其中一联记载

发行基金往来科目，结清发行基金往来科目上年户余额，另一联随报单报上级行。上划发行基金往来科目贷方余额时，会计分录为

借：发行基金往来——上年户

　贷：支付系统往来

上划发行基金往来科目借方余额时，分录相反。

2. 中心支行的处理

各中心支行汇总所辖支行上划的贷方发行基金往来科目后，会计分录为

借：支付系统往来

　贷：发行基金往来——上年户

收到上划发行基金往来科目借方余额时，其会计分录相反。

同时，汇总全辖各行报单上划上级行。上划发行基金往来科目上年户贷方余额时，会计分录为

借：发行基金往来——上年户

　贷：支付系统往来

上划发行基金往来科目上年户借方余额时，其会计分录方向相反。

3. 分行的处理

各分行汇总所辖中心支行上划的贷方发行基金往来科目后，会计分录为

借：支付系统往来

　贷：发行基金往来——上年户

收到上划发行基金往来科目借方余额时，其会计分录相反。

同时，汇总全辖各行报单上划总行。上划发行基金往来科目上年户贷方余额时，会计分录为

借：发行基金往来——上年户

　贷：清算资金往来

上划发行基金往来科目上年户借方余额时，其会计分录方向相反。

4. 总行的处理

总行收到分行上划的贷方余额报单和特种转账传票后，会计分录为

借：清算资金往来

　贷：发行基金往来——上年户

收到上划借方余额为借方余额报单和特种转账传票时，会计分录相反。

至此，总行发行基金往来科目上年户余额将自行结平。

各级发行库对会计部门上划发行基金往来科目上年户余额，不列入当天向上级发行库电报上报的发行、回笼数内，以免重复。

**【例 11-6】** 新年度开始，中国人民银行分行下辖某中心支行将发行基金往来贷方余额 600 000 元上划中心支行。中心支行的会计分录为

| | |
|---|---|
| 借：支付系统往来 | 600 000 |
| 　贷：发行基金往来——上年户 | 600 000 |

分行的会计分录为

| | |
|---|---|
| 借：支付系统往来 | 600 000 |
| 　贷：发行基金往来——上年户 | 600 000 |

### 11.5.3　发行业务报表

发行业务报表是用以反映各级库发行基金的库存、变动和调拨执行情况的表式，也是了解发行基金库存和券别结存情况，以及上下级发行库之间进行账务核对的工具。为此，在发行业务核算中，各级发行库应按规定编报下列报表。

1. 发行基金对账单

发行基金对账单是下级库向上级库报告发行基金收付情况及其库存情况的定期报表，也是上下级库核对账务的工具。各分库根据全辖每月发行基金的调拨、发行、回笼及销毁数额编制报表上报总库。发行基金对账单与发行基金分户账格式相同。

2. 发行基金库存券别月报

发行基金库存券别月报是反映发行基金库存实物的报表。各级发行库及总行重点库每月末将库存的发行基金与发行基金保管登记簿各栏余额核对无误后，应分开完整券与损伤券，按券（币）别填制发行基金库存券别月报一式三联，一联留存，另两联上报中心支库，中心支库收到后，汇总编制全辖发行基金库存券别月报一式两联，与发行基金分户账数额核对无误后，一联留存，另一联附各支库月报上报分库，分库收到后，核对并汇总全辖情况上报总库。

3. 发行基金库存券别季报

每季末，分库要根据中心支库报送的发行基金库存券别月报汇总编制全辖发行基金库存券别季报一式两联，经与发行基金分户账数额核对相符后，一联留存，另一联上报总库，并逐级汇总上报。分库、总行重点库上报总库的发行基金库存券别月报以千元为单位，在次月 10 日前报出。

## ➢ 关键概念

货币发行　发行基金　发行库　业务库　损伤票币

## ➢ 复习思考题

1. 货币发行业务的内容有哪些？
2. 什么是发行基金？什么是发行库？
3. 我国设立哪些发行库？设立的原则是什么？
4. 什么是业务库？它与发行库有什么区别？
5. 货币发行业务的核算特点是什么？
6. 货币发行业务的核算要求是什么？
7. 什么是货币发行？什么是货币回笼？货币发行与回笼的账务处理是怎样进行的？
8. 什么是损伤票币？损伤票币的销毁权属于谁？
9. 为什么货币发行与回笼时基层行与总行对“发行基金往来”科目的账务处理是相反的？
10. 年末，“发行基金往来”科目的账务处理是怎样的？
11. 为什么说货币发行业务是中央银行的负债业务？
12. 工行上海徐汇支行开出现金支票一张，金额 150 000 元，向中国人民银行徐汇支行（支库）提取现金。中国人民银行在其存款额度内支付，并于当日通知市分行。要求写出各参与机构的会计分录。

# 第12章

# 经理国库业务

> 本章提要

国库是负责办理国家预算资金收入和支出的机构，而国家预算资金是国家实现其职能的重要物质保证。它担负着办理国家财政预算资金的收纳和库款的支拨、反映国家预算执行情况的重要任务，是国家预算执行的基础。当前，我国经理国库业务的核算是中国人民银行会计核算的重要内容，包括各级分支库及乡镇国库的业务核算。通过本章的学习，读者将对国库系统有所了解，并能掌握国库业务的会计核算手续。

## 12.1 经理国库业务概述

### 12.1.1 中国人民银行经理国库的法规依据

经理国库是法律赋予中国人民银行的重要职责。根据现行《中华人民共和国预算法实施条例》《中华人民共和国国家金库条例》的规定，国库是中华人民共和国国家金库（与银行金库截然不同）的简称，是办理国家预算收入的收纳、划分、留解和库款支拨的专门机构；国库分为中央国库和地方国库，各省、自治区、直辖市分库及其所属各级支库，既是中央国库的分支机构，也是地方国库。各级国库库款的支配权属于本级政府财政部门。我国目前已经建成"一级财政一级国库"的国库组织体系。其实我国自清朝末年国家银行产生时起，中央（国家）银行就一直担负经理（代理）国库的职责。1985年颁布实施的《中华人民共和国国家金库条例》第三条明确规定"中国人民银行具体经理国库。组织管理国库工作是人民银行的一项重要职责"。这是我国法规中首次规定由中国人民银行具体经理国库。1995年施行的《中华人民共和国预算法》第四十八条规定：中央国库业务由中国人民银行经理，地方国库业务依照国务院的有关规定办理。1995年颁布的《中华人民共和国预算法实施条例》第四十条进一步明确了中国人民银行经理国库的体制：中央国库业务由中国人民银行经理，地方国库业务由中国人民银行分支机构经理。2003 年修订的《中国人民银行法》、2015 年 1 月 1 日施行修订后的《中华人民共和国预算法》都再度规定由中国人民银行经理国库。中国人民银行经理国库的优势和作用体现在以下几个方面。

1. 收支管理职能

现代国库的收支管理职能主要是通过财政资金收纳入库、资金划分报解和资金拨付三个环节实现的。中央银行通过委托商业银行设立国库经收处，可借助于银行机构遍及全国各地的优势及健全的资金划拨系统，迅速、及时地集中预算资金，保证财政部门按计划拨款，以确保国家经济建设的需要。

2. 监督管理职能

中国人民银行经理国库，通过办理国库的日常收付业务，对预算资金进行逐笔的反映和监督，从而提高财政预算资金的使用效益。

3. 财政管理职能

国库的财政管理职能建立在国库资金收付管理基础之上，并融合在财政资金收付管理过程之中。各种预算收入款项须全额划缴中央银行，而财政预算资金有着先收后支的特点，因此国库可长期保存着一定数量的财政存款，这些存款属于中国人民银行的信贷资金来源。所以，中国人民银行可以通过经理国库业务增强资金力量，提高对金融宏观调控的能力。

由此可见，中国人民银行经理国库，作为“国家的银行”，既参与国家预算收入的执行，为实现财政收支任务服务；又履行银行的职责，为完成银行的任务服务，所以具有十分重要的意义。

### 12.1.2　国库机构与职责划分

1. 国库机构的设置

根据国库条例规定：国库机构按照国家财政管理体制设置，即统一领导，分级管理。原则上一级财政设立一级国库。国家财政划分为中央财政和地方财政，国库也分为中央国库和地方国库。

中央国库实行业务上垂直领导的管理体制，设有总库、分库、中心支库、支库和乡金库五级。各级国库设在同级中国人民银行，中国人民银行总行经理总库；各分行或省会城市中心支行经理分库；省辖市、各中心支行经理中心支库；县（市）支行（或城市区办）经理支库；在不设中国人民银行机构的地区，由中国人民银行委托当地商业银行经理部分支库和全部乡金库。计划单列城市中心支行可设置分库，其国库业务接受省分库领导。中央金库的工作机构为：总库设司，分库设处，中心支库设科，支库和乡库设股。人员应当稳定，编制单列。

地方金库实行中国人民银行为主和地方政府为辅的双重领导管理体制。中国人民银行总行国库司设地方金库管理处；各分行或省会城市中心支行国库处设地方金库科；各中心支行国库科设地方金库股；县（市）支行国库股设地方金库组。以上处、科、股、组，均应配备专职人员若干名。

国库业务工作实行垂直领导，各级国库直接对其上级负责，上级国库对下级国库直接布置检查工作。

2. 国库的基本职责和权限

1）国库的基本职责

国库工作是国家预算执行工作的重要组成部分，是办理国家预算收支的重要基础工作。根据国家金库条例的规定，国库具有执行、促进和监督作用。其基本职责包括以下几点。

（1）预算收支职责。准确、及时地收纳各项国家预算收入，协助财政、税收部门组织预算收入及时缴库；按照财政制度的有关规定和银行的开户管理办法，为各级财政机关开立账户；根据财政机关填发的拨款凭证，及时办理同级财政库款的支拨。按照国家财政制度的规定，认真办理库款退库业务。

（2）国库会计核算职责。对各级财政库款和预算收支进行会计账务核算，按期向上级国库和同级财政、征收机关报送日报、旬报、月报和年度决算报表，并定期同财政、征收机关对账，以保证数字准确一致。组织管理和检查指导所属国库机构的会计工作，不断总结会计工作经验，改进会计工作，及时解决问题。

（3）其他职责。办理国家交办的同国库有关的其他工作。积极开展国库会计检查和会计研究，定期分析国家预算执行情况，为领导决策提供科学依据。

2）国库的权限

根据国家金库条例的规定，国库的主要权限是：督促检查各经收处和其他征收机关所收款项是否按规定及时全部入库，如有拖延或违法不缴的，应及时查究处理；对擅自变更国家和上级财政机关规定的税款分享比例，国库有权拒绝执行；对不符合国家规定，要求办理退库的，国库有权利拒绝办理；监督财政存款的开户和库款的支拨；对违反财政制度规定的，国库有权利拒绝执行；任何单位和个人强令国库办理违反国家规定的事项，国库有权拒绝执行，并及时向上级报告；对不符合规定的凭证，国库有权拒绝受理。

### 12.1.3 国库会计核算的要求与特点

1. 国库会计核算的基本要求

国库会计核算是国库的基础工作，也是经常性的工作，国库会计管理遵循“垂直领导，分级管理”原则，上级国库对下级国库的会计工作负有组织、检查、指导职责；下级国库对上级国库负责。

（1）认真执行有关法律、法规。各级国库应按《中华人民共和国会计法》和《中华人民共和国国家金库条例》的规定，加强会计核算工作，严密核算手续，健全账簿报表，保证各项预算收、支数字完整、准确，及时完成会计核算任务。

（2）贯彻各项规章制度。国库会计的核算方法，除按《中华人民共和国国家金库条例实施细则》执行有关规定外，还应按中国人民银行的会计制度执行。国库会计科目的内容应纳入银行资产负债表内统一平衡。各级国库的预算收入、支出等会计凭证，如数量较多的，应单独装订分册，妥善保管。

（3）坚持库款报解程序。各级国库对预算收入的划分、报解，原则上采取逐级划分、报解方法，支库收纳的中央预算收入和省级预算固定收入，也可直接或经中心支库汇总后向分库报解。

（4）坚持“资金统一清算，收支按库核算”原则，各级发行库应按照这一原则办理多级库的会计核算业务。

2. 国库会计核算的特点

国库业务涉及面广，内容复杂，手续繁多。

1）会计科目及账户设置的特点

按预算内、外资金和预算级次分别设置会计科目和账户。纳入国家预算的资金被称为预算内资金，反之则被称为预算外资金。由于两类资金的性质和来源不同，应分别设置科目进行核算。预算内资金还应按中央和地方不同预算级次设立账户。

2）明细科目设置的特点

各级预算收支要按国家预算资金的“款”级科目进行明细核算。为反映和监督国家预算执行情况，便于同财税征收机关进行对账，各级预算收支要按国家统一规定的预算收支科目的“款”（工商税收类核算到“项”）设置分户账或登记簿进行明细核算。

3）会计报表编制的特点

按日、旬、月和年编制会计报表。国库会计报表是国库对预算收入原始凭证等核算资料进行归类汇总的一种书面报告，它是财政部门掌握支出款项，分析检查和汇编国家预算收入情况的唯一合法依据，也是税务机关检查税收入库进度情况的根据，各级国库必须及时、正确、完整地编报各种会计报表。国库会计报表分为日报表、旬报表、月报表和年度决算报表四类，其中日报表又分为预算收入日报表、分成收入计算日报表、财政库存日报表三种。

### 12.1.4　国库会计核算的科目设置

为了明确反映财政收支情况，国库业务应根据预算级次的不同分别设置会计科目。其会计科目分为表内（资产类会计科目、负债类会计科目、资产负债共同类会计科目）及表外科目。

1. 表内科目

1）资产类科目

（1）中央预算支出。资产类科目，总库专用，核算总库办理财政部核准的中央预算资金的支出情况。支出增加时记借方，支出缴回时记贷方，余额在借方。

（2）兑付国家债券本息款项。资产类科目，核算本行或商业银行划转的兑付国家债券本息款项。本科目下按国债发行年度、种类、行别、本金、利息设置分户账。本行兑付或收到商业银行划付时记借方，辖属行向上级行或总库与财政部清算资金时记贷方，余额在借方。

2）负债类科目

（1）中央预算收入。负债类科目，总库专用，核算总库收纳的中央级一般预算收入、基金预算收入、预算收入的退付款项、中央与地方共享收入中央分得部分和中央对地方的预抵税收返还等款项。收入增加时记贷方，退付时记借方，余额在贷方。

（2）地方财政库款。负债类科目，各分支库核算地方各级财政预算的固定收入、共享收入、补助收入、专项收入和基金预算收入以及地方预算资金的支出、拨款的缴回、补助支出、专项支出和基金预算支出等款项。收入增加时记贷方，拨款时记借方，余额在贷方。

（3）财政预算外存款。负债类科目，各分支库核算地方各级财政部门自身的及其代管的未纳入财政预算管理的财政资金。存款增加时记贷方，支取存款时记借方，余额在贷方。

（4）待报解中央预算收入。负债类科目，核算中国人民银行各分支库当日收纳的、未报解的中央预算收入款项。本科目为过渡性科目，收入时记贷方，报解、退付时记借方。每日报解后，本科目应无余额。

（5）待报解地方预算收入。负债类科目，核算中国人民银行各分支库当日收纳的、未报解的地方预算收入款项。本科目为过渡性科目，收入时记贷方，报解、退付时记借方。每日报解后，本科目应无余额。

（6）待报解中央与地方共享收入。负债类科目，核算中国人民银行各分支库当日收纳的、未划分的中央与地方共享收入款项。本科目为过渡性科目，收入时记贷方，划分、结转、退付时记借方。每日划分、结转后，本科目应无余额。

（7）代收国家债券款。负债类科目，核算各金融机构缴入的国家债券发行款项。本科目下分别按发行机构、国债种类、发行年度等设置分户账。收到国债发行款项时记贷方，转入财政部中央预算收入账户时记借方，余额在贷方。

（8）兑付国家债券资金款项。负债类科目，核算财政部拨入中国人民银行系统的兑付国家债券备付金和通过中国人民银行总行拨付商业银行总行承销的凭证式国债的还本付息款项。收到时记贷方，下拨或归还时记借方，余额在贷方。

3）资产负债共同类科目

（1）待结算财政款项。资产负债共同类科目，中国人民银行、商业银行、信用社共用。核算中国人民银行国库部门因预算收入级次不清等待处理款项；核算商业银行、信用社国库经收处和代理国库当日收纳的、未报解的各项预算收入款项。本科目为过渡性科目，收入时记贷方，付出时记借方，余额双方反映，不得轧差。

中国人民银行国库部门的本科目原则上月底应结清，因特殊情况未结清的，年底必须结清。商业银行、信用社国库经收处和代理国库每日营业终了，上划款项后必须结清本科目。

（2）行库往来。资产负债共同类科目，核算中国人民银行国库部门与会计营业部门的往来款项。会计营业部门与国库部门分别使用本科目，登记金额相同，记账方向相反，余额为借贷双方轧差反映。国库部门与会计营业部门并表后，会计报表上借、贷双方发生额相同，应无余额。

2. 表外科目

（1）“重要空白凭证”科目是中国人民银行国库部门核算行库往来专用凭证、联行报单、支付系统往来凭证、国库资金汇划专用凭证、国库券收款单抄本以及其他重要空白凭证的入库、使用和库存时所使用的科目。

调入、收回或领入时记收入，调出、使用或销毁时记付出，余额为重要空白凭证的库存份数。凭证以每份 1 元的假定价格记账，并登记起讫号码。本科目下按重要空白凭证的种类分设账户。

（2）“有价证券及收款单”科目。本科目核算本行管理的应兑未兑国债收款单。本科目下按国债收款单的种类设分户账，按国债收款单的未兑本金金额记载。移入时记收入，兑付时记付出，余额为国债收款单的未兑本金金额合计数。

（3）“已兑付国家债券”科目。核算本行收到已兑付的国家债券及其上缴、销毁业务。本科目下按已兑付国家债券的种类、年度设分户账，按券面实际金额记载。收券、入库时记收入，上缴、出库或销毁时记付出，余额为已兑付国家债券库存数。

## 12.2　预算收入的收纳和退库业务

预算收入是国库收入的主要内容。预算收入的收纳是指各征收机关将各项预算收入缴入国库的过程。预算收入的退付（简称退库）是各级国库根据国家的有关规定，经财政部门或其授权的机构（税务、海关，下同）批准，将已入库的预算收入款项退还给申请单位或个人的行为。

### 12.2.1　预算收入收纳和退库的相关规定

1. 预算收入的划分

国家预算收入按预算级次划分为中央预算固定收入、地方预算固定收入以及中央与地方共享收入三种。中央预算固定收入全归中央预算，地方预算固定收入全归地方预算，中央与地方共享收入按照规定比例，由中央与地方共同分享，中央分享部分列入中央预算，地方分享部分列入地方预算。

1）中央政府固定收入

中央政府固定收入包括消费税(含进口环节海关代征的部分)、车辆购置税、关税、海关代征的进口环节增值税等。

2）地方政府固定收入

地方政府固定收入包括城镇土地使用税、耕地占用税、土地增值税、房产税、车船税、契税、环境保护税和烟叶税等。

3）中央政府与地方政府共享收入

中央政府与地方政府共享收入主要包括以下内容。

（1）增值税（不含进口环节由海关代征的部分）：中央政府分享 50%，地方政府分享 50%。

（2）企业所得税：中国铁路总公司（原铁道部）、各银行总行及海洋石油企业缴纳的部分归中央政府，其余部分中央与地方政府按 60%与 40%的比例分享。

（3）个人所得税：除储蓄存款利息所得的个人所得税（2008 年 10 月 9 日已经停征）外，其余部分六四分享。

（4）资源税：海洋石油企业缴纳的部分归中央政府，其余部分归地方政府。

（5）城市维护建设税：中国铁路总公司、各银行总行、各保险总公司集中缴纳的部分归中央政府，其余部分归地方政府。

（6）印花税：多年来证券交易印花税收入的97%归中央政府，其余3%和其他印花税收入归地方政府。为妥善处理中央与地方的财政分配关系，国务院决定，从2016年1月1日起，将证券交易印花税由现行按中央97%地方3%比例分享全部调整为中央收入。

2. 预算收入的缴库方式及征收机关

各类预算收入根据规定的预算收入级次和收入分成留解比例，办理划分、留解，分别进入中央金库和各级地方金库，这个过程一般由设在商业银行的国库经收处或国库支库完成。国库经收处收纳的各项预算收入属于代收性质，缴入基层支库方为正式入库。

1）预算收入的缴库方式

（1）就地缴库，是指由缴款人直接向当地国库或国库经收处缴纳预算收入。就地缴库有利于使预算收入及时纳入国库，减少层层汇解业务。国库款项大多采用此方法缴库。

（2）集中缴库，是指由基层缴款单位将应缴预算收入，通过银行汇解到上级主管部门，再由主管部门汇总向国库或国库经收处缴纳。此方法主要适用于主管部门统一核算盈亏企业（如铁路、邮电部门等）。

（3）自收汇缴，是指缴款单位或个人直接向基层税务、海关部门缴纳，然后由征收机关汇总缴入国库或国库经收处。

对农村集贸市场、个体商贩及农民缴纳的小额税款，由税务机关自收汇缴。对城镇居民和个体工商户缴纳的小额税款，凡在银行开有存款账户、有固定门面、按月缴纳税款的个体工商户，可直接缴入国库经收处，其余一律由税务机关自收汇缴。海关对入境旅客、船员行李物品、邮递物品以及对边境小额贸易征收的进口税，海关查处走私和违章案件的罚没收入，由海关自收汇缴。

2）预算收入的征收机关

预算收入来源不同，分别由税务、海关和财政机关等部门负责征收。

（1）税务机关，主要负责征收工商各税、企业所得税、个人所得税、消费税以及国家能源交通重点建设基金等。

（2）财政机关，主要负责征收国有企业上缴的利润、农牧业税、契税、耕地占用税、专项收入以及其他收入等。

（3）海关，负责征收关税以及代征的增值税、消费税等。

（4）不属于上述范围的预算收入，由国家指定负责管理征收的单位征收。未经国家批准，不得自行增设征收机关。

3. 缴款凭证及审核方法

预算收入的收纳，均凭"缴款书"办理。缴款书一式五联，第一联收据，国库盖章后退缴款人；第二联付款凭证；第三联收款凭证；第四联回执，国库盖章后退征收机关；第五联报查，国库收款盖章后退基层征收机关。征收机关如需要存根，可增加第六联存根，由税收机关留存。

经理或代理国库或国库经收处的银行基层营业机构，受理缴款书后，应认真进行审核，审核内容主要包括：凭证内容是否填写完整、正确；有无超过缴款期限；预算级次、预算科目是否明确；缴款单位印章是否与预留印鉴相符。凡内容填写不清楚、比例计算错误、签章不全等情况，应提请缴款单位重新填制或补全；超期的须由缴款单位到征收机关办理加收滞纳金手续。

4. 退库的相关规定

预算收入入库后，任何单位和个人都无权擅自动用。除了规定允许办理退库外，各级国库必须严格把关，不能随意退库。

1）退库的范围

退库应在原级次的国库款中退付，中央预算收入和地方各级预算收入应从中央级库款和地方各级库款中退付；对分成收入，应按比例在上级和本级库款中退付；如果当天收入不足退付时，应用红字在收入日报表中反映；外资企业、中外合资企业和其他外籍人员，以外币缴纳税款，因发生多缴或错缴需要退库的，经征收机关审查批准后，在填制收入退还书时，加盖“可退付外币”戳记，国库办理退库手续后，将退库款项划转经收行。经收行按照缴款人取款或转入缴款人账户当天的外汇卖出牌价，折算成外币支付给缴款人或转入缴款人的外币存款账户；原则上各级库款的退付只转账，不付现金。

单位或个人申请退库，应填报“退库申请书”，经财政部门或征收机关按规定审批后，填写“收入退还书”。

2）不予办理退库的情况

（1）未经财政部授权，要求国库办理中央预算收入、中央与地方共享收入退库的。

（2）下级地方财政部门或其他未经上级财政部门授权的机构，要求国库办理上级地方预算收入或共享收入退库的。

（3）退库款项退给非退库申请单位或申请个人的。

（4）口头或电话通知，要求国库办理退库的。

（5）要求国库办理退库，但不提供必要的相关文件、退库申请书的。

（6）收入退还书要素填写不符合规定的。

（7）其他违反规定要求国库办理退库的。

### 12.2.2　预算收入收纳与报解的核算

1. 国库经收处代收预算收入的账务处理

国库经收处是指国有商业银行的基层分支机构。它不是一级国库，收纳的预算收入为代收性质，不算正式入库，所以不按预算级次核算，也不办理预算收入的退库。国库经收处对所收纳的预算收入，一律使用“待结算财政款项”科目下的“待报解预算收入专户”核算，同时，只能办理预算收入的收纳和划款入库工作，不能办理预算收入的退库。但是，在当日预算收入未上划前，如征收机关发现错误可以更正。

国库经收处收纳的预算收入，原则上应当逐日上划，如当日确实来不及上划的，最迟在次日上午办理。如库款金额过小，当天经收处待结算财政款项余额不足 1000 元，可暂不上划，但月末日必须将余额全部上划，使“待结算财政款项”余额为零。

1）预算收入收纳的核算

国库经收处收到纸质缴款书或电子缴款书信息后，经审查无误办理收纳手续。

（1）缴款人以转账方式缴纳款项。与国库联网的，国库经收处应将划转成功信息反馈国库，并打印电子缴税付款凭证一式二联，一联据以记账，另一联交缴款人。会计分录为

借：单位活期存款——缴款人

　贷：待结算财政款项——待报解预算收入专户

（2）缴款人以现金缴纳款项。会计分录为

借：现金

　贷：待结算财政款项——待报解预算收入专户

2）预算收入款项报解的核算

（1）国库经收处的业务处理。转账时，会计分录为

借：待结算财政款项——待报解预算收入专户

　贷：存放中央银行款项（或支行辖内往来）

转账后，“待结算财政款项”科目应无余额。

（2）商业银行管辖支行的业务处理。管辖支行收到经收处划来报单及有关其他凭证后，经审核无误办理转账。会计分录为

借：支行辖内往来

　贷：待结算财政款项——待报解预算收入专户

商业银行管辖支行汇总全辖当日所收预算收入后，应全数划转同级国库。会计分录为

借：待结算财政款项——待报解预算收入专户

　贷：存放中央银行款项

划转后，“待结算财政款项”科目无余额。

**【例 12-1】** 某国库经收处收到××单位以转账方式缴纳的各种税款 8000 元，经对缴款书各项内容审核确认后，办理转账手续。会计分录为

借：单位活期存款——××单位户　　8000

　贷：待结算财政款项——待报解预算收入专户　　8000

在将已收纳的缴款书金额与“待结算财政款项”科目下的“待报解预算收入专户”金额核对一致后，该国库经收处制作转账借、贷方凭证，借方凭证借记“待结算财政款项”科目下的“待报解预算收入专户”，将转账贷方凭证和另填制的“辖内往来”划款凭证，连同缴款书第三、第四、第五联划转管辖支行。会计分录为

借：待结算财政款项——待报解预算收入专户　　8000

　贷：支行辖内往来　　8000

管辖支行收到划来报单及相关凭证后，经审核确认，办理转账。会计分录为

借：支行辖内往来　　8000

　贷：待结算财政款项——待报解预算收入专户　　8000

管辖支行汇总当日所收全部预算收入共计 70 000 元，全数划转同级国库。会计分录为

借：待结算财政款项——待报解预算收入专户　70 000

　贷：存放中央银行款项　70 000

2. 乡（镇）国库对预算收入的核算

1）预算收入的收纳

（1）乡（镇）国库直接收纳预算收入时，除比照国库经收处办理外，还应分别按照中央级、省级、地（市）级、县（市、区）级、乡（镇）级等预算固定收入和共享收入制作转账借、贷方凭证，办理转账，同时登记相关预算收入登记簿。会计分录为

借：库存现金

　贷：待结算财政款项——待报解××专户

（2）乡（镇）国库收到国库经收处报解预算收入款项时，应对划款凭证和相应纸质缴款书或电子缴款书信息（清单）认真审查，如发现问题，及时查询；审查确认无误后，办理转账，同时登记相关预算收入登记簿。

中国人民银行国库的会计分录为

借：同城票据交换

　贷：待报解中央预算收入

代理国库收到他行报解预算收入款项时，会计分录为

借：存放中央银行款项

　贷：待结算财政款项——待报解中央预算收入

（3）挂账处理。中国人民银行国库对已收纳的但由于预算收入级次不明等原因而待处理的款项，应作挂账处理。使用“国库待结算款项”科目下的“待处理款项”户挂账。

中国人民银行国库会计分录为

借：同城票据交换

　贷：国库待结算款项——待处理款项户

待查清后及时办理转账，同时登记相关预算收入登记簿。会计分录为

借：国库待结算款项——待处理款项户

　贷：待报解中央预算收入

　　　或待报解地方预算收入——××户

　　　或待报解共享收入

作退票处理时，会计分录为

借：国库待结算款项——待处理款项户

　贷：同城票据交换

代理国库对已收纳的但由于预算收入级次不明等原因而待处理的款项，应在“待结算财政款项”科目下的“待处理款项”户中核算。会计分录为

借：存放中央银行款项

　贷：待结算财政款项——待处理款项户

待查清后及时办理转账，同时登记预算收入登记簿。会计分录为

借：待结算财政款项——待处理款项户

　贷：待结算财政款项——待报解中央预算收入

　　　或待报解地方预算收入——××户

或待报解共享收入

作退票处理时，会计分录为

借：待结算财政款项——待处理款项户

贷：存放中央银行款项

2）预算收入的划分与报解

乡（镇）国库收纳的各项预算收入，原则上应当逐日上划，如当日确实来不及上划的，最迟在次日上午办理，但月末日必须将余额全部上划，乡（镇）国库报解各级预算收入，凭“预算收入日报表”和“分成收入计算日报表”办理。

（1）共享收入的划分。根据当日收纳的中央与地方、地方与地方共享收入，按照规定的共享分成比例，编制共享收入分成日报表，登记相关预算收入登记簿。中国人民银行国库的会计分录为

借：待报解共享收入

贷：待报解中央预算收入

待报解地方预算收入——××户

代理国库会计分录为

借：待结算财政款项——待报解共享收入

贷：待结算财政款项——待报解××专户

（2）预抵税收返还的计算与划转。根据上级财政规定的预抵税收返还比例和有关预算科目，对当日发生额计算出预抵税收返还额，转入本级财政预算收入，同时登记预算收入登记簿。中国人民银行国库的会计分录为

借：待报解中央预算收入

待报解地方预算收入——××户

贷：待报解地方预算收入——乡（镇）级户

代理国库的会计分录为

借：待结算财政款项——待报解××专户

贷：待结算财政款项——待报解地方预算收入专户（乡镇级户）

（3）乡（镇）级预算收入的结转入库。实行地方预算收入总额分成体制的乡（镇）国库，应根据本级财政当日收入总额，按财政体制核定的分成比例，编制地方预算收入总额分成计算日报表一式三份，按规定盖章后，一份留存，一份交同级财政机关，一份随划款凭证报上级国库。结转入库时，中国人民银行国库的会计分录为

借：待报解地方预算收入——乡（镇）级户

贷：待报解地方预算收入——县级户

地方财政库款

代理国库的会计分录为

借：待结算财政款项——待报解地方预算收入专户（乡镇级户）

贷：待结算财政款项——待报解地方预算收入专户（县级户）

地方财政库款

对未实行地方预算收入总额分成体制的乡（镇）国库，办理乡（镇）级预算收入结转入库时，中国人民银行国库的会计分录为

借：待报解地方预算收入——乡（镇）级户

　贷：地方财政库款

代理国库的会计分录为

借：待结算财政款项——待报解地方预算收入专户（乡镇级户）

　贷：地方财政库款

（4）乡（镇）级预算收入的报解。报解中央级、省级、地（市）级、县（市、区）级预算收入时，分别编制各级预算收入日报表一式两份，按规定盖章后一份留存，中国人民银行国库将另一份日报表随转账贷方凭证上划上级国库，特种转账借方凭证作各待报解户的记账依据，会计分录为

借：待报解中央预算收入（乡镇国库）

　　或待报解地方预算收入（乡镇国库）——××户

　贷：待报解中央预算收入（支库）

　　　或待报解地方预算收入（支库）——××户

代理国库将另一份日报表随划款凭证和特种转账贷方凭证上划上级国库，特种转账借方凭证作各待报解户的记账依据，会计分录为

借：待结算财政款项——待报解××专户

　贷：存放中央银行款项

**【例 12-2】** 某乡（镇）国库当日直接收纳中央与地方共享收入 150 000 元现金，因预算级次不明对该笔款项进行挂账处理。会计分录为

| | |
|---|---|
| 借：单位活期存款——缴款单位户 | 150 000 |
| 　贷：国库待结算款项——待处理款项户 | 150 000 |

经核查该笔款项按照规定制作的共享收入分成日报表：县级分成 45 000 元，地级分成 20 000 元，省级分成 30 000 元，中央预算收入 55 000 元，制作转账借、贷方凭证，办理转账。同时登记预算收入登记簿。会计分录为

| | |
|---|---|
| 借：国库待结算款项——待处理款项户 | 150 000 |
| 　贷：待报解中央预算收入 | 55 000 |
| 　　　待报解地方预算收入——省级户 | 30 000 |
| 　　　　　　　　　　　　——地级户 | 20 000 |
| 　　　　　　　　　　　　——县级户 | 45 000 |

该乡（镇）国库报解县级、地级、省级和中央级预算收入时，制作各级预算收入日报表一式两份，盖章后一份留存，另一份日报表随划款凭证和转账贷方凭证上划上级国库，转账借方凭证作各待报解户的记账依据。会计分录为

| | |
|---|---|
| 借：待报解中央预算收入（××乡镇国库） | 55 000 |
| 　　待报解地方预算收入——省级户 | 30 000 |
| 　　　　　　　　　　　——地级户 | 20 000 |
| 　　　　　　　　　　　——县级户 | 45 000 |
| 　贷：同城票据交换（或国库内部往来） | 150 000 |

3. 支库对预算收入的核算

1）预算收入的收纳

（1）支库收到国库经收处通过同城票据交换划转的预算收入款项的处理手续比照

乡（镇）国库办理。

（2）支库收到所辖乡（镇）国库上划的预算收入款项及日报表，审核无误后办理转账，同时登记相关预算收入登记簿。中国人民银行国库的会计分录为

借：同城票据交换

　贷：待报解中央预算收入

　　待报解地方预算收入——××户

代理国库的会计分录为

借：存放中央银行款项

　贷：待结算财政款项——待报解中央预算收入

（3）中国人民银行县支行（或代理行）对已收纳的但由于预算收入级次不明或预算科目不清等原因而待处理的业务，比照乡（镇）国库的有关业务办理。

2）预算收入的划分与报解

（1）支库共享收入的划分比照乡（镇）国库办理。

（2）预抵税收返还的计算与划转。实行预抵税收返还的县（市、区）支库，须根据上级财政规定的预抵税收返还比例和返还科目当日发生额，计算出预抵税收返还额，扣除已返还下级财政的数额后，转入本级财政预算收入，同时登记相关预算收入登记簿。中国人民银行国库的会计分录为

借：待报解中央预算收入

　待报解地方预算收入——××户

　贷：待报解地方预算收入——县级户

代理支库的会计分录为

借：待结算财政款项——待报解××专户

　贷：待结算财政款项——待报解地方预算收入专户（县级户）

（3）县级预算收入的结转入库比照乡（镇）国库办理。每日营业终了，结计“待报解地方预算收入——县级户”分“款”登记簿的本日发生数，凭以编制县级预算收入日报表。根据支库和所辖乡（镇）国库上报的“总额分成收入计算日报表”的本日收入总额数，加计县级预算收入报表的“本日收入合计数”（剔除县级固定收入），汇总编制县级总额分成收入计算日报表，并按照上级财政核定的分成比例计算出上解数和留成数。

支库根据县级“总额分成收入计算日报表”的“地市级分成数”填制特种转账借方、贷方凭证和联行划款单；根据“总额分成收入计算日报表”的“县级留成数”及收入日报表的县级固定收入数，填制转账借方、贷方凭证，办理转账，结平“待报解地方预算收入——县级户”的当日余额。县级预算收入日报表和总额分成收入计算日报表各编制三份，一份留存，一份送当地财政部门，一份随联行划款报单上划中心分库。会计分录为

借：待报解地方预算收入——县级户

　贷：地方财政库款

同时，支库根据“地方财政库款”账户当日的借、贷方发生额及余额数，编制库存日报表一式两份，一份留存，一份随县预算收入日报表、总额分成收入计算日报表、缴退库凭证回执联一并送县财政部门。

没有分成上解任务的县，为便于中心支库汇总计算全地区地方预算收入总额，支库仍应汇总编制全辖的总额分成收入计算日报表报送中心支库。

（4）预算收入的报解。中国人民银行支库报解中央级、省级、地（市）级预算收入时，按预算级次分别制作转账借、贷方凭证，办理转账。转账借方凭证作有关待报解户的记账依据，贷方凭证作发起国库内部往来业务，或提出同城票据交换上划资金的依据，并通过联网系统将预算收入日报表信息传送至上级国库。会计分录为

借：待报解中央预算收入

　　待报解地方预算收入——××户

　贷：国库内部往来

代理支库预算收入日报表信息按照上级国库的要求传送，其资金款项通过约定方式上划。会计分录为

借：待结算财政款项——待报解××专户

　贷：存放中央银行款项

**【例 12-3】** 某支库当日收到经收处通过同城票据交换系统划来的县级预算固定收入 150 000 元和上级预算固定收入 450 000 元（其中，地市级收入 300 000 元，省级收入 80 000 元，中央级预算收入 70 000 元）。该支库在对划款凭证和电子缴款书信息认真审查、确认无误后办理转账，同时登记预算收入登记簿。该支库会计分录为

| | |
|---|---|
| 借：同城票据交换 | 450 000 |
| 　贷：待报解中央预算收入 | 70 000 |
| 　　　待报解地方预算收入——省级户 | 80 000 |
| 　　　　　　　　　　　——地级户 | 300 000 |

支库将县级预算固定收入结转入库。会计分录为

| | |
|---|---|
| 借：待报解地方预算收入——县级户 | 150 000 |
| 　贷：地方财政库款 | 150 000 |

支库在规定上划时间内，序时滚动报解中央级、省级、地（市）级预算收入。按照预算级别制作转账借、贷方凭证，办理转账。借方凭证作有关待报解的记账依据，贷方凭证作发起国库内部往来业务的依据。该支库会计分录为

| | |
|---|---|
| 借：待报解中央预算收入 | 70 000 |
| 　　待报解地方预算收入——地（市）级户 | 300 000 |
| 　　　　　　　　　　　——省级户 | 80 000 |
| 　贷：国库内部往来 | 450 000 |

4. 中心支库的核算

1）预算收入的收纳

中心支库办理预算收入入库的款项，包括直接收纳国库经收处划缴的和县支库上划的中央级、省级和地市级预算收入款项。

（1）中心支库收到国库经收处划转的预算收入款项的处理手续比照支库办理。

（2）中心支库收到支库上报的预算收入日报信息文件时，审核相关内容。确认无误后办理转账，同时登记相关预算收入登记簿。会计分录为

借：国库内部往来——××库户

　　贷：待报解中央预算收入

　　　　待报解地方预算收入——省级户、地级户

如有误需办理挂账时的会计分录为

借：国库内部往来

　　贷：国库待结算款项——国库内部往来暂收户

待查清后及时办理转账，同时登记预算收入日记簿。会计分录为

借：国库待结算款项——国库内部往来暂收户

　　贷：待报解中央预算收入

　　　　待报解地方预算收入——××户

作退票处理时，会计分录为

借：国库待结算款项——国库内部往来暂收户

　　贷：国库内部往来

（3）中心支库对已收纳的但因预算收入级次不明或预算科目不清等原因而待处理的业务，比照乡（镇）国库的业务办理。

2）预算收入的划分与报解

（1）中心支库共享收入的划分比照乡（镇）国库办理。

（2）预抵税收返还的计算与划转比照县支库办理。会计分录为

借：待报解中央预算收入

　　待报解地方预算收入——省级户

　　贷：待报解地方预算收入——地级户

（3）地（市）级预算收入的结转入库比照乡（镇）国库办理。每日营业终了，结计"待报解地方预算收入——地市级户"分"款"登记簿的本日发生数，凭以编制地市级预算收入日报表。根据中心支库和所辖支库上报的"总额分成收入计算日报表"的本日收入总额数，加计地市级预算收入报表的"本日收入合计数"（剔除地市级固定收入），汇总编制地市级总额分成收入计算日报表，并按照上级财政核定的分成比例计算出上解数和留成数。

中心支库根据地市级"总额分成收入计算日报表"的"省级分成数"填制特种转账借方、贷方传票和联行划款单；根据"总额分成收入计算日报表"的"地市级留成数"及收入日报表的地市级固定收入数，填制转账借方、贷方传票，办理转账，结平"待报解地方预算收入——地市级户"的当日余额。地市级预算收入日报表和总额分成收入计算日报表各编制三份，一份留存，一份送当地财政部门，一份随联行划款报单上划省分库。会计分录为

借：待报解地方预算收入——地（市）级户

　　贷：地方财政库款

同时，中心支库根据"地方财政库款"账户当日的借、贷方发生额及余额数，编制库存日报表一式两份，一份留存，一份随地市预算收入日报表、总额分成收入计算日报表、缴退库凭证回执联一并送地市财政部门。

没有分成上解任务的地市，为便于分库汇总计算全地区地方预算收入总额，中心支库仍应汇总编制全辖的总额分成收入计算日报表报送分库。

（4）预算收入的报解。每日营业终了，中心支库报解中央级、省级预算收入时，按预算级次分别制作转账借、贷方凭证，办理转账。转账借方凭证作有关待报解户的记账依据，贷方凭证作发起支付系统往来业务，或提出同城票据交换上划资金的依据，并通过联网系统将预算收入日报表信息传送至上级国库。会计分录为

借：待报解中央预算收入
　　待报解地方预算收入——省级户
　贷：大额支付往来

当日来不及报解的预算收入款项，应于次日上午报解；当日已办理转账，由于通信不畅等原因当日不能办理资金上划时，在"国库待结算款项" 科目下相应的暂收户做挂账处理。

**【例 12-4】** 国库某中心支库当日收到支库上报的预算收入日报信息文件，上划中央与地方共享收入 200 000 元（中央分成比例为 75%）。经审核确认后，办理转账，同时登记相关预算收入登记簿。会计分录为

| | |
|---|---|
| 借：国库内部往来——××支库 | 200 000 |
| 　贷：待报解共享收入 | 200 000 |

中心支库制作共享收入分成日报表后，登记相关预算收入登记簿。

会计分录为

| | |
|---|---|
| 借：待报解共享收入 | 200 000 |
| 　贷：待报解中央预算收入 | 150 000 |
| 　　　待报解地方预算收入——省级户 | 40 000 |
| 　　　　　　　　　　　　——地级户 | 10 000 |

中心支库将地市级预算收入结转入库。会计分录为

| | |
|---|---|
| 借：待报解地方预算收入——地级户 | 10 000 |
| 　贷：地方财政库款 | 10 000 |

营业终了，中心支库结计"待报解地方预算收入——地市级户"分"款"登记簿本日发生数，凭以编制地市级预算收入日报表。

中心支库报解省级预算收入和中央预算收入时，按预算级次分别制作转账借、贷方凭证，办理转账。转账借方凭证作有关待报解户的记账依据，贷方凭证作发起支付系统往来业务，或提出同城票据交换上划资金的依据，并通过联网系统将预算收入日报表信息传送至上级国库。会计分录为

| | |
|---|---|
| 借：待报解中央预算收入 | 150 000 |
| 　　待报解地方预算收入——省级户 | 40 000 |
| 　贷：大额支付往来 | 190 000 |

5. 分库的核算

1）预算收入的收纳

分库办理预算收入入库的款项包括直接收纳的各级预算收入、国库经收处划缴的和所辖中心支库上划的中央级、省级和地市级预算收入款项。

（1）分库对直接收纳的各级预算收入和收到国库经收处划转的预算收入款项的处

理手续比照支库办理。

（2）分库收到所辖中心支库上报的报单及所附的中央级、省级预算收入的日报表、缴退库凭证报查联及地市总额分成收入计算日报表，经核对无误后，将各中心支库当日上划的中央级、省级预算收入日报表和总额分成收入计算日报表及联行划款报单分别进行汇总，编制转账借方、贷方传票办理转账，并按照预算科目分别登记中央级和省级分“款”登记簿。会计分录为

借：大额支付往来

　贷：待报解中央预算收入

　　待报解地方预算收入——省级户

如有误，办理挂账，会计分录为

借：大额支付往来

　贷：国库待结算款项——大额支付往来暂收户

待查清后及时办理转账，同时登记预算收入日记簿。会计分录为

借：国库待结算款项——大额支付往来暂收户

　贷：待报解中央预算收入

　　待报解地方预算收入——省级户

作退票处理时，会计分录为

借：国库待结算款项——大额支付往来暂收户

　贷：大额支付往来

（3）分库收到总库划转的应返还地方的跨地区分享所得税收入后，将款项与相应通信文件核对无误后办理转账。会计分录为

借：大额支付往来

　贷：待报解地方预算收入

（4）分库对已收纳的但因预算收入级次不明或预算科目不清等原因而待处理的业务，比照中心支库的业务办理。

2）预算收入的划分与报解

（1）共享收入的划分比照乡（镇）国库办理。

（2）预抵税收返还的计算与划转比照支库办理。

（3）省级预算收入的结转入库比照乡（镇）国库办理。

（4）中央预算收入的报解比照中心支库办理。

省分库按中央预算收入分“款”登记簿的本日收入数，编制中央预算收入日报表一式两份，将日报表的本日合计数与中央预算收入科目账户余额核对相符后，填制特种转账借方、贷方凭证及联行划款报单办理转账，结平当日中央预算收入科目账户余额。将中央预算收入日报表一份留存，一份随划款报单上划总库。会计分录为

借：待报解中央预算收入

　贷：大额支付往来

分库根据省级待报解地方预算收入分“款”登记簿的本日收入数，编制省级预算收入日报表一式两份。根据各地市中心支库上报的总额分成收入日报表的本日收入总额的汇总数，加计省级预算收入日报表“本日合计数”（剔除省级固定收入数），按财政部核

定的中央与省的分成比例，计算出中央分成数和省级留成数，编制全省总额分成收入日报表一式两份，根据中央分成数编制特种转账借、贷方传票及联行划款报单办理转账。全省总额分成收入计算日报表一份留存，一份随划款报单上划总库。会计分录为

借：地方财政库款

　贷：大额支付往来

根据地方财政库款账户当日借、贷方发生额及余额数，编制库存日报表一式两份，一份留存，一份随同省级预算日报表、总额分成收入计算日报表，以及省级缴、退库凭证一并送省财政。

没有分成上解任务的省，仍应按日编制全省总额分成收入日报表上报总库，其分成表的“收入总额栏”与“地方留成栏”的数额相等，“中央分成栏”为零。

**【例 12-5】** 某分库收到中心支库上报的报单，以及所附的中央级、省级预算收入的日报表、缴退库凭证报查联与地市总额分成收入计算日报表，中央级预算收入 200 000 元，省级预算收入 80 000 元。经核对无误后，编制转账借方、贷方传票办理转账，并按照预算科目分别登记中央级和省级分“款”登记簿。会计分录为

| | |
|---|---|
| 借：大额支付往来 | 280 000 |
| 　贷：待报解中央预算收入 | 200 000 |
| 　　待报解地方预算收入——省级户 | 80 000 |

省分库将省级和地市级预算收入结转入库。会计分录为

| | |
|---|---|
| 借：待报解地方预算收入——省级户 | 80 000 |
| 　贷：地方财政库款 | 80 000 |

省分库按中央预算收入分“款”登记簿的本日收入数，编制中央预算收入日报表一式两份，将日报表的本日合计数与中央预算收入科目账户余额核对相符后，填制特种转账借方、贷方凭证及联行划款报单办理转账，结平当日中央预算收入科目账户余额。将中央预算收入日报表一份留存，一份随划款报单上划总库。在规定上划时间内，序时滚动报解中央级预算收入。会计分录为

| | |
|---|---|
| 借：待报解中央预算收入 | 200 000 |
| 　贷：大额支付往来 | 200 000 |

6. 总库的核算

总库收纳的中央预算收入，有各部委集中缴纳的和各省市分库汇总上解两部分收入。

1）收到集中缴库的核算

总库收到北京市分库划转来的中央各部集中缴纳的中央预算收入，及联行划款报单和中央预算收入缴款书第二、第三联后，应审核缴款书的各项内容是否正确，缴款单位是否属于集中缴库单位。如发现问题，要及时办理查询。核对无误后，抽出缴款书的收款凭证联登记明细账。编制中央预算收入日报表一式三份（一份作传票附件，一份与分库上报的中央预算收入日报表合并处理，一份送财政部）。根据日报表收入合计数，填制转账借、贷方凭证办理转账。会计分录为

借：同城票据交换

　贷：待报解中央预算收入

借：待报解中央预算收入

　贷：中央预算收入

在缴款书各联加盖“转讫”章，将收款凭证作日报表的附件，回执联随同中央预算收入日报表送财政部。海关专用缴款书的存根联退北京海关。各种税款专用缴款书的报查联退税务总局。

2）收到分库上划款项的核算

总库收到分库上划的预算收入款项后，审核确认划款凭证要素无误的，办理转账。会计分录为

借：大额支付往来

　　贷：待报解中央预算收入

收到分库上报的预算收入日报信息后，审核事项比照中心支库处理。确认无误的，再按照规定的比例计算应返还地方的跨地区分享所得税后，办理入库手续，同时按预算科目、省别记载中央预算收入登记簿。会计分录为

借：待报解中央预算收入

　　贷：中央预算收入

　　　　国库待结算款项——跨地区分享所得税户

应返还地方的跨地区分享所得税，根据财政部指令办理返还手续。会计分录为

借：国库待结算款项——跨地区分享所得税户

　　贷：大额支付往来

3）问题划账的处理

总库对已收纳的但因预算收入级次不明或预算科目不清等原因而待处理款项作挂账处理。

**【例 12-6】** 中国人民银行总库收到某省分库上报的预算收入日报信息，报解中央预算收入 320 000 元，审核相关信息无误后，办理入库手续。会计分录为

借：待报解中央预算收入　　320 000

　　贷：中央预算收入　　320 000

**【例 12-7】** 中国人民银行总库应返还地方的跨地区分享所得税为 240 000 元，根据财政部指令办理返还手续。会计分录为

借：国库待结算款项——跨地区分享所得税户　　240 000

　　贷：大额支付往来　　240 000

### 12.2.3 预算收入退库的核算

国库收到财政或征收机关发来的预算收入退还书电子信息、纸质凭证和相关审批文件、资料后，将纸质凭证与电子信息进行匹配并核对相关要素相符后，办理退库手续。

1. 预算收入退库的处理

办理退库手续时，应在退库事项的原始缴款书电子信息上做退库标记，同时登记预算收入登记簿（红字）和预算收入退库登记簿；纸质收入退还书付出凭证联作记账凭证或附件，报查联加盖业务转讫印章后退签发机关，付款通知联加盖业务转讫印章后随预算收入日报表送退款的财政机关，同时将已退库电子信息反馈签发机关。在取消纸质凭证的情况下，国库直接审核相关文件资料，并打印已退库电子信息清单作记账凭证或附件。有退库申请书的，退库申请书附在相应纸质收入退还书或电子信息清单后作附件。

中国人民银行国库的会计分录为

借：待报解中央预算收入

　　待报解地方预算收入——××户

　贷：大额支付往来

代理国库的会计分录为

借：待结算财政款项——待报解中央预算收入专户

　贷：存放中央银行款项

需要通过同城票据交换划转退库款项的，国库将签发机关制作的一式五联纸质收入退还书中的收款凭证联和收账通知联，随同划款凭证提交收款人开户行。需要退付现金的，签发机关在收入退还书电子信息或纸质凭证上注明“退付现金”标识，收款人凭签发机关签署的领取现金通知、原完税证明和有效身份证件到指定银行领取现金。

国库制作预算收入日报表时，应根据预算收入登记簿本科目当日红、蓝字发生额的差额填列，收入数大于退库数用蓝字反映，退库数大于收入数用红字（负数）反映。

下级国库退库上级预算收入，当日收入不足退库时应向上级国库办理划付。

中国人民银行国库的会计分录为

借：国库内部往来

　贷：待报解中央预算收入

　　　待报解地方预算收入——××户

代理国库的会计分录为

借：存放中央银行款项

　贷：待结算财政款项——待报解××专户

2. 退库预算收入退回的处理

1）由于国库自身原因发生预算收入退库退回

（1）发生退库退回时，中国人民银行国库的会计分录为

借：大额支付往来

　贷：国库待结算款项——大额支付往来暂收户

代理国库的会计分录为

借：存放中央银行款项

　贷：待结算财政款项——待处理款项

（2）重新划出时，经会计主管审批后处理，中国人民银行国库的会计分录为

借：国库待结算款项——大额支付往来暂收户

　贷：大额支付往来

代理国库的会计分录为

借：待结算财政款项——待处理款项

　贷：存放中央银行款项

2）由于收入退还书凭证错误等原因发生退库退回

（1）发生退库退回时，国库制作一式两联转账贷方凭证，一联作报解入库的记账凭证，并以收到的资金结算凭证收款联或纸质收入退还书收款凭证联作记账凭证附件，一联随纸质收入退还书收账通知联退原签发机关，同时登记预算收入登记簿和预算收入

退库登记簿（红字）。中国人民银行国库的会计分录为

借：大额支付往来

　贷：待报解中央预算收入

代理国库的会计分录为

借：存放中央银行款项

　贷：待结算财政款项——待报解××专户

（2）重新退付时，按正常退库处理。

3. 预算收入退库的结转入库

预算收入退库与预算收入一并结转入库，若当日没有预算收入或当日的退库大于收入时，总库的会计分录为

借：中央预算收入

　贷：待报解中央预算收入

中国人民银行各分支库的会计分录为

借：地方财政库款

　贷：待报解地方预算收入——××户

代理国库的会计分录为

借：地方财政库款

　贷：待结算财政款项——待报解××专户

### 12.2.4 预算收入差错的更正

1. 预算收入差错更正的相关规定

各级财政、税务、海关、其他征收机关和国库，在办理预算收入的收纳、划分、报解、入库和退库时，如有差错，按照“谁的差错谁更正”的原则，由出错方填制“更正通知书”送国库部门进行更正。而且要求各部门应及时将更正使用印鉴，事先填制印鉴卡送同级国库留存备验。

（1）缴款书的预算级次、预算科目等填写差错，由征收机关填制更正通知书附原缴款书复印件送国库更正。

（2）国库在办理收入的收纳、划分、报解、入库和退库时发生的差错，由国库填制更正通知书进行更正。

（3）各部门对发现的错误事项，要及时办理更正，原则上不得办理汇总更正。由于特殊原因需要办理汇总更正的，由征收机关开具汇总更正通知书，同时提供依据或说明，并附明细更正清单方可办理。对无正当理由的更正，国库一律拒绝办理。

（4）各部门在对账过程中发现的预算收入串级次、串科目或串库，要查明原因，分清责任。国库部门根据银行会计制度的有关错账更正的规定办理。

（5）各部门在对账中发现的错误，要在发现的月份办理更正，不得变更过去的账表。在年度对账时发现的问题，要在整理期内办理更正，逾期不再办理。

（6）审计部门和财政部派驻各地的财政监察专员办事处（简称专员办）在检查中，发现以前年度的预算收入混库等问题，由审计、专员办专门行文，按“谁的差错谁更正”的原则，由出错方填制“更正通知书”送国库部门进行更正。

（7）财政部门、征收机关因体制变化的需要，对已经入库的预算收入进行调库处理时，须出具更正通知书及有关文件，国库部门审核后办理调库。

（8）国库部门对受理的更正事项，需由国库经办人员调阅原凭证，对原列事项进行审核，在原凭证上注明更正日期，经国库会计主管签批后办理更正。

2. 预算收入差错更正的账务处理

1）串科目的处理

国库根据更正通知书，对照原始凭证，对原列事项进行审核确认后，用红字（负数）冲正原列预算收入登记簿，用蓝字记载正确的预算收入登记簿。

2）串级次的处理

国库根据更正通知书，对原列事项审核确认后，制作记账凭证，按反方向记载原列会计分户账，用红字（负数）登记预算收入登记簿，蓝字记载相应会计分户账和预算收入登记簿。由于国库自身原因产生的更正，须经会计主管审批后办理。会计分录为

借：待报解中央预算收入

　贷：待报解地方预算收入——××户

3）串库的处理

国库根据更正通知书，对原列事项审核确认后，制作转账借、贷方凭证，按反方向记载原列会计分户账，用红字（负数）登记预算收入登记簿，通过支付系统或国库内部往来将款项划转收款国库；需要通过同城票据交换划转的，出错方应制作一式五联更正通知书，其中两联和剩余联次缴款书随同划款凭证提交收款国库，其中一联作收款国库贷方凭证附件，登记预算收入登记簿，另一联及剩余联次缴款书随收款国库的预算收入日报表等交相应征收机关。

（1）发生时的处理。中国人民银行国库的会计分录为

借：待报解中央预算收入

　贷：大额支付往来

代理国库的会计分录为

借：待结算财政款项——待报解××专户

　贷：存放中央银行款项

（2）收款国库收到款项时的处理。中国人民银行国库的会计分录为

借：大额支付往来

　贷：待报解中央预算收入

代理国库的会计分录为

借：存放中央银行款项

　贷：待结算财政款项——待报解××专户

（3）在同一国库机构内多级多库串库的处理。会计分录为

借：待报解中央预算收入（原列收款国库）

　贷：待报解中央预算收入（现列收款国库）

4）“免、抵”税调库的处理

国库根据县级以上征收机关提交的“免、抵”税调库通知和相关文件资料，比照同一国库机构内串科目的更正处理，“免、抵”税调增数蓝字记载相关预算收入登记簿，

"免、抵"税调减数红字（负数）记载相关预算收入登记簿和蓝字记载相关预算收入退库登记簿。

## 12.3 库款支拨业务

### 12.3.1 库款支拨的概念及有关规定

1. 库款支拨的概念

国库款项的支拨也称预算拨款，它是各级财政部门根据核定的预算计划，将国库收纳的预算款项，拨付给各预算单位或拨存商业银行。按照财税体制的规定，各级国库款项的支拨，必须凭有支配权的财政机关的拨款凭证办理。中央国库总库的库款必须凭财政部开出的拨款凭证办理；中央国库各分支机构的库款必须及时上解，不能拨出；地方金库各级国库的库款必须凭同级财政部门开出的拨款凭证办理。除此之外，任何单位和个人均无权动用库款。

2. 库款支拨的有关规定

各级国库库款的支拨，必须根据各同级财政机关签发的统一的预算拨款凭证、银行结算汇兑凭证或代理银行（办理财政性资金支付与清算业务的商业银行）开具的申请划款凭证办理。各级国库对有关部门签发的库款支付凭证，应按规定认真审核各项要素。

各级财政机关应将拨款使用的印鉴、代理银行申请划款使用的印鉴，事先填制印鉴卡送同级国库留存备验。

为便于国库及时、准确地办理预算拨款业务，确保各级财政资金的安全，各级国库应要求同级财政部门及时提供年度财政预算报表。预算执行中如遇计划调整应及时提供有关材料。

国库在拨付各级库款时，必须在各级财政库款余额内支付。实施财政国库管理制度改革后，财政部门向中国人民银行国库提交《财政直接支付汇总清算额度通知单》和《财政授权支付汇总清算额度通知单》，分别用于控制财政零余额账户的直接支付和预算单位零余额的授权支付。国库在额度内根据代理银行申请划款凭证与代理银行清算已支付的财政性资金。

各级国库收到财政机关的库款支拨凭证和代理银行申请划款凭证时，应进行严格审查，发现有下列情况之一的，国库一律拒绝拨付或清算：①凭证要素不全的；②擅自涂改的；③大小写不符的；④小写金额前无人民币符号"¥"的；⑤大写金额前无"人民币"字样的；⑥前后联次填写内容不一致的；⑦拨款金额超过库存余额的；⑧未加盖印鉴或所盖印鉴和预留印鉴不符的；⑨代理银行申请划款的金额与其附件的金额不一致的；⑩财政直接支付申请划款金额超出《财政直接支付汇总清算额度通知单》的累计额度的；⑪财政授权支付申请划款金额超出《财政授权支付汇总清算额度通知单》的累计额度的。

国库对库款支付凭证审核后，原则上应在财政机关和代理银行送达支付凭证的当日，最迟不得超过下一个工作日，将库款划拨出或汇出，各级国库和划转行不得延压。国库对财政库款支拨一律采取转账方式，不能支付现金。

### 12.3.2　预算支拨的方式

国库的预算拨款有两种方式。

1. 实拨资金方式

实拨资金方式也称拨款资金方式，就是财政部门按照核定的用款单位的年度预算和季度的分月用款计划，签发拨款凭证，通知国库将预算资金直接拨入用款单位或其主管部门的经费存款账户，用款单位按照规定在其存款余额的范围内使用。

2. 限额拨款方式

限额拨款方式是指财政部门在核定的年度预算范围内，分期通过中央级行政事业单位的主管部门，向它们所属用款单位下达用款额度（即经费限额）。而用款单位在经费限额内可以根据需要，随时从其开户银行支用款项或转拨下属单位，但不得提存和跨年度使用。对年终未支用的限额结余，除财政部规定可结转下年使用者外，一律由开户银行自动注销。

目前，我国使用的是实拨资金方式。

### 12.3.3　实拨资金的核算

1. 实拨资金凭证的使用

凡拨付给同城预算单位的各种预算经费，可使用财政部门印制的“预算拨款凭证”，也可利用银行同城结算有关方式，将实拨资金划入经费用款单位的银行存款账户。

凡拨付异地预算单位及主管部门转拨给所属单位的各项预算资金，可使用银行的电、信汇凭证办理。

2. 实拨资金的账务处理

1）库款支拨

国库收到同级财政机关发来的预算拨款凭证电子信息、纸质凭证后，将纸质凭证与电子信息进行匹配并核对相关要素。匹配或核对有误的，通知财政机关做相应修正；匹配和核对无误的，在同级地方财政库存余额内办理预算拨款手续，同时登记预算支出登记簿。纸质凭证一联作记账凭证或附件，一联退同级财政，同时将已拨款电子信息反馈同级财政。在取消纸质凭证的情况下，国库应打印已拨款电子信息清单作记账凭证或附件。

中国人民银行国库的会计分录为

借：地方财政库款

　贷：大额支付往来

代理国库的会计分录为

借：地方财政库款

　贷：存放中央银行款项

需要通过同城票据交换划款的，国库将财政部门填制的一式四联预算拨款凭证中的收款凭证联和收账通知联，随划款凭证提交收款单位开户行。

【例 12-8】　在对同级财政机关发来的预算拨付凭证电子信息核对无误后，某分库在同级地方财政库款余额内向其拨付资金 180 000 元，同时登记预算支出登记簿，并打印已拨款电子信息清单作为记账凭证。会计分录为

借：地方财政库款 180 000

贷：大额支付往来 180 000

2）集中支付

国库办理集中支付资金清算业务，应根据财政部门提供的“财政直接支付汇总清算额度通知单”和“财政授权支付汇总清算额度通知单”，分别登记直接支付清算额度登记簿和授权支付清算额度登记簿。

（1）通过大额实时支付系统或国库内部往来办理集中支付资金清算的，国库收到代理银行发来的申请划款凭证和申请划款汇总清单电子信息后进行审核。审核发现有误的，将电子信息返回代理银行；审核确认无误的，在支付清算额度和同级地方财政库存余额内办理资金清算，打印一式三联申请划款凭证（补充），一联做记账凭证，两联交同级财政（其中一联加盖业务转讫章，一联加盖业务专用章，下同），并发起大额支付往来或国库内部往来业务，同时销记支付清算额度登记簿。会计分录为

借：地方财政库款

贷：大额支付往来

在未取消纸质凭证的情况下，国库将代理银行于日终前送来的纸质申请划款凭证与相应电子信息核对。核对有误的，退回代理银行重新填制；核对无误的，将纸质凭证一联作记账凭证，两联交同级财政。

（2）通过小额批量支付系统办理集中支付资金清算的，国库收到代理银行发来的小额支付往来借记业务包后，审核资金信息和相应的申请划款汇总清单电子信息，审核发现有误的，向代理银行发出小额支付往来拒绝付款借记回执；审核确认无误的，在支付清算额度和同级地方财政库存余额内办理资金清算，打印小额支付往来凭证，一联作记账凭证，两联交同级财政，并发出小额支付往来同意付款借记回执，同时销记支付清算额度登记簿。会计分录为

借：地方财政库款

贷：国库待结算款项——小额支付往来待清算户

借：国库待结算款项——小额支付往来待清算户

贷：小额支付往来

（3）通过同城票据交换办理集中支付资金清算的，国库在收到代理银行提交的纸质申请划款凭证后，与相应的纸质申请划款汇总清单或电子信息进行核对。核对有误的，向代理银行发起查询；核对无误的，在支付清算额度和同级地方财政库存余额内办理资金清算，通过同城票据交换将款项划转代理银行，同时销记支付清算额度登记簿。会计分录为

借：地方财政库款

贷：同城票据交换

（4）国库直接办理集中支付业务的处理手续按有关规定执行。

3）拨款退回

（1）由于国库自身原因发生已拨出款项退回的，中国人民银行国库的会计分录为

借：大额支付往来

贷：国库待结算款项——大额支付往来暂收户

代理国库的会计分录为

借：存放中央银行款项

　　贷：待结算财政款项——待处理款项

重新划出时，经会计主管审批后办理，中国人民银行国库的会计分录为

借：国库待结算款项——大额支付往来暂收户

　　贷：大额支付往来

代理国库的会计分录为

借：待结算财政款项——待处理款项

　　贷：存放中央银行款项

（2）由于预算拨款凭证错误、代理银行申请退款等原因发生已拨出款项退回的，中国人民银行国库的会计分录为

借：同城票据交换

　　贷：地方财政库款

代理国库的会计分录为

借：存放中央银行款项

　　贷：地方财政库款

同时以红字（负数）登记预算支出登记簿，办理集中支付款项退回业务的还应恢复支付清算额度，登记支付清算额度登记簿。

## 12.4　国库对账和年度决算

国库预算收入实行定期对账，是为了保证核算数字真实、正确、完整的一项基础工作；同时，也是国库与征收机关、收入机关共同监督、互相制约的一项重要手段。国库的年度决算，是总结一年来国库执行预算收支的全面情况，考核财税、国库与银行密切协作结果的有效方法。

### 12.4.1　国库对账

国库预算收入的收纳和报解，涉及国库与征收机关、财政部门之间，以及上下级国库之间等账务。这项工作量大、面广、环节多，一个部门或某一个环节上稍有疏忽，就会影响全局。为了保证各项预算收入的数字真实、准确和完整，各级国库必须按规定与有关方面进行对账。预算收入的对账不仅是国库会计工作的一项重要内容，而且也是各级国库部门、财政机关、征收机关共同监督、互相制约，保证国家预算收入及时、准确、完整地缴库和报解的重要工作。因此，各级国库部门应与同级财政机关、征收机关密切配合，共同做好对账工作。

1. 对账范围

各级国库预算收入的对账，包括国库与征收机关对账、国库与财政部门对账、国库与代理银行对账、国库与会计营业部门对账、国库与支付清算系统对账、国库与同城清算系统对账、国库上下级之间对账、国库内部对账等。

2. 对账内容

各级国库必须按日、月、年与有关部门进行对账。财政、征收机关统计入库数额和入库日期，都以国库实际收纳数额和入库日期为准。对账数字一律计算到角、分。

1）国库与财政、征收机关对账

各级国库与财政的库存对账，应分账户进行。各级国库与征收机关的预算收入（包括预算收入退库，下同）对账，应按财政部制定的政府预算收入科目，分级次进行。各级国库与征收机关的每日、月度收入对账，原则上只核对征收机关直接征收部分；年度收入对账，除核对征收机关直接征收部分外，还应对全辖汇总数进行核对。

（1）日对账。每日营业终了，各级国库应在次日将各类日报表及相关凭证，盖章后交财政、征收机关进行核对。

（2）月度对账。每月终了，各级国库应在次月 3 个工作日内，将各类月报表一式两份，盖章后分别送财政、征收机关核对。财政、征收机关应于收到后 3 个工作日内核对完毕，一份留存，一份退回国库。

（3）年度对账。库款报解整理期结束后，各级国库应在 10 个工作日内，分别将本级预算收入年度决算报表、地方预算收入总额分成计算日报表和按征收机关编制的预算收入年度报表一式两份，盖章后交财政、征收机关核对。财政、征收机关应于收到后 3 个工作日内核对签章完毕，一份留存，一份退回国库。

（4）年度终了后，各级国库应在次年第一个工作日，将年末日的本级财政库存日报表一式两份，按规定盖章后交同级财政部门核对，财政机关应于 3 个工作日内核对完毕，一份留存，一份退回国库。

（5）整理期结束后，省级国库应在 10 个工作日内，将中央级预算收入年度决算报表一式三份，按规定盖章后交专员办或其授权机构，专员办应于收到后 3 个工作日内核对签章完毕，一份留存，两份退回国库。国库收到后，一份留存，一份报总库。

2）上下级国库对账

（1）国库内部往来的对账。各支库在日终前将对账单发送至管辖国库，管辖国库负责与所辖支库对账，并将对账结果反馈相应支库。

（2）预算收入的对账。月度、年度终了，各级国库应及时向上级国库报送各级预算收入月报表和年度决算报表、地方预算收入总额分成计算月报表、通信联网对账单，由上级国库对所辖国库上报的数据进行核对。

（3）国债兑付对账。月度、年度国债兑付账务处理完毕后，各级国库应及时向上级国库报送国债兑付月报表和年报表、通信联网对账单，由上级国库对所辖国库上报的数据进行核对。

3）国库内部核对

（1）按日核对总分账务。其主要核对：国库各科目的发生额、余额与相应分户账发生额、余额之和必须相等；核对各预算科目报表数字与登记簿数字必须一致；核对各报表之间的相关数据必须一致；核对共享收入分成计算、预抵税收返还收入计算、总额分成比例计算必须正确，并在相应账表簿上签章确认。

（2）按月核对表外科目账务。其主要核对：表外科目总账、分户账、登记簿的发生额、余额必须一致，账实必须相符，并签章确认。

（3）内部账务核对要做到账账、账表、账实、账据等相符。

4）国库与支付清算系统的账务核对

国库与支付清算系统的账务核对，应按照有关制度规定办理。

5）国库内外对账

国库内外对账应换人进行，并坚持事后复查，记账、复核员不得承担其所办理的账务的核对工作。

3. 对账的处理手续

1）中央国库月度收入对账

中央国库月度收入对账由中央国库与国税部门、海关及其他税收中央预算收入的机关进行核对。每月终了，支库应在 5 日内根据中央预算收入登记月累计数编制征收机关对账月报表一式四份，核对无误后，留存一份，报上一级国库一份，送相关部门两份；相关部门应于 3 日内核对完毕并签证盖章，留一份，退回国库一份。如发现错误，须查明原因并予注明，同时进行更正。

每月终了，中心支库将所辖支库上报的中央预算收入月报表与各支库每日上报的中央预算收入日报表月度之和进行核对，并编制中央预算收入月报表，报总库进行核对。

中心支库、分库、总库直接收纳的中央预算收入月报对账，比照支库月度对账办理。

2）中央国库年度收入对账

年度终了，在库款报解整理期结束后，支库应于 10 日内根据直接收纳的中央预算收入年累计数编制年度对账单（格式与月对账表相同）一式四份，留存一份，报上一级国库一份，送相关部门两份；相关部门应于 3 日内核对完毕并签证盖章，留存一份，退回国库一份。如发现错误，应及时更正。

年度终了，中心支库将所辖支库上报的中央预算收入年报表与该支库每日上报的中央预算收入日报表年度之和进行核对，并编制中央预算收入年报表，报省库进行对账。

省分库将所辖中心支库上报的中央预算收入年报表与该中心支库每日上报的中央预算收入日报表年度之和进行核对，并编制中央预算收入年度对账表，报总库进行对账。

中心支库、分库、总库直接收纳的中央预算收入年度对账，比照支库年度对账办理。

### 12.4.2　国库年终决算

1. 年终决算的要求

年度终了后，国库应设置 10 天库款报解整理期。所谓整理期，就是国库对上年预算收入的整理期限。各国库经收处 12 月 31 日以前经收的款项，应在库款报解整理期内报达支库，支库应列入当年决算。国库的年终决算，是运用会计核算资料，对全年的各级预算收入计划的执行情况进行数字总结。通过年度决算，可以全面反映一年来的预算收入情况并考核财政、税收与国库密切协作的情况，以总结经验，改进工作，更好地发挥各级国库在执行国家预算收入任务中的促进和监督作用。

各级国库在整理期内，应对新旧年度的收支事项分开核算。对属于上年度的预算收入，应计入上年度账户，编制上年度的预算收入日报表和共享收入计算日报表，在表的上端注明“年整理期”字样，月份填“13 月”并将款项及时扫数上解。对属于新年度的预算收入，则按新年度账务处理。

国库办理的中央、地方预算收入决算表，应分别附决算说明书。决算说明书的内容应包括办理决算的准备情况、各级财政预算收入执行情况、主要经验和存在的问题以及决算中应说明的其他有关事项。

2. 年终决算的具体做法

1）乡（镇）国库

年度终了，国库经收处 12 月 31 日以前所收款项，应在库款报解整理期内报达乡（镇）国库，乡（镇）国库列入当年预算。整理期结束后，乡（镇）国库应根据预算科目登记簿余额分别编制预算收入年度决算表一式四份，按规定盖章，并送财政、征收机关核对无误后，盖章退回乡（镇）国库两份，一份留存，一份报支库。

2）支库

支库自身直接收纳的预算收入比照乡（镇）国库办理，并根据辖区乡（镇）国库上报的各级年度决算表，核对无误后，分别汇总编制各级预算收入年度决算表一式四份，按规定盖章后，送财政、征收机关核对无误后，盖章退回支库两份，一份留存，一份报中心支库。

3）中心支库

中心支库自身直接收纳的预算收入比照乡（镇）国库办理，并根据辖区支库上报的各级年度决算表，核对无误后，分别汇总编制中央级、地方级预算收入年度决算表一式四份，按规定盖章后，送财政、征收机关核对无误后，盖章退回支库两份，一份留存，一份报分库。

4）分库

分库收到辖内中心支库上报的中央预算收入和地方预算收入年度决算表，经审核无误后，分别汇总编制：全辖中央预算收入年度决算表一式两份，按规定盖章后，一份留存，一份上报总库；全辖地方预算收入年度决算表一式三份，按规定盖章后，一份留存，一份送同级财政机关，一份上报总库。

5）总库

总库收到分库上报的中央预算收入年度决算表经审核无误后，汇总编制中央预算收入年度决算表一式两份，按规定盖章后，一份留存，一份送财政部。

## ➢ 关键概念

国库　中央预算收入　大额支付往来　小额支付往来　国库内部往来　库款报解　预算收入退库　地方财政库款　国库年度决算

## ➢ 复习思考题

1. 中国人民银行经理国库有何意义？

2. 国库的基本职责和权限是什么？国库对账的内容有哪些？
3. 预算收入如何核算？预算收入退库手续应如何处理？
4. 按规定可以退库的范围有哪些？
5. 简述库款支拨的处理手续。
6. 简述预算收入的年度对账、退库的基本原则和范围。
7. 简述国库年终决算的具体做法。

# 第13章

# 年度决算

> 本章提要

银行的年度决算是银行会计核算工作的一个重要环节，是对银行一年业务经营及工作情况的总结。本章主要包括年度决算概述、年度决算前的准备工作、年度决算日的工作和会计调整等内容。通过本章的学习，学生将对银行年度决算有一个直观的了解，并能对相关技术进行系统掌握，特别重点掌握会计报表的编制等内容。

## 13.1 年度决算概述

### 13.1.1 年度决算的意义

银行的年度决算是根据日常会计记录，运用会计数据，总结全年银行资产、负债及所有者权益等业务活动和收入、支出等财务收支状况的一项综合性工作。按照《中华人民共和国会计法》的规定，每年的 12 月 31 日为银行的年度决算日。在这一天，凡独立核算的会计单位（如总行、分行、支行）都应办理年度决算。附属会计单位（如储蓄所）则应以并账或并表方式由管辖行合并办理。各独立核算的会计单位的决算报表编制完毕后，应逐级汇总全辖数字上报上级行。最后由总行汇总全国各分行上报的决算报表，办理全行的汇总决算。

1. 有利于提高会计工作质量

银行会计部门在办理年度决算过程中，要对一年来的资金、财产、账务、损益进行全面的核实和整理。在核实、整理的基础上，编制数字真实和内容完整的年度决算报表，在编表以后，还要将账、表数字核对相符，保持两者之间完全一致。因此，从核实、整理日常核算资料到编制决算报表的全过程，实际上就是对日常会计工作进行总结检查的全过程。通过总结检查，肯定日常会计工作的成绩，找出差距，针对存在的问题加以改进，从而不断提高会计工作的质量。

2. 可以全面反映全年各项业务和财务活动情况

银行的年度决算主要是将日常会计核算资料加工整理成具有内在联系的年度综合指标体系，编制内容完整、数字正确、反映真实的年度决算报表，为各项管理工作提供可靠的数据。通过对年度决算报表的分析，可以考核资金运用效益和各项经济指标的完成情况。

3. 可以为宏观经济决策提供准确、及时的经济信息

银行是国民经济的综合部门，是全国信贷、结算、现金出纳、货币发行和外汇收支的中心。银行会计日常记录的各项业务活动的资料，是国民经济各部门、各单位经济活动的综合反映。通过年度决算将一年来登记的账簿资料，加以核实和整理，利用报表形式汇总起来，就能更加集中、系统地反映出整个国民经济资金活动情况，从中了解国民经济各部门的发展，据以掌握资金的投向和规模，为宏观经济决策提供准确、及时的经济信息。

### 13.1.2 年度决算的先决条件

1. 重视日常核算

年度决算是在日常核算的基础上进行的，具有日常核算的总结性质。日常核算正确、及时与否，对年度决算有重大影响。如日常核算能做到每日账对表平，无任何差错，则年度决算就可顺利完成。反之，日常核算如差错不断、工作马虎、账务混乱，就很难在短期内完成决算任务。

2. 充分做好年度决算的准备工作

银行年度决算时间紧、任务重。为了保证年度决算工作的顺利进行，决算的准备工作一般应在每年第四季度初就要着手进行。上级行首先要组成决算工作的临时领导机构，机构人员要统一领导，分工明确。其次要下发决算工作的通知文件，指出本年决算中应注意的事项和问题以及与往年决算有哪些不同特点。最后要按照会计制度的要求，结合银行当年会计科目的变更情况，拟定在年度决算中的处理办法，以便基层行处统一贯彻执行。各省、自治区、直辖市分行也应根据总行通知精神，结合辖属具体情况，下发决算工作的通知，层层布置，通过中心支行组织推动和督促检查辖内各基层行处准确及时办理。各基层行处则应按照上级行的决算通知，根据人员情况全面做出具体实施安排，明确分工，责任到人，认真检查，精心组织，确保决算工作质量和及时完成。

### 13.1.3 年度决算的步骤

银行年度决算工作过程大体可分为三个步骤或阶段，一是决算前准备工作，二是决算日的具体决算工作，三是编报决算报表和决算说明书。

决算工作的准备阶段，除上级行的一般布置外，各会计单位都应当认真做好清理资金、盘点财产、核对账务、及时核实损益等准备工作，并根据11月总账各科目的累计发生额编制试算表。决算日的工作相当繁重和紧张，为了保证各项工作有条不紊地进行，

一般都要拟定"决算日工作安排"，对每项工作的程序和时间做出具体规定和要求。决算日以后，短期内，各行处要按规定编制决算报表及决算说明书，并及时上报。

## 13.2 年度决算的工作

### 13.2.1 年度决算前的准备工作

基层行处是直接办理业务的独立会计单位，是年度决算工作的基础。在年度决算前，除按照上级行的布置安排做好组织准备外，还要做好实际业务工作的准备，即"三清一核实"。"三清"就是清理资金、清理账务、清理实物；"一核实"就是指账簿记录的内容同客观实际情况核对查实，包括银行与各开户单位的对账和银行内部的账账、账款、账据、账实、账表以及利息等的核对。根据核实的结果，发现问题，查明原因，进行调整。

1. 清理资金

（1）核实和整理资产项目。各资产科目应于决算前详细检查、核实和整理。这主要包括：①各项贷款、现金、贴现等。对逾期贷款，应组织力量催收，力争在决算前收回；对贷款呆账，应按规定审批程序，从贷款损失准备金中核销。②对各项应收款项，如能收回者，应积极组织催收。③其他资产科目，也应详查内容，予以适当整理。

（2）核实和整理负债项目。决算前，对各项负债科目，也要详细检查和核实，并加以适当整理。对各项存款在核实和整理中，如发现连续一年没有发生收付活动，经联系又查找不到存户的应按规定转账。对各种保证金如超过划款期限的，应于决算前迅速查询情况。对应解汇款已超过规定期限尚未解付的，应积极联系解付，确实无法解付时，应按规定办理退汇。

2. 清查账务

（1）检查会计科目的使用情况。在年度决算前必须将当年各科目的归属和使用情况，进行全面的复查，如有不当，应立即调整。

（2）全面核对内外账务。银行账务一定要做到真实、准确、及时记载。因此，在决算前要对内外账务进行全面核对。对银行内部账务，应对总账与分户账、账款、账实等进行全面核对，做到账账、账款、账据、账表、账实相符；对银行与单位的往来账务，在日常对账工作的基础上，决算前还应进行一次全面对账，以达到内外账务相符。对发现的问题，应立即查明更正。

（3）核对往来账项。清查各级联行往来、中国人民银行往来和同业往来的未达账项，处理账务悬案。

3. 清点实物

清点各项实物和财产，是保证决算报表数字与实际相一致的主要方法，也是保护国家资财免受损失的一项重要措施。因此，在决算前对库存现金、金银、外币、债券及一切有价单证和物品等，均须对照账面记载，认真进行盘点核实。如发现有多跌溢耗，要查明原因，按照有关规定处理。对房屋、器具、车辆等，应根据有关账卡记录进行盘点。

如发现多缺，应按规定办理报损或入账。此外，对空白重要凭证和其他账外物资，也应在决算前进行一次彻底清理，健全登记保管制度，避免积压和损失浪费。同时，要检查库房管理制度的执行情况、安全措施和落实情况，若有问题，必须纠正。

4. 核实损益

（1）检查与核实各项存、贷款的利息。存、贷款利息是银行财务收支的主要内容，利息计算正确与否，直接关系到国家利息政策的贯彻落实，涉及国家、企业、银行三者的经济利益。因此，要求做到内容真实、数字准确。对存、贷款利息计算应根据计算范围、利率、积数和调整等内容，进行逐户复查或抽查。发现问题要立即纠正，以确保利息收支的完整与正确。对联行往来和金融机构往来利息收支，也应按存贷款利息检查的程序办理。

（2）认真检查各项费用开支。对各项业务费用，应按照开支范围和费用标准进行复查。对超过范围和标准开支的，应查明情况，若发现差错或问题，应及时进行更正。

（3）认真清理及上划贷款的利差补贴。对各项贷款的利差补贴应认真清理，并按规定时间及时上划，以便得到相关部门的补偿。

5. 试算平衡

为了检查账务正确与否，保证年度决算工作的顺利进行，各基层行处应于每年 11 月底根据总账各科目累计发生额和借、贷方余额编制试算平衡表，并与同年 11 个月的月计表发生额合计数进行核对。这样，如有差错可及早发现以便采取措施，在决算前加以解决，从而为正式编制年度决算报表奠定基础。

### 13.2.2 年度决算日的工作

我国银行每年的 12 月 31 日为年度决算日，无论是否属假日，均应办理年度决算。年度决算工作是在年终决算准备工作的基础上进行的。其具体工作主要包括：一是及时处理好当天的账务；二是对决算前的准备工作再检查；三是结转损益；四是编制决算报表。

1. 当日业务入账的要求

为完整反映全年经营成果和财务状况，应及时处理当天业务。决算日收到凭证、往来报单应及时入账，不得跨年处理。例如，在传统手工联行业务处理中，当受理客户 12 月 31 日来行办理汇往异地结算业务时，发报行本年登记往账，但收报行会在次年登记来账。按规定，对这笔业务，对账表必须用“13 月”表示。其目的是通过人为划分会计年度，实现一年账务的结清轧平。同城业务资金、电子汇划资金以及各种往来资金应当日清算，不允许产生未达账项，做到账账相符。

1）做好票据交换及托收入账

决算日票据交换所应延长工作时间，增加同城票据的交换次数。参加同城票据交换的行处，凡当天柜面受理的票据、凭证，应按时提出交换，做到不遗漏、不误递、不误场。

提回的交换票据、凭证，全部入当日账；托收票据如有退票，应电话通知对方行，说明票据退回的情况，并须在当日解付。已核实的托收票据，应于当日全部入单位账户。

2）及时处理异地结算业务

当日受理的各种结算凭证，必须通过有关联行全部划收（付）对方行。需通过中国人民银行转汇的大额汇款，应按时办理转汇手续。

3）现金收付全部入当日账

当日现金收付、各类外币收付及延长营业时间的收款，均全部纳入当日账。

4）及时处理并结平当天的账务

决算日各项业务凭证的核算处理要及时办理并互相衔接，营业终了，应将各科目总账与所属分户账进行总、分核对，做到发生额、余额完全一致，以保证账务绝对正确，顺利轧平当日全部账务。

2. 检查库存实物与调整账务

1）检查库存实物

决算日应检查银行的业务库和发行库中保管的现金和各种有价值品，如各类外币、金银、国债等各类有价证券、待发行的定额存单、空白重要凭证，并应做到账实相符。

2）调整账务

调整金银、外币的记账价格。应根据年末日牌价或上级行规定的年末价格调整账面余额；全面处理和核对账务。

3. 结转损益与结转新旧账簿

1）结转损益

决算日对外营业终了，各独立核算的行处，内部账务全部处理完毕后，应将收入与支出各科目总账、分户账的账面余额核对相符，然后根据分户账余额逐户分别编制转账借方传票和转账贷方传票，转入本年利润科目，结出全年利润。

（1）结转收入时，会计分录为

借：利息收入
　　手续费及佣金收入
　　其他业务收入
　　公允价值变动收益
　　汇兑收益
　　投资收益
　　营业外收入
　　贷：本年利润

（2）结转支出时，会计分录为

借：本年利润
　　贷：利息支出
　　　　手续费及佣金支出
　　　　业务及管理费
　　　　税金及附加
　　　　其他业务支出
　　　　公允价值变动损失
　　　　汇兑损失

投资损失

资产减值损失

营业外支出

转账后，损益类各科目应无余额。本年利润科目如为贷方余额，即为利润（纯益）；反之，则为亏损。对于利润的结转，借记本年利润，贷记“利润分配——未分配利润”科目。结转亏损则分录相反。

2）新旧账簿的结转

新年度开始各行必须启用新账。因此，在办完决算当日事项后，就要办妥所有总、分类账的新旧账簿的结转和更换新账页的工作。但套写的卡片账不宜结转；储蓄、农贷等分户账，因数量多、工作量大，也允许继续使用。现将结转方式按类别分述如下。

（1）一般分户账结转。甲、乙、丙三种格式的一般分户账结转时，在旧账页最后余额下加盖“结转下年”戳记，将余额过入新账页第一行余额栏内，写明××年1月1日，摘要栏加盖“上年结转”戳记。对余额已结清的账户，则在账页上加盖“结清”戳记。

（2）记入式账页的结转。对逐笔销账的记入式丁种账簿，先在旧账页上未销各笔的销账日期栏逐笔加盖“结转下年”戳记，再将未销款项逐笔过入新账页，结出余额与总账本科目余额核对相符后，在摘要栏加盖“上年结转”戳记，并将原户名及发生日期按旧账转抄正确，在日期栏写明××年1月1日。

（3）总账的结转。平时按月更换一次，年终结转时，只将旧账余额过入新账的“上年底余额”栏即可。

4. 决算报表及其说明书的编制

1）决算报表的编制和审查

年度决算报表的编制是年度决算的重要内容，具体编制过程第13.3节将进行详细介绍。决算报表的审查是年度决算的重要环节。会计决算报表在上报前，为防止差错和遗漏，以及及时发现问题，及时更正和补充，保证会计决算报表的准确性，就必须对会计决算报表进行系统的审查。决算报表审查的具体内容如下。

（1）完整性审查。在决算报表编完后，首先应进行完整性审查，即比照决算文件核查报表种类是否齐全、报表内容是否完整、决算说明是否符合要求等。

（2）与月报的核对。各行决算报表（主要是指试算平衡表）要与月报进行认真核对后上报。所有应与月报核对一致的数字必须核对一致，对于在决算工作中发现的核算错误，不得随意调整决算报表数据，而是应在下一年度使用错账更正的方式进行调整。

（3）报表钩稽关系审查。这主要是指对决算试算平衡表进行审查，包括：科目使用情况是否正确，是否存在混用、错用科目的情况；科目的余额方向是否正确；过渡性科目余额是否为零；科目间钩稽关系是否相符，具体审查可参照有关规章制度进行。其他报表的钩稽性审查应根据当年决算文件中的报表编制要求进行。

（4）报表衔接审查。其主要审查：报表相关上年末余额与本年初余额是否衔接，报表自身相互关系是否衔接，各种报表之间的数据是否衔接，报表与报表补充资料是否衔接等。

2）决算说明书的编制

年度决算报表在汇总上报时应编写决算说明书。决算说明书是年度决算报表的文字说明，目的在于对表列数字的形成情况或变化原因，补充用数字不能表达的内容，以便深入分析研究银行业务及财务盈亏情况。决算说明书的编写，要求内容扼要，文字简练，说明实质，至少包括以下内容。

（1）决算工作基本情况。其包括决算报表编制情况、决算报表中不符事项的说明；对账签证以及财产清理工作中发现的账款、账实不符情况及其原因；决算报表中有关项目的说明；年终总账传输数据核对情况；决算工作中存在的问题及其建议等。

（2）财务分析报告。重点分析资产总额、利润、机构户数、职工人数、工资总额、不良贷款等前后年度变动较大的指标数据，并列表详细说明。其他分析内容包括：按部门、按产品、按人均分解的营利能力分析；分部门、分产品的边际利润分析；信贷收支、成本开支、资产质量、负债结构、呆账核销、应收利息冲减等方面对利润的影响；贷款利息实收及催收情况分析；主要财务指标如资产利润率、收入费用率等情况分析；对固定资产购建指标执行情况的分析说明；投资结构及收益情况分析；拆出拆入资金和同业往来资金结构情况及利息收支的分析等。对没有完成预算指标和增减幅度较大的指标，要通过较详细的数据资料进行重点分析。

3）决算报表及其说明书的上报

各级行应在上级行规定的时间内上报会计决算报表和决算说明书，并由上级行进行审查和验收。总行会计部审查、汇总全行会计决算报表，并在此基础上编报财政部要求的决算报表。

## 13.3 会计报表及编制说明

### 13.3.1 银行编制报表的有关规定

会计报表是会计核算工作的数字总结，是对银行各项业务活动和财务收支等会计信息资料的综合反映，也是检查业务和财务计划执行情况的依据。编制会计报表是银行会计核算的一项重要内容，也是会计核算程序中非常重要的一个步骤。

编制会计报表的目的在于把各种账簿的各项资金活动的分散数字与文字资料，经过归类、整理、综合、汇总，使之成为更完整与总括反映的指标，从中总结与检查本期的经营状况，并作为制订下一个核算报告期经营计划的依据；也是上级行、各级管理部门对银行各项业务状况、财务收支以及资金运用、费用成本、盈利收益、税款缴纳等情况进行审查、监督的重要依据。银行应当按照《企业会计准则——基本准则（2006）》《企业会计准则应用指南》的规定，编制和对外提供真实、完整的财务会计报告。银行编报的会计报表，以人民币“元”为金额单位，“元”以下填至“分”。

编制会计报表的基本要求是：数字必须真实，计算必须准确，内容必须完整，编报必须及时。

### 13.3.2　会计报表的种类

银行会计报表的种类很多，通常按信息使用者不同划分为内部报表（对内报表）和外部报表（对外报表）两类。内部报表是各银行系统内根据自身特点和需要设置的，格式无统一规定；外部报表是根据《企业会计准则》《企业会计准则应用指南》有关规定，按统一的格式并按期向外报送的会计报表。外部报表的种类也较多，具体有以下划分方法。

1. 按经济内容来划分

按经济内容划分，其种类归纳如表 13-1 所示。

表 13-1　银行报表种类归纳

| 编号 | 会计报表名称 | 编报期 |
|---|---|---|
| 会商银 01 表 | 资产负债表 | 中期报告、年度报告 |
| 会商银 02 表 | 利润表 | 中期报告、年度报告 |
| 会商银 03 表 | 现金流量表 | （至少）年度报告 |
| 会商银 04 表 | 所有者权益（或股东权益）增减变动表 | 年度报告 |
| 会商银 02 表附表 1 | 利润分配表 | 年度报告 |
| 会商银 02 表附表 2 | 分部报表（业务分部） | 年度报告 |
| 会商银 02 表附表 3 | 分部报表（地区分部） | 年度报告 |

2. 按编报时间来划分

银行对外提供的财务会计报告分为年度、半年度、季度和月度财务报告。月度、季度财务会计报告是指月度和季度终了提供的财务会计报告；半年度财务会计报告是指在每个会计年度的前 6 个月结束后对外提供的财务会计报告；年度财务会计报告是指年度终了对外提供的财务会计报告。

半年度、季度和月度财务会计报告统称为中期财务会计报告。

### 13.3.3　资产负债表

1. 资产负债表的概念及结构

1）资产负债表的概念

资产负债表是反映银行一定日期（月末、季末、年末）资产、负债和所有者权益及其构成情况的会计报表。编制此表是为了反映银行各项资产、负债和所有者权益的增减变动以及各项目之间的相互关系，借以检查资产、负债和所有者权益的结构是否合理，考核各项资金计划的执行结果。通过对资产负债表的分析，可以了解银行的财务实力、偿债能力、资本结构、经营风险、财务风险等基本情况。

2）资产负债表的结构和平衡关系

我国目前规定银行资产负债表采用“账户式”格式、左右对称的结构。左方为资产，右方为负债和所有者权益。其内容纵向排列按流动性大小为顺序，即左方顺序是流动资产、长期资产、无形及其他资产；右方顺序是流动负债、长期负债、其他负债、所有者权益。表的横栏为“年初数”和“期末数”两栏，具体如表 13-2 所示。

**表 13-2 资产负债表**

编制单位： 年 月 日 单位：元

| 资产 | 行次 | 年初数 | 期末数 | 负债和所有者权益（或股东权益） | 行次 | 年初数 | 期末数 |
|---|---|---|---|---|---|---|---|
| 现金及存放中央银行款项 | 1 | | | 向中央银行借款 | 19 | | |
| 存放同业款项 | 2 | | | 同业存放款项 | 20 | | |
| 贵金属 | 3 | | | 拆入资金 | 21 | | |
| 拆出资金 | 4 | | | 交易性金融负债 | 22 | | |
| 交易性金融资产 | 5 | | | 衍生金融工具负债 | 23 | | |
| 衍生金融工具资产 | 6 | | | 卖出回购金融资产款 | 24 | | |
| 买入返售金融资产 | 7 | | | 吸收存款 | 25 | | |
| 应收利息 | 8 | | | 应付职工薪酬 | 26 | | |
| 发放贷款及垫款 | 9 | | | 应交税费 | 27 | | |
| 可供出售金融资产 | 10 | | | 应付利息 | 28 | | |
| 持有至到期投资 | 11 | | | 预计负债 | 29 | | |
| 长期股权投资 | 12 | | | 应付债券 | 30 | | |
| 投资性房地产 | 13 | | | 递延所得税负债 | 31 | | |
| 固定资产 | 14 | | | 其他负债 | 32 | | |
| 无形资产 | 15 | | | 负债合计 | 33 | | |
| 递延所得税资产 | 16 | | | 所有者权益（或股东权益） | 34 | | |
| 其他资产 | 17 | | | 实收资本（股本） | 35 | | |
| | | | | 资本公积 | 36 | | |
| | | | | 减：库存股 | 37 | | |
| | | | | 盈余公积 | 38 | | |
| | | | | 一般风险准备 | 39 | | |
| | | | | 未分配利润 | 40 | | |
| | | | | 所有者权益合计 | 41 | | |
| 资产总计 | 18 | | | 负债和所有者权益（或股东权益）总计 | 42 | | |

资产负债表的平衡关系如下：

资产总计=负债+所有者权益总计

流动资产合计=各流动资产项目之和

表中其他类别以此类推。

2. 资产负债表编制说明

资产负债表“年初数”栏内各项数字，应根据上年末资产负债表“期末数”栏内所列数字填列。如果本年度资产负债表规定的各个项目的名称和内容同上年度不一致，应对上年末资产负债表各项目的名称和数字按照本年度的规定进行调整，填入本表“年初数”栏内。资产负债表各项目的内容和填列方法如下。

（1）“现金及存放中央银行款项”项目，反映银行库存的人民币、外币现金及运送中的外币现金以及存放中央银行款项情况。

（2）“存放同业款项”项目，反映银行存放于境内、境外其他银行或非银行同业的各种款项情况。

（3）“贵金属”项目，反映银行期末持有的按成本与可变现净值孰低计量的黄金、白银等贵重金属价值。

（4）“拆出资金”项目，反映银行拆借给境内外其他银行和非银行金融机构的款项，有减值准备的，应以扣减减值准备后的实际价值列示。

（5）“交易性金融资产”项目，反映银行持有的以公允价值计量且其变动计入当期损益的金融资产，包括为交易目的所持有的债券投资、股票投资、基金投资、权证投资等和直接指定为以公允价值计量且其变动计入当期损益的金融资产的期末价值。

（6）“衍生金融工具资产”项目，反映银行持有的衍生工具中公允价值累计变动额大于零的衍生工具的价值。

（7）“买入返售金融资产”项目，反映银行按返售协议约定先买入再按固定价格返售给卖出方的票据、证券、贷款等金融资产所融出的资金。

（8）“应收利息”项目，反映银行对发放贷款、存放同业、拆出资金、买入返售金融资产等当期应收取而未收到的利息。

（9）“发放贷款及垫款”项目，反映银行向外发放的各种包括银团贷款、贸易融资、贴现和转贴现融出资金、协议透支、信用卡透支和垫款等贷款。有减值准备的，应以扣减减值准备后的实际价值列示。

（10）“可供出售金融资产”项目，反映初始确认时即被指定为可供出售的非衍生金融工具，以及除了贷款和应收款项、持有至到期投资以及以公允价值计量且变动计入当期损益的金融资产以外的非衍生金融工具的期末价值。

（11）“持有至到期投资”项目，反映到期日固定、回收金额固定或可确定，且银行有明确意图和能力持有至到期的非衍生金融资产。有减值准备的，应以扣减减值准备后的实际价值列示。

（12）“长期股权投资”项目，反映银行准备长期持有的股票及其他形式的股权投资扣减折旧和减值准备后的实际价值。有减值准备的，应以扣减减值准备后的实际价值列示。

（13）“投资性房地产”项目，反映银行为赚取租金或资本增值，或两者兼有而持有的房地产。

（14）“固定资产”项目，反映银行所有自用的固定资产扣减减值准备和折旧后的实际价值。

（15）“无形资产”项目，反映银行各项无形资产的原价扣除摊销减值准备后的净额。本项目应根据“无形资产”科目的期末余额填列。

（16）“递延所得税资产”项目，反映银行当期和以前期间已支付的所得税超过应支付的部分。

（17）“其他资产”项目，反映银行持有的存出保证金、应收股利、其他应收款、长期待摊费用中将于1年内摊销完毕的部分。已计提减值准备的，还应扣减相应的减值准备。融资租赁出租方的“长期应收款”项目，账面余额扣减累计减值准备、未实现融资收益后的净额，应当在“其他资产”项目反映。抵债资产减去跌价准备后，应当在“其他资产”项目反映。“代理兑付证券”减去“代理兑付证券款”后的借方余额，应当在“其他资产”项目反映。

（18）“同业存放款项”项目，反映其他银行、非银行金融机构、境外金融机构等存入本行的各种存款。

（19）“向中央银行借款”项目，反映银行向中国人民银行借入的在期末尚未偿还的借款。

（20）“拆入资金”项目，反映银行从境内外金融机构拆入的款项。

（21）“交易性金融负债”项目，反映银行持有的以公允价值计量且其变动计入当期损益的金融负债和直接指定为以公允价值计量且其变动计入当期损益的金融负债的期末价值。

（22）“衍生金融工具负债”项目，反映银行持有的衍生工具中公允价值累计变动额小于零的衍生工具的价值。

（23）“卖出回购金融资产”项目，反映银行按回购协议卖出票据、证券、贷款等金融资产所融入的资金。

（24）“吸收存款”项目，反映银行吸收的除同业存放款项以外的其他各种存款，包括单位存款（如企业、事业单位、机关、社会团体等）、个人存款、信用卡存款、特种存款、转贷款资金和财政性存款等。

（25）“应付职工薪酬”项目，反映银行应付而未付给职工的各种形式的报酬以及其他相关支出。

（26）“应交税费”项目，反映银行的应交未交、多交的各种税金。

（27）“应付利息”项目，反映银行吸收的存款及各种借款发生的当期应付未付的利息，发行债券的应付利息不在本项目内反映。

（28）“预计负债”项目，反映银行确认的预计负债的账面余额。

（29）“应付债券”项目，反映银行期末持有的尚未偿还的债券金额。

（30）“递延所得税负债”项目，反映银行当期和以前期间应付而未付的所得税部分。

（31）“其他负债”项目，反映企业存入保证金、应付股利、其他应付款、递延收益等负债的账面余额。长期应付款账面余额减去未确认融资费用后的净额，应当在“其他负债”项目反映。“代理兑付证券”减去“代理兑付证券款”后的贷方余额，应当在“其他负债”项目反映。

（32）“实收资本”项目，反映银行期末持有的接收投资人投入银行的资本，包括国家资本、其他单位投资和个人投资等。本项目应根据“实收资本”科目及各明细科目的期末余额分析填列。本项目在股份制银行时应改为“股本”，反映内容不变。

（33）“资本公积”项目，反映银行取得的资本公积。

（34）“盈余公积”项目，反映银行从净利润中提取盈余公积的期末余额。

（35）“一般风险准备”项目，反映银行按照规定从净利润中计提的一般风险准备的期末余额。

（36）“未分配利润”项目，反映银行尚未分配的利润。

### 13.3.4 利润表

1. 利润表的概念与结构

1）利润表的概念

利润表是反映银行在一定时期内利润（亏损）实现情况的会计报表。通过该表提供的财务信息，可以了解银行经营成果的大小或盈亏的程度，分析盈亏增减变化的原因，考核盈亏计划的执行情况，借以发现问题，寻找差距，改善管理，促进银行经济效益的提高。

2）利润表的结构

我国银行现行损益表按多步式编制，即分步计算出利润总额。如表13-3所示，表的竖栏从上向下排列七个大项，即利息净收入、手续费及佣金净收入、其他经营净收益、营业支出及损失、营业利润、利润总额、净利润。这些项目之间的关系为

营业利润=利息净收入+手续费及佣金净收入+其他经营净收益−营业支出及损失

利润总额=营业利润+营业外收入−营业外支出

净利润=利润总额−所得税

损益表的横栏分为“本期数”和“本年累计数”两栏。

**表13-3 利润表**

编制单位： 年 月 单位：元

| 项目 | 行次 | 本期数 | 本年累计数 |
|---|---|---|---|
| 一、利息净收入 | 1 | | |
| 利息收入 | 2 | | |
| 利息支出 | 3 | | |
| 二、手续费及佣金净收入 | 4 | | |
| 手续费及佣金收入 | 5 | | |
| 手续费及佣金支出 | 6 | | |
| 三、其他经营净收益 | 7 | | |
| 公允价值变动净收益（净损失以“−”号填列） | 8 | | |
| 投资净收益（净损失以“−”号填列） | 9 | | |
| 汇兑净收益（净损失以“−”号填列） | 10 | | |
| 其他业务净收益（净损失以“−”号填列） | 11 | | |
| 四、营业支出及损失 | 12 | | |
| 税金及附加 | 13 | | |
| 业务及管理费 | 14 | | |

续表

| 项目 | 行次 | 本期数 | 本年累计数 |
|---|---|---|---|
| 资产减值损失 | 15 | | |
| 五、营业利润（亏损以"–"号填列） | 18 | | |
| 加：营业外收入 | 19 | | |
| 减：营业外支出 | 20 | | |
| 六、利润总额（亏损总额以"–"号填列） | 21 | | |
| 减：所得税费用 | 22 | | |
| 七、净利润（净亏损以"–"号填列） | 23 | | |

2. 利润表编制说明

利润表"本期数"栏，反映各项目的本月实际发生数。在编制年度报表时，填列上年全年累计实际发生数，并将"本期数"栏改成"上年数"栏。如果上年度利润表与本年度利润表的项目名称和内容不相一致，应对上年度报表项目的名称和数字按本年度的规定进行调整，填入本表"上年数"栏。

利润表"本年累计数"栏，反映各项目自年初起至本期末止的累计实际发生数。

利润表各项目的内容和填列方法如下。

（1）"利息净收入"项目，应根据"利息收入"项目金额，减去"利息支出"项目金额后的余额计算填列。

（2）"利息收入""利息支出"等项目，应当反映银行经营存贷款业务等根据收入准则确认的利息收入和发生的利息支出。

（3）"手续费及佣金净收入"项目，应根据"手续费及佣金收入"项目金额，减去"手续费及佣金支出"项目金额后的余额计算填列。

（4）"手续费及佣金收入""手续费及佣金支出"等项目，应当反映银行根据收入准则确认的包括办理结算业务等在内的手续费收入和各项手续费、佣金等。

（5）"其他经营净收益"项目，应根据"公允价值变动净收益""投资净收益""汇兑净收益""其他业务净收益"等项目金额计算填列。

（6）"公允价值变动净收益"项目，反映银行按照相关准则规定应当计入当期损益的资产或负债公允价值变动净收益。

（7）"投资净收益"项目，反映银行以各种方式对外投资取得的净收益。

（8）"汇兑净收益"项目，反映汇率变动形成的净收益。

（9）"其他业务净收益"项目，反映除主要经营业务以外的其他业务收支净收益等。如为净损失，以"–"号列示。

（10）"营业支出及损失"项目，反映企业生产经营过程中交纳的营业税等营业税费、业务及管理费、发生的资产减值损失等项目总额。

（11）"税金及附加"项目，反映银行按规定缴纳应由营业收入负担的各种税金，包括增值税、城市维护建设税和教育费附加等。本项目应根据"税金及附加"科目的发生额分析填列。

（12）“业务及管理费”项目，反映银行业务经营和管理过程中所发生的各项费用。

（13）“资产减值损失”项目，反映银行按规定提取（或恢复后转回）的各项减值准备，包括贷款损失准备、坏账准备、短期投资跌价准备、长期投资减值准备、固定资产减值准备、在建工程减值准备、无形资产减值准备、抵债资产减值准备等。

（14）“营业利润”项目，反映银行当期的经营利润，发生经营亏损也在本项目反映，以“–”号填列。

（15）“营业外收入”“营业外支出”项目，反映银行发生的与其经营活动无直接关系的各项收入和支出。

（16）“利润总额”项目，反映银行当期实现的全部利润总额。如为亏损总额，以“–”号填列。

（17）“所得税费用”项目，反映银行根据所得税准则确认的应从当期利润总额中扣除的所得税费用。

（18）“净利润”项目，反映银行实现的净利润。如为净亏损，应以“–”号填列。

### 13.3.5 现金流量表

1. 现金流量表的概念及范围

现金流量表是综合反映银行一定会计期间内的经营活动、投资和筹资活动对现金流入与流出影响的财务报表。该表反映银行在一定时间内现金及现金等价物的流入和流出信息，以揭示银行的偿债能力和变现能力，进一步预测银行未来的现金流量。它是一张动态报表。

现金流量表中的现金是指可以立即投入流通的交换媒介，包括现金和现金等价物。现金对银行而言，包括库存现金及存入本行营业部门的存款、存放中央银行款项、存放同业款项和存放联行款项。现金等价物是指银行持有的原定期限等于或短于三个月的债券投资，这些投资必须能够轻易地转化为已知数额的现金，或者即将到期的并不会由于利率的变动而出现较大价值波动的投资，一般包括短期国库券、商业票据等。

现金流量是指银行在一定会计期间的现金和现金等价物流入与流出的数量，或者说是现金收入和现金支出的数量。在通常情况下，银行的全部现金收支活动可概括为日常经营、投资与筹资三大类，因此现金流量也可相应地分为三类，即经营活动产生的现金流量、投资活动产生的现金流量和筹资活动产生的现金流量。而各类活动对现金流量的影响均表现为现金流入与现金流出两个方面。另外，根据会计准则还单列了一类非常性项目产生的现金流量。下面以商业银行为例加以说明。

1）经营活动产生的现金流量

银行的正常经营活动主要有存款、贷款（贴现）、结算、现金出纳业务等。

现金流入主要包括：①银行吸收的各项存款和同业的存款；②银行向中央银行的借款和向其他金融机构的拆入资金；③银行实际收回发放贷款的本金；④银行发放各类贷款及与金融企业往来所取得的现金利息收入；⑤银行开展各项业务收取的手续费收入；⑥银行进行外汇买卖或兑换所产生的汇兑收益；⑦其他业务现金收入，如咨询收入、无形资产转让收入等；⑧应付、暂收其他单位或个人的款项（如职工未按期领取的工资、退休金等）。

现金流出主要包括：①实际存放中央银行和同业的款项；②实际对外发放的各类贷款；③实际对外支付的其他单位或个人的存款本金；④吸收各项存款及与金融机构往来的实际利息支出；⑤因各项借款、发行金融债券而实际支付的现金利息；⑥委托其他单位代办业务而支付的手续费；⑦按照有关规定当期实际支付的各种税金；⑧外汇买卖和外币兑换业务产生的汇兑损失；⑨以现金方式支付给职工的工资和其他劳动报酬、福利支出；⑩除以上各项支出以外的、用于银行经营活动的各项费用和支出；⑪暂付其他单位或个人的款项（如垫支的职工差旅费、存出保证金及其他应收、暂付款项）。

2）投资活动产生的现金流量

这里所说的投资活动是指银行进行原定期限三个月以上的债券投资以及用于购置和处置固定资产、无形资产的行为。

现金流入主要包括：①收回投资所取得的现金；②取得投资收益收到的现金。

现金流出主要包括：①进行投资所支付的现金；②购建固定资产、无形资产而支付的现金或偿付应付款。

3）筹资活动产生的现金流量

这里所说的筹资活动是指银行进行吸收资本、发行金融债券、借款以及还款或清算债务等这些与筹资有关的活动。

现金流入主要包括：①吸收投资而收入的现金；②发行金融债券而收入的现金；③其他筹资取得的现金。

现金流出主要包括：①偿还借款或债券本金；②当期支付给投资者的利润；③为发行债券、借款及其他筹资活动而以现金支付的有关费用；④以现金方式支付的融资租赁固定资产的租赁费。

4）非常性项目产生的现金流量

这主要是指非经常性发生和特殊的现金项目。由于它是非经常性的，偶然发生的，较为特殊，因而不能归为经营、投资和筹资三类活动。银行的非常性项目产生的现金流量主要是捐赠活动的现金收支、罚款现金收支等。

2. 现金流量表的结构

现金流量表是以现金为基础编制的。这里所说的“现金”包括现金和现金等价物两部分。其结构如表 13-4 所示。

**表 13-4 现金流量表**

编制单位： 年度 单位：元

| 项目 | 行次 | 金额 |
|---|---|---|
| 一、经营活动产生的现金流量： | | |
| 客户存款和同业存放款项净增加额 | 1 | |
| 向中央银行借款净增加额 | 2 | |

续表

| 项目 | 行次 | 金额 |
| --- | --- | --- |
| 向其他金融机构拆入资金净增加额 | 3 | |
| 收取利息和手续费净增加额 | 4 | |
| 收到其他与经营活动有关的现金 | 5 | |
| 经营活动现金流入小计 | 6 | |
| 客户贷款及垫款净增加额 | 7 | |
| 存放央行和同业款项净增加额 | 9 | |
| 支付给职工以及为职工支付的现金 | 10 | |
| 支付的各项税费 | 12 | |
| 支付其他与经营活动有关的现金 | 13 | |
| 经营活动现金流出小计 | 14 | |
| 经营活动产生的现金流量净额 | 15 | |
| 二、投资活动产生的现金流量： | 16 | |
| 收回投资所收到的现金 | 17 | |
| 取得投资收益所收到的现金 | 18 | |
| 收到其他与投资活动有关的现金 | 19 | |
| 投资活动现金流入小计 | 20 | |
| 投资支付的现金 | 21 | |
| 购建固定资产、无形资产和其他长期资产支付的现金 | 23 | |
| 支付其他与投资活动有关的现金 | 24 | |
| 投资活动现金流出小计 | 26 | |
| 投资活动产生的现金流量净额 | 27 | |
| 三、筹资活动产生的现金流量： | | |
| 吸收投资所收到的现金 | 28 | |
| 发行债券所收到的现金 | 29 | |
| 收到其他与筹资活动有关的现金 | 30 | |
| 筹资活动现金流入小计 | 32 | |
| 偿还债务所支付的现金 | 33 | |
| 分配股利、利润或偿付利息支付的现金 | 34 | |
| 支付其他与筹资活动有关的现金 | 35 | |
| 筹资活动现金流出小计 | 37 | |
| 筹资活动产生的现金流量净额 | 38 | |
| 四、汇率变动对现金的影响 | 39 | |
| 五、现金及现金等价物净增加额 | 40 | |
| 加：年初现金及现金等价物余额 | 41 | |
| 六、期末现金及现金等价物余额 | 42 | |

续表

| 项目 | 行次 | 金额 |
|---|---|---|
| 附注 | | |
| 一、将净利润调节为经营活动的现金流量： | | |
| 净利润 | 43 | |
| 加：资产减值准备 | 44 | |
| 固定资产折旧、油气资产折耗、生产性生物资产折旧 | 45 | |
| 无形资产摊销 | 46 | |
| 长期待摊费用摊销 | 48 | |
| 待摊费用减少（增加以“-”号填列） | 49 | |
| 预提费用增加（减少以“-”号填列） | 50 | |
| 处置固定资产、无形资产和其他长期资产的损失（收益以“-”号填列） | 51 | |
| 固定资产报废损失（收益以“-”号填列） | 52 | |
| 公允价值变动损失（收益以“-”号填列） | 53 | |
| 财务费用（收益以“-”号填列） | 54 | |
| 投资损失（收益以“-”号填列） | 55 | |
| 递延所得税资产减少（增加以“-”号填列） | 56 | |
| 递延所得税负债增加（减少以“-”号填列） | 57 | |
| 存货的减少（增加以“-”号填列） | 59 | |
| 经营性应收项目的减少（增加以“-”号填列） | 60 | |
| 经营性应付项目的增加（减少以“-”号填列） | 61 | |
| 其他 | 62 | |
| 经营活动产生的现金流量净额 | 63 | |
| 二、不涉及现金收支的重大投资和筹资活动： | | |
| 债务转为资本 | 64 | |
| 一年内到期的可转换公司债券 | 65 | |
| 融资租入固定资产 | 66 | |
| 三、现金及现金等价物净变动情况： | | |
| 现金的期末余额 | 67 | |
| 减：现金的期初余额 | 68 | |
| 加：现金等价物的期末余额 | 69 | |
| 减：现金等价物的期初余额 | 70 | |
| 现金及现金等价物净增加额 | 71 | |

现金流量表各部分的安排说明如下。

第一，主表部分是由来自经营活动的现金流量、来自投资活动的现金流量、来自筹资活动的现金流量三部分组成。

第二，各部分又按收入项目和支出项目分项列示，以反映各类活动所产生的现金流入量和现金流出量，展示各类现金流入和流出的原因。

第三，单账列示损益表中的利润总额与本表所要提供的来自经营活动的现金流量之间的调整。这可以在主表中予以报告，也可以在附表中专门揭示。

第四，不影响现金变动的重大理财项目逐一列示，或者总括反映。

第五，现金流量表设置依据的公式为

现金净流量=现金流入-现金流出

第六，会计政策的揭示安排在会计报表的最后部分。所以，关于编制基础——现金等价物的界定标准通常列示在该表的最后。

3. 现金流量表编制说明

现金流量表应当按照经营活动产生的现金流量、投资活动产生的现金流量和筹资活动产生的现金流量分别反映，并以收付实现制为会计核算基础。

现金流量表一般应当按现金流入和流出总额反映。但客户存款的吸收与支付，同业存款和存放同业款项的存取，向其他金融机构拆借资金，向中央银行的存借款，应以净额反映。

银行应当按直接法报告其经营活动的现金流量。采用直接法报告经营活动的现金流量时，有关现金流入与流出的信息可从会计记录中直接获得，也可在利润表营业收入、营业支出等数据的基础上，通过调整经营性应收应付项目的变动，以及固定资产折旧、无形资产摊销等项目后获得。

现金流量表各项目的填列方法如下。

1）经营活动产生的现金流量

（1）“客户存款和同业存放款项净增加额”项目，反映银行本期吸收的境内外金融机构以及非同业存放款项以外的各种存款的净增加额。

（2）“向中央银行借款净增加额”，反映银行本期向中央银行借入款项的净增加额。

（3）“向其他金融机构拆入资金净增加额”项目，反映银行本期从境内外金融机构拆入款项所取得的现金，减去拆借给境内外金融机构款项而支付的现金后的净额。

（4）“收取利息和手续费净增加额”项目，反映银行本期收到的利息和手续费，减去支付的利息和手续费的净额。

（5）“收到其他与经营活动有关的现金”项目，反映银行本期除上述各项目外，收到的其他与经营活动有关的现金。

（6）“客户贷款及垫款净增加额”项目，反映银行本期发放的各种客户贷款，以及办理商业票据贴现、转贴现融出及融入资金等业务的款项的净增加额。

（7）“存放央行和同业款项净增加额”项目，反映银行本期存放于中央银行以及境内外金融机构的款项的净增加额。

（8）“支付给职工以及为职工支付的现金”项目，反映银行本期实际支付给职工，以及为职工支付的现金，包括本期职工的工资、奖金、各种津贴和补贴等，以及为职工支付的养老保险、待业保险、补充养老保险、住房公积金、支付的离退休人员的费用等，不包括支付给在建工程人员的工资。

（9）“支付的各项税费”项目，反映银行本期实际支付的各项税费，包括本期发生并支付的税费，以及本期支付的以前各期发生的税费，如支付的教育费附加、印花税、燃油税、房产税、土地使用税、车船使用税等，不包括实际支付的已计入固定资产价值的耕地占用税等，也不包括本期退回的所得税，本期退回的所得税在“收到的其他与经营活动有关的现金”项目反映。

（10）“支付其他与经营活动有关的现金”项目，反映银行本期除上述各种项目外，支付的其他与经营活动有关的现金，如其他业务支出、捐赠的现金支出、支付的差旅费、业务招待费等现金支出等。

2）投资活动产生的现金流量

（1）“收回投资所收到的现金”项目，反映银行出售、转让或到期收回除现金等价物以外的短期投资而收到的现金，以及收回长期债券投资本金而收到的现金，不包括长期债券投资收回的利息，以及收回的非现金资产。

（2）“取得投资收益所收到的现金”项目，反映银行因股权投资和债券投资而取得的现金股利、利息以及从子公司等分回利润收到的现金。

（3）“收到其他与投资活动有关的现金”项目，反映银行除上述各项以外，收到的其他与投资活动有关的现金。本项目可以根据“现金”“存放中央银行款项”“回购证券款”等科目的记录分析填列。

（4）“投资支付的现金”项目，反映银行进行权益性投资和债权投资支付的现金，包括银行购买的除现金等价物以外的短期债券、长期债券投资和长期股权投资所支付的现金，以及支付的佣金、手续费等附加费用。

（5）“购建固定资产、无形资产和其他长期资产所支付的现金”项目，反映银行购买、建造固定资产，取得无形资产和其他长期资产支付的现金，不包括为购建固定资产而发生的借款利息资本化的部分，以及融资租入固定资产支付的租赁费，借款利息和融资租入固定资产支付的租赁费。借款利息支出在经营活动产生的现金流量中单独反映；融资租入固定资产支付的租赁费在筹资活动产生的现金流量中反映。

（6）“支付其他与投资活动有关的现金”项目，反映银行除上述各项以外，支付的其他与投资活动有关的现金。

3）筹资活动产生的现金流量

（1）“吸收投资所收到的现金”项目，反映银行收到投资者投入的现金。股份制银行以发行股票方式筹集资金而由银行直接支付的审计、咨询等费用，在“支付的其他与筹资活动有关的现金”项目反映，不从本项目内扣除。

（2）“发行债券所收到的现金”项目，反映银行本期发行债券实际收到的现金（发行收入减去支付的佣金等发行费用后的净额）。银行自行发行债券支付的发行费用，在“支付的其他与筹资活动有关的现金”项目反映，不从本项目内扣除。

（3）“收到其他与筹资活动有关的现金”项目，反映银行除上述各项目外，收到的其他与筹资活动有关的现金。

（4）“偿还债务所支付的现金”项目，反映银行以现金偿还债务的本金，包括偿还中央银行的借款本金、偿还债券本金等。

（5）“分配股利、利润或偿付利息支付的现金”项目，反映银行支付给其他投资单位的利润、现金股利（股份制银行），以及支付的债券和借款利息。

（6）“支付其他与筹资活动有关的现金”项目，反映银行除上述各项外，支付的其他与筹资活动有关的现金。

4）“汇率变动对现金的影响额”项目

反映银行外币现金流量，按现金流量发生日的汇率或平均汇率折算的人民币金额，与外币现金净额按期末汇率折算的人民币金额之间的差额。

4. 补充资料项目的内容及填列方法

1）“将净利润调节为经营活动的现金流量”

（1）“资产减值准备”项目，反映银行计提的各项资产的减值准备。

（2）“固定资产折旧、油气资产折耗、生产性生物资产折旧”项目，反映银行本期累计提取的固定资产折旧、油气资产折耗、生产性生物资产折旧。

（3）“无形资产摊销”和“长期待摊费用摊销”两个项目，分别反映银行本期累计摊入成本费用的无形资产的价值及长期待摊费用。

（4）“待摊费用减少（减：增加）”项目，反映银行本期待摊费用的减少。本项目根据资产负债表“待摊费用”项目的期初、期末余额的差额填列；期末数大于期初数的差额，以“−”号填列。

（5）“预提费用的增加（减：减少）”项目，反映银行本期预提费用的增加。

（6）“处置固定资产、无形资产和其他长期资产的损失（减：收益）”，反映银行本期由于处置固定资产、无形资产和其他长期资产而发生的净损失。

（7）“固定资产报废损失（减：报废收益）”项目，反映银行本期固定资产报废后的净损失。

（8）“公允价值变动损失（减：收益）”项目，反映企业持有的金融资产、金融负债以及采用公允价值计量模式的投资性房地产的公允价值变动损益。

（9）“财务费用（减：收益）”项目，反映企业利润表“财务费用”项目的金额。

（10）其他项目。“投资损失（减：收益）”项目，反映银行本期投资所发生的损失减去收益后的净损失；“递延所得税资产减少 （减：增加）”项目，反映银行当期递延所得税资产减少额；“递延所得税负债增加（减：减少）”项目，反映银行当期递延所得税负债增加额；“经营性应收项目的减少（减：增加）”项目，反映银行本期经营性应收项目的减少（减：增加）；“经营性应付项目的增加（减：减少）”项目，反映银行本期经营性应付项目的增加（减：减少）。

补充资料中的“现金及现金等价物净增加额”与现金流量表中“五、现金及现金等价物净增加额”相等。

2）“不涉及现金收支的重大投资和筹资活动”

这一项目反映银行一定期间内影响资产或负债但不形成该期现金收支的所有投资和筹资活动的信息。不涉及现金收支的投资和筹资活动各项目的填列方法如下。

（1）“债务转为资本”项目，反映银行本期以债务转为资本的金额。

（2）“一年内到期的可转换公司债券”项目，反映银行期末将在一年内到期的可转换公司债券的本息。

（3）“融资租入固定资产”项目，反映银行本期融资租入固定资产的最低租赁付款额扣除应分期计入利息费用的未确认融资费用的净额。

### 13.3.6 股东权益变动表

1. 股东权益变动表的概念

股东权益变动表是为反映所有者权益交易情况，以及所有者权益组成项目增减变动和结余情况而编制的财务报表。新会计准则将银行主表由原来的“三大报表”规范为“四大报表”，既是与国际会计准则的趋同，也是股东权益日益受到重视的体现。又由于权益的增减变动直接反映了主体在一定期间的总收益和总费用，因此新准则增加此部分更全面地反映了主体权益的综合变动。

2. 所有者权益变动表列报的项目

所有者权益变动表各项目应根据“股本”“资本公积”“盈余公积”“利润分配”科目的发生额分析填列。

权益的增减变动直接反映了主体在一定期间的总收益和总费用，一般应单独列报以下项目：①净利润；②直接计入所有者权益的利得和损失项目及其总额；③会计政策变更和会计差错更正的累积影响金额；④所有者投入资本和向所有者分配利润等；⑤按照规定提取的盈余公积；⑥实收资本、资本公积、盈余公积、未分配利润期初和期末余额及其调整情况。

3. 股东权益变动表的格式

股东权益变动表的基本格式如表13-5所示。

表 13-5 股东权益增减变动表

编制单位： 年度 单位：元

| 项目 | 行次 | 上年数 | 本年数 |
|---|---|---|---|
| 一、实收资本（或股本）： | | | |
| 年初余额 | 1 | | |
| 本年增加数 | 2 | | |
| 其中：资本公积转入 | 3 | | |
| 盈余公积转入 | 4 | | |
| 利润分配转入 | 5 | | |
| 新增资本（或股本） | 6 | | |
| 本年减少数 | 10 | | |
| 年末余额 | 15 | | |
| 二、资本公积： | | | |
| 年初余额 | 16 | | |
| 本年增加数 | 17 | | |
| 其中：资本（或股本）溢价 | 18 | | |
| 接受捐赠非现金资产准备 | 19 | | |
| 接受现金捐赠 | 20 | | |
| 股权投资准备 | 21 | | |

续表

| 项目 | 行次 | 上年数 | 本年数 |
|---|---|---|---|
| 关联交易差价 | 22 | | |
| 外币资本折算差额 | 23 | | |
| 其他资本公积 | 30 | | |
| 本年减少数 | 40 | | |
| 其中：转增资本（或股本） | 41 | | |
| 年末余额 | 45 | | |
| 三、法定和任意盈余公积： | | | |
| 年初余额 | 46 | | |
| 本年增加数 | 47 | | |
| 其中：从净利润中提取数 | 48 | | |
| 其中：法定盈余公积 | 49 | | |
| 任意盈余公积 | 50 | | |
| 储备基金 | 51 | | |
| 企业发展基金 | 52 | | |
| 法定公益金转入数 | 53 | | |
| 本年减少数 | 54 | | |
| 其中：弥补亏损 | 55 | | |
| 转增资本（或股本） | 56 | | |
| 分派现金股利或利润 | 57 | | |
| 分派股票股利 | 58 | | |
| 年末余额 | 62 | | |
| 其中：法定盈余公积 | 63 | | |
| 储备基金 | 64 | | |
| 企业发展基金 | 65 | | |
| 四、一般风险准备： | | | |
| 年初余额 | 66 | | |
| 本年增加数 | 67 | | |
| 其中：从净利润中提取数 | 68 | | |
| 本年减少数 | 70 | | |
| 其中：弥补亏损 | 71 | | |
| 年末余额 | 75 | | |
| 五、法定公益金： | | | |
| 年初余额 | 76 | | |
| 本年增加数 | 77 | | |
| 其中：从净利润中提取数 | 78 | | |
| 本年减少数 | 79 | | |
| 其中：集体福利支出 | 80 | | |
| 年末余额 | 81 | | |

续表

| 项目 | 行次 | 上年数 | 本年数 |
|---|---|---|---|
| 六、未分配利润： | | | |
| 年初未分配利润 | 82 | | |
| 本年净利润（净亏损以“–”号填列） | 83 | | |
| 本年利润分配 | 84 | | |
| 年末未分配利润（未弥补亏损以“–”号填列） | 85 | | |

### 13.3.7 利润分配表

1. 利润分配表的概念与格式

利润分配表是反映银行利润分配的基本情况和年末未分配利润情况的一种会计报表。它是伴随着利润的产生或亏损的形成而与损益表共存的一张表式，一般理解为损益表的附表。

利润分配表的基本格式为多步式结构，包括净利润、可供分配的利润、可供投资者分配的利润、未分配利润四个层次。其表式如表 13-6 所示。

**表 13-6 利润分配表**

编制单位： 年度 单位：元

| 项目 | 行次 | 本年实际 | 上年实际 |
|---|---|---|---|
| 一、净利润 | 1 | | |
| 加：年初未分配利润 | 2 | | |
| 其他转入 | 3 | | |
| 二、可供分配的利润 | 4 | | |
| 加：盈余公积补亏 | 5 | | |
| 减：提取法定盈余公积 | 6 | | |
| 提取法定公益金 | 7 | | |
| 提取一般风险准备 | 8 | | |
| 提取职工奖励及福利基金 | 9 | | |
| 提取储备基金 | 10 | | |
| 提取企业发展基金 | 11 | | |
| 三、可供投资者分配的利润 | 12 | | |
| 减：应付优先股股利 | 13 | | |
| 提取任意盈余公积 | 14 | | |
| 应付普通股股利 | 15 | | |
| 转作资本（或股本）的普通股股利 | 16 | | |
| 四、未分配利润 | 20 | | |

2. 利润分配表编制说明

利润分配表反映银行利润分配的情况和年末未分配利润的结余情况。

利润分配表“本年实际”栏，根据本年“本年利润”和“利润分配”科目及其所属明细科目的记录分析填列。

“上年实际”栏根据上年“利润分配表”填列。如果上年度利润分配表与本年度利润分配表的项目名称和内容不相一致，应对上年度报表项目的名称和数字按本年度的规定进行调整，填入本表“上年实际”栏内。

利润分配表各项目的内容及填列方法如下。

（1）“净利润”项目，反映银行实现的净利润。如为净亏损，应以“-”号填列。本项目的数额应与“利润表”“本年累计数”栏的“净利润”项目一致。

（2）“年初未分配利润”项目，反映银行年初未分配的利润，如为未弥补的亏损，应以“-”号填列。

（3）“其他转入”项目，反映银行按规定用盈余公积弥补亏损等转入的数额。

（4）“提取法定盈余公积”项目和“提取法定公益金”项目，分别反映银行按照规定提取的法定盈余公积和法定公益金。

（5）“提取职工奖励及福利基金”项目，反映外资银行按规定提取的职工福利及奖励基金。

（6）“提取储备基金”项目和“提取企业发展基金”项目，分别反映外资银行按照规定提取储备基金和企业发展基金。

（7）“应付优先股股利”项目，反映银行应分配给优先股股东的股利。

（8）“提取任意盈余公积”项目，反映银行提取的任意盈余公积。

（9）“应付普通股股利”项目，反映银行应分配给普通股股东的股利。

（10）“转作资本（或股本）的普通股股利”项目，反映银行分配给普通股股东的股票股利。

（11）“未分配利润”项目，反映银行年末尚未分配的利润。如为未弥补的亏损以“-”号填列。

银行如因以收购本行股票方式减少注册资本而相应减少未分配利润，可在利润分配表“年初未分配利润”项目下增设“减少注册资本减少的未分配利润”项目反映。

## 13.4 会计调整

会计调整是指银行因按照国家法律、行政法规和会计制度等的要求，或者因特定情况下按照会计制度规定对银行原采用的会计政策、会计估计，以及发现的会计差错、发生的资产负债表日后事项等所作的调整。

### 13.4.1 会计政策及其变更

1. 会计政策的概念及特点

会计政策是指银行在会计核算时所遵循的具体原则以及银行所采用的具体会计处理方法。会计政策的特点如下。

（1）会计政策包括不同层次，涉及具体会计原则和会计处理方法。会计政策定义中所指的具体原则是指，银行按照《企业会计准则》和有关会计制度制定的企业内部会计制度中所采用的会计原则；具体会计处理方法是指，银行在诸多可选择的会计处理方法中所选择的、适合于企业具体情形的会计处理方法。这体现了会计政策的不同层次。例如，长期投资的具体会计处理方法、坏账损失的核算方法等。

（2）会计政策是在允许的会计原则和会计方法中做出的具体选择。由于银行经济业务的复杂性和多样化，某些经济业务可以有多种会计处理方法，即存在不止一种可供选择的会计政策。例如，固定资产折旧方法可以有平均年限法、工作量法、双倍余额法以及年数总和法等。银行在发生某项经济业务时，必须从允许选用的会计原则和会计处理方法中选出适合银行实际情况的会计政策。

（3）会计政策是银行会计核算的直接依据。显然，具体会计原则不同于一般会计原则。例如，客观性、及时性、可比性、一贯性等就不属于具体原则，也不属于会计政策，而是一般会计原则。银行进行会计核算时，应当以一般会计原则为指导，根据具体原则和会计处理方法进行确认、计量和报告。

在我国，会计准则和会计制度属于行政法规，上述具体原则和具体会计处理方法大多数是由会计准则或会计制度规定的。银行基本上是在会计准则和会计制度所允许的范围内选择适合自己实际情况的会计政策。

2. 会计政策的变更

1）基本概念

会计政策变更是指银行对相同的交易或事项由原来采用的会计政策改用另一会计政策的行为。也就是说，在不同的会计期间执行不同的会计政策。银行应当按照会计准则和会计制度规定的原则与方法进行核算，各期采用的会计原则和方法应当保持一致，不得任意变更。若确实需要变更会计政策，则应当将变更的情况、变更的原因及其对银行财务状况和经营成果的影响，在财务报表中说明。会计政策变更并不意味着以前期间的会计政策是错误的，只是由于情况发生了变化，或者掌握了新的信息、积累了更多的经验，使得变更会计政策能够更好地反映银行的财务状况、经营成果和现金流量。如果以前期间会计政策的运用是错误的，则属于会计差错，应按会计差错更正的会计处理方法进行会计处理。

2）会计政策变更的条件

在下述两种情形下，银行可以变更会计政策。

（1）法律或会计准则等行政法规、规章要求变更，即制定了新的会计准则或会计制度，或修订了原有的会计准则或会计制度，要求变更会计政策。例如，发布实施了收入和投资会计准则，对收入确认、短期投资计价采用新的会计政策。

（2）变更会计政策后，能够使所提供的银行财务状况、经营成果和现金流量信息更为可靠、更为相关。银行选择会计政策，总是根据银行当时所处的特定经济环境以及某类业务的实际情况做出选择，但是随着经济环境和客观情况发生变化，继续采用原来的会计政策不能保证会计信息的可靠性和相关性时，就需要改变会计政策。例如，银行原来对固定资产采用直线法计提折旧，随着技术进步，采用加速折旧法更能反映银行的财务状况和经营成果。由此表明，只有改变原来采用的会计政策，才能提供更为可靠、更为相关的信息。对会计政策变更的认定，直接影响着会计处理方法的选择。

因此，在会计实务中，银行应当分清哪些情形属于会计政策变更，哪些情形不属于会计政策变更。

3）不属于会计政策变更的情形

以下两种情形看似属于会计政策变更，但并不属于会计政策变更。

（1）当期发生的交易或事项与以前相比具有本质差别，而采用新的会计政策。这是因为，会计政策总是针对特定类型的交易或事项，如果发生的交易或事项与其他交易或事项有本质区别，那么，银行实际上是为新的交易或事项选择适当的会计政策，并没有改变原有的会计政策。例如，银行以往租入设备都是为了满足临时经营需要，按合同条款将其确认为经营租赁，并采用了经营租赁会计处理方法。当年租入新的设备，或者续租原设备，从租赁期、租金的计算以及租赁期满时设备的处理等因素考虑，都属于融资租赁，因而采用了融资租赁会计处理方法。由于新的租赁合同或续租合同与以前的合同相比，已经发生了本质变化，从经营租赁变为融资租赁，在这种情况下改变会计处理方法，则不属于会计政策变更。

（2）对初次发生的或不重要的交易或事项采用新的会计政策。与上述第一种情况相类似，初次发生某类交易或事项，采用适当的会计政策，并没有改变原有的会计政策。例如，银行以前没有建造合同业务，当年承接的建造合同则属于初次发生的交易，银行采用完工百分比法进行核算，并不是会计政策变更。至于对不重要的交易或事项采用新的会计政策，不按会计政策变更做出会计处理，并不影响会计信息的可比性，不影响会计信息质量，所以也不作为会计政策变更。

3. 会计政策变更的会计处理方法

发生会计政策变更时，有两种会计处理方法，即追溯调整法和未来适用法。这两种方法适用于不同情形。

1）追溯调整法

追溯调整法是对某项交易或事项变更会计政策时，如对该交易或事项初次发生时就开始采用新的会计政策，并以此对相关项目进行调整，即应当计算会计政策变更的累积影响数，并相应调整变更年度的期初留存收益以及会计报表的相关项目。如果提供比较会计报表，对比较会计报表期间的会计政策变更，应当调整比较期间各期的净损益和有关项目，就像该政策在比较会计报表期间一直采用一样；对比较会计报表期间以前的会计政策变更的累积影响数，应当调整比较会计报表最早期间的期初留存收益，会计报表其他相关项目也做相应调整。

追溯调整法的运用通常由以下步骤构成。第一步，计算确定会计政策变更的累积影响数；第二步，进行相关的账务处理；第三步，调整会计报表相关项目；第四步，附注说明。

其中，会计政策变更的累积影响数是指按变更后的会计政策对以前各期追溯计算的变更年度期初留存收益应有的金额与原有的金额之间的差额。这个定义还可以表述为会计政策变更的累积影响数是以下两个金额之间的差额：一是在变更会计政策的当年，按变更后的会计政策对以前各期追溯计算，所得到的年初留存收益金额；二是变更会计政策当年年初原有的留存收益金额。

上述留存收益金额包括法定盈余公积、法定公益金、任意盈余公积以及未分配利润各项目，不考虑由于损益的变化而应当补分配的利润或股利。

2）未来适用法

未来适用法是指对某项交易或事项变更会计政策时，新的会计政策适用于变更当期及未来期间发生的交易或事项，即不计算会计政策的累积影响数，也不必调整变更当年年初的留存收益，只在变更当年采用新的会计政策。根据披露要求，银行应计算确定会计政策变更对当期净利润的影响数。

4. 会计政策变更的会计处理方法选择

对会计政策变更，银行应当根据具体情况，分别采用不同的会计处理方法。

1）按行政法规、规章要求变更会计政策

银行依据法律或会计准则等行政法规、规章要求，变更会计政策。在这种情况下，银行应当区分两种情形。

（1）法律或行政法规、规章要求改变会计政策的同时，也规定了会计政策变更的会计处理办法，这时，应当按照规定的办法进行处理。《企业会计准则》和有关会计制度在发布时，一般都会同时规定新旧制度的衔接办法，企业按衔接办法的有关规定进行会计处理即可。例如，《企业会计准则——中期财务报告》发布时，在衔接办法中规定，对于首次按照本准则编制中期财务报告的企业，如果该企业在以前年度没有编制可比中期（包括可比本中期和可比年初至本中期末）的会计报表，则在该企业首次采用本准则的年度所提供的中期财务报告中，可以不提供上年度可比中期的会计报表；如果该企业在以前年度编制了可比中期的会计报表，则在该企业首次采用本准则的年度所提供的中期财务报告中，应当提供上年度可比中期的会计报表，而且如果上年度可比中期会计报表所采用的会计政策与本准则不相符的，还应当作追溯调整。从按照本准则编制中期财务报告的第二年起，应当提供本准则规定报告，披露的其他信息涉及需要提供上年度比较数字的，也按照上述原则处理。

（2）国家没有规定相关的会计处理办法，则采用追溯调整法进行会计处理。

2）经济环境和客观情况发生变化要求变更会计政策

由于经济环境和客观情况发生变化，为使会计信息更为可靠、更为相关，而改变会计政策，则应当采用追溯调整法进行会计处理。

3）累积影响数不能合理确定的情况

如果改变会计政策变更累积影响数不能合理确定，无论是属于法规、规章要求而变更会计政策，还是因为经营环境、客观情况改变而变更会计政策，都可采用未来适用法进行会计处理。例如，银行如果因账簿、凭证超过法定保存期限而销毁，或因不可抗力而毁坏、遗失，也可能使会计政策变更的累积影响数无法计算。在这种情况下，会计政策变更可以采用未来适用法进行会计处理，但应当根据会计准则的规定披露无法合理确定会计政策变更累积影响数的原因。

5. 会计政策变更的披露

对于会计政策变更除按前文所述进行会计处理外，还应当在会计报表附注中披露以下信息。

（1）会计政策变更的性质、内容和原因。

（2）当期和各个列报前期财务报表中受影响的项目名称和调整金额。

（3）无法进行追溯调整的，说明该事实和原因以及开始应用变更后的会计政策的时点、具体应用情况。

### 13.4.2 会计估计及其变更

1. 会计估计及其变更概述

银行为了定期、及时地提供有用的会计信息，将延续不断的经营活动人为地划分为一定的期间，并在权责发生制的基础上对银行的财务状况和经营成果进行确认、计量和报告。为此，银行需要对尚在延续中、其结果尚未确定的交易或事项予以估计入账，这种行为被称为会计估计。会计估计是指银行对其结果不确定的交易或事项以最近可利用的信息为基础所做的判断。会计估计具有以下特点。

（1）在会计核算中，有些经济业务本身具有不确定性，需要根据经验进行估计；同时，采用权责发生制原则编制会计报表这一事项本身，也使得有必要估计未来交易或事项的影响。可以说，在会计核算和信息披露过程中，会计估计是不可避免的。

（2）进行会计估计时，往往以最近可利用的信息或资料为基础。由于经营活动内在的不确定性，银行在会计核算中不得不进行估计。某些会计估计的目的是确定资产或负债的账面价值，如坏账准备、担保责任引起的负债；另一些会计估计的目的是确定将在某一期间记录的收益或费用的金额，如某一期间的折旧、摊销的金额，某一期间内采用完工百分比法核算建造合同已获取收益的金额。银行在进行会计估计时，通常应根据当时的情况和经验，以一定的信息或资料为基础进行。但是，随着时间的推移、环境的变化，进行会计估计的基础可能会发生变化。最新的信息是最接近目标的信息，以其为基础所作的估计最接近实际，因此，进行会计估计时应以最近可利用的信息或资料为基础。

（3）为了保证会计信息的质量，必须合理地进行会计估计。进行会计估计是银行会计不可避免的，是会计核算的重要一环。需要进行会计估计的项目通常有：坏账；存货遭受损失，全部或部分陈旧过时；固定资产的使用年限与净残值；无形资产的收益期限；长期待摊费用的分摊期间；或有损失和或有收益。

2. 会计估计变更的披露

对会计估计变更，银行除按前文所述进行会计处理外，还应在会计报表附注中披露以下事项。

（1）会计估计变更的内容和理由主要包括会计估计变更的内容、会计估计变更的日期以及会计估计变更的原因。

（2）会计估计变更的影响数主要包括会计估计变更对当期损益的影响金额、会计估计变更对其他项目的影响金额。

（3）会计估计变更的影响数不能确定的理由。

### 13.4.3 会计差错更正

1. 会计差错概述

银行应当建立、健全内部稽核制度，按照会计制度的规定进行会计核算，保证会计资料的真实、完整。但是，在会计核算中，也可能出于各种原因发生会计差错。

1）会计差错的概念

会计差错是指在会计核算时，由于确认、计量、记录等方面出现的错误。重大会计差错是指商业银行发现的使公布的会计报表不再具有可靠性的会计差错。

2）发生会计差错的原因

通常情况下，商业银行可能由于以下原因而发生会计差错。

（1）会计政策使用上的差错。商业银行应当按照会计准则和会计制度规定的原则和方法进行会计核算。但是，商业银行在具体执行过程中，有可能由于各种原因而采用了会计准则等行政、规章所不允许的原则和方法。

（2）会计估计上的差错。受经济业务中不确定性因素的影响，商业银行在进行会计核算时经常需要作出估计。但是，由于种种原因，会计估计会发生错误。例如，商业银行在估计固定资产的使用年限和残值时发生错误。

（3）其他差错。在会计核算中，商业银行有可能发生除以上两种差错以外的其他差错，如错记借贷方向、错记账户、遗漏交易或事项、对事实的忽视和误用等。

2. 会计差错更正的会计处理

对发生的会计差错，商业银行应当区别不同情况，分别采用不同的方法进行处理。

1）当期发现的属于当期发生的会计差错

当期发现的属于当期发生的会计差错，应当调整当期相关项目。对年度资产负债表日至财务会计报告批准报出日之间发现的报告年度及以前会计年度的非重大会计差错，应当按照资产负债表日后事项中的调整事项进行处理。对年度资产负债表日至财务会计报告批准报出日之间发生的报告年度重大会计差错，应调整以前年度的相关项目。

2）以前期间发生的非重大会计差错

商业银行发生的会计差错有重大会计差错和非重大会计差错之分。对以前期间发生的非重大会计差错，如影响损益，应直接计入发现当期的净收益，其他相关项目也应一并调整；如不影响损益，应调整发现当期相关项目。

3）以前期间发生的重大会计差错

以前期间发生的重大会计差错，如果影响损益，应将其对损益的影响数调整发现当期的期初留存收益，会计报表其他相关项目的期初数也应一并调整；如不影响损益，应调整会计报表相关差错，并调整该期间的净损益和其他相关项目，视同该差错在产生的当期已经更正；对比较会计报表期间以前的重大会计差错，应调整比较会计报表最早期间的期初留存收益，会计报表其他相关项目的数字也应一并调整。

3. 会计差错更正的披露

商业银行除了按前文所述进行会计处理外，还应在会计报表附注中披露以下内容。

（1）重大会计差错的内容，包括重大会计差错的事项、原因和更正方法。

（2）重大会计差错的更正金额，包括重大会计差错对净损益的影响金额以及对其他项目的影响金额。

### 13.4.4 资产负债表日后事项

1. 资产负债表日后事项定义

资产负债表日后事项是指自年度资产负债表日至财务报告批准报出日之间发生的需要调整或说明的事项（中期财务报告另有规定的除外，下同）。资产负债表日通常是指年度资产负债表日，即每年的 12 月 31 日结账日。资产负债表日后事项限定在一个特定期限内，即资产负债表日至财务会计报告批准报出日之间发生的事项，它是对资产负债表日存在状况的一种补充或说明。这里的财务会计报告是指对外提供的财务会计报告，不包括为银行内部管理部门提供的内部会计报表。在理解这个定义时，还需要明确以下几个问题。

1）年度资产负债表日的不变性

我国年度资产负债表日为 12 月 31 日，但如果母公司在国外，或子公司在国外，无论国外母公司或子公司如何确定会计年度，其向国内提供的会计报表均应按照我国对会计年度的规定，提供相应期间的会计报表，而不能以国外母公司或子公司确定的会计年度作为依据。

2）财务会计报告批准日

会计报告批准日是指董事长或行长（经理）会议或类似机构批准财务会计报告报出的日期，通常是指对财务会计报告的内容负有法律责任的单位或个人批准财务报告向银行外部公布的日期，这里的"对财务会计报告的内容负有法律责任的单位或个人"一般是指所有者、所有者中的多数、董事会，或类似的管理单位。根据《中华人民共和国公司法》的规定，董事会有权制订公司的年度财务预算方案、决算方案、利润分配方案和弥补亏损方案，董事会有权批准对外公布财务会计报告。因此，对银行而言，财务会计报告批准日是指董事会或行长（经理）会议或类似机构批准财务会计报告报出的日期。

3）资产负债表日后事项处理

资产负债表日后事项包括所有有利和不利的事项，即对资产负债表日后有利或不利事项在会计核算中采取同一原则进行处理。其具体包括：不是在这个特定期间内发生的全部事项，而是与资产负债表存在状况有关的事项，或虽然与资产负债表日存在状况无关，但对银行财务状况具有重大影响的事项。

4）资产负债表日后事项定义中不包括的内容

资产负债表日后事项定义中不包括中止营业的议题。中止营业是指银行出售或放弃一项营业，如银行营业的某一个分部、某一种主要产品等。这里所讲的营业，代表着银行一个独立、主要的业务种类，并且该营业的资产、净损益和活动能够从物质上、经营上和会计报告目的等方面区分开。由于某项营业中止涉及运用的政策，如已不适用于持续经营的会计假设，对资产的计量等方面与在持续经营的会计假设前提下所使用的会计政策不同，需要作出特殊的会计处理规定。因此，资产负债表日后事项准则不涉及资产负债表日前、资产负债表日或资产负债表日后确定的中止营业。

2. 资产负债表日后事项涵盖的期间

资产负债表日后事项涵盖的期间是指资产负债表日后至财务会计报告批准报出日之间。对上市公司而言，在此期间内涉及几个日期，包括完成财务会计报告编制日、注册会计师出具审计报告日、董事会批准财务会计报告可以对外公布日、实际对外公布日等。资产负债表日后事项涵盖的期间应当包括以下两点。

（1）报告年度次年的 1 月 1 日至董事会或行长（经理）会议或类似机构批准财务会计报告可以对外公布的日期。

（2）董事会或行长（经理）会议或类似机构批准财务会计报告可以对外公布日，与实际对外公布日之间发生的与资产负债表日后事项有关的事项由此影响财务会计报告对外公布日期的，应以董事会或行长（经理）会议或类似机构再次批准财务会计报告对外公布的日期为截止日期。如果由此影响审计报告内容的，按照独立审计准则的规定，注册会计师可以签署双重报告日期，即保留原定审计报告日，并就改期后事项注明新的审计报告日；或更改审计报告日期，即将原定审计报告日推迟至完成追加审计程序时的审计报告日。

3. 资产负债表日后事项的内容

资产负债表日后事项的内容包括两类：一类是对资产负债表日存在的情况提供进一步证据的事项；另一类是对资产负债表日后发生的事项。前者被称为调整事项，后者被称为非调整事项。

1）调整事项

所谓调整事项，是指由于资产负债表日后获得新的或进一步的证据，以表明依据资产负债表日存在状况编制的会计报表已不再具有有用性，应依据新发生的情况对资产负债表日所反映的收入、费用、资产、负债以及所有者权益进行调整。

调整事项的判断标准为“资产负债表日获得新的或进一步的证据，有助于对资产负债表日存在状况的有关金额作出重新估计，应当作为调整事项，银行应当根据调整事项的判断标准进行判断，以确定是否属于调整事项”。调整事项有以下两个特点。

（1）在资产负债表日或以前已经存在，资产负债表日后得以证实的事项。

（2）对按资产负债表日存在状况编制的会计报表产生重大影响的事项。

2）非调整事项

所谓非调整事项，是指在资产负债表日该状况并不存在，而是期后才发生或存在的事项。资产负债表日后才发生或存在的事项，其事项不涉及资产负债表日存在状况，但为了对外提供有用的会计信息，必须以适当的方式披露这类事项，这类事项作为非调整事项。

非调整事项的判断标准为“资产负债表日以后才发生或存在的事项，不影响资产负债表日存在状况，但不加以说明，将会影响财务会计报告使用者作出正确估计和决策，这类事项应当作为非调整事项”。非调整事项有以下两个特点。

（1）资产负债表日并未发生或存在，完全是期后才发生的事项。

（2）对理解和分析财务会计报告有重大影响的事项。

这两类事项的区别在于：调整事项存在于资产负债表日或以前，资产负债表日后提供了证据对以前已存在的事项作的进一步说明；而非调整事项是在资产负债表日尚未存在，但在财务会计报告批准报出日之前发生或存在。

这两类事项的共同点在于：调整事项和非调整事项都是在资产负债表日后至财务会计报告批准报出日之间存在或发生的，对报告年度的财务会计报告所反映的经营状况、经营成果都将产生重大影响。

4. 资产负债表日后事项的会计处理

1）调整事项的处理方法

资产负债表日后发生的调整事项，应当如同资产负债表所属期间发生的事项一样，作出相关账务处理，并对资产负债表日已编制的会计报表作相应的调整。这里的会计报表包括资产负债表、利润表及其相关附表以及现金流量表的补充资料内容，但不包括现金流量表正表。资产负债表日后事项发生在次年，上年度的有关账目已经结转，特别是损益类科目在结账后已无余额，因此资产负债表日后发生的调整事项，应当分以下情况进行账务处理。

（1）涉及损益的事项，通过“以前年度损益调整”科目核算。调整增加以前年度收益或调整减少以前年度亏损的事项，以及调整减少的所得税，记入“以前年度损益调整”科目的贷方；调整减少以前年度收益或调整增加以前年度亏损的事项，以及调整增加的所得税，记入“以前年度损益调整”科目的借方。“以前年度损益调整”科目的贷方或借方余额，转入“利润分配——未分配利润”科目。

（2）涉及利润分配调整的事项，直接在“利润分配——未分配利润”科目核算。

（3）不涉及损益以及利润分配的事项，调整相关科目。

（4）通过上述账务处理后，还应同时调整会计报表相关项目的数字，如资产负债表日编制的会计报表相关项目的数字；当期编制的会计报表相关项目的年初数；提供比较会计报表时，还应调整相关会计报表的上年数；经过上述调整后，如果涉及会计报表附注内容的还应调整会计报表附注相关项目的数字。

2）非调整事项的处理方法

资产负债表日后发生的非调整事项，是资产负债表日以后才发生或存在的事项，不影响资产负债表日存在状况，不需要对资产负债表日编制的会计报表进行调整。但由于事项重大，应当在会计报表附注中说明事项的内容，对财务状况、经营状况的影响；如无法估计，应当说明无法估计的理由。非调整事项主要有以下几点。

（1）股票和债券的发行，是指银行在资产负债表日后发行股票、债券等。

（2）对一个银行的巨额投资，是指银行在资产负债表日后决定对一个企业的巨额投资。

（3）自然灾害导致的资产损失，是指资产负债表日后发生的自然灾害导致的资产损失。自然灾害导致的资产损失，不是银行主观上能够决定的，是不可抗力所造成的。但这一事项对银行财务状况所产生的影响，如果不加以披露，有可能使财务会计报告使用者产生误解，导致作出错误的决策。因此，自然灾害导致的资产损失应作为一项非调整事项在会计报表附注中进行披露。

（4）外汇汇率发生较大变动，是指在资产负债表日后发生的外汇汇率的较大变动。

（5）资产负债表日后董事会制订的利润分配方案中包含的股票股利。由于发放股票股利涉及变更股本等事宜，需要经过工商行政管理部门变更登记等，程序比较复杂，因此，资产负债表日后事项准则规定，在董事会制订利润分配方案时，对其中的股票股利不进行会计处理，等到股东大会批准后，于实际发放时进行相应的会计处理。对资产负债表日后董事会制订的利润分配方案中包含的股票股利，应作为非调整事项在会计报表附注中进行披露。

## ➢ 关键概念

年度决算　会计报表　会计报表附注　资产负债表　利润表　现金流量　现金流量表　利润分配表　股东权益变动表　会计调整　会计政策　会计差错　重大会计差错　追溯调整法　未来适用法　资产负债表日后事项

## ➢ 复习思考题

1. 银行为什么要办理年度决算？
2. 银行年度决算的内容有哪些？
3. 银行年度决算前要做好哪些准备工作？
4. 银行年度决算日要做好哪些工作？
5. 什么是会计报表？其作用有哪些？
6. 什么是会计调整？会计调整的依据是什么？
7. 简述会计报表附注包括的内容。
8. 试述利润表及其编制方法。
9. 试述现金流量表及其编制方法。
10. 简述会计报表的种类。
11. 请谈谈各种报表之间的关系。
12. 试述资产负债表及其编制方法。

# 参 考 文 献


程婵娟. 2011. 商业银行会计. 2 版. 西安：西安交通大学出版社.

程婵娟，刘晓锋，李逸飞. 2015. 商业银行管理. 北京：科学出版社.

代桂霞，全颖，石国鑫. 2016. 银行会计学. 大连：东北财经大学出版社.

康国彬. 2010. 商业银行会计学. 北京：高等教育出版社.

刘东辉. 2014. 银行会计学. 北京：高等教育出版社.

吕德勇，韩俊梅. 2003. 商业银行会计学. 北京：中国金融出版社.

诺布尔斯 T，马蒂森 B，梅・马楚 E. 2018. 亨格瑞会计学：财务会计分册. 北京：机械工业出版社.

施晓春，柳明花. 2018. 商业银行会计. 2 版. 北京：中国财政经济出版社.

汪运栋. 2017. 银行会计学. 长沙：湖南师范大学出版社.

王海霞，范淑芳. 2019. 商业银行会计. 北京：机械工业出版社.

王敏. 2003. 金融企业会计. 2 版. 北京：经济科学出版社.

温红梅. 2010. 银行会计. 大连：东北财经大学出版社.

吴胜. 2014. 商业银行会计. 2 版. 北京：高等教育出版社.

杨华. 2007. 金融企业新会计准则应用与讲解. 北京：中国金融出版社.

于希文，王允平. 2003. 银行会计学. 北京：中国金融出版社.

中华人民共和国财政部. 2006. 企业会计准则——应用指南. 北京：中国财政经济出版社.